性别与法律
女性主义的实践

Gender and Law
Feminist Practice

王新宇 著

中国政法大学出版社
2021·北京

声　　明　1. 版权所有，侵权必究。

　　　　　2. 如有缺页、倒装问题，由出版社负责退换。

图书在版编目（CIP）数据

性别与法律：女性主义的实践/王新宇著. —北京：中国政法大学出版社，2021.12

ISBN 978-7-5764-0294-0

Ⅰ.①性… Ⅱ.①王… Ⅲ.①男女平等－社会法学－研究 Ⅳ.①D913.04

中国版本图书馆CIP数据核字(2021)第273838号

出 版 者	中国政法大学出版社
地　　址	北京市海淀区西土城路25号
邮寄地址	北京100088 信箱8034分箱　邮编100088
网　　址	http://www.cuplpress.com（网络实名：中国政法大学出版社）
电　　话	010-58908285(总编室) 58908433（编辑部）58908334(邮购部)
承　　印	固安华明印业有限公司
开　　本	880mm×1230mm　1/32
印　　张	12.25
字　　数	265千字
版　　次	2021年12月第1版
印　　次	2021年12月第1次印刷
定　　价	59.00元

序

地理大发现与工业革命，刺激了人类积累财富、追求富强的欲望；而近代民族国家在理论与实践两方面的探索，则全面推进了国家之间的实力竞争，并迅速提升效率优先基本理念的地位。在"追求富强""效率优先"两大原则之下，被思想家津津乐道的人类社会其他价值准则难免会退居二线，有些重要的价值准则甚至仅仅作为社会底线而存在。

中国古代，家庭作为社会构成的实体性单元，具有极强的内在凝聚力与外部排他性。浓厚的家庭观念，完备的家庭制度，全面覆盖了两性之间的家庭关系乃至社会关系。一名女性，她只是家庭一分子，是家庭构成之中的有机成分。超越家庭，很难想象此家女性与彼家女性有何种共同利益。近代中国，女性开始被学者看成为一个具有一定共同性质和共同追求的社会群体。但经历了一百多年的历史演变，女性仍然在很大程度上被裹挟在家庭、单位、社团等共同体之中。女性的群体认同、群体凝聚力甚至低于极为松散的区域性"老乡"观念。

当代社会，"性别平等""女性保护"成为世界性的重要话题。随着经济发展与社会进步，"富强""效率"等原则的实施，会具有更多的包容性，其中就包含对于"女性权利"的理论探索与制度建构。

性别与法律：女性主义的实践

　　早年攻读博士学位期间，王新宇已经开始关注女性权利问题，并以民国时期婚姻近代化为其学位论文主题。博士毕业之后，继续在这一领域耕耘。对于女性权利问题，新宇的成果，既有制度的历史回溯与理论译介，也有对现行法律的法理思考与实证剖析；而就理论与实践、制度与变革而言，其分析探讨则跨越古今，覆盖中外。在可预期的将来，"富强"与"效率"仍然是国家竞争、社会发展的主旋律，女性权利问题难以置身于制度与法律的舞台中央。但随着社会的进步，特别是随着竞争潜力的深度挖掘，女性权利问题会逐渐彰显其独特的重要性。希望新宇继续扎根中华文化传统，借鉴他山优秀成果，立足当代，在女性权利研究方面形成更多、更好的理论创新。

朱勇
2021. 12. 02

目 录

上篇 理论篇

女性主义法学流派与法律贡献 …………………………… 3
文化女性主义法学的缘起与发展 ………………………… 26
超越性别的平等：文化女性主义法学及其脆弱性理论 …… 31
脆弱性主体与人类初始境遇的平等 ……………………… 52
玛萨·法曼及其脆弱性共有理论 ………………………… 83
自治、依赖与国家责任 …………………………………… 87
女性主义法律现实主义
　　——法律现实主义与女性主义法学 ………………… 92
科沃斯与女性主义法律现实主义 ………………………… 119
正义、家庭正义与社会正义 ……………………………… 157

下篇 制度篇

为什么缔结婚姻
　　——婚内自治与婚姻的社会职能之辩 ……………… 165

家庭贡献与离婚财产的分割原则 …………………… 193

民国时期婚姻立法的时代性与助动力 ………………… 217

近代女子财产继承权的法律变革与理论争议 ………… 234

冷静对待离婚冷静期 …………………………………… 252

从性义务到性合意
　——论我国婚内强制性行为何以为罪 ……………… 256

女性贞洁与法律的操守 ………………………………… 275

辅助生殖是婚内特权吗 ………………………………… 292

中国女性就业歧视现状调查报告 ……………………… 295

就业领域性别平等立法的可行性与必要性 …………… 344

二元论视野下的离婚冷静期 …………………………… 360

个案中的性别行动、性别经验与性别伦理 …………… 383

后　记 …………………………………………………… 387

上篇　理论篇

女性主义法学流派与法律贡献[*]

摘　要：20世纪，自由女性主义以其形式平等和男女相同论、支配女性主义以其男女差异论、文化女性主义以其母性论各显其能，人称三大女性主义，至今仍对美国法律产生影响。"性权利肯定"女性主义、交叉性女性主义和社会公正女性主义作为新生代被人们称为新三大女性主义，他们普遍关注身份的复杂性和不确定性，并在此基础上各有侧重。其中，社会公正女性主义被寄予厚望。

史学家们都知道，回想过去不仅仅是一幕幕的再现，而且也是一个再塑过程。对于我来说，那些影响意义重大的过往，从未真的结束。女性主义法律理论的"每一个阶段"、每一个分支或者脉系都是鲜活的，从未被新的方法所替代。

我第一次试图对女性主义法律理论进行分类是20世纪末，当时我正在写一部专著。我认为以编年体的方式分为70年代、

---

[*] Martha·Chamalls，美国俄亥俄州立大学莫里兹法学院教授，罗伯特·J. 琳法学教席。本文译自《密执安性别与法律》2010年第17期。

性别与法律：女性主义的实践

80年代和90年代是比较合理的。[1]之所以从20世纪70年代开始，是因为那个10年正是第二波女性运动开始影响立法的年代。当然，说女性主义法律理论（它的前身可以称为女性主义法哲学）开始于20世纪70年代是错误的，因为直到80年代它才出现，理论才得以充足发展，性别与法律的关系才得以理论化。

然而，那个时候对这一理论的概括，我只是粗略地将女性主义法律理论划分为三个阶段：70年代的平等、80年代的差异性和90年代的多样性。自由女性主义以着重于形式平等和男女相同而在20世纪70年代占据主导地位。在差异性为主的20世纪80年代，支配女性主义（又称激进女性主义）[2]和文化女性主义（又称关系女性主义）进入法律领域，其领军人物分别是著名的批判学家凯瑟琳·麦金农（Catharine MacKinnon）和引领法律写作的卡罗尔·吉列根（Carol Gilligan）。[3]她们在各自领域内，都以强化男女差异性为基础对自由女性主义和形式平等的有限性进行了批评。到了20世纪90年代，理论框架已经从性别比较转向关注女性特殊亚群体社会地位的不同，开始更多、更深地思考女性群体内部的多样性。反本质主义或者交叉性女

---

[1] See Martha Hamalls, *Introduction To Feminist Legal Theory*, Wolters Kluwer Law & Business, 2003.

[2] "feminist jurisprudence"一词第一次出现是在1978年哈佛大学法学院女生毕业25周年纪念大会上。See Patricia A. Cain, *Feminist Jurisprudence: Grounding the Theories*, 4 Berkeley Women's Law Journal 1988. 现在许多作者更愿意使用"feminist legal theory"，因为这个词不像"jurisprudence"具有类似科学的内涵。

[3] See Catharine A. Mackinnon, *Feminism Unmodified: Discourses On Life And Law*, Harvard University Press, 1988; Carol Gilligan, *In A Different Voice: Psychological Theory And Women's Development*, Harvard University Press, 1982.

性主义在这个时期开始出现，关注对于外在身份重要性的分析，比如人种、种族、性取向以及它们和性别之间的关系。[1]

描述 21 世纪女性主义法律理论是一件更难的事。本文借用了罗莎琳德·狄克逊（Rosalind Dixons）2008 年发表的一篇文章的分类，她在这篇文章里对最近 40 年的女性主义理论进行了详细的研究并把其分为"旧"女性主义和"新"女性主义。[2]"旧"女性主义就是我称为"三大派"的自由女性主义、支配女性主义和文化女性主义。"新"女性主义也是三支：性偏见代理女性主义（partial agency feminism，或者性权利肯定女性主义 sex-positive feminism）、交叉性（或者反本质）女性主义和后现代/后结构女性主义。我把它称为"新三派"。狄克逊（Dixons）的分类和我三阶段分类最大的不同在于狄克逊（Dixons）精明地把"三大派"定位为女性主义范围之外主流学者们已经占据的理论基础。狄克逊（Dixons）也对当下的女性主义法律理论提供了更精确的描述，在交叉女性主义之外增加了两个新的女性主义理论——性权利肯定女性主义和后现代女性主义，这两种理论在这个世纪证明了自己的存在。

本文借用了狄克逊（Dixons）的分类方法作为图标来定位现在各派学者的理论贡献，并对当下女性主义法律理论作一些理论上的补充。文章最后，我将简要论述女性主义法律理论未来极有

---

[1] See Kimberle Crenshaw, *Demarginalizing the Intersection of Race and Sex. A Black Feminist Critique of Antidiscrimination Doctrine*, Feminist Theory and Antiracist Politics, 139 University of Chicago Legal Forum 1989; Angela P. Harris, *Race and Essentialism in Feminist Legal Theory*, 42 Stanford Law Review 1990.

[2] See Rosaind Dixon, *Feminist Disagreement (Comparatively) Recast*, 31 Harvard Journal of Law & Gender 2008.

可能出现的新学派——男性气概理论女性主义和社会公正女性主义,证明女性主义理论新的洞察力以及产生新理论的能力。

一、三大派女性主义:持续至今的影响力

统领过去的(现在仍未结束)20世纪70年代的那些故事人们至今依然耳熟能详。那个时期自由女性主义的诉求是男女入职平等和待遇平等,主旨是为"传统"妇女提供法律和文化支持,特别是那些正在突破男性统领的蓝领、白领和精英高校的女性。那些像露丝·巴德·金斯博格(Ruth Bader Ginsburg)[1]一样的女性维权律师通过法庭抗争获得了美国最高法院一系列的判例,拆除了法律上的性别分类,创造出平等保护案例,也去除了"不同领域"的观念,挑战了传统的性别角色。[2]尽管那个10年也出现了 Roe v. Wade[3]这种纠缠面包与黄油的案例,但在今天我们已经把它称为经济正义。回顾过去,我还是不赞赏20世纪70年代那种内敛温和的社会同化论风格,这种风格不敢去挑战男性规则和男性体系。但这也是自由女性主义不变的风格。

不过,20世纪70年代的理论并未过时,丽莉·莱伯特(Lilly Ledbetter)案就是最好的例证。莱伯特(Ledbetter)是2007年最高法院一个声名狼藉判例中的原告。[4]她在该案中的诉求是典型的20世纪70年代的"同工同酬"的诉求。莱伯特

---

[1] Deborah L. Markowitz, *In Pursuit of Equality: One Woman's Work to Change the Law*, 14 Women's Rights Law Reporter 1990.

[2] See Linda K. Kerber, *Separate Spheres, Female Words, Woman's Place: The Rhetoric of Women's History*, 75 The Journal of American History 1988.

[3] See Roe *v.* Wade, 410 U.S. 113, 1973.

[4] See Ledbetter *v.* Goodyear Tire & Rubber Co., U.S. 618, 2007.

（Ledbetter）在阿拉巴马州加兹登市固特异公司担任了19年的高管，多年以来她都是这个职位唯一的女性。尽管开始时她的薪水和男高管的薪水一样，但是工作期间却没有获得和男同事一样的加薪，她认为这是一种性别歧视。因为如果提前退休，她的退休工资要比同工龄男同事低15%～40%，这种不同待遇将伴随她整个退休生涯。

莱伯特（Ledbetter）的诉讼赢得了阿拉巴马州陪审团的支持，认定她是故意性别歧视中的薪金受害者。但是联邦最高法院却推翻了这一结论，裁定她的诉讼请求超出诉讼时效，认为她应该在第一次加薪遭受性别歧视时提起诉讼。这份以4/5支持高票通过、由阿里托大法官签署的判决，对职业女性所处的工作场所和工作处境视而不见。莱伯特（Ledbetter）在她退休之前根本不知道她的薪水会低于她的男同事，她是在车间收到一个薪金表的匿名信件时才得知这一秘密。[1]和大多数公司一样，固特异公司也实行员工工资保密制度并且严格限制员工之间讨论工资待遇。法院裁定却要求莱伯特（Ledbetter）在取得确凿证据证明待遇不公之前起诉，而且是在足够值得起诉之前。通过这个判决，最高法院透露了这样一个信息，在21世纪法院仍然不愿意实施同工同酬这一有限的进步立法，商会也仍然能赢得胜利。

我认为金斯博格（Ginsburg）是在莱伯特（Ledbetter）案决战时刻提出了自己对于案件的异议。她挑战国会法案，借此再

---

[1] See *Impact of Ledbetter v. Goodyear on the Effective Enforcement of Civil Rights Laws*: *Hearing Before the Subcommittee on the Constitution*, *Civil Rights*, *and Civil Liberties*, *House of Representatives*, *Committee on the Judiciary*, ll10th Cong. 9, 2007.

次把同工同酬提上日程。在议院委员会讨论通过立法推翻联邦最高法院判决时，我作为专家组成员支持了莱伯特（Ledbetter），这就是后来众所周知的丽莉·莱伯特（Lilly Ledbetter）公平待遇法案。莱伯特（Ledbetter）在固特异的经历诉说是令人瞩目的。她表述的绝对不仅仅是她像男同事一样工作却低收入的不公，而是她的一个老板对她的性骚扰。她讲述了当她拒绝了老板的性暗示时是如何恐惧被报复，讲述了作为离婚女性独自挣钱抚养孩子们是如何艰难，讲述车间里的其他女同事是如何遭遇性别歧视，但是因为不愿冒失业之险害怕谈及。尽管莱伯特（Lilly Ledbetter）对薪酬歧视的诉求符合形式平等或者说自由女性主义的模式，她的个人体验却有着更多细节上的不同：它拒绝低微化的性别标签，暴露了在男性主导的工作场所随处可见的不平等结构。

莱伯特（Ledbetter）最后还是赢了，尽管她没有赢得大陪审团的支持。《丽莉·莱伯特（Lilly Ledbetter）公平工资法案》是奥巴马签署的第一个立法法案，他站在了莱伯特（Ledbetter）这边。立法本身是很适度的，仅仅是调整了第七修正案标题中工资歧视过于狭隘的法律解释。[1]但莱伯特（Ledbetter）一案，和自由女性主义一样，承载了太多潜在的激变。它在其他法律改革中获得了新生，例如，提起《薪金公平法案》议案，[2]禁止雇主不以实际工作能力为基础、以员工现有薪金为基础付低薪或者付给员工高于其实际工作能力的薪金，借以调整男女同

---

[1] See Charles A. Sullivan, *Raising the Dead?：The Lilly Ledbetter Fair Pay Act*, 84 Tulane Law Review 2010.

[2] 2009年1月众议院通过了《薪金公平法案》。参议员的审议还在进行中。

工却不同酬。这一立法提案也将保护员工在讨论工资时免遭雇主报复。莱伯特（Ledbetter）案的胜利也许会为长久以来并未兑现的《雇员自由选择法案》打开一条通路，这种所说的"工会会员卡"[1]立法将会为工会组织发挥作用拉开序幕。我认为：对于平等的诉求，如果不提出来就不会被纳入立法之中。自由女性主义虽然是三大派系中最温顺的，但是它迄今为止仍能为女性带来积极的结果。

仔细回想文化女性主义和支配女性主义的影响，首先得说80年代对于国家来说是一个很糟糕的时期，却是女性主义丰富自己法律理论的一段时期。以教条为导向的70年代女权学者开始让位于那些通过批评和评议来促进法律改革的女性主义学者。这一段时期也是女性主义阵营分化比较明显的时期，文化女性主义者和支配女性主义者的论调有着显著的不同。文化女性主义者强调关系、亲密性价值、母性和看护的重要性以及其他女性相关活动的重要性。他们呼吁重估女性工作和女性对于文化的贡献，期盼一个能容纳女性不同声音的世界的到来。[2]在法律圈内，这一类型的女性主义很容易被接纳，不久就出现了大量此类型的文章和研究，说明人类活动中性别差异的可信性，这一现象后来被玛丽·乔佛罗格（Mary Jo Frug）称为"天然吉列根主义"。[3]

---

[1] 译者注：Card Check 是工会会员卡制度，美国雇员在签约时会有一张私人选票来决定他们是否加入行业工会，但是实际上不加入会被排斥，加入之后工会只会收取会费但无所作为。参见http://www.whatiscardcheck.com.

[2] See Leslie Bender, *From Gender Difference to Feminist Solidarity*：*Using Carol Gilligan and an Ethic of Care in Law*, 1 Vermont Law Review 1990.

[3] Mary Jo Frug, *Progressive Feminist Legal Scholarship*：*Can We Claim "A Different Voice?"*, 15 Harvard Women's Law Journal 1992.

| **性别与法律：女性主义的实践**

　　相比而言，支配女性主义有着更为锐利的触角。他们认为女性缺少权力、处在性从属的状态、是性暴力和色情文学的受害者，不像前期的自由主义那么关注经济事项。她们的主要任务是通过憎恨男人和憎恨性来抵制和讽刺男人，[1][2]在此基础上，新的立法内容，例如，性骚扰很快成为热议。随之，性骚扰案件数量很快超越性别歧视案件。[3]回顾一下支配女性主义的快速成长，其主要是通过增加家庭暴力新的立法，显著变革强奸、性暴力、非法性交易等法律来证明自己的存在。

　　概括三大旧女性主义对所有类型法律女性主义的影响是很难的。"我们都是法律现实主义者"这句话让弥漫发散的主流法律思想借着法律现实主义得以彰显。[4]这个阶段，自由女性主义在法庭上和学者中间已经退居二线，形式上的法律性别差异也已经几乎全部消失。此外，那些曾被冠以文化或支配女性主义或者试图把自己和吉列根（Gilligan）、麦金农（MacKinnon）区分开的学者或者活动家们，也开始以这两派阵营为基石。

　　文化女性主义得到认可，最有利的证明可能要依赖于琼·威廉姆斯（Joan Williams）的一举成名，她在其著作中论述了职场母亲所遭遇的歧视。威廉姆斯（Williams）创造了"母亲墙"一词，来表述处在工作和家庭冲突中的母亲在现代职场中如何艰难。

---

[1] See Rene Denfeld, *The New Victorians*: *A Young Women's Challenge To The Old Feminist Order*, Grand Central Publishing, 1995.

[2] 今天的女性主义者以促进男性憎恨、分离主义和严厉的性道德代替促进女性权利。

[3] 例如，1997年平等就业委员会受理15 889件性骚扰投诉，性别歧视共8839件。参见 http://www.eeoc.gov/eeoc/statistics/enforcement/sexual-harassment.cfm.

[4] See Ann Scales, *Legal Feminism*: *Activism*, *Lawyering & Legal Theory*, New York University Press, 2006.

尽管威廉姆斯（Williams）本人强烈拒绝文化女性主义的标签，但她的学术延续了文化女性主义的传统，特别在承认女性看护作用被贬低方面。20世纪80年代可以算是"家庭价值"的年代，相夫教子无薪无酬、家务劳动不被认可，其他诸如教师、看护、社会工作以及辅助性专业的工作这些有偿工作也被看作母职工作，同样微薪低酬并被标签化，打上"女性工作"的烙印。[1]

更重要的是，文化女性主义一直密切关注美国很不令人满意的家庭休假政策，认同绝大多数的女人都会在人生的某一个时刻变成母亲这一事实。[2] 我认为承认家庭和工作冲突是美国女性所面临的最难解决的问题是妥当的，而且愈演愈烈。

所以，要以积极的心态看待琼·威廉姆斯（Joan Williams）及其女性主义理论，她成功地解构了家庭与工作的冲突并把理论付诸实践。她最初关注的只是母亲，把母亲定义为"看护者"。她的研究结果表明母亲是如何模式化、如何不利、如何被那些认定生了头胎或二胎的母亲会工作不称职、没有奉献精神的雇主边缘化，这些雇主或者认为母亲会把家庭责任放在首位，或者拒用怀孕女性、拒绝母亲请假、拒给母亲升职，甚至解雇她们。威廉姆斯（Williams）的作品引发了新的法律诉讼，"家庭责任"之诉被人们所熟知，[3] 这些诉讼的提起者有男有女，

---

[1] See Christine A. Littleton, *Reconstructing Sexual Equality*, 75 California Law Review 1987.

[2] See Linda J. Krieger & Patricia N. Cooney, *The Miller-Wohl Controversy*: *Equal Treatment, Positive Action and the Meaning of Women's Equality*, 13 Golden Gate University Law Review 1983.

[3] See Joan C. Williams & Stephanie Bornstein, *The Evolution of "FReD"*: *Family Responsibilities Discrimination and Developments in the Law of Stereotyping and Implicit Bias*, 59 Hastings Law Journal 2008.

他们声称因为他们肩负的家庭责任而雇主对他们不公。

从90年代中期开始，这类诉讼以指数方式增长，增长比例超过300%。尽管增长数额巨大，胜诉率只有50%，但是大大超过了胜诉率为20%的性别雇佣歧视案。[1]显然威廉姆斯（Williams）触碰了社会敏感问题，尽管书面上的法律并不见得认可看护者的诉讼请求。[2][3] 2007年威廉姆斯（Williams）向平等机会雇用委员会作证之后，代理处开始为雇员提供实施指导，详细列举了那些歧视看护者将会违法的方式，而这个时候联邦法律并未明确禁止歧视看护者。但是实施指导也并没有像人们想象的是在一种超出布什政府管限的文件。它只是列举了一些实例，展示雇主如何歧视抚养幼子的妈妈们、妈妈们在被雇用期间不被升职、对在职妈妈的工作表现如何贬低和持有偏见、歧视男性看护者、对待有色女性看护者区别于白人女性、不给家有残疾成员（孩子、配偶、父母）需要先尽看护责任的妈妈升迁机会等。这实际上也是提醒奥巴马政府的任务之一就是优先宣传和寻找有效的方式去实施那些指导方针。

我认为可以把看护者指导和家庭责任之诉概括为文化女性主义的特征，而自由主义女性则是以目前法律实施的反歧视为框架。这些诉求使得家庭看护者的工作和社会其他有偿工作一样有意义，女性不必再为了工作而牺牲家庭。既然吉列根（Gilligan）那本具有开创性的著作所表述的时代已成过往，这些诉

---

[1] See EyaI Press, *Family-Leave Values*, New York Times, July 29, 2007.

[2] See U. S. Equal Employment Opportunity Commission, *Enforcement Guidance: Unlawful Disparate Treatment Of Workers With Garegiving Responsibilities*, May 23, 2007.

[3] 注意：联邦平等就业法本身并不禁止看护者歧视，实施指导也不能创造一个新的保护分类。

求可能会让我们更清楚地听到"不同的声音"。支配女性主义对法律和当代学者的影响仍然存在，证据之一就体现在有关隐私与网络空间专家陪审团的神奇存在。他们的贡献证明了支配女性主义仍有续写新篇章的能力。例如，安·巴托（Ann Bartow）以支配女性主义为视角来阐释色情文学对网络的重要性，并称之为"一种促进网络演变的统治性产业力量"，认为"网络空间法是最大的色情文学法"。[1]同样，黛博拉·赫伯特（Debora Halbert）在她的网站上的评论依赖于支配女性主义理论，专注于"高达短裙"（Upskirting）和其他性暴露方式。[2][3]后来，杰西卡·利特曼（Jessica Litman）以20世纪70年代的"意识培养"组织和女性博客的私人陈述进行对照和比较，继承了麦金农（MacKinnon）女性主义方法论的洞察力，将这种方法运用在当下年轻女性自己创造体验其身份的新形势之中。

二、新三大女性主义：多样化应对法律

新三大女性主义像个聪颖的女孩儿一样出现在晚近20年，它以三大女性主义作为自己的目标，被认为是对三大女性主义最好的回应。所有新产生的女性主义都对私人身份感兴趣，也都强调身份的复杂性，他们声称自己既是代理人同时自身也是受害者，既是女性同时也是社会团体成员，身份在不停地动荡

---

[1] Ann Bartow, *Open Access, Law, Knowledge, Copyrights, Dominance and Subordination*, 10 Lewis & Clark Law Review 2006.

[2] "Upskirting"是指一种摄影操作，常见于电话亭内的相机，高度在女性短裙的边缘。很多网站都有关于这种拍照怎样才能更美的小技巧。

[3] See Emine Saner, *I felt completely violated*, The Guardian, February 25, 2009.

和变换,因为身份不是天生或者固定的,而是社会建构的。

罗莎琳德·狄克逊(Rosalind Dixons)认为新三大女性主义有一个共同特征,那就是他们普遍怀疑法律作为一种媒介,是否有能力体现女性主义的变化。也许她是正确的,因为我也注意到新近女性主义学者中的有些律师在推动和建议法律改革。例如,谢里尔·汉娜(Chery Hanna)2006年在《哈佛法律评论》上发表了一篇文章[1],谈及了要强制家暴案的受害人起诉,就是新女性主义方法"实用主义"不放弃法律改革的一个典范。不过,像其他新生代女性主义一样,汉娜(Hanna)的学术并非乌托邦。她善于捕捉刑事审判制度的瑕疵,明白后果无法预期的现实可能性,明白法律改革和社会实践像把双刃剑,可能帮助女性不同群体和个人,也可能会对她们造成伤害。

这个新阵营中表现良好的一派新女性主义理论则是"性偏见代理"女性主义(或者"性权利肯定"女性主义),这一分支挑战了支配女性主义和文化女性主义所预设的前提。一些像凯瑟琳·佛兰可(Katherine Franke)和凯瑟因·阿布拉姆(Kathyrn Abrams)这样的学者相信性对女人来说是危险的,但是也是愉悦、成就甚至权力的一个潜在的重要方面。[2]佛兰可(Franke)有关性权利肯定的研究集中在她所说的"生殖规范"(repronormative)意识形态,迫使女性成为母亲、规定生育高于其他社会生产活动。我认为佛兰可(Franke)并不热衷于平等

---

[1] See Chery Hanna, *No Right to Choose*: *Mandated Victim Participation in Domestic Violence Prosecutions*, 8 Harvard Law Review 1996.

[2] See Katherine M. Franke, *Theorizing Yes*: *An Essay on Feminism*, *Law*, *and Desire*, 101 Columbia Law Review 2001; Kathryn Abrams, *Sex Wars Redux*: *Agency and Coercion in Feminist Legal Theory*, 95 Columbia Law Review 1995.

就业委员会的新看护者保护。可能她恐惧于新指导规范在强化一种意识形态——女性就是母亲或应该成为母亲,而无视性别中立已被法律所确认。

新女性主义的"性偏见代理"致力于为女性性工作者代理的应用可能性,而不是关注女性作为牺牲品的一面。"性偏见代理"以性别不公为主要资源,认为那些把性假定为危险和不合法的主导意识形态是不公正的,特别是对于某些女性群体。这个理论一个完美的例子就是黛博拉·蒂诺(Deborah Denno)的理论剖析,她认为僵化主义、道德主义以及轻蔑评价常常标签化地伴随着那些有精神缺陷的女性性工作者。蒂诺(Denno)特别关注对精神残疾女性的保护,特别是刑法剥夺了她们对性行为达成合意的能力,剥夺了她们生活中的一个重要组成部分。尽管她知道性活动会给精神残疾的女性带来更高的风险,她还是大胆地宣称"暴露在情感的残酷之下对每一个身处性亲密关系的个体来讲都是一种风险"。[1]这种扩大性合意概念的意图似乎完全不同于凯瑟琳·麦金农(Catharine MacKinnon)对于性强迫边界的解释。

我把米歇尔·安德逊(Michelle Anderson)有关熟人强奸的"协商"理论对于合意的定义也归在"性偏见代理处"的阵营中,[2]尽管她看上去更像是麦金农(MacKinnon)的继承者而不是批评者。重要的是,安德逊(Anderson)的协商模式要求:在决策过程中,那些想要发生性关系的人在行为开始之前,首

---

[1] Deborah W. Denno, *Sexuality, Rape, and Mental Retardation*, University of Illinois Law Review 1997.

[2] Michelle J. Anderson, *Negotiating Sex*, 78 Southern California Law Review 2005.

先要让对方积极参加。我认为,即便"性偏见代理处"不把所有不想要的性行为视为非法,也要把这一步骤作为主要的支撑点。即便是像安德逊(Anderson)这样的协商模式,对大多数法庭、立法机关以及公众而言,也还是激进的,对他们来说重要的是要承认他们并没有构成那些坏的性行为。例如,安德逊(Anderson)认为"法律对那些不愿意满足丈夫令人反感的性要求的女性起不到任何作用,这些丈夫认为这是妻子应尽的义务。法律也不能帮助一个想借性行为来证明自己是男人的17岁男孩,去做他不喜欢但是他愿意去做的性活动。法律也不能帮助一个年轻女人,为了取悦她的朋友而同意危险不加保护的插入。法律在儿童性滥用上同样无所作为,那些儿童性侵者们并不认为自己是犯罪者,并且也不认为是在寻求可耻的性活动"。

"女性性偏见代理处"所列举的案例实际上是想证明制定阻止受害情形出现的法律是如何艰难,同时也想让大家认可"性偏见代理处"的存在意义。但这也说明了为什么新女性主义理论对法律改革不那么乐观。

新三大女性主义的第二支目前表现泛泛,虽然人们对其很熟知。它有几个不同的名称:交叉性女性主义、种族批判女性主义或者反本质女性主义。这些理论的核心洞察力都体现在性别秩序被其他社会秩序如种族、阶层、年龄、性取向、残疾以及移民状态所贯穿和环绕。在这些理论中"反本质主义"的特征就是抵制对女性共同点的探寻,坚持认为女性被人为排序,经历着各种不同的歧视。这一学派承认作为女性的我们在不同的空间里既是特权者同时也是从属者。反本质女性主义也愿意认可女性会压迫其他女性,也在压迫其他女性。一些学者们,像金伯利·克伦肖（Kimberle Crenshaw）[1]和里贾纳·奥斯汀（Regina Austin）[2]，强调了"颠覆性"女性主义的重要性，这类女性主义致力于有色女性和劳动阶层女性的经验，这些经验关注有取代主流女性主义之势。

尽管这些新的女性主义研究被旧女性主义尖锐地批评，他们还是坚守了女性运动多样性的希望，保持了女性主义的连贯性。众所周知，长久以来女性运动被舆论冠以旧学派、白人学派和边缘学派之名，年轻的女性不愿意被称为女性主义者。不过，社会公正女性主义即将来临。[3]来自辛辛那提大学的佛纳·威廉姆斯（Verna Williams）和克里斯汀·凯尔西姆（Kristen Kalsem）紧密关注这一群体，讨论来自女性提升中心发布的研究报告。一个重要的事实就是有色女性相比于白人女性，更愿意跟女性主义结盟。在问到愿不愿让女性主义成为其自身的一个重要组成部分时，只有41%的白人女性选择愿意，黑人女性是63%，拉丁女性是68%。同样，黑人女性和拉丁女性也比白人女性更支持强烈的女性运动。如果回顾奥巴马总统竞选时为什么没有获得白人女性的多数支持，这样的数据也就不会令人惊奇。[4]坦白地讲，奥巴马的这一统计数据至今还在我脑海

---

[1] Crenshaw, supra note 5.

[2] Regina Austin, *Sapphire Bound*!, Wisconsin Law Review 1989.

[3] See Kristin Kalsemn & Verna L. Williams, *Social Justice Feminism* (University of Cincinnati College of Law Publishment, *Law & Legal Theory Research Paper* Series No. 08-14, 2008), also see http://ssrn.com/abstract=1112605.

[4] 奥巴马赢得46%的白人女性，68%拉丁女性和96%黑人女性的选票。参见 Center for American Women and Politics, Gender Gap Evident in the 2008 Election, Women, Unlike Men, Show Clear Preference for Obama over McCain (Nov. 5, 2008), 另见 http://www.cawp.rutgers.edu/press_room/news/documents/PressRelease_11-05-08_womensvote.pdf.

性别与法律：女性主义的实践

环绕。

除了涵盖美国更多的女性群体以外，交叉性女性主义和种族批判女性主义已经全球化。女性主义作者，莱迪·沃尔普（Leti Volpp）[1]、安德里安·文（Adrien Wing）[2]和玛德哈维·萨德（Madhavi Sunder）[3]批判了本质主义倾向，认为它是以西方女性主义为标准去衡量世界范围内各种条件下的女性。通过关注其他国家女性以及移民女性的现状，这一女性主义学派开始质问什么是不同宗教的共同思想，这些思想是否是政治和社会的起源，开始拷问这些宗教在世界各地女性生活中起到了什么作用。从近十年美国以女性主义为标题的法律评论文章来看，可以肯定这部分学者不在少数，因为他们已经引领了相对性的和国际性的转变。

最后但并非最不重要的新三大女性主义是后现代女性主义，或者称为后结构女性主义。虽然可以把后现代女性主义归入到女性主义法律学术之中，但是法律女性主义并没有完全像其他学科一样进入后现代。后现代学术倾向于以性分类为基础，这才是他们所追求的性别公正。他们反对性别两极化，"抵制二元制"。他们向一些主流型的概念发起挑战，比如性别对立、两性存在（男性和女性）。[4]对于这个学派的大多数学者来说，核心

---

[1] Leti Volpp, *Feminism Versus Multiculturalism*, 101 Columbia Law Review 2001.

[2] Adrien Katherine Wing & Monica Nigh Smith, *Critical Race Feminism Lifts the Veil? Muslim Women，France，and the Headscarf Ban*, University of California, Davis Law Review 2006.

[3] Madhavi Sunder, *Piercing the Veil*, Yale Law Journal 2003.

[4] See Anne Bloom, *To Be Real：Sexual Identity Politics in Tort Litigation*, 88 North Carolina Law Review 2010.

概念就是"性别展示"或者"身份展示",这个后现代性术语表明的是:一个人如何通过外在的事物,如着装、语言、个人风格以及日常行为来呈现自己。戴文·卡巴德(Devon Carbado)和米图·古拉迪(Mitu Gulati)[1]创造性地延续了吉野·犹士诺(Kenji Yoshino)的思想[2],详细地说明外来者是如何被持续强迫选择如何表现自己,以避免被人指称"像他们那样"成为负面形象,叙述了他们如何经常被要求掩饰或者放低身份去迎合雇主和其他相似情景下的要求。

很多后现代学者的目标都是减轻个体那些无法或者不愿适应环境的压力。在新三大新女性主义中,后现代是最难引起法律变化的。后现代家理论家们也的确有决绝地解除压力的冲动,常常断言法律是个难题,它只服务于强化主流意识形态。

不过,后现代女性主义肯定做出了战略性选择。我们可以从反歧视法的具体条文中寻找到后现代理论发挥作用的痕迹。就像陪审团发言人多次提及的,是同性恋权利宣传小组推动了第七修正案的完善,将"性取向"增加进联邦雇佣歧视法禁止性分类清单里,形成了现在的种族、肤色、性别、宗教和出生国。不过,大家熟知的 ENDA(《雇佣反歧视法案》)立法提案,[3]还没有获得足够的票数通过。虽然众议院已经通过了,但是至今还未在参议院通过。不过,近十年以来,男同性恋、女同性恋和双性恋在性骚扰案中有些已经获得胜诉。他们让法

---

[1] Devon W. Carbado & Mitu Gulati, *The Fifth Black Woman*, 11 Journal of Contemporary Legal Issues 2001; Devon W. Carbado & Mitu Gulati, *Working Identity*, 85 Cornell Law Review 2000.

[2] Kenji Yoshino, *Covering*, Yale Law Journal 2002.

[3] H. R 3017, 111th Cong, 2009.

性别与法律：女性主义的实践

院相信他们被苛待的形式已经构成1989年Price Waterhouse v. Hopkins案中所确定的"性别定型化"，[1]该案认为女会计师不能因为她太男人，看上去不像女人而被雇主拒绝录用。后来一些法院沿用Price Waterhouse的"反性别定型化"判例，并将其运用到男性原告的诉求中，外表很女人的男人也不再被歧视。[2]后来因为男同性恋的性属模糊，这一性别认定理论也扩大到男同性恋的性骚扰案中。[3]第六巡回法庭有一个特别突出的案例，一个变性的消防队员声称因为他很女性而遭到同事歧视，但是他已经变性为一个女人。[4]不过，这一立法进步在第七修正案中原则并不统一。其他法院拒绝保护类似原告的权利，主要是国会从未打算给反同性恋或者双性恋案提供救济。[5]

2007年，民主党议会就雇佣歧视案展开争论。一种观点是这一立法提案是双重保护，不仅保护了性取向歧视，也保护了身份分类的歧视。当一些国会议员叫嚣这已经包涵在"身份分类"的法案中时，众议员巴尼·佛兰克（Barney Frank）进行了妥协，被迫通过了只增加性取向这一项内容的议案，[6]这一举动激怒了同性恋并在集会时爆发。

不过，按照性别转化专家组成员朱莉·柏林伯格（Julie

---

[1] Price Waterhouse v. Hopkins. 490 U. S. 228，1989.

[2] See Nichols v. Azteca Rest. Enters.，Inc.，256 F. 3d 864，874（9th Cir. 2001）.

[3] See Rene v. MGM Grand Hotel Inc.，305 F. 3d 1061. 1069（9th Cir. 2002）（en banc）.

[4] See Smith v. City of Salem，378 F. 3d 566（6th Cir. 2004）；see also Schroer v. Billingron，577 F. Supp. 2d 293，2008.

[5] See Etsitty v. Utah Transit Auth.，502 F. 3d 1215（10th Cir. 2007）；Vickersv. Fairfield Med. Ctr.，453 F. 3d 757（6th Cir. 2006）.

[6] H. R. 3685，110th Cong，2007.

Greenberg)、玛丽贝丝·何罗德（Marybeth Herald）以及马克·斯雅瑟（Mark Strasser）的解释，如果国会只是在第七修正案标题增加"性取向"，将会产生另一个法律漏洞，这将疏漏变性人和阴阳同体人的诉求。如果法院给 ENDA（《雇佣不歧视法案》）贴上不扩大解释 Price Waterhouse v. Hopkins 案"性别刻板"的标签，这一漏洞很有可能就会产生。重大策略性问题就会变成：在现有条款规定歧视员工特性行为（外表和言行不具有性别一致性的行为）是非法时，对第七修正案标题增加保护条款的努力是否应该因为对一些特性行为的失去保护而放弃？

如果排除 ENDA 目前版本所包含的雇主被委托"合理整饰准则"（reasonable grooming codes）这一令人不安的概念，这种从身份到行为的转变可以看作是理想的实践解决方案。但"合理整饰准则"极有可能严格限制受法律保护的身体外观与行为不合的性别种类。[1][2]近来"自由主义的"第九巡回法庭作出一项判决，支持一个雇主对女员工女性化装饰的要求，这个判决证明了法院对待性别采用二元式的思路，特别是在私人外表方面。[3]后现代女性主义葛木瑞·拉马钱德兰（Gomri Ramachandran）借此思考了反歧视法以后的问题，争取一项"自由着装"的独特权利，她的这一愿景将会保护个体在构建自己身份时完全可以自我代理。[4]

---

〔1〕 See Devon Carbado et al., *The Story of Jesperson v. Harrah's: Makeup and Women at Work*, in Joel Friedman ed., Employment Discrimination Law Stories, 2006.

〔2〕 合理整饰准则的例外原则极有可能延续维护员传统性别着装准则。

〔3〕 See Jespersen v. Harrah's Operating Co., 444 F. 3d 1104 (9th Cir. 2006) (en banc).

〔4〕 See Gomnri Ramnachandran, *Freedom of Dress: State and Private Regulation of Clothing, Hairstyle, Jewelry, Makeup, Tattoos, and Piercing*, 66 Maryland Law Review 2006.

| 性别与法律：女性主义的实践

围绕ENDA进行的战役显露了以身份为基础和以现状为基础进行的反歧视立法在抵制现代雇佣歧视形式中是有限的；也说明将后现代对身份分类的抵抗包容进业已分类化和阶层化的法律保护议程是多么艰难。安吉拉·哈里斯（Angela Harris）最近有篇文章，呼吁在变性人和女性主义思考者之间要多多对话，借对重大议题的讨论来丰富女性主义，增加对个人身份的理解，通过变性人思想家和活动家的作品来增加多样性的新层面。[1]特别是在争取扩大民事权利的斗争中加入性少数人的权利，这是新女性主义采取法律干预行动的最好时机。

三、女性主义法律理论的展望：两种合理预测

在预测女性主义法律理论发展所面临的问题时，我并不乐观。比如，它是否能保有自己独特的领域？是否会被像种族批判理论以及酷儿理论这样的批判理论所吞没？激进学者和活动家的分野是否会加剧？如果是，那么珍妮特·黑莉（Janet Halley）所说的就不仅是女性主义要暂告一段落，[2]而是会变成反女性主义。

但是，基于我对新女性主义的了解，我可以作出两个合理预测。第一个预测是后现代女性主义会不断成长并能引发研究主题的变化。这里有一个法律学者的新阵容，比较有代表性的是佛兰克·库珀（Frank Cooper）、南希·都德（Nancy Dowd）和安·麦

---

[1] See Angela P. Harris, *Transgender Rights, and*: *Whipping Girl*: *A Transsexual Woman on Sexism and the Scapegoating of Femininity*, 36 Women's Stud. Int. Q. 2008 (book review).

[2] See Janet Halley, *Split Decisions*: *How And Why To Take A Break From Feminism*, Princeton University Press, 2006.

金利（Ann McGinley），[1]她们已经将男性理论应用到法律中。

男性气概研究是综合性的，涉及女性主义理论、社会学、酷儿理论，多方位的调查显示男性气质或者说男性如何展示男性气质是一定环境下的社会建构。"男化气概"这一正在使用的复数术语严谨地表明男性不同群体展示不同的男性气质。例如，佛兰克·库珀（Frank Cooper）有篇关于奥巴马的文章《我们第一位男女皆宜的总统——黑色男性气概和奥巴马女性化的一面》，[2]里面揭示了作为男黑人，奥巴马如何面对愤怒的黑色男人所必须面对的文化刻板形象并且终其一生来消除这一形象。根据库珀（Cooper）的观察，奥巴马竞选时在合作、安抚和同情上要远胜其他候选人，这些都是他女性化的一面。那个时候有些人称他是"对小事牵挂在心的人"。库珀借此推断：奥巴马作为一个异性恋的黑色男人在性别形象方面有更大的女性化提升空间。当然，竞选期间，希拉里·克林顿（Hillary Clinton）也担心自己的性别形象：她不得不小心翼翼地将自己刻意女性化以求"竞选总部"过关，就像 Price Waterhouse v. Hopkins 案中的安·霍普金斯（Ann Hopkins）一样被要求至少要在公共场合不那么男子气。

女性主义学者早就明白女性所面临的"双重束缚"，那就是如何在贫瘠的环境中争取到一个权威和脆弱性的最佳结合。从

---

[1] See Frank Rudy Cooper, *Who's the Man?: Masculinities Terry Stops, and Police Training*, 18 Columbia Journal of Gender and Law 2009; Nancy E. Dowd, *Masculinities and Feminist Legal Theory*, 23 Wisconsin Journal of Law, Gender & Society 2008; Ann C. McGinley, *Masculinities at Work*, 83 Oregon Law Review 2004.

[2] See Frank Rudy Cooper, *Our First Unisex President?: Black Masculinity and Obama's Feminine Side*, 86 Denver University Law Review 2009.

| 性别与法律：女性主义的实践

男性气概研究者那里可以借取的是：他们如何剖析和发现男性性别表象背后是什么，并进一步阐明什么是男性气质、什么是性别屈服，以加深对我们最终产生影响的男性之间关系的理解。

我的第二个预测是关于交叉女性主义的，这一分支已经对公共政策产生了重大影响。我之前也提到了社会公正女性主义者佛纳·威廉姆斯（Verna Williams）和克里斯汀·凯尔西姆（Kristen Kalsem）的新文章。他们以"社会公正女性主义"而成为女性主义的一个分支，这个分支和美国以及世界社会公正运动更为紧密地联系在一起，目标清晰地对准不平等的体系和连锁压迫。他们对社会公正特征的描述并未偏离交叉女性主义的典型路径，也许可以魅惑地认为这是交叉女性主义的另一个名称，只不过缺少交叉女性主义的学术性和实践性，而是对政策举措和社会活动更情有独钟。

在社会公正女性主义的旗帜下，我相信我们会看到对我的同事约翰·鲍威尔（John Powell）所称的"统一目标"计划的更大推进，[1]虽然这一术语听上去有些矛盾。他使用的"目标性普遍主义"是一种满足各部分需求的方法，这也提醒我们，每个人都是同一社会结构的一部分。这一普遍性术语的形成，在于它抓住了人们虽然各自处境不同，但都被最大边缘化了这一特点。有一个适度的统一目标的例子，当然也是很重要的例子：他们提议进行扩大家庭医疗休假法案的立法，要求雇主至少提供7天带薪休假，在家照顾生病的家人直到他们康复。[2]

---

[1] See John A. Powell, *Post-Racialism or Targeted Universalism?*, 86 Denver University Law Review 2009.

[2] Healthy Families Act, H. R 2460, S. 1152, 111th Cong. 2009.

这个立法提案具有普遍性，既不是性别的也不是种族的，更不仅限于母亲们。但是这同时又是底薪阶层一个很具体的目标，他们通常没有给那些不提供医疗休假的雇主工作，这对不能带薪享受医疗休假的看护者们是有益的，而这部分人多数是女性，大部分是有色人种女性。

近年以来，我一直对米歇尔·奥巴马（Michelle Obama）保持密切关注，观察她在某种程度上是否公开支持社会公正女性主义，以和美国女性以及公众产生共鸣。我从她任命来自国家女性与家庭联合会（前身是女性法律辩护基金会）的乔斯林·弗莱（Jocelyn Frye）为她的政策顾问看到了希望。[1]可以预测，任何女性主义取得政策上的成就，女性主义法律家们都会追踪这些变化并将之理论化，这是我们期待已久的。就像过去发生的一切一样，实践将会带动理论，并让女性主义法律理论生机勃勃。

出自《妇女研究论丛》2014 年第 1 期。

---

[1] See Rachel L. Swarns, *Friendship Born at Harvard Goes on to White House*, New York Times, Mar. 10, 2009.

文化女性主义法学的缘起与发展

20世纪80年代，女性主义法学家从热衷于追寻平等的法律改革中逐步领悟：这种法律改革并不能扭转大多数女性生活中的实质不平等。这一顿悟，使他们的研究兴趣发生了转变。因而，对女性贫困化、政治性别鸿沟、玻璃天花板、职业母亲的第二次入职以及其他女性问题的讨论成为前沿，这些讨论以不同的方式清晰地显现了男女生活的诸多不同。但是承认不同并不意味着要接受这些不同。虽然派别不同，但是大多数的女性主义者都把性别不同的本源归因于文化、观念、话语、社会化或者组织结构。

基于此，女性主义者对平等的概念进行了矫正，认为"平等"并不是一种男女"同等对待"。如果男女的起点不同，那么一个群体内的"同等对待"绝不会产生真正意义的平等。换句话讲，平等待遇意味着，区别对待男女的不同需求，女性才能获得和男性大致相同的满足。当然这也不是说女性要做的更多才能获得这种实质平等，女性主义者的本意是要通过法律进行矫正。对隐含的法律男性化和社会男性化的质疑，驱使着女性主义者去超越同化，将变革法律以满足女性的不同需求提上日程。

20世纪80年代的女性主义法学尽管派别林立，但是和世纪之初的头十年相比却疏于实践导向。他们的理论研究多数致力于揭露自由女性主义法学的缺陷，也用一些自由女性主义的主要原理去应对女性的遭遇。尽管不是所有学者都致力于研究确认男女差异性，但它却是那个年代的一个主要话题。

文化女性法学（Cultural Feminism，有时会被称为"relational feminism"）也是其一。这一流派的影响同样始于20世纪80年代，是向自由女性主义法学阵营发起挑战的另外一种声音。文化女性主义既承认男女之间的差异，但同时也为这种差异欢欣鼓舞。这一学派与其他女性主义法学的不同在于，厘清了女性常有的处理问题、观察世界以及构建身份的方式。这种声音的不同之处在于，他们更关心人类关系，更关心照看、护理、同情以及人际关系的积极价值，并认为可以在法律上加以确认。相对于自由女性主义不看重母亲角色而言，文化女性主义者寻求的就是支持母性以及其他和妇女相关的传统行为。文化女性主义，与自由女性主义、激进女性主义成为众多学者口中的美国三大女性主义法学流派。

在麦金农（美国激进女性主义法学的代表人物）出版了其重要论文集《性别与统治》（*Sexuality and Dominance*）时，卡罗·吉利根和她的文化女性主义也在法学界崭露头角。吉利根本身是一个发展心理学家，研究领域是道德发展论，对少女道德发展尤其擅长。她的第一本书《不同的声音》（*In a Different Voice：Psychological Theory and Women's Development*）就激起了不同学科的女性主义者的评论。但正是这本毁誉参半的著作，让吉利根获得了"不同声音"学派这一美名，同时也被称为"文化女性主义"或者"关系女性主义"。吉利根的观点极其贴近女性，而且尊重各派不同声音，这很快使她成为文化女性主义的

性别与法律：女性主义的实践

代表人物。从理论的角度看，文化女性主义肯定女性对于社会的突出贡献，特别是女性在护理方面的能力；女性文化超越了男女差异论；并且力争要重新评估和女性相关的活动以及贡献。这和致力于以性别为基础的不平等论和伤害论为出发点的自由女性主义和激进女性主义不同，文化女性主义的目标在于通过强化女性价值去改变男人和社会。所以，也有学者认为文化女性主义者为女性勾勒出了一个核心的形象——"母亲"，以区别于激进女性主义理论中女性"从属的性别"形象。[1]

在文化女性主义法学领域，凯利·麦克-麦道也许算得上是较具代表性的一位。她的主要研究范围是法律职业与抗辩体制。麦克-麦道的研究兴趣是：女性法律职业者数量的增加是否可以改变律师的表现，特别是他们对于寻求诉讼双方必有输赢这种非此即彼的结果（seek binary results）倾向。对于法律界出现的替代式纠纷解决方式，她以文化女性主义法学家的视角建议应该怎样着重于合作、保存关系和关注过程也许更能促进法律改革——既能让女律师和她们的客户收益也能使法律职业者整体收益。麦克-麦道认为不能以男性界定的大律所或职业法团作为成功标准去衡量所有法律职业者，她认为有很多女性（包括一些男性）已经探索出了一个替代性成功标准：怎样在家庭和职场之间获取平衡。

在同一时代，最有影响的当属罗宾·韦斯德，她的《法学与性别》（*Jurisprudence and Gender*）是20世纪文化女性主义法学领域极具盛名的著作。韦斯德以其"现代法律理论从本质上

---

[1] Clare Dalton, *Where We Stand: Observations on the Situation of Feminist Legal Thought*, Berkeley Women's Law Journal, Vol. 3, 1987, 1-13.

来讲就具有男性特征"对法律做了一次最彻底的颠覆性解读。她批判以保守主义和自由主义为前提的现代法学是一种"分离理论"——个体先是与身体分离,而后远离其他人;接下来法律就会把自治和自由作为最高位阶的价值;然后把外界侵犯确认为主要的伤害来源。根据韦斯德的理论,女性及其价值在这个当代法学中根本没有任何体现。与当代法学相比,韦斯德认为女性主义法学的前提应该是"连接理论",特别是文化女性主义法学的依恋、对他人的责任、同情以及关系。

像其他女性主义理论一样,文化女性主义也同样被批评。平等就业委员会诉 Sears, Roebuck & CO. 案[1]的广为引证,就是文化女性主义饱受攻击的证明。在该案中,平等就业委员会声称 Sears 歧视妇女,拒绝任命妇女担任委托代理工作。但是 Sears 认为这是大家熟知的种族隔离和分层管理的模式,75%的妇女没有任命,新雇员也只有27%获得任命。但是不平等的是被任命的雇员薪水是未任命雇员的2倍。Sears 认为这不是性别歧视,这是女性自己的选择。因为委托销售是男性特质的工作,女人不喜欢这种恶劣竞争、压力大而且有危险的工作,但非任命委托销售就没有这些状况。按照 Sears 的证据,女性更愿意从事一些像化妆品、儿童服装以及亚麻制品这类非经任命的销售工作。Sears 甚至出具了一份医生证明,证明性别之间有不同的兴趣和工作爱好。正好似这份确认性别差异存在的证词,让 Sears 赢得官司,也让文化女性主义背负了骂名。学界的批评也不外乎是文化女性主义塑造的女性形象没有超越19世纪媒体塑造的传统女性形象——本质感性、照顾家务、抚育家人。自由

---

[1] 628 F. Supp. 1264 (N. D. Ill. 1986), *aff'd*, 839 F. 2d 302 (7th Cir. 1988).

性别与法律：女性主义的实践

女性主义法学家威廉姆斯认为文化女性主义虽然更新了分离理论，但核心观点没有不同。[1]麦金农甚至把不同的声音解释为"受害者的声音"，用以描述处于从属地位的女性从来没有自由——没有自己的声音、没有自己的地位，也没有自己的观点。

随着时代的发展，女性主义学家们意识到了女性主义的研究需求应该面向权力与文化差异，而不是区别女性主义阵营。尽管有时候仍然要去定位某一学者（比如说他们都会引用麦金农，不管他们同意或不同意她的观点），但在当下，大多数女性主义学者更倾向被描述成"混合性"学者，受到了三大女性主义思想的影响。

出自《中国社会科学报》2013 年 7 月 24 日。

---

[1] Joan. C. Williams, *Deconstructing Gender*, in Katharine T. Bartlett and Rosanne Kennedy eds., Feminist Legal Theory Readings in Law and Gender, Westview Press, 1991, pp. 95 – 123.

超越性别的平等：
文化女性主义法学及其脆弱性理论 *

摘　要：尽管争取性别平等、反对权力分配中的性别歧视已经40多年，但植根于社会、意识形态、制度结构包括法律中的性别依附和男性主宰的政治仍然存在。为什么这么多年来，经过平等理论的建构、辩论和行动计划的实施，实现性别平等仍然是如此的虚幻呢？部分原因就在于现行的争取性别平等的斗争受到前人形成和传承的哲学、法理观念的束缚。本文中提出一个更实际的实现性别平等的办法，即跳出性别，在人性普遍的脆弱性上建立一个更广泛的框架。这种新的理论研究聚焦于特权和歧视，考察社会组织和制度结构在利益分配中的影响。这种方法可促使我们在美国社会中更好地获得实质的平等权和社会权利。

本文的题目借鉴于保罗·西蒙（Paul Simon），尽管他的歌词是"这些年后，仍然迷恋"[1]，用以形容在街头与旧情人久

---

* 玛萨·艾伯森·法曼（Martha Albertson Fineman），美国埃默里大学（Emory University）Robert W. Woodruff教授，女性主义与法律思想项目主任。副标题为译者所加。

〔1〕 Paul Simon, *Still Crazy After All These Years*, on Still Crazy After All These Years, compact disc, Warner Bros, 1990.

性别与法律：女性主义的实践

别重逢之后的感受：尽管相谈甚欢，但几杯啤酒之后，还是各自离去。仔细想想，他自己不是那种善于交际的人，似乎是"靠原来熟悉的方式""在生命中渴求着""这些年后仍然迷恋"。在我看来，平等就像个旧情人一样虚幻，相遇、会合、然后扬长而去，留下了依赖和渴求它的女性主义者——经年之后依然为之疯狂。

本文试图提出一个实现性别平等更实际的办法，即跳出性别，在人性普遍的脆弱性上建立一个更广泛的框架。这种新的理论研究聚焦于特权和歧视，考察社会组织和制度结构在利益分配中的影响。这种方法可以使我们更好地在美国社会中获得实质的平等和社会权利。

平等与个人自由主义哲学的兴起紧密相关，它也是现代女权运动保持活力最为关键的一个原则。事实上，平等一直是女性主义法律思潮和政治运动的核心思想，虽然我们说过，在共和国政府原来的排外体制中，平等概念是贫乏的。因此，也可以说，追求平等的历史和当代女权运动的历史在很大程度上是相通的。

所有人生而平等、自由、赋有同等不可剥夺的权利，这一思想的宣示使得女性对自己低人一等的法律地位说不。整个20世纪及进入21世纪以来，女性主义者们都是用平等概念来对抗国家成立时和法律制定中固有的性别劣势和歧视。[1]事实上，如果用论文和注解的数量来衡量，没有一种观念像平等观那样被研究得如此多。

---

[1] See Martha Albertson Fineman, *The Autonomy Myth: A Theory of Dependency*, New York: New Press, 25-28 (2004).

超越性别的平等：文化女性主义法学及其脆弱性理论

如果以公民权为尺度去衡量性别权利，我想要问的是，增加公民权是否会减少或限制关于平等的讨论？为什么要把平等限制于公民权中？平等超越了国家和地区的界限，纳入了普世人权的范畴，难道它不是一个外延更广的概念吗？另一方面，公民权由平等来修正是否画蛇添足？公民权意味着权利——它是国家分门别类赋予公民的资格或权益，是国家和称作公民的个人之间的关系或契约。既然如此，有"公民"的标签不就意味着他们在政治上和民事上至少是平等的？至少在现代民族国家[1]，平等本身就是公民权的应有之义；公民权是一个一般的分类，在领土之内，所有人平等地享有权利、承担义务和责任，要求忠诚。

公民权有多个维度——宪法维度、政治维度、社会维度、文化维度、性与生育维度、全球维度，都是其组成部分。我认为公民权所有这些方面也应完善地包含在现存的平等机制下。[2]另一方面，对平等权制度的承诺并未取得绝对性的胜利。我们知道，尽管取得了巨大的进步，但实现性别平等仍存在着阻力、不确定因素和文化抵制。这引发了另一个问题——阻力来自谁？可以说，国家责任要求实现性别平等，然而，它对平等的追求却受到文化的抵制。这种阻碍是仅仅存在于女性行使

---

[1] 另一方面，公民资格意味着要承担某种责任，通过这种方式，对个人作了潜在的约束。平等权包含于公民资格中，但延伸于公民资格之外——还包括那些不是公民的居民的平等权。就像 2002 出版的《韦氏新编大学词典》（第 4 版）中的定义：公民是指一个国家或地区内本地或归化的成员，要忠诚于政府并有权受到保护的个人。居民，又称住户，是指长期居住在一个地方的人。主体是需忠诚于一个国家或地区并受其统治的个人。

[2] 谁是公民？公民与居民在理解平等权上有何不同？在我们女性考查争取平等权的斗争史中，不也应该思考下我们在历史上更多的是主体而不是公民的结论吗？

性别与法律：女性主义的实践

文化方面的公民权中，抑或她们还需担心失去投票权或陪审资格？又如，社会方面的公民权的实现的阻力来源于什么？

现代的性别平等问题研究对平等权的承诺确实会受到公众主动性、根深蒂固的文化和个人行为的制约，关于性别差异性的讨论是长期的。这些差异无疑是我们理解的两性之间的差异，但又超越了基本的性别分类，来考虑平等在不同的领域是否合适。特别是当前在公共领域和政治生活中实现平等比在家庭方面实现平等是不是更合适呢？有些学者认为，平等权在私领域里是不平等的。

显而易见，尽管争取性别平等、反对权力分配中的性别歧视已经40余年，但植根于社会、意识形态和制度结构中的性别依附和男性主宰的政策仍然存在。为什么这么多年来，经过平等理论的建构、辩论和行动计划的实施，实现性别平等仍然是如此的遥远？部分原因就在于进行的争取性别平等的斗争受到前人形成和传承的哲学、法理的束缚。

15年前我出版的《平等的错觉——离婚变革中的修辞与真实》一书，对平等作为家庭法改革合适的方法或目标进行过探讨。曾经在20世纪80年代引起争议，[1]当时我主张，在考察家

---

[1] See Martha Albertson. Fineman, *Implementing Equality: Ideology, Contradiction and Social Change*, Wisconsin Law Review 789 (1983); Martha L. Fineman, *Illusive Equality: On Weitzman's Divorce Revolution*, American Bar Foundation Research Journal 781 (1986); Martha L. Fineman, *A Reply to David Chambers*, Wisconsin Law Review 165 (1987); Martha L. Fineman, Dominant Discourse, *Professional Language, and Legal Change in Child Custody Decisionmaking*, 101 Harvard Law Review 727 (1988); Martha L. Fineman, *The Politics of Custody and the Transformation of American Custody Decision Making*, 22 U. C. Davis Law Review 829 (1989); Martha L. Fineman, *Introduction to the Papers: The Origins and Purpose of the Feminism and Legal Theory Conference*, 3 Wisconsin Women's Law Journal 1 (1987).

超越性别的平等：文化女性主义法学及其脆弱性理论

庭和家庭法的变革中，平等与性别中立是不适宜的概念。我认为作为性别分工最明显的家庭，平等体制不易于强加于它，至少不像美国法中所理解的那样。这个论点是建立在如下观察之上的，即在家庭中平等权的变革实质上模仿了政治和公共领域平等权的改革。家庭领域之外，无论过去（现在）女性主义法学者似乎执着于平等的自由体制应给予同等待遇。我认为，在家庭领域我们需要的不是形式平等或者规则平等，而是考虑了以往条件和将来义务的实质平等或结果平等的理念。形式平等的体制/制度只会进一步加深已存在的不平等。

我认为，三大根深蒂固的不平等会影响多数的婚姻。第一，男女在收入和市场上就业机会的不平等。第二，为了家庭的利益要做出个人利益牺牲时，在家庭协商中男女权利的不平等。由于女性收入更低，而且传统文化将她们假定为就是无私的要做出牺牲的人，因此，在协商中女性全然处于不利地位。第三，离婚后对子女监护责任的不平等，离婚后子女的监护责任一般都会指定给母亲。这种要照顾家庭的劣势和责任分配的不平等使已婚女性在付薪的劳动力竞争中处于不利地位。当然，在后平等家庭法律时代，这些不平等已经比30年前我写作时好多了，但即使某种程度上改善了，[1]它们仍持续存在于许多人的婚姻生活中，这也是一种真实状况。尽管在成文的法律中，性别中立、男女平等已经有了一定的地位，从字面上看，是成功的，但是经过数十年女性主义争取平等的革命后，[2]家庭结构中女性仍然处于劣势，女性承担的照顾家庭的责任仍然比男性

---

[1] Martha Albertson Fineman, *Autonomy Myth*, at 172.
[2] Ibid, at 169, 174.

承担的多。

1991年,我提出在家庭领域要实行一种实质平等或结果平等的形式。为了纠正由过去或将来家庭责任引起或加重的不平等,法律可允许离婚双方在诸如家庭财产和义务分配等方面的不平等或不同的待遇。我认为这种更能保证实质平等或结果平等的形式是公正和适当的,它满足了婚内或离婚后在照顾孩子上承担了主要责任一方的相关需求。

尽管我仍然相信实质平等的结果是公正的,我的言论和论证已经更少地关注性别,而是更多地把在形式平等的体制(制度)下那些家务劳动者或其他不受尊重的劳动者考虑在内。我现在是从依赖性和脆弱性方面来讨论需求。[1]那些崇尚独立、自我满足的人也许不认同我的说法,但从理论上讲它更有前途。脆弱性是普遍和持久的。作为个人,总会遇到意外事故、天灾、制度灾难或重病,难免陷入一种需要的依赖状态中。而且,依赖在形式上是多样和复杂的。

我所关注的依赖性有两种类型。一方面,依赖性是不可避免的——它本质上是人类环境和发展的一部分。另一方面,这些对必要的或天生要受照顾者进行看护照料的人们,为了从事照看工作,自身也需要依赖资源。社会必须通过体制来提供这些资源。在美国社会责任的方案中,两种依赖性都移交给了家庭,特别是家庭内的女性,作为母亲、妻子或女儿等角色来承担。

---

[1] See Compare Martha Albertson Fineman, *Autonomy Myth*, with Martha Albertson Fineman, *The Vulnerable Subject: Anchoring Equality in the Human Condition*, 20 Yale Journal Law and Feminism 1 (2008).

超越性别的平等：文化女性主义法学及其脆弱性理论

以前，我主要从婚姻或离婚的角度对形式平等体制进行评论，当我跳出其外，以脆弱性和依赖性为视角来观察家庭，它提升和拓展了我的视野。我要建构的依赖性理论建立在人类普遍的脆弱性之上，阐明家庭在社会中的定位，需要国家和市场两者的参与。我确信，即使是在家庭领域之外，追求形式平等也是一个有缺陷和表达不准确的目标。事实上，部分形式平等或规则平等在家庭领域不合适的理由，同样也适用于更广泛社会领域的公正和分配问题。形式平等必然是不公平的平等，因为整个社会存在着大量的不平等，形式平等观从本质上不能充分地说明它们。

为了进行这种更宏大的分析，可以说性别是一个容易的切入点，因为女性与国家和公共领域的关系，从历史上就被标记为不一样。她们的公民身份和并行的责任被定位在家庭中，而不是更广阔的政治领域或市场领域。[1]这种与女性公民形象相关的划分，目前仍然在很多方面发挥着影响。女性已经有了政治权利和民事权利的保障，所追求的平等权在形式上也已实现，但依然继续游离于此消彼长的主流权力之外。女性的平等权在实际生活中或实质上仍遥不可及，部分原因在于受之前家庭法律观念的制约。这种观念重经济收入而轻家庭劳动，将女性的角色和责任定位为生育，认为她们在本质上与男性是不同的，处于依附地位。

当然，女性在家庭和在社会中地位的区分从理论上看是前后矛盾的。家庭不是隔绝于社会准则和规范之外的独立领域。对公民资格的授权、对自由自主的适当诉求和相对平等的信念，

---

[1] See Mary Beth Norton, *Founding Mothers and Fathers: Gendered Power and the Forming of American Society*, New York: Alfred A. Knopf, 1996.

| 性别与法律：女性主义的实践

这些在社会体制中已有所体现。从思想性和构造层次上说确实是这样。

其他社会体制的性质和功能深远地影响着家庭的形成和性质。同样，家庭的性质和功能也深远地影响着其他的社会体制。就像我之前所论述的那样，用共生的比喻[1]来形容家庭与国家的关系远比认为他们两个是独立的个体要合适得多。家庭置于国家及其体制之下——它们相互作用，互相阐释。一种体制范围和性质的改变会引起另外一种范围和性质的改变。出于同样的理由，如果形式平等在家庭中不合适或达不到，可能同样它在社会领域中已经失败或者将要失败。这是我们需要吸取的教训。

当然，如果不是那么悲观，也可以认为在当前的政治和法律情境中美国女性已经得到了平等权，我们亦以仅有的方式实现了目标。而且，这一成就是非常有意义的。我们可以宣称现在我们生活在后平等世界，即平等已经实现的世界中：我们平等的公民权得到保障，禁止性别歧视；我们的平等体制保障我们与男性有着同样的机会和起点；在公共生活的方方面面，我们获得同等待遇的权利，有了不因性别差异而排除在外的自由。

女性的政治权利和民事权利在形式上得到保障，拥有各种机会。可以接受教育、选择职业、取得收入、拥有财产、参加选举、进入陪审团任职等，完全与男性同等。重要的是，至少在理论上女性与男性的平等实现了，显然是一个双赢的局面。[2]

然而，这种所谓的平等不免简单粗糙，没有洞察到平等的真

---

〔1〕 我用这一术语来表示相互作用或互利共生，虽然"遏制"这个词也可能是合适的。把家庭控制在传统的形式和功能下可能是某些政治表演家的目标。

〔2〕 严格意义上说，增加女性就业、高等教育和投票权机会可以看作是对男性权力的弱化，但这一论证在今天这个以平等为导向的政治世界看起来难以为继。

超越性别的平等：文化女性主义法学及其脆弱性理论

正含义，以一种性别盲区的视角认为一切平等已经囊括其中。在因性别不同而受到相对不利待遇时，男性也可以主张性别平等权的保护。即使在身为男性这一优势群体阵营，个人或成员也可以主张性别平等的保护。抽象的歧视待遇其实是对平等的亵渎，它不是在寻求救济人的相对方。既然平等权是建立在反歧视或同等待遇的基础上的，那么差别待遇要受到质疑，除非在个体或群体之间区分有法律的根据。反对这种区分（至少在性别方面）是敦促政府采取更为积极的措施，把不平等变得更平等。

这种视角下的平等权所遇到的问题与我1991年在家庭领域所担忧的一样。它是在既存的结构、社会、社会组织和个人不平等的形态下运行的。作为抽象的资格，女性已获得形式上平等的公民权，但因为现存的社会文化结构，特别是家庭分配的影响，女性从公民权的获益是不平等的。换句话说，没有一个平等竞争的环境，短时间内，还没有一个平等概念使我们设法在各方面平等，除了在消除种族歧视相关的积极行动方案之外。我们的平等权是脆弱的，因为它没有考虑到已经存在的不平等的状况，而这些状况是由人类自身条件下的脆弱性和成长中的社会体制带来的，最明显的是在国家和家庭之间。[1]

---

[1] 女性主义者关于平等的呼吁较过去可能温和了许多。一个可能要提出的疑问是：和谁平等？难道男性的标准和水平是女性所盼望的合适的考量吗？这种同化主义者平等方法的假设是：男女天生在社会与文化所设置的角色、义务和责任是相似或平等的。如果不是这样，平等待遇经常会导致既存不平等权力关系强化和女性主义者反对的性别体系的有效加强。而且，选择的观念也许表明某些既存的不平等本身并不显示出平等的失败，而是由有自主权的男女自由地所做的不同的生活选择的结果而已。如果女性"选择"将更多的时间投入到家庭和家庭关系中，而不是将精力投身于劳动力市场，那么性别差异的结果就主要是由平等有自主权的自由的成人所做的不同选择带来的中性的结果。

| 性别与法律：女性主义的实践

　　这些不平等似乎是国家或法律救济或纠正能力之外的自然力的产物。它们可能是当前意识形态结构下国家能力之外的，但无疑不是天生的。国家及其法律体系赋予平等权的意义，包括通过平等体系的构建促进结果的平等、保护人民、保障权利，而不是相反。

　　我要提出两种可采用的、对现行平等体系具有冲击力的方法。为了转变视角，提供新的理论研究问题，两种方法都涉及与别的方面相关的平等。第一，我们必须考虑随着时间的流逝，其他概念和理论是如何与平等结合，如何抑制平等的。平等只是公民权的一个组成部分，它仅仅是国家与个人间确立理想关系的要素之一。第二，平等权的论述，应该是建立在对人自身条件的理解之上，即我们是脆弱的，可能会陷入依赖之中。平等权绝不能建立在错误的前提下，认为公民能力是一样的或者任何个人的能力是终生不变的。

　　平等是一个非常有活力的理念，常常挑战美国社会意识形态的其他价值。于是，平等与公民权中诸如自主竞争、冲突或保障要进行平衡。在这种平衡中平等的含义和地位可以随着一个国家历史的进程和经验反馈而改变。[1]毫不奇怪，国家和个

---

〔1〕 早期美国历史上，"依赖"的称谓适用得更广泛，依赖的状态主要是用来作为排除二等公民某些政治权利（投票权）和提供正当理由的基础。"依赖"当然是用来形容妇女和小孩的地位的，但也是一个术语，用在表示挣工资、没有财产或资本积累的男人身上。"依赖"是表示生活必须依靠他人的身份——为工资而工作。关于"依赖"的政治意义的演化的性质，参见 Nancy Fraser 和 Linda Gordon 的《依赖的谱系，福利国家美国关键词追踪》(*A Genealogy of Dependency: Tracing a Keyword of the U. S. Welfare State*, 19 Signs 309〔1994〕.) 特别参见第 316~317 页，有关工人阶级男性如何变得独立的描述。当然，今天我们认为靠工资生活的人，已变身为纳税人，是独立公民的典范。要点是有效的政治术语的意义是能变化的，这样的术语定期需要被结构和揭示其后的假设。

超越性别的平等：文化女性主义法学及其脆弱性理论

人不同的理想和期待表现于平等在意识形态和政治上不同的地位。决定平等在平衡中性质和分量的权利是每代人都要进行的斗争。平衡的碰撞将随着历史的进程在国家内或国家间而改变，也会在那些竞争的哲学和观点中复杂地表现出来。

在 21 世纪，有关性别问题的价值平衡与调和，要追溯到保罗·西蒙所做的一个比喻——在美国，我们的旧情人总是和一个年长的女伴同时出现。我们可以把与平等同时出现的这个超级警觉的保姆称为"自主权"阿姨。在美国，公民权赋予对公民自主权和平等权的保护。[1] 近些年来，对自主权狭隘而苍白的理解占了主导地位，这也越来越侵蚀了对平等权保障的承诺[2]。有趣的是，平等追求个人在群体中的相容性，追求一致的待遇，这是前提。而自主权却追求独立与差别。自主权是以"自主"概念为基础的，它的特点是自我满足和独立，而这两个特点是追求个人意志自由和行动自由的前提。它们没有对依赖性和脆弱性认知的理论空间。

自主权反对不必要或过分的限制性规范和规则，要求自由。这些限制原来几乎是包括规则在内的所有一切。我们知道，国家的作用是不干预，促进竞争，使个人的创造性和才能得到发挥。当出现偏差时，如出现歧视，国家就应该采取行动纠正问题，然后又回到不干预自由市场的状态。[3] 如果我们认为个人自主权的价值是在平等权之上的（个人主义的观点），就会觉得现行的不

---

[1] 独立观念对构成自主和平等个人的重要性可以追溯到美国建国伊始发布的《独立宣言》中。尽管是一个新生国家关于自由的宣言，它仍提出了这样一个"自然"原则：每个人均享有不可剥夺的生命权、自由权和追求幸福的权利。

[2] Martha Albertson Fineman, *Autonomy Myth*, at 10.

[3] Martha Albertson Fineman, *Vulnerable Subject*, at 3.

平等是理所当然。然而，如果我们认为提升个人平等权是我们的目标（相对主义的观点），就可能看到更多保护人类脆弱性和失败的需要，而不是放任模糊而简单的自主权给个人带来的麻烦。

如果采用"平等－自主权"这一模式，结合人类的脆弱性和我们中的任何个人在比如年老或生病时需要依赖的可能性，很明显，国家所要强调的问题就不完全是或主要是歧视待遇了。也许是为了不承担"平等－自主权"这一模式之外的责任，国家在平等或公平上暂未考虑到脆弱性与依赖性以及有弱点的个人可能经历脆弱的情况。如果我们被迫把脆弱性和依赖性考虑进来，它会揭示我们平等观的不平等，因为它只关心形式上的平等待遇，而不是着眼于实质的平等。要获得某种实质平等的体制，国家需要制定更多超过我们现在容忍的规范和规则。实质的平等有赖于国家干预，甚至是重新分配既存利益、负担的方法。为了实现更多的平等（越来越多——一个共同的理想），我们不得不牺牲一些对个人自主权规定的坚持。

当然，平等权和自主权是抽象的概念。"自主权""平等权"可以理解成彼此冲突、不相容，它们模糊、贯穿性的和不确定的性质使两者可以被持不同立场的人所用。但我认为平等权和自主权不能理解成彼此孤立的，至少，从某种程度上说，我们所关心的是实质平等，强调一方面就要以损失另一方面为代价。

虽然我认可对自主权和平等权象征性的诉求和调和两者潜在冲突的期待，但反对当前形成的自治权占支配地位的观点，反对把平等权作为依附的价值来理解。如果不考虑物质、社会、文化和其他资源的区别而同等对待，就会损害个人潜在的权利。除非正视脆弱性和依赖性带来的挑战，不然平等权只不过是获得机会或准入的措施或标准。它保证了抽象个体努力自我满足

超越性别的平等：文化女性主义法学及其脆弱性理论

和独立的权利，但是这些个体被除去了人类特性的限定，也弱化了潜在的社会与历史不平等的待遇。现在，平等权不是用以评定内容和条件的标准——诸如个人在市场中的竞争环境，它也不是一个用以测试雇员是否平等参与竞争的概念，或者某种程度上保障机会和准入平等的工具。有人认为，个人主义、形式主义的平等就像我们在后罗纳德·里根（Ronald Reagan）时代所预料的那样在我们的法律和文化中占统治地位，后里根时代我们陷入一种以精英政治和运行良好的自由市场为条件的剧本中，表达着"白手起家"者的美国梦。[1]

也许我们要问，为了质疑固有的结论，深入思考，广开言路，那么当前平等和自主之间妥协有什么问题呢？我认为它们应该包括以下方面：用个人自主权的角度而不是我们天命中共有的脆弱性和依赖性来考察我们的理论构想，会有什么不好的后果？当前自主权凌驾于实质平等框架之上的平衡中谁是受益者？对自主权的偏好是怎样导致普遍脆弱性和依赖性的现实，妨碍更加实质性的平等权的发展的？在我们的政治理论和政策中，为了自治权，在忽略脆弱性和依赖性时，有没有牺牲其他的价值标准？

要回答这些问题，我们首先要评估倡导个人独立和自我满足作为主要诉求的公民权下的"自主权"到底对我们的社会和公民有什么危害。通过评估，也许会产生进行政治变革和法律改革的决心。

第二个方面就是要质疑现存的形式平等权体系，开始努力构建能够在美国社会产生共鸣，可靠而切实可行的实质平等观。两个方面是有联系的，因为它寻求改变已有的框架，淡化自主

---

[1] Martha McCluskey 评论了新经济自由主义和新道德保守主义，它们在美国激起了对平等主义社会经济政策和社会公民权的强烈反应。

权,允许更有活力的平等概念的出现,并将其作为我们评价政府行为的指导性原则。这一构建的过程不仅是解释性的,而且是规范性的,是对一系列议题赋予不同含义的方法,是用更先进的方式帮助重新界定其含义的方法。

要完成这一构架,我们必须意识到,我们是一个个人主义意识形态的国家。[1]然而,我们也不应该忘记,这种个人主义也是建立在或依存于有关平等、准入和机会的信仰之下。这些理念的发展,特别是如果我们认同共有的脆弱性和依赖性的可能性,对重新界定平等权与自主权的含义以及地位是有益处的。

如果一年前有人问我要如何进行这一重构,也许我会建议看看国际人权法和各工业化民主国家的宪政进程,充满活力的实质平等概念就体现在这些文件及案例解释中。

加拿大已经认识到仅仅从形式主义的视角来评价平等是简单的、不够的。法律必须考虑到界定群体的社会环境,认识到通过社会中的群体区分或定位的个人是优势地位的还是弱势群体。这一理解使加拿大的法院对平等权的解释比立法更宽泛,确立了旨在实现保障实质平等权的目标,确保个人完全的利益得到宪法的保护。[2]

---

[1] Martha Albertson Fineman, *Autonomy Myth*, at 31-54.

[2] Errol P. Mendes, *The "Charter" and Its Constitutional Lineage*; *An Evolving Template of Distributive Justice for Reconciling Diversity*, *Collective Rights of National Minorities and Individual Rights?*, 22 National Journal of consititional Law 61, 84 (2007). Diana Marjury, *Equality and Discrimination According to the Supreme Court of Canada*, Canadian Journal of Women & the Law 407 (1991). 尽管加拿大最高法院如此强烈声明支持补救或积极行动、支持实质性的平等,但以这种方式使权利得到保障,《加拿大权利和自由宪章》仍被批评是其结构让一些人很难实现平等。M. David Lepofsky, *The Canadian Judicial Approach to Equality Rights: Freedom Ride or Roller Coaster?*, 55 Law and Contemporary Problems 167, 170, 177 (1992).

超越性别的平等：文化女性主义法学及其脆弱性理论

其他西方民主国家已普遍接受这一主张：平等权的现代化及扩展使政府为了保障基本的社会公共利益而要承担某种义务。这一义务已经写入法律，国际社会以国际人权法的文件达成共识，文件中表述了国家对公民的这种义务。这些文件意义深远，种类多样。包括《世界人权宣言》[1]《公民与政治权利国际公约》[2]《社会与文化权利国际公约》[3]《美洲人权公约》[4]《非洲人权和民族权宪章》[5]《保护人权与基本自由欧洲公约》[6]。签约国家通过这些文件表述了它们所理解的完整的人权范畴。在国际人权的文件中，形式平等确实存在。然而，平等不仅仅停留于此，国家责任也是。这些公约并不是在每一国家都获批准（当然，美国也没有），即使是已经加入公约的国家，也不是一律遵守所有的原则，各国所践行的平等权范围是在协商中符合各国意愿的。它们见证了通常什么被认为是最迫切的目标，并且已经在不同社会得到广泛接纳并作为基本诉求存在于特别法中。

然而，我相信争论外延更广的平等概念是没有意义的，至

---

[1] G. A. Res. 217A, U. N. GAOR, 3d Sess., at 71, U. N. Doc. A/810 (Dec. 10, 1948).

[2] G. A. Res. 2200A (XXI), 21 U. N. GAOR Supp. (16) at 52, U. N. Doc. A/6316 (1966), 999 U. N. T. S. 171, entered into force March 23, 1976.

[3] G. A. Res. 2200A (XXI), 21 U. N. GAOR Supp. (16) at 49, U. N. Doc. A/6316 (1966), 993 U. N. T. S. 3, entered into force January 3, 1976.

[4] O. A. S. Treaty Series 36, 1144 U. N. T. S. 123, entered into force July 18, 1978.

[5] *Banjul Charter on Human and People's Rights*, adopted June 27, 1981, OAU Doc. CAB/LEG/67/3 rev. 5, 21 I. L. M. 58 (1982), entered into force October 21, 1986.

[6] 213 U. N. T. S. 222, entered into force September 3, 1953, as amended by Protocols 3, 5, 8, and 11, which entered into force on September 21, 1970, December 20, 1971, January 1, 1990, and November 1, 1998, respectively.

少现在是这样。最近政界和学术界的理论发展表明有关法律与宪法至上的美国例外论已经占统治地位。将人权贴上"外来的风尚",建议立法时应该考虑是否对愿意适用人权而不是美国宪法的法官进行弹劾,这表明我们的法官与政治家们已经变得多么的狭隘,甚至是前所未有的狭隘。[1]

这种狭隘主义强调应从美国历史、法律和政治中发掘的重要性,而不是强调更有活力、外延更广的平等概念的根基,这一平等概念为保障事实上准入和机会的平等设置了国家责任的要素,即使这意味着自治权在某种程度上有必要做出一定的牺牲。这种发掘可能包含了依赖美国社会未充分发展的社会公民权传统。事实上,主张积极保障在准入和机会上尽可能平等的国家责任的构想与美国精神并不是相悖或不一致的。我们可以认定对不可剥夺权利的保护包括国家有责任确保平等权的实现。为了实现这一目标,我建议除了歧视和压迫外,我们要更多地关注与特权和优势相关的问题。

当然,我们必须继续考察某些个人和群体是如何受到制度结构、体制的意识形态倾向影响而处于特别不利的地位、受到不平等待遇、变得脆弱不堪的。然而,调查不应仅仅停留于此。我们还必须弄清为什么常常有少数人一部分人,由于体制的原因,总是处于优势和特权中?他们是怎样处于优势与特权中的?

那么,问题是不仅仅是谁从社会组织和制度结构中,包括国家中受损,还要看谁从中受益。我们必须揭示国家机器使部分人士和机构能享有特权以及那种特权是如何以其他个人和机

---

[1] See Adam Liptak, *U. S. Court, a Longtime Beacon, Is Now Guiding Fewer Nations*, New York Times, Sept. 17, 2008, at A1.

超越性别的平等：文化女性主义法学及其脆弱性理论

构的损失为代价的。社会中的一部分人受到国家行为包括通过制定法律受到庇护，从而使他们免受因为脆弱性和依赖性而导致的后果的影响。有特权的人也是脆弱的——脆弱性是人类生存环境中不可避免的——然而特权可以为那种脆弱性提供支持和保护，使他们免受其影响。

如果只是研究穷人，那么富人们就会被忽略，他们的优势地位无人考察，存在于安全而私人的空间，他们或国家不需要为他们为何有国家保护的特权去辩解或解释。我们需要挖掘出这些享有特权的人。虽然有时这是一项困难而复杂的任务，但我们周围有很多相对容易弄到的关于特权的记录和文书。这些档案存在于某些团体的会议室、存在于建立或限制国家及其调整制度的规则中。我们可以从税法、遗嘱认证准则、历史著作、文学著作、政治理论，当然还有语言和法律逻辑中收集到相关的资料。

我们需要质疑和严格地审查支持同样结论的旧假设前提。例如，为什么我们已经能够讨论甚至接受最低工资的设定的基本前提，但在奥巴马总统及其内阁遭遇到严重的经济衰败，迫切需要财政援助和经济刺激一揽子计划之前，不愿意认真地考虑设定最高工资？我们进行批判时，应该跳出问题本身，就像批评监狱制度必须超越监狱制度本身，它损害了哪些人，哪些人受到歧视，哪些人受益以及怎样受益都是要考虑的。不仅仅少数派、乡村和政治上占优势的保守团体受益；为了增加在众议院中的票数将犯了罪的共和党成员也统计在内时，共和党也是受益者。我们同样也要追问，为什么医疗保健和老年看护要在劳动力和家庭中私人化，为什么家庭劳动的价值不被认同和补偿，在这种社会安排之下谁受益，谁承担责任？

性别与法律：女性主义的实践

在脆弱性影响最小化的状态中，强调特权及其作用也许有助于改变研究的性质。它使我们从考量社会中确定的群体的特征，来看他们是否从相对的主体中脱离出来。研究不再聚焦于过去这些年来由于歧视的范式——性别、种族、性行为等而形成的弱势群体的身份。

我们的任务不是揭示作为个体的雇主、教育者、房东实施行为动机的性质。个人动机和歧视不是问题所在。如果每个人都有同样的偏见和信仰——共享一种文化，人们不需要憎恨，我们的文化忽视了社会组织使一部分人有特殊待遇而另一部分受损。毕竟，我们都是文化的产物，那些关于文化的元叙事：谁有价值以及什么特点或行为获得权利影响着我们全体人。

国家体制必须成为焦点，要研究社会资源通过各种渠道使部分人得到特权和保护，却忽视了弱势群体及其脆弱性的方式。我们需要留心社会结构，如果我们主张国家有责任不让一部分人有凌驾于其他人之上的特权，这是国家的一种积极义务，那么国家就要为保障平等创造条件，而不是仅仅反对歧视。

有趣的是，有关同性婚姻的辩论显示了这种方式的潜在力量。在此类案件的部分个案中，原告抨击以不平等为基础的婚姻相关的特权，提出国家有责任把这些特权适用于所有人。[1]

1999年，佛蒙特州（Vermont）最高法院回顾了早期的美国历史，认为同性夫妇也应得到合法的利益和保护，就像之前提供给异性婚姻的一样。[2]已经有很多案例表明，法院在给这些同性夫妇提供权利保护。国家也要通过婚姻制度对这种关系给

---

[1] Martha Albertson Fineman, *Vulnerable Subject*, at 22–23.

[2] *Baker v. Vermont*, 744 A. 2d 864 (1999).

超越性别的平等：文化女性主义法学及其脆弱性理论

予特权和保护。社会组织通过依赖性私人化的方式，承担着保护其成员脆弱性的责任。法院的依据是同性夫妇理应得到应有的权益，但它不是基于美国宪法平等保护条款下的形式平等，而是来自外延更广、更早期的殖民主义时期美国平等的理念。

佛蒙特州宪法中的共同利益条款先于宪法第十四修正案，是以非歧视概念为基础的，也不仅仅集中于对非特定范畴人的保护。正如共同利益条款规定的，"政府应该要保障人民、国家或社会的共同利益和安全，而非仅仅保障特定个人、家庭或社会中一部分人的薪酬或利益"。[1]

佛蒙特法院对共同利益条款的解释与联邦法律不同，联邦法律只关注结果而不关注手段。这说明联邦法院只是广泛地顺从那些符合和促进政府目的的法律特权，大力确保那些精心打造的、符合政府目标的公正理性的手段。[2]

相比之下，共同利益条款的确是一个"法律一致给予每一个佛蒙特人利益、保护和安全，如此社会和政治之精髓才能体现出不同的能力、性格和价值，而不是政府的喜好和特权"。[3]贝克诉佛蒙特州（Baker v. Vermont's）案对共同利益条款理解以关注目的作为分析方法。该案的多数意见进一步的解释是"禁止否决被欺压的权利，而是应该禁止基于特权给予好处或报酬"。[4]而且，共同利益条款"核心……表达了一种执政观，即提供给每一个佛蒙特州人权益、保护和安全，但不给某个佛蒙特州人特

---

[1] *Vermont Constitution*, Chapter I, Article 7.
[2] Baker, at 871.
[3] Ibid., at 876
[4] Ibid., at 874.

| 性别与法律：女性主义的实践

殊的利益"。[1]

在贝克案中，多数派并不是将可能受共同利益条款保护的潜在阶层限制在美国最高法院所认定的团体。[2]就像法院指出的，"原告受共同利益条款和宪法第七条的保护，不是因为他们是'受质疑的阶层'人员，而是因为他们是佛蒙特州的一员"。[3]这一事实促使法院来校正政治进程中频繁出现在公民间就权益和特权所产生的歧视问题。[4]如果我们想要的是实质平等或者是对结果平等的关注，这听起来是一个很有内涵的质问。

这对我们这些追求更公正、平等的人意味着什么？就我个人而言，性别越来越成为我讨论平等问题的路径——虽然不是全部研究的中心，但是起点。平等必须独立于始终和其相伴随的身份法学、歧视和政治的界限范围之外。对平等的承诺不能以所属身份种类为条件，也不能将其限制在仅有的某种空间和制度下，公共或私人领域内。平等权必然是一种普遍的资源，是一种对所有权益的根本保障。

我们不能把对平等的渴望界定在自主权的阴影中，认为国

---

[1] Ibid., at 875.
[2] 一些州接受了承认积极权利的条款，这同美国宪法中"消极"权利模式清楚地区别开来。例如，1776年《宾西法利亚州宪法》在前言中写道："这是我们的责任——促进本州民众普遍的幸福，也是我们建立政府的初始原则……为了进一步改善，对任何特定阶级、教派、能人既不偏爱，也不歧视。"(Pa Const. pmbl., reprinted in Ben Perley Poore, *The Federal and State Constitutions*, *Colonial Charters*, and Pa Const. pmbl., reprinted in Ben Perley Poore, *The Federal and State Constitutions*, *Colonial Charters*, *and Other Organic Laws of the United States*, Pt. II, at 1541 (2d ed. 1972), available at http://www.paconstitution.duq.edu/PAC_C_1776.html)
[3] Baker, at 878 n. 10.
[4] See Lawrence Friedman and Charles H. Baron, *Baker v. State and the Promise of the New Judicial Federalism*, 43 Boston College Law Review 125, 152 (2001).

超越性别的平等：文化女性主义法学及其脆弱性理论

家为平等竞争提供了一个中立（和公平）的环境。要开始思考国家对平等的首要的义务应该是植根于对脆弱性和依赖性的理解中，认识到自主权只是社会政策的产物，不是人类环境的天然存在的特征。

自主权只有在一个人能够承担权利和义务时才成为可能。而且只有在个人拥有赖以生存的基本资源时才能在他们所处的特殊环境中，用社会加诸其上的工作和期待的方式来承担权利和义务。

个人对应该得以实现的自治权的期待，那种全面性的、致力于平等的自治权，应该是每个公民与生俱来的权利。从这个意义上说，自主权允许所有的个体必然地依赖他们所生活的社会，社会也有责任制定全体人受益的制度。认可这一主张将让我们意识到我们对法治国家的历史义务，即同一规则适用于所有人，不受我们在生活中的地位或身份的影响而改变。

出自《比较法研究》2014年第4期。

脆弱性主体与人类初始境遇的平等[*]

摘　要：为了论证国家为何要更积极作为、社会如何才能更平等，我在这篇文章中使用了"脆弱性"这一概念。我认为脆弱性是，也应该被理解为，普遍存在并持续地根植在人类各种境况之中。用脆弱性理论替代传统的平等保护分析，是"后身份时代"的需求，它不仅表现为对某些确定群体的反歧视，而且关注政府和社会组织是否利用其体系授予那些圈定的群体以特权并满足他们的喜好。如此而言，脆弱性分析关注的是我们的社会结构对于我们共同的脆弱性是如何运作并且将如何运作的。这种方法极有可能将我们从目前这种以反歧视为基础的模式转向更为实质的平等追求。

为了使"脆弱性"这一概念具有更丰富的理论性，以及如何围绕这一概念制定社会政策和法律，将是一个更为复杂的论题；这一新的复杂论题将会使当下质疑关于个体和体系的政府

---

[*] 玛萨·艾伯森·法曼（Martha Albertson Fineman），埃默里大学（Emory University）Robert W. Woodruff 教授，女性主义与法律思想项目主任。本文刊登于 2008 年耶鲁大学《女性主义与法》（Copyright 2008 by Martha Albertson Fineman and *the Yale Journal of Law and Feminism*）。

责任思想得以拓展。实际上，我是想用脆弱性主体来替代自由传统宣称的自治和独立主体。许许多多的实际生活经验和人类境况表明，脆弱性主体应该成为政策和理论推动的中心。在这一理论框架之下，政府对这一图景的展望是更关注并且对脆弱性主体更为负责。如果我们想要一个比美国现状更为平等的社会，重塑国家形象就更为必要。

在进一步论证脆弱性理论之前，我想先对一些有碍于论证的概念加以说明。第一，现有法律学说对平等的理解几近贫乏。目前对于平等的理解是形式上的、致力于歧视并且忽视社会上潜在的不平等。第二，国家担当一个克制、有节制的角色是比较恰当的这一观点很有政治影响力。即使那些自认为进步的社会改良者们怀疑国家（的某些作为），在讨论应对不平等问题时国家可否积极作为，华丽的不干涉政策也是居于上风。社会体系对于维持和拓展不平等发挥了重要作用这一事实，是我们需要一个更为积极的国家的理由，国家应该对此现实负责。

一、形式平等的局限性

近世以来，平等的概念总是和约翰·洛克的个人自由主义哲学（和自由概念的产生）联系在一起。[1]自由模式下的平等，表达了人人生而自由、每个人都享有不可剥夺的权利的理念。尽管这一平等图景具有潜在的激进可能性，但在时下的美国，

---

[1] See generally John Locke, *Two Treatises of Government*, in Ian Shapiro ed., Yale University Press 2003.

| **性别与法律：女性主义的实践**

我们已经将平等狭隘理解为对平等待遇的要求。[1]一场形式上的反歧视，最有利的行动基本上是通过法院来完成的。我们都知道这种枯燥的保护分类来自平等保护学说：种族、性、宗教、民族等。[2]这些分类界定了个人的合法身份，并且形成了一个主要轴线，各种平等保护的诉求都是围绕这一轴线来进行的。这种身份分类体系是利益集团体制的一种特征。实际上，这种身份分类是美国法律的基本框架，也影响了美国法律的定位。

我们目前对平等的见解，部分成型于20世纪以平等保护主义作为工具，反抗对于种族、性别和民族的歧视。特别值得说明的是，在20世纪后期即使女性主义法律改革支持妇女，女性主义法律改革者还是被视为异类。他们要求形式平等，反对任何的"特别"优待，因为根据他们的经验，任何基于宣称性别差异的分类都会导致排斥和从属关系的产生。

形式平等模式的问题在于它在几种重要方法上受到局限。的确，这种平等可以演变成同等对待或者禁止歧视，但是也证明了在抵制或抑制从属和控制这种持久性模式上的不足。[3]在这种模式能够成功地阐述歧视状况的同时，却不能对歧视状况

---

〔1〕 Martha Albertson Fineman, *The Illusion of Equality* 46 (1991). [hereinafter The Illusion of Equality]; see also Martha Albertson Fineman, *The Autonomy Myth：a Theory of Dependency* 10 (2004). [hereinafter *The Autonomy Myth*]. （平等表现为纯形式的或者法律保障下的个人同等对待）。

〔2〕 有趣的是，在这种分类以及法律分类中，阶级分类并没有出现在歧视分类中。See San Antonio Indep. Sch. . Dist. *v.* Rodriguez, 411 U. S. I (1973). （拒绝严格审查对学生有阶级歧视的教育政策的申请）。阶级偏见将会引发经济协作上的问题，出于这一原因，这将会和忽视了不同的潜在环境（包括经济上的不平等）的形式平等分析是矛盾的。

〔3〕 See, e. g., Fineman, *The Illusion of Equality*, supra note 2, at 46, 174. （论证了在离婚时同等对待如何不能为妇女提供平等）。

加以保护。我们的平等保护主义既不能对所分类的歧视给予较多的保护，也没有意识到这种分类要接受更高公正的审视，比如残疾和性别的视角。

此模式下的平等在处理和矫正经济和社会福利方面的不平等时同样是虚弱的。形式平等对于现有制度安排中一些人享有特权而另外一些人遭遇不公置若罔闻，甚至还会对此有效性辅以论证；更没有提供一个质疑现有资源和权力配置的框架。[1]除非报告给国家的一些畸形社会现状也被认为是不被许可的偏见，否则国家是不会对此负责的。国家不会心照不宣地去调停或者干预"自由"市场或家庭"私人"领域的歧视者。因此，形式平等模式不仅未对现存的不平等情景加以考量，也不会瓦解不平等的固有样态。

反观美国社会，我们就会发现一个长长的并且还在不断增长的物质不平等和社会不平等清单，我们在基本的社会物资诸如食品、住房、卫生保健缺乏保障，我们有占支配地位的经济网络和政治体系，这套网络和体系不仅被默许，而且将很不平等的财富、权力和机遇分配视为正当。[2]尽管如此，同等对待的平等证明：它在面对有关以结果为导向、考虑以往环境和未来责任、思考需求与不足这种实质性平等的争议时富有弹性。甚至，同等对待多数情况下成为对纠正过去不平等的平权运动进行攻击的有效手段。

的确，尽管种族或性别会遭遇不利因素，在这些和其他平

---

〔1〕 Id. at 36 – 37. （分析了在坚持使用形式平等模式之下经济、社会的不平等）。

〔2〕 See, e. g., John W. Lee Ⅲ, *Class Warfare 1988 – 2005 Over Top Individual Income Tax Rates*: *Teeter-Totter from Soak-the-Rich to Robin-Hood-in-Reverse*, 2 Hastings Business Law Journal. L. J, 47, 147 – 149 (2006). （2005 年人口普查数据显示美国的贫富差距正在增长）。

性别与法律：女性主义的实践

等保护条款的区别对待下，个体的成功也很多见。这些个体成功案例构成了理论和经验的双重陷阱：

从政治和政策角度来看，现有的平等模式在反歧视方面是很有限的，因为这种反歧视保护并没有扩展到每一个人。在政治上，这种局限性问题在于它会而且已经导致了一种反向力。更为重要的是，特定群体反歧视目标的日渐衰微终究是个事实，进而会被消除整个群体物质、社会和政治不平等目标所替代。这样看来，身份划分既存在包含过广也存在涵盖不足的问题。[1]传统平等保护分析的群体承认在这个群体中是有部分人相对地享有特权，尽管这部分人也是身份群体的一员。

在千篇一律的同等对待框架之下，平等诉求的共同趋势是致力于个体以及个体行动。这种研究方法的目标也是识别歧视的受害者和歧视的元凶，以及界定什么是禁止性行为、什么是个人伤害和在每一项事件中潜在的特别意图。他们既然被个体和反歧视所束缚，现有各种社会组织之间的系统协作就都被遗弃在图景之外。这就好像是现有的物质、文化和社会失衡是自然力量的结果，已经超出了法律矫正的能力范围。然而，虽然这超出了法律改变的意志力，但目前的各种不平等绝非是天生的。各种不平等是由社会和各种社会机构产生进而再发展出来的。因为不管是各种不平等还是产生这些不平等的体制都不是必然的，他们都可以成为改革的目标。

---

〔1〕 我承认歧视是存在的，而且也承认这些个性化特征使得任何个人的脆弱性经验变得很复杂。我敢断言仅仅是基于身份分类的非歧视模式不会创造一个更为平等的环境，事实上可能还导致平等环境的减弱。在家庭法改革的文章里面有关于此论证的很多例子。See Chapter Three of Fineman, *The Illusion of Equality*, supra note 2.

二、受限制的国家

在美国的法律文化中,私人理念成为约束和节制国家的一个原则。我们接受了这样一个意识形态领域的主张,私人理念可以设置一种阻碍,把国家排除在我们的私人体系和行动之外。对于国家不干涉的崇拜是将国家变革为对各种不平等更为负责的国家的第二大阻碍。[1]

受限制的国家经常用来表示意识形态的分离领域:诸如私人领域和公共领域相对立,公共领域是以国家作为公共实体的典范,私人领域是以家庭为典范。[2]目前私人领域的概念是以二元论为基础的,这种划分使得一些事情和体系假定性地被排除在了国家管理和控制的范围之外。家庭作为私人领域的概念"保护"了家庭和其他私人实体免受国家干涉,然而一些有关私人事务的决策也被排除在了国家监督之外。[3]我们的经济体系

---

[1] 在很大程度上,我们的私人概念也把非政府行动排除在平等的审查之外。如果我们认为这是私人行动,国家就不会把它纳入到宪法审查的范围。See Boy Scouts of America *v.* Dale, 530 U. S. 640 (2000). (确认美国童子军权利的第一修正案把同性恋排除在了该组织之外,并且注意也没有宪法权利或者法律规定公共机构免于歧视来对抗这些排外政策)。这种公共领域与私人领域的讨论超出了本文所讨论的有关国家责任的范围,特别是到目前为止国家责任仅限于对社会机构的产生和维护负责。就这点而言,国家就像是积极的运动员,没有私人活动排除在外了。

[2] 在国家和市场的关系中,家庭都是作为私人领域的典范。从另一方面来讲,市场也是家庭和公共领域相对立的写照,相对国家而言,市场是私人领域,相对家庭而言,市场是公共领域,市场就像一个变色龙变来变去。Cf. Iris Marion Young, *Impartiality and the Civic Public*: *Some Implications of Feminist Critiques of Moral and Political Theory*, in Joan B. Landes ed. , Feminism, The Publicand The Private 421 (1998). (discussing the ways in which privacy rhetoric excludes particular persons and ideas from public discussion). 按照私人领域说辞论这种讨论方式将会把一些具体的人和理念排除在公共讨论之外。

[3] See Fineman, *The Autonomy Myth*, supra note 2, at 59, 208.

| 性别与法律：女性主义的实践

（如公司）和商业实务（如支配财富积累和分配的那些实体）以晚近美国资本主义的构建为外衣，掩盖了自由市场的暗箱操作。[1]

这也成了一种必然，当提到有限国家时，近来讨论现代国家的不相关性（一种说法是"枯萎"）成为一种很时尚的趋势。[2] 一种说法就是全球化的一种影响就是多国合作代替了国家。[3] 那些跨越地理障碍的贸易安排和条约似乎论证了国家的相对软弱性。

我提出了一种不同的解释。国家不是萎缩了，它只不过是从社会契约里面的传统定位中获得令人满意的既得利益后抽身而出或者被其所阻却：来扮演一个平等社会的主要管理者或者保证人。近年来随着贫富差距的不断增长，不干涉政策促进了一个社会的扭曲和不平等已经成为一个事实；这一事实表明一些主导性权力形式对于抗击无所约束的利己主义是有必要的。如果按历史的理解，公共机关和强制权力合法智囊团的最终表现，国家是这一考量中唯一现实的竞争者。[4] 面对如此的现实状况促成一种性的平等图景所面临的紧迫议题必须是将国家概

---

[1] Id, at 223-225.

[2] See Saskia Sassen, *Losing Control? Sovereignty in an Age of Globalization* 9-10 (1996).（论证全球化导致了单一制民族国家的局部受损）; see generally Roberto. Keohane, *After Hegemony: Cooperation and Discord in the World Political Economy* (2d. ed.2005).（讨论了国际贸易体制和新自由主义机构的增长和单一制民族国家政治下传统实用性模式的衰减）.

[3] Sassen, supra note 14, at 8.

[4] 在这种分析之下的国家并不必然指向单一制国家。这一概念经常被指向和支持强制权力相关的体系相连接的组织或者公务体系，包括制定和实施托管法律规则的能力，并且这样要求公共机关也是合法的。这一形式下的"国家"可能就是地方性的、国家性的、变动性的组织。

念现代化或者重新凝练，进而在当代社会中明确界定体系和个人的恰当关系。

概念重建的第一步就是要把国家理解为通过复杂的制度设计来自证其身。通过合法的强制力把社会体系变成合法存在，随后在公共机关的授权下进行规范化，国家也就建构成了。[1]例如，尽管我们经常将那些诸如家庭和公司看作是天生的或必然具有的形式和功能，实际上这些体系都是被建构而后进化的；他们的身份先是被法律确认合法，然后被国家确认。私人实体和经济实体都是国家的产物，在这个意义上，他们是由国家机构所创造出来的一种合法存在。例如，在这个社会中，国家决定家庭和公司这种两种实体如何组成才是被授权的。

制度创建的过程也是把国家建构成了公共机构的最终来源。国家的法律告诉我们谁可以被组织联合在一起、什么将组建成为一个合法的体系形式、决定这种联合的后果、什么是夫妇形式或者公司形式。法律界定情形，在这种情形下一个实体和这个实体的活动将被认为享有法律特别保护的授权。一旦合法联合体被建立，国家也许就是全程陪同参加，在有分离或者解除状况出现时，国家能决定联合体之间的关系。

许多经济学家对此观察结论也许会有所回应，认为制度的构建是通过私人订购、合同来处理的。[2]不过，合同没有独立

---

[1] See generally Joan Wallach Scott, *Gender and the Politics of History* 48 – 49 (1999). （讨论了国家权力不断在以保护公众的名义的行动中被重建和重申，而这些行动实际上是一系列的排斥性别分类的行动）。

[2] See Victor P. Goldberg, *The Enforcement of Contracts and Private Ordering*, in Handbook of New Institutional Economics, 491 (2005). （合同法最主要的目的，或者说多数是让步于促进私人之间的订购。当事人是他们利益的最好裁判人，法律应该尽可能地置身事外）。

的强制力,它们只不过是一些依附于国家体系通过解释、实施和执行来赋予它们生命力的一些文件。不管我们怎样试图隔绝交易,国家总是在所谓的私人事务中担当最后角色,既是框定那些协议的基础规则的缔造者,也是那些缔约双方所依赖的基础体系的维护者。国家,作为合法社会组织缔造者的独特角色,其存在形态就是一种易于持续的强制权力,应该承担监管这些组织平等运行的相关责任。

在国家不干涉的托词之下,短暂地抛开国家权限这一话题是被允许的。当国家有所作为时,批评者常常认为国家的官僚政治是无效率而且具有潜在的腐败性。[1]因为在美国的政治文化中,私有化的不可避免性和优越性都在不断增长,我们现在是生活在一个私立学校、私立监狱甚至是私立军队的时代,一个由公司担当曾是公共性质职能的世界,公司代替了政府承担那些本应由政府来完成的责任。这就好像国家——公共不能增加任何的独特性。我们只想尽可能快地、平稳地、廉价地获得一份工作,就这一点而言,私人实体优越于国家只能是一种假设。[2]

这些有关国家效率和腐败的忧虑在论证国家行动时需要进一步理论化。然而腐败能并且应该能由刑法和行政法加以规

---

[1] See, e.g., Robert S. Gilmour & Laura S. Jensen, *Reinventing Government Accountability: Public Functions, Privatization, and the Meaning of "State Action"*, 58 Public Administration Review 247, 247-48 (1998). (记录了私有化呈上升趋势,批评国家对此在袖手旁观)。

[2] 哈里伯顿公司的能源服务经验,例如,在伊拉克,可能暗示了私有并不总是最便宜的。经验也不支持这样的观点,即私人实体总是比国家努力更有效率或腐败更少。

脆弱性主体与人类初始境遇的平等

定，我们必须进一步探究效率是否是国家成功的主要手段或者唯一适合的手段。一些社会产品，比如教育或者社会责任、那些和刑事法律制度相关的，应该成为衡量效率的手段吗？经济手段也许是重要的，但是他们是唯一的盈亏表和最终的盈亏表吗？

促进公共事业的独立自主者和公共价值标准，比如平等、正义和公平，在我们评估公共行动的价值时不应该被加以考量吗？如果不考虑这些行动是否与公共规范相一致，这些公共目标能怎样明确表达和确立？像平等或正义这样的公共价值是很难测算的，这也许可以用来解释为什么他们没有成为新古典经济学一个代表性的阐述，也没有作为控制市场和其他经济体系的规范体系的主要部分加以日常考量。不过，从理论上来讲，国家和那些市场利润强加给个人工商业的约束无关，它应该被视为处在一个监管的位置，对于公共价值的含义和实施具有专业素养和能力。国家与公司不同，不能将利润最大化作为唯一行动标尺，国家是有更高追求的，即便那是一个根本不可测量、也不可见的目标。进而言之，如果公共价值的保护和实施纳入国家责任的范畴，那么这种责任应该延伸成为一种保障的可能性，即公共商品应该根据这些价值准则进行分配。

三、脆弱性

在讨论公共责任时，"脆弱性"这一概念有时会被界定为一种无经验或者受非难的群体，总是和群体相关。[1]脆弱性的本

---

[1] See Fineman, *The Autonomy Myth*, supra note 2, at 33–35.

义和迫害、剥夺、依赖或者病理相关。[1]例如,公共卫生提到感染艾滋病的那些人时,就使用"脆弱性人口"。[2]那些生活在贫困之下、幽禁在狱中或其他国家机构的人常常被贴上脆弱性群体的标签。儿童和老人更是富有同情色彩的脆弱性群体的典型例证。

与此相反,我想阐述的"脆弱性"这一术语更倾向于描述人类条件潜在的、必然的和持续性的局面,而这些局面必须成为国家责任和社会责任概念的要点。这样一来,脆弱性就逃脱了它的限制性以及负性关联,成为一个具有潜能的界定国家义务的强有力的概念性工具,来确保一种比现有平等保护模式更为丰富和更有保障的平等。[3]

脆弱性方法是对我早期理论研究的一个拓展和补充。本方法的核心是想推广一个概念或术语的普遍使用,虽然它还不是理论,充满歧义。即使当这一术语充满负性关联时,歧义也为探索和挖掘术语中固有且潜在的非关联的、复杂的关系提供了一个机会。[4]如此而进行思考,脆弱性概念就像一

---

[1] See. e. g., Caroline Knowles, *Family Boundaries: the Invention of Normality and Dangerousness* 108 - 109 (1996).(讨论把妇女、儿童、少数民族作为脆弱性的流行性结构,永久的蒙上受害者的病理学盖头)。

[2] 公共卫生是富饶地区分析脆弱性人口的一个模式。更多有趣的脆弱性人口分析案例,See Leiyu Shi & Gregory D. Stevens, *Vulnerable*, *Populations in the United States* (2005).作者认为脆弱性是多个、累积的风险因素,对于社会分类中的特定群体,比如种族/民族背景、较低的社会经济地位,以及缺乏健康保险。See id. at 2. 就像我指出的那样,特定人口方法不是普遍意义上的脆弱性,仅仅是一种限定性的特定分类。

[3] See supra Part I.

[4] 更多有关独立性理论,See Fineman, *The Autonomy Myth*, supra note 2.

种启发装置，引导我们反思那些最初的社会和文化含义形成时潜在的假设和偏见。脆弱性构想的价值就显现在它对政治制度、社会制度以及法律方面的批判性建构。[1]脆弱性提出一个新议题，提出来不同的问题，并且开创了批判领域的一个新方法。

脆弱性首先应该被理解为是我们自身的体现，它是日常存在的损害、受伤和不幸的一种可能性，从中型不利事件到灾难性摧毁事件，不管是意外的、蓄谋的，还是其他。在面对这些事件时，个人只能企图减少或缓和危险的影响，但是他们不能消除这些危险发生的可能性。理解了脆弱性，就会意识到诸如此类的事件完全超出了人类的控制能力。[2]

我们的具体化人性将不可摆脱的、经年存在的隐患当作疾病、流行病、顽固病毒或其他生物性灾难的结果。我们的身体在自然环境的强势之下总是脆弱的，比如在面对洪水、干旱、饥荒和火灾时。这些"自然"灾难是我们个人所无法阻止的。[3]我们身体的脆弱性被这种现实所加剧，我们应该屈从于

---

〔1〕 和我早期界定的术语一样，当依赖性适用于人生的生物状态或者发育状态时也被视为"不可避免"，并且在讨论社会组织内生的看管时被视为"衍生物"。理论反省就会发现，承担照顾儿童、病者、老人等等这样的看管是需要资源的，这就衍生出依赖。社会以私人家庭作为主要资源来源进行建构，导致了巨大的不平等，其中还包括其他社会组织从看管中受益但是免除任何的看管供给或补偿责任。See Fineman, *The Autonomy Myth*, supra note 2, at 57–70.

〔2〕 我理解的脆弱性有其独特的普遍性，和不可避免的依赖关系具有相似性但不等同。然而二者具有通用性，但脆弱性是不变的，而不可避免的依赖性却是偶然的、零散的、主要的本质发展。

〔3〕 环境性的灾难并不总是超出社会的影响：人类行为可能加剧环境的威胁，当我们看到全球变暖、水污染和战争时，人类引发的环境灾难，以及那些更为普遍的制度性灾难，提出了关于组织减损脆弱性能力的另外一个问题。

疾病或者伤害吗？作为现有关系被损害的结果，也许这些疾病或者伤害还伴随着经济和制度性的伤害。

因为我们在经济和社会关系网中所处位置不同，我们的脆弱性在程度和可能性方面也会根据个人的状况有所不同。不可否认的普遍性是，人类的脆弱性也是具体的：它是我们每个人独特的个体经验，而这种经验最大的影响来自我们占有或者可支配的资源的数量和质量。[1]重要的是，无人能幸免于脆弱性这一事实，这会刺激我们去寻求社会制度的援助。当然，社会也不能根除我们的脆弱性。不过，社会能够通过规划、制度和结构来调和、补偿和减弱我们的脆弱性。因此，因为我们的个人生活和社会生活都标记着脆弱，塑成了脆弱，脆弱性分析就必须包含个人和制度两部分内容。

（一）脆弱性主体

理解了脆弱性的重要性、普遍性和恒久性，在此基础上以全方位的、综合性视角下的人类经验去塑成政治、道德和法律，如此他们才能符合真正生活主题的需要。目前，主导性的政治和法律思想都是围绕着自由传统下的普遍性人类主体建立的。[2]这些理论推定：自由主体是全能的社会行动者，有能力同时扮演雇员、雇主、配偶、父母、消费者、制造商、市民、纳税人等多重社会角色。这种自由主体体现了我们的经济、法律和政治原则。这些原则对于自治、自给自足、个人责任这些

---

[1] 脆弱性就像是衍生物。依赖则是社会制度极度造成的。不过，作为被分配或者定被看护工作的结果，社会上只有一些人才衍生出依赖性，但每个人都是脆弱的。

[2] Fineman, *The Autonomy Myth*, supra note 2, at 18 – 20.

占主导地位的意识形态是一种必需，通过这些意识形态，社会被认为是由有能力去操纵和管理他们独立获得或多占的资源的、利己主义的个体所组成的。[1]

在法律上，对此社会体制的一个隐喻就是"合同"。自由主体有能力去洽谈合同条款、评估他们的期权并且做出理智的选择。他们同意这样的协定，在整个过程中接受社会的托管，为自己承担个人责任也为他们的赡养对象承担责任。制约了国家和其制度干涉自由主体的自治权利和自由的隐私原则，则是依赖于自由主体被假定的权限和能力。

脆弱性分析质疑自由主体的理念，认为脆弱性主体是一个更为精确和完整的普遍概念，设想这一概念处于社会政策的核心位置。对于自由主体已经有了很多批评，这些批评多数是针对自治权的。例如，女性主义学者审视和批评的方法，这些方法在理论和政治上占据优势，使得那些以经验为主、不切实际又无法实现的独立、自治和自给自足观念理想化。另外一些批判的女性主义，提出了一种互为依赖的模式，特别是认为依赖性和看护工作应该给予关注和接受评核，但是在这种模式下自由主体被关系网所缠套但又依赖于这种模式。[2]

脆弱性作为一种批评方法也以这些内省为基础，但是又有一些不同。脆弱性是一个更具包含性的概念，出于这样的原因，围绕脆弱性的分析就比围绕依赖性的分析更具有政治说服力。

---

[1] 对自由主体的批评，see id. at 224–227.

[2] See. e. g., id. at 161–175. （讨论了自治权的女性主义批评和自治的社会体制结构中个体生活的种种方式）。

| 性别与法律：女性主义的实践

对于我们大多人来说，依赖性只是依据个人条件在人生的某个阶段或者是状况突变时才会出现，主流的政治和社会理论家常常很容易就会忽略掉。在他们那里，如果承认依赖性存在，依赖性也只是被自由主体远远超越或者被甩在后面的一种状态，因此也不是什么理论需求紧迫性的状态。另外，从历史的角度来看，社会对依赖性的处理办法就是将看护负担移交给家庭这一被定性为私人领域的范围，哪怕是家庭出现失误，比如滥用或者疏忽时，也不在国家关注的范围之内。在家庭领域之内呈现出的如此严重的视而不见，依赖性被安然地、错误地假定为可以被大多数的人们妥善管理。

与此相对照，理解了国家如此作为是对依赖性的一种潜在隐患，脆弱性问题就不能再引而不发。进而言之，即便有像家庭这样的体系可以提供一些避难场所，这些家庭也不能清除个体的脆弱性，因为家庭自身也是易受伤害和改变的脆弱结构。因为脆弱性始终存在并将继续存在，体系性的以及个体性的，这就暗示脆弱性作为一种主导模式对有关不平等的批评一旦完善就会比依赖性更具威力。

另外，脆弱性观点也关注到了另外一个问题特征，作为自由主体的他或者她，只能是成年人。这样，自由主体不但是立足于过去，而且超出了人类体验范围。自由主体成年人的架构只是捕获了人类发育过程中的众多可能性的一种可能，是一个人正常寿命之内所能经历的脆弱性最低的人生阶段。在自由模式中，如果我们打算制定反映人类主体真实生活的法律和社会政策，我们必须面对这种基本的缺陷。

脆弱性主体方法可以做到肤浅的自由主体方法所不能做到的。它呈现了这样一个事实：人类现实包含的是宽泛的、人生各阶段的、不同的和独立的能力域。脆弱性方法认识到当个体们在其人生低谷和能力匮乏到极限时就像船被抛锚一样。当然，在这两种极端之间，作为残疾或者疾病的结果，能力丧失和依赖性也许会发生，有些人是终身的，有些人是暂时的。变与不变充满人生，个体脆弱性所包含的不仅是过去所造成的伤害和不远的将来所潜在的伤害，还包含着实时可能伤害的。我们是生活在我们的需求和环境将会发生改变的隐患之下的人。基于个体状况，脆弱性概念（不同于自由的自治）捕获了当下存在的隐患，这就是对于不幸和灾难的持久敏感性让我们每一个人变得依赖他人。

（二）脆弱性的社会性及其体系

脆弱性主体就这样让传统的政治和法律理论家进退两难。政治和法律所包含的事实应该是什么？是否包含在历经出生、生活、死亡时，脆弱的肉体让我们全部折服于不断地摧毁我们的外界强力和内部崩溃？人类一生之中的肉体需求和他们所呈现的依赖不能被视而不见，也不能在社会、政治和法律理论中被缺省。当然，我们普遍存在脆弱性这一事实在我们的社会体系建构中也发挥了一些作用。思忖着我们共享的脆弱性，人类互相需要就会变得明显，我们必须基于这一人类基本事实建构我们的体制。

当然，社会体制本身并不是自动装置的避难所，即使是短期之内。形象一点地说，社会体制不能像构建脆弱性概念一样被速成：社会制度可能失败于市场的浮动、国际政策的变动、制度和政策的妥协或者人类的偏见之中。即使最经得起时间检验的体系，面临来自外部和内部的力量挑战时也可能会不稳定和受影响。[1]社会体制不能根除自身已经泛滥的脆弱性,并且其运转经常加剧我们个体的脆弱性。

在分析平等问题时,一个置脆弱性为中心的、具有希望的理论潜能是对于个体脆弱性情势的关注导致我们将注意力转向构建一个面向个人脆弱性的社会体制。这种面向的社会体制,应对社会背景之下的个人主体增加关注度方面发挥作用。特别利益的制度应该是在国家合法自治之下得以创建和维护,因为脆弱性分析的最终理论目标是国家对脆弱性必须是积极作为并且负有责任的。[2]

国家催生脆弱性的社会体系一直是连锁的、重叠的制造分层机遇、支持个体的可能性,而且维持差距和潜在的陷阱。这些体系共同形成减少、改善和补偿脆弱性上发挥重要作用的体制。[3]当我们面对不幸、灾难和暴力时,他们一起并且各自独立地提供给我们 Peadar Kirby 所说的"资产"优势、应对机制或

---

[1] 我的脆弱性概念已经背离了其他的理论家,例如朱迪丝·巴特勒,她认为脆弱性学说就是集中于人类能力的减损、毁灭和灾难。巴特勒设计了一个不幸和灾难框架作为其深思熟虑的机制,按照她的这种方法生活就会比其他生活方式变得更优越或者更有价值。通过检测不幸和发现不幸的方式,巴特勒认为我们"可以精确评估并且反对那些让人类生活比较脆弱并且导致人类生活比较不幸的条件"等。不过,巴特勒的理论在发起重建体现我们脆弱性的社会体制方面有些不足。因为社会体制既由脆弱性生成同时也是脆弱性的产物,我们必须不断地挑战体制实践和社会资源的分配。这样,巴特勒在"治理能力"有所质疑,也就是国家对于保护群体进行干预,我的脆弱性理论需要和社会体制达成一个积极协议,因为这些体制在需求面前是脆弱的,但又得接受这些需求。例如,巴特勒对长期隐藏在自治之下的形式平等模式和反歧视框架的不平等和伪装在自治之下的脆弱性并不质疑。See id. at 25 – 26.

[2] 这些产生并且指导他们行动的、与法律和政府机构相结合的制度,构建成一个与我所设想的一样的国家。See supra p. 6.

[3] See Bryan S. Turner, *Vulnerability and Human Rights* 25 – 44 (2006). Turner 承认脆弱性分析在形成国际体制方面的重要性对于人类需求大有裨益。不过,Turner 的脆弱性理论主要是关于人权滥用产生的脆弱性,以及如何阻止体制有效地保护群体。

脆弱性主体与人类初始境遇的平等

者可以让我们软着陆的资源。累积的财产还可以提供给个体面对脆弱的"顺应力"。[1]

Kirby 在脆弱性和暴力评价里面界定了社会组织和机构提供的三种不同资产：物质资产、人类资产和社会资产。[2]通过资产分配，体系提供给我们的物质或者有形资产。这些资产决定了我们的生活质量，并且为有形资产积累提供基础的剩余资源或者是以存款和投资的形式作为可持续的一种资源。[3]当然，税法和继承法对这种物质资产分配施加影响并且也是这套制度的一个组成部分，但是也正在演变成法规和规章和信贷政策。[4]

与物质资产一样，人类资产也对物质福祉产生影响。作为一种先天的或后天生成的充分利用既成情景的能力[5]，人类资

---

[1] 对于表明脆弱性制度的讨论以 Peadar Kirby, *Vulnerability and Violence* (2006) 为基础。在讨论顺应力时，Kirby 以早期的概念为基础，认为顺应力是"能够给与向个体、家庭、社区和国家这样的组织抵御外部和内部振荡的能力"。Id. at 55 (quoting the United Nations Economic Commission for Latin American and the Caribbean).

[2] Kirby 还有第四种分类，那就是环境资产。他注意到由于经济分析占据优势，这类资产常常被忽视，处在新古典经济模式之下，经济分析优先于货币价值并且从总体上而言，把环境资产视为外部效应。Id. at 69. 在这种范畴之下，制度和体系包括了那些诸如全球变暖、物种多样化、野生生物、影响世界各地个体和社会的自然资源等议题。Id. at 69-72. Id. at 55.

[3] Id. at 54-55.

[4] Kirby 注意到住宅产业是单身贵族最大的资产类别，在欧洲占到全部家庭财产的 40%~60%，美国约占 30%。他警告说房产市场的危机将会比经济萧条更糟糕，这一警告好像预知了最近遍及世界的次贷危机，参见 Id. at 59.

[5] Id. at 60, Kirby 的著作在这方面也反映了阿玛蒂亚森的某些分析，他指出阿玛蒂亚森没有对脆弱性加以阐述，但是强调了能力和构建"好生活"的方式要"强调我们所说的恢复力的社会产品是重要规模"。Id. at 55. 我相信 Kirby 的多重资产授予机构的分析比阿玛蒂亚森所阐述的个人能力的发展更丰富也更有益于说明国家责任的基础。在最初的时候，在各种结构授予不同的、补足性的资产的系统方法中，Kirby 正在寻找一种粗略的分类用来捕捉恢复力构想复杂的规模。

产根据个人状况提供人类人力资本或者"能力"。[1]在 Kirby 的人类分类里面,他把健康和教育作为主要的资产,将决定健康和教育的情势作为脆弱性分析的主要入选资料。[2] Kirby 提供的另外一个例证,就是就业体制必须被包含进来,就像健康和教育体制一样,发展为人类资产,可以进入市场并且促进物质资源的积累以帮助支撑个体面对脆弱性的顺应力。

最后,社会资产是一个关系网,我们可以从这个关系网中得到支撑和强化,包括家庭和其他文化群体和协会。Kirby 令人信服地论证了社会资产也可以通过政治共同体积累,在政治共同体中个体在处理由市场带来的脆弱性是可以互相联合支撑他们的顺应力。[3]从历史的角度来看,这种共同体包括工会和政党组织,但是现在,按照 Kirby 的认识,福利国家和保险都可以作为一种供替代的选择,与工会和政党组织展开日常竞争,以抵御风险。

Kirby 有关资产和资产授予机构的描述对于脆弱性分析建构大有裨益,它阐明了个体资产积累和社会机构的创建与维护二

---

〔1〕 玛萨·努斯保姆论证了以能力方法为基础的社会公正是最好的结果。See Martha C. Nussbaum, *Frontiers of Justice*: *Disability*, *Nationality*, *Species Membership* 70, 164 (2006). 努斯保姆论证了一种物质依赖性的状况,例如一个植物人或者一个长期生活在轮椅上的人,对于资源的需求就会有异于常人的结果。Id. at 164-165. 能力方法试图构建一个人类能力的最低水平线,这种最低水平线是"凭直觉认为什么是有价值的和起决定作用的生活成分而塑成的"。Id. at 70. 通过强调什么是有价值的和起决定作用的生活成分的最低水平线,努斯保姆的理论将社会不公正视为潜在的危险方式。使得社会或个人确定什么是和不是组成有价值的生活,与历史性地导致的优生、歧视和社会不公正这些变量产生共鸣。如此而言,在维护一种普遍适应性的伦理上,努斯保姆的依赖性和人类能力理论并不具备脆弱性方法所显现的优势。See Martha C. Nussbaum, *Frontiers of Justice*: *Disability*, *Nationality*, *Species Membership* 70, 164 (2006).

〔2〕 Kirby, supra note 38, at 60.

〔3〕 Id. at 64-69.

者之间具有关联性。二者关系的性质，与导源于资产的机构只有通过国家机制才能成为一种合法存在这一事实相结合，置这样的机构于国家责任领域之内。作为资产授予的实体，这些分配重要社会物资的机构，就应该被严格管制，或者更标准一些，国家干预要求国家应该对确保这些资产能被平等和公正的分配保持警觉。与脆弱性主体概念相结合，理解了国家与资产授予机构的关系，就会形成一个这样的词汇：国家应该对确保平等响应个体和机构的脆弱性负责。[1]

四、优势、劣势的估测和说明

在各种各样的授予资产的体制中，个体常常依据个人状况而处于不同的位置，因此当一些人处于优势的时候，其他人就会处在相对的劣势之中。思谋有利状态的重要性体现了这样一个事实，那就是这些体制互相影响的方式会进一步对不平等产生影响。体制造成优势与劣势并且相互结合形成一种比各自独立时更具毁灭性或更有益的影响力。有时候体制造成的优势可以调解或者抵消体制所产生的劣势。一个早期的良好教育可以帮助人战胜贫穷，特别是和有支付能力的家庭以及先进的社会工作网络相结合时。

---

[1] 以后拓宽资产分类范围将会是一件很有趣的工作。也许区分资产授予、资产保留和资产强化体制会更有帮助。也可能是和顺应力相关，为了这个原因作为研究的凸显价值，那些机构就是不再授予个体资产本身，而是提供一些共同的社会物资，以此来维持秩序。刑事司法系统和海陆空三军也会包含在这类分类之内。进一步的兴趣就是体制设计应该把机构而不是个体作为主要的管理主体。在积累、巩固和决定国际作用和关系的能力和范围方面，由这样的体制指导资本和国家。我会把国际条约和联合国惯例也放在这一体制之内，因为他们也在共同体的掌控之内。个体也许会从这些体制中受益，但他们不能被假定为主要的主体。

性别与法律：女性主义的实践

因此，关于每个人都拥有的资产，并不是像一些理论中假定的那样，交叉而成综合性的不平等是多样态的身份，而是交互影响产生优劣势之网的权力及优势制度。[1]这样，当其他理论家将传统的平等保护分析用于解释多重交叉的身份时[2]，脆弱性分析提供的是一种质疑制度实践的方式，认为是制度实践首先造成了身份制和不平等。

运用系统的分析方法，脆弱性分析可以阐明一些当前反歧视模式和其他模式下的身份分类所面临的含糊不清和异常的问题。聚焦资产授予机构的交互作用显示了为什么在"白人男性世界"里一些个体能够应对甚至取胜于过去那些和我们现存种族歧视或者性别歧视的不利环境。这些个体所处的不同体质和机构提供给他们成功必备的资产积累。这些成功有时会导致团体认同的排斥和不利估测协会的背弃，而这些团体和协会本身就是由一般社会成员和成功个体自己创建的。比如妇女 CEO 联盟，就反对应该为小孩或年迈双亲的看护者提供住所的设想；功利双收的南美人就发起运动反对大学录取的积极行动；再比如拉丁美洲人，他们面对被驱逐的非法打工者的态度就像面对他们的白人对手时一样强硬。

---

[1] See, e.g., Angela P. Harris, *Race and Essentialis in Feminist Legal Theory*, 42 Stanford Law Review 581, 587 (1990). (女性主义者采纳了一个多重意识的概念酌情描写一个只有或多数是女性遭受压迫的世界，而不是依据无法解脱的社会网中的种族、阶级、性别视角和其他的分类）; see also id. at 588 - 589, 598, 601 (critiquing gender essentialism).

[2] See Judy Scales-Trent, *Black Women and the Constitution*: *Finding Our Place, Asserting Our Rights*, 24 Harvard Civil Rights-Civil Liberties Law Review 9 (1989). (专注于种族和性别的交叉点，根据平等保护条款下审视黑人女性的不同标准）。

脆弱性主体与人类初始境遇的平等

这些个体并不反对结构性不平等的存在或者对补救措施的需求,但是他们应该被视作机构和体制的受益者,在这种结构和体制下他们以一种比简单的定位为身份和歧视更为复杂和特别的方式来获得优势。这些个体在交互体制之下获得优势,在各种性别歧视、种族歧视或者族群歧视等各种不可避免的不利条件下免受物质和心理伤害。他们的成功减轻了像种族或者性别等身份分类带给他们的苦恼,有时候甚至会让他们反对这种身份援助政策。

正像优势并不会囿于身份,劣势也是如此。脆弱性具有普遍性,这样它就能够超越不许可的歧视的历史分类。次贷危机影响了白人和中产阶层以及和那些传统的身份分类一样的人。90年代的福利改革对于所有看护者来说应该被理解为是一种直接攻击,因为它损害了不付报酬的看护工作的价值并且妖魔化了本身就处在父权范式之外的母亲们。[1]

多数情况下(当然不是全部)种族和性别偏见可以使不利变成独立这一现实提供了一个重要的政治工具。使一个共享的不可避免的脆弱性概念得以流通,会让我们更轻松地在一个并没有从现在的社会结构中像其他人一样获得全面利益的群体中建立联盟。如果我们从这个图景出发开始操作,制度安排将是抗议和政治动员的目标,并且各种利益集团也不必按照各种身份分类来组织。正义需求将会被重新配置:它将致力于现有的制度安排是否平等地关注同在脆弱处境下的各种个体和群体,资

---

[1] See Martha Albertson Fineman, *The Neutered Mother, the Sexual Family, and Other Twentieth Century Tragedies* 101–110 (1995). (讨论了各种族之下的母亲们如何拒绝父权制家庭的离经叛道特征)。

产是否以平等的方式被授予,或者当一些群体处在过度优势之下时是否有反向措施。

　　当然,基于各种身份性的不幸歧视还是极有可能持续发生;并且,如果发生了,一种保护和弥补歧视的需求就会继起。但是,相对于基于平等保护的分析,在说明和矫正如社会顽疾一样的劣势方面,致力于共享脆弱性概念并且围绕不平等的制度安排所生成的那些脆弱性发起政治运动就是一个更为有希望和有利的方法。正如早期说明的那样,基于反歧视的各种争论在如何消除有关笼罩着种族和性别的障碍(比如贫困线)的不利体制方面,毫无建树。[1]我们对于平等的理解已经被占优势地位的反歧视模式所约束,曾经存在现在可能还存在的、任何以身份为基础的激烈的潜在的政策也许已经远远不是复活的状态。脆弱性方法将会带我们走得更远,因为要建立一个强壮的、持久的跨越身份团体的联盟是个很先进的设想,总体而言这样的一个联盟还没有出现。

　　脆弱性方法实现了几个其他重要的政治目的,它既说明后身份模式为什么是必须的,又对现有的物质和社会不平等作出了强有力的诠释。首先,它允许并促进了在反歧视模式下我们对种族、族群和性别平等的追求。历史上曾经对妇女、美国黑人和其他非白色人种的男人关闭的机构现在已经正式开放,作为开放的结果许多个体处在兴盛状态。不过,还是有一些个体被远远地甩在后面,包括一些白色男人。现在的反歧视法和形式平等法在处理这些人所面临的许多劣势时几乎毫无作为。从

---

[1] See supra notes 4−7 and accompanying text.

形式意义和历史意义来看，制度性排斥并不是个体不能兴盛的原因。[1]

一些政治家和政策制定者暗示那些处在社会底端的人只不过是在承受他们自己个人的失败和不利后果。[2]这些断言以假设为基础，假定不成功的这些人在利用现有社会体制提供的各种平等可得的机会时，根本没有展示出个体责任。但是如果我们没有根据认为这是歧视而设定一个平等的参数，也许很难得宣称是个人失于责任，而是质疑体制是否对某些个体或团体提供了不许可的利益。在那种框架内，宣称个体对他们的失败承担全部责任就会更站不住脚。脆弱性探查提出了一个更为深邃和彻底的平等分析——在指控个体之前，评估国家应对脆弱性局势时考量结构性和制度安排。

这种结构性聚焦显现了脆弱性分析的第二大政治优势：它将体系（不只是针对个体的）放置在被审查的位置，将我们的注意力转移到这些体系在将资产授予某些个人或团体时可能会不公正所发挥的作用，即便他们这样做是无意的。记住：体系以及个体在面对内外强力时都是脆弱的。他们可能会被打败和毁坏，他们可能被损害和无法承受，他们会被实务遗产、行为模式和在遭受排斥与歧视期间塑成的既得利益所牵连，现在却深藏在已消失的历史迷雾之中。尽管如此，这些体系在阐述个

---

[1] 积极行动计划在反歧视模式下是被允许的。他们被视为是形式平等范式中过去反歧视必备的临时调整。因为他们基于历史的个体身份分类，并不面向如果我们想要解释清楚后平等社会我们要面对的复杂的多的各种劣势形式，就需要引起我们注意的体系。

[2] See Fineman, *The Autonomy Myth*, supra note 2, at 34.

体脆弱性时还是发挥了至关重要的作用。尽管我们都很脆弱,体系提供的资源使我们得以维持生计并且渴望幸福。体系以一种无歧视的模式进行操作、对某些个体或团体既不偏爱也无不利是很重要的。动机不重要,重要的是那些机构在应对我们共同的脆弱性现实时是否被不平等的建构。如果他们是这样的,无论是使这些不平等正当化还是去调整制度安排都是国家要承担的责任。这种对体系进行强制监督的方式只能由国家来承担,因为它是公共机关能力的合法体现。

五、积极响应的国家

以脆弱性主体代替自由主体,清晰地表达出一个相应的、强有力的论据去造就一个对脆弱性主体更为积极响应的国家并不是一项轻松的任务。批评家们会说对于自由主体的抨击将会动摇自由主义本身:如果一个有能力的、负责人的成年人不是社会和政治理论的中心,这会不会导致减损政府的民主模式?会不会让国家更加独裁?这一问题的答案,附着于现状,应该从我们的民主和民主机构的历史与发展开始展开思索。我们目前的体系是建立在一个自治与独立的神话之上,并不反映人类的脆弱性以及人类境况的依赖本质。这一理论弱点已被实践,它损坏了我们对于平等和民主的愿望。

另外,我们的思考必须超出现有的意识束缚,考虑以非独裁模式积极作为的国家的可能性。这一理论任务(国家角色的行动再造)要求我们设想积极响应的结构,利用这个结构国家干预赋予了脆弱性主体以权利。当然,确保社会上的资产和基本权利更平等分配的国家机制更能造就一个强健的民主政治和更强大的公众参与。这并不是在一个积极的还是不积极的国家

脆弱性主体与人类初始境遇的平等

本身之间进行选择,而是选择这个国家是否围绕一个责任界定清晰、能够实施一个综合的、公正平等的管理体制而建构的?

正如前文所述,我们现在对于国家的定义,在很多方面都低估或者忽略了多数人如何进入国家凭借法律雕塑资格获取与解体的机构。[1] 目前,国家对于提供资产发挥重要作用的机构只有最低限度的监管,而这些资产在我们面对脆弱性时为我们提供顺应力。根据议会立法、宪法禁止歧视的平等保护的授权,在不出现引人注目的差异表现和(或者)国家利益时,平等对待属于合法规范。不过,建立在个人自治的神话基础之上,形式平等模式未能阐明实质性的不平等和我们的机构所带来的特权配置差异。[2] 相反,通过聚焦平等保护和形式平等,现有模式却让我们深陷在身份政治的沼泽之中,这种少数人获得了收益的身份政治成为我们放弃追求实质平等的一个理由。进而言之,当一个人或者一个群体获得收益后,其他人或者群体常常就会感觉到他们正在遭受损失。这一范式使得一部分人以消极的方式反抗其他人,使得注意力偏转并远离了带给人们和团体不利的制度安排和体系。

在脆弱性和不歧视方法之下,同样授权建立一个平等的管理体制,但是它所设想的平等方式所关注的焦点的确有很大不同。脆弱性分析很赞赏由国家对他所建构和利用的体系和结构来承担责任。脆弱性分析要求国家对所有个体共通的脆弱性给予平等关注,超越旧有的身份分类下国家只对反歧视发挥重要

---

[1] See supra pp. 6 – 7.
[2] See supra Part I.

作用的限制。脆弱性分析以国家如何应对、塑成、启用或者缩减它的机构作为思考的起点。它对那些机构有所行动吗？这些机构与支持一个至关重要的、强健的平等管理体制的责任保持一致了吗？这个管理体制确保个体们有真正的机会去发展他们在面对脆弱性时需要的给予他们顺应力的资产了吗？

　　此次对体制、结构的优劣调查结果表明，需要有大量的政治文化整合，以及一些法律机构和理论的调整。立法机构及其立法行为将会成为国家首先需要调整的部分。立法调整将是面向脆弱性的，这将对平等机会理论产生一种比较微妙的变化，它对现有的不平等将会比现有的理论更为敏感，对国家的要求也会更多。这一需求首先反映在立法者和执法者身上：调整要更针对脆弱性并对脆弱性作出回应。立法者和执法者承担的职能最终将会受到法院的监督或者指导，这样就能反映在评估个人平等诉求时国家是否承担了责任。

　　脆弱性分析对平等的质疑并不是要挑剔致力于个体或群体性的反歧视。[1]而是要求国家确保它所控制下的体系和组织不能让特定的社会成员获得不当利益或者不利。这些体系和组织的运行及操作应该成为立法者和执法者关注的重点。脆弱性探查检测的是社会资源是否以部分人承受不利和脆弱性的同时而另外一部分人却从中受益的方式进行分配。目光对准社会机构的结构反映的是国家具有明确的责任：不能让部分公民获得优于他人的特权、积极地为平等创造条件。设想一下：有这样的政治和政策，而这样的政治和政策又是在立法者和执法者的校准

---

〔1〕 这也可以帮助理解一些断言的问题，为什么有些群体的成员获得了成功，体制的运行是恰当的并不需要做出调整或者改革。

脆弱性主体与人类初始境遇的平等

之下的，这样的讨论多么富有成效。[1]

关注国家及其机构、特权与不利，将会改变法律上司法审查的本质。这会让法院偏离对处在特定社会结构之下的个人特质的评估——评估他们是否是这个男性化社会的主体。脆弱性范式呼吁法院展望一下过去几十年以来反歧视范式下所形成的身份分类的不利。旧有的身份分类，诸如社会性别、种族、性别等，不应该再被充分关注。为了揭露和阐释我们已经错失的关于社会组织的问题，我们必须重新定位我们的关注点。

同样，在脆弱性方法之下，我们的任务不再是揭露隐藏在个体雇员、教育者、老板等身上的动机，个体的动机不是关注的重点，反歧视也不是。当全社会处在我们的文明忽略了社会体制被设计的部分人享有特权而其他人却不能如此不利的假象和信念之下，这三者是毫不相干的。因为脆弱性共享和普遍的本质表明，全社会（而不是特定的少数人）都应该处在监管之下，脆弱性方法也许被看作是一种对社会所亏欠的那部分人如何加以保护的"后身份"分析。

承认了特权与不利会根据身份分类而有所不同，就会迫使

---

[1] 我们现在满是争议的社会体制有个基本问题，那就是我们要好好思索为什么我们的组织要如此安排？财富要如此分配？我很期待有关国家立法机关和国会对立法工作也提出如此质疑：为什么我们的合同法优于社会现状？为什么市场优于个人和家庭？为什么市场会成为法律的分水岭？为什么市场竞争会有如此众多的不同？公司 VS 工人 VS 消费者 VS 政府？为什么所有的法人不统一进行管理？为什么只有股东才是利益相关人？为什么我们接受最少工资的理念在法律上却被设想成为拿了最高工资的人？为什么要把家庭和就业放置在虚构的公—私二元对立之下？其他国家的立法者也在对此问题进行质疑并且进行了政策调整。脆弱性方法的最低限度应该是设置这样一个前提：如果国家及其机构保障了部分人的特权，通过社会机构的创建和维护来庇护或修复这部分人的脆弱性，那这就是不恰当的。这就会迫使我们揭露国家这一行径，并为自身的脆弱性和依附性进行抗争。

| 性别与法律：女性主义的实践

我们的关注点不仅要转向个体，更要转向机构，因为体系结构和安排几乎不可避免地产生或者加剧现有的不平等。[1]脆弱性方法并不意味着区别对待，即便是授予特权或者利益也绝不保障。这意味着如果国家授予特权或者利益，确保一个无偏颇的公正环境或者一旦偏颇即可修正就成为国家确定的义务。[2]这将成为一种平等的政治和法律文化，国家和我们的社会机构以及他们的行动将会受到这种文化的评判。

有趣的是，同性婚姻之争揭示一个很具体的、同时代的并不基于部分群体歧视理论的应用，而且避开了将其他人置于保护机构之外却让少数人获得特权这一国家行为。在某种情况下，原告将他们的诉求定位为跟婚姻相关、但是将同性配偶排斥在外的那些特权。那些收益就是脆弱性论证的"资产"，从婚姻制度建构的获得或者已经获得的物质资料或者相关好处。

1999年，佛蒙特州最高法院调查了自己早期的一段历史，发现同性配偶有权享有那些只能由异性婚姻配偶享有的法律收益和保护。[3]法院在处理同性配偶之间的收益（或者资产）时的推断，并不是基于平等保护条款而得出，而是根据在美国殖民时期的更早、更宽泛的平等概念而得出。[4]佛蒙特州《共同利益条款》先于《第十四修正案》发布，并不以反歧视概念为

---

〔1〕 脆弱性概念也使我们避免了以个体责任为基础的争论，关于这个问题在美国已经得到解决，因为经验证明个体的身份保护是很成功的。

〔2〕 目前比较流行的观点是这种类型下的国家行动是不恰当的。我们是嵌入在个人主义的国家意识形态之中的一群人，这种意识形态保护了个人自由，是由个体责任、国家不干涉和消极权利组成的委托管理。

〔3〕 Baker *v.* State, 744 A. 2d 864 (Vt, 1999).

〔4〕 Id. at 876 – 877.

理论基础[1],也不仅仅致力于对特别分类下的人们加以保护。《共同利益条款》表明:"政府是,也应该是,为了共同体、国家、人民的共同的利益、防护和安全而设立,并不是为了共同体的特定的部分人、家庭、任何个人的特别薪酬或者好处……"[2]

法院对《共同利益条款》的解释与联邦法律不同,联邦法律只关注结果而不关注手段。这说明联邦法院只是广泛地顺从那些符合和促进政府目的的法律特权,大力确保那些精心打造的、符合政府目标的公正理性的手段。[3]相比之下,支撑《共同利益条款》的确是:"法律一致给予每一个佛蒙特人利益、保护和安全,如此社会和政治之精髓才能体现出不同的能力、性格和价值,而不是政府的喜好和特权。"[4]

Baker v. Vermont's 案对《共同利益条款》理解以关注目的作为分析方法。该案的多数意见进一步的解释是"禁止否决被欺压的权利,而是应该禁止基于特权给予好处或报酬"。[5]《共同利益条款》还进一步规定了"它的核心……政府的愿景乃是给予每一个佛蒙特人利益和保护,不授予佛蒙特人特别的利益"。[6] Baker 案的多数意见并没有限制潜在的那些阶层,他们的利益也得到了《共同利益条款》的保护,这些人的身份分类按照宪法规定也属于联邦最高法院的保护范围。因此,正像判决中所陈述的那样,"原告得到了共同利益和第七条的保护,不

---

[1] Id. at 877–878.
[2] Vt. Const. ch. I, an. 7.
[3] Baker, 744 A. 2d at 871 (emphasis omitted).
[4] Id. at 876–877.
[5] Id. at 874.
[6] Id. at 875.

是因为他们属于'弱势群体'[1],而是因为他们是佛蒙特群体的一个部分"。[2]这一事实迫使法院"监督一个经常在市民中间有关利益和特权方面产生歧视的程序"。[3] Baker案使用了一种富有建设性和积极性的、与脆弱性方法相一致的探究模式:它关注的是在新的形势面前,国家是否为它所有的合法主体所共有的脆弱性给予平等尊重。

结论

平等必须突破身份和歧视法学所强加给它的疆界,以及围绕这些法学所形成的那些政纲。平等的承诺一定不能以那些身份分类为前提,也不应该仅局限于被划分为公共或者私人之类这样特定的空间和体系。平等必须是一种普遍性资源,最根本的保障应该是让每一个人都受益。我们必须开始思考国家平等委员会,它应该立足于对脆弱性和依赖性的理解、承认自治不仅是人类境况的一种内生特质,还是社会政策的产物。

出自《比较法研究》2013年第4期。

---

〔1〕 原文为"suspect class"。
〔2〕 Id at 878 n. 10.
〔3〕 Lawrence Friedman & Charles H. Baron, *Baker v. State and the Promise of the New Judicial Federalism*, 43 B. C. L. REV. 125, 152 (2001).

玛萨·法曼及其脆弱性共有理论

脆弱性分析要求国家打破这种公私对立的二分领域，对所有个体共通的脆弱性给予平等关注。

20世纪七八十年代是世界女性主义运动第三次浪潮时期，也是从自由女权主义、差异女权主义进入女性主义多元化时期。作为美国女性主义法学研究的领军人物之一，玛萨·法曼早期研究主要关注婚姻、家庭和职场中的女性，或者说，是沿着女性主义批判性思路行进。近几年来，法曼的女性主义法学研究开始从批判性转向建构性，用她自己的话来说，是进入了"后身份时代"的研究。她认为，任何身份上的划分，都会涵盖过宽或者有所遗漏，比如男性中也有弱势，女性中也不乏强势，其他身份划分亦如是。2008年，法曼在埃默里大学筹建了一个脆弱性与人类初始境况研究中心，脆弱性及其相关概念是她在这一新的领域所作的积极探索。

一、脆弱性是人类社会普遍存在的

法曼认为脆弱性是人类社会普遍存在的，起因于我们自身的条件和我们所处的社会以及社会体系。就个人状况而言，脆弱性是指人们在生活中时时存在的受伤害或者生物意义上的损伤或限制等可能性,这种脆弱性并不能完全消除,人们能够采取的手段只能缓和或者降低其伤害,但脆弱性也不等同于伤害。作为脆弱性的生物,人类的一些感觉,比如爱、尊重、好奇、兴趣和渴望使得我们需要和他人建立联系、形成关系、建立体系。脆弱性固有的积极和消极的可能性显示,人类之间的相互关系和相互依赖是不可避免的,而且这正是人类存在的标示。法曼认为,"用脆弱性理论替代传统的平等保护分析,是'后身份时代'的需求,它不仅表现为对已界定群体的反歧视,而且关注政府和社会组织是否利用其体系授予那些有限的、被特选的群体以特权并满足喜好。如此而言,脆弱性分析关注的是我们的社会结构对于我们共同的脆弱性是如何运作并且将如何运作的。这种方法极有可能将我们从目前这种以反歧视为基础的模式转向更为实质的平等追求"。

在法曼的理论构建中,脆弱性主体是被重新定义的一个法律个体,用来替代自由主义的自治主体。她认为,目前占主导地位的政治和法律思想都是围绕着自由传统下的普遍性人类主体建立的,这些理论推定自治主体是全能的社会行动者,有能力同时扮演雇员、雇主、配偶、父母、消费者、制造商、市民、纳税人等多重社会角色。自治原则、不干涉原则都是依赖于自治主体被假定的权限和能力。

法曼同样对女性主义的依赖性观点提出质疑,认为依赖性只是依据个人条件在人生某个阶段或者状况突变时才会出现。另外,从历史的角度来看,社会对依赖性的处理办法就是将看护负担移交给家庭这一被定性私人领域的范围,排除在国家关注之外。脆弱性主体的概念构建则是将脆弱性主体放置在政治、社会的中心,拓展现有国家责任的理念。它将国家和个人的关系建立在恢复力的普遍需求上，从而使得国家责任也应涵盖国家体系介入脆弱性主体和提供机会这一需求。

二、国家角色重新定位

恢复力是脆弱性理论中一个更高层次的关系概念，用来说明理解体系下的个体以及体系与个体之间的关系有多重要。国家和社会体系是通过法律而存在的，在为人类脆弱性创造机会和提供选择时共同发挥重要的作用。教育体系、财政体系和健康体系等则给个体以恢复力，让个体去面对其脆弱性。在法曼构建的理论体系中，资源或者资产通常表现为五种形式：物质资源、人际资源、社会资源、生态资源或者环境资源和存在（physical, human, social, ecological or environmental and existental）。一个对脆弱性有所回应的国家，必须确保各种机构提供获取这些资源的途径和方式，并且确保某些个体或者群体在其他人处于不利状态的时候，不能获得滥用资源的特权。

不仅如此，国家作为一个管理实体应该更加积极作为。这一理论任务（国家角色的行动再造）要求国家角色重新定位，建立一套积极响应的国家机构，依靠国家干预赋予脆弱性主体以权利。目前，国家对于提供资产发挥重要作用的机构只有最低限度的监管，而这些资产在我们面对脆弱性时为我们提供修复力。比如说，国家作为公共权力和合法的强制权力的终极使用者，它实际上是指向"公共领域"，而对于"私人领域"的事务，国家以"自治原则、不干涉原则"止步于该领域之外。脆弱性分析要求国家打破这种公私对立的二分领域，对所有个体共同的脆弱性给予平等关注，超越旧有的身份分类下国家只对反歧视发挥重要作用的限制。立法机构及其立法行为将会成

| 性别与法律：女性主义的实践

为国家首先需要调整的部分。立法调整将面向脆弱性，这将对平等机会理论产生一种比较微妙的变化，它对现有的不平等将会比现有的理论更为敏感，对国家的要求也会更多。

  法曼的脆弱性研究已经超出了现在关于性别与妇女的研究，也超出了性别、种族、民族等的不同。脆弱性与人类生活相伴随，具有普遍性、持久性，因而也具有更重要的研究价值，值得我们进一步思考。

  （本文资料部分来源于笔者访谈，部分内容参见 Martha Albertson Fineman,"The Vulnerable Subject: Anchoring Equality in the Human Condition", Yale Journal of Law and Feminism, Vol. 20, No. 1, 2008）

        出自《中国社会科学报》2012 年 11 月 7 日。

自治、依赖与国家责任

玛萨·法曼，拥有美国埃莫瑞大学法学院最高教授席位（Robert W. Woodruff Professor），当年以《法律与革命》蜚声海内外的哈罗德·J. 伯尔曼生前也隶属于该校该院，也享有同样的荣誉。法曼是当代极具影响力的一个文化女性主义法律思想家，在该领域孜孜不倦已经30余年。《自治的神话——依赖性理论》（以下简称为《自治的神话》）是作者2004年的作品，但是渐行渐热，声名超出本土，远播欧洲、亚洲、非洲，在韩国、日本等国已有译本出版。

和中国一样，美国家庭也是儿童抚养的主要承担者，家庭责任也毋庸置疑地落在妇女身上，多数的女性主义者将其归结为性别不平等。但在法曼看来，这一切的根源却是国家不作为而造成的。法曼的论述正是围绕这一问题而展开。法曼认为公民自治这一政治修辞和流行的意识形态在美国是如此神话般地根深蒂固，以至于忽视了依赖关系的必然性和常态性。和流行的自治神话相比，法曼主张：相比公民自治而言，依赖关系在任何社会都具有不可或缺性，国家有责任应和这些需要并承担起看护（carework）责任。法曼认为美国并没有对此有所担当，在福利计划、税收政策、劳务政策以及其他政府计划里面都疏于对超出家庭范围之外的依赖性进行调查。法曼进而指出：在

| 性别与法律：女性主义的实践

家庭层面，那些提案仅仅是在重复一个自治性的神话，甚至赞赏国家对于两性婚姻家庭自给自足，这是一种错误见解。法曼由此发展出自己对于国家角色的见解，认为国家的作用应该将那些超出工作、家庭领域以外的部分纳入法律和公共政策范畴。

因为依赖性是人类不可避免的一个现实存在，一个良善的、公正的政体必须对此承担责任。尽管自由政体的国家对依赖性所承担的责任已多被界定并且已被实现，但在《自治的神话》一书里，法曼对自治神话的界定、对国家之于依赖性责任的再概念化以及国家如何针对依赖性制定政策依然是令人信服的、具有颠覆性的。"国家应该对看护工作进行认定，将市民所承担的看护工作和劳务市场相结合，而不是仅有对承担看护责任的私人家庭进行补贴。"在法曼的论述中，这部分本应由国家承担的看护责任，转由家庭来承担，是社会对家庭欠下的债务，即社会之债。最好这部分责任定义为社会义务，来保护最具脆弱性的那部分公民以培养和发展他们的能力。

法曼的《自治的神话》一书分为四个部分：第一部分论述了基础性的神话，自治、依赖以及社会之债的关系。第二部分论述了体制化的自治，讨论美国现有的社会体制安排之下家庭与婚姻的功能与状态，国家应该如何应对婚姻与家庭现实存在的问题。第三部分是女性主义视角下的家庭法改革，在这一部分法曼对曾经的家庭法改革提出批评，自治理论在家庭的看护工作领域是虚弱的，法律的改革也是不公平的，需要重新对家庭的看护工作进行评估。第四部分是社会契约下的个人自治和家庭自治，法曼在这一部分批判了社会契约理论将家庭排除在公共领域之外，认为需要对社会契约进行新的审视，并且提出了如何去建构一个无懈可击的国家。

女性主义理论家很早就指出自由主义理论已经控制了当下美国的政治思想。他们认为自由理论浓笔重墨涂抹的无非是个人自治,社会机构建立在个人自治之上,而社会机构又是男人的天下,完全无视依赖性对于看护的需求,也看不到依赖性的不可避免和常在性。对于看护问题,女性主义理论中比较典型的观点是应该由男人来分担看护责任,女人可以出外工作进入公共领域,以实现男女平等。但是,法曼的曼妙之处就在于提供了一种不同的思路,勾勒了一幅更加特别的图景。法曼认为公正的主要问题不是用社会分配给女人的看护责任来攻击男人,而是要用社会分配给家庭的看护责任来反对其他社会体制。因为这些社会体制从家庭劳务中获得益处。她不赞同公私二元的划分疆界,不认为家庭属于私人领域,更不赞同国家以自治为名将家庭排除在责任之外。因为家庭承担了为社会输送人力资源的义务,应该属于公共领域。[1]法曼对于家庭的重新定位,要求国家积极承担责任,来促成一个公正和人性的社会。现有有限的国家功能,在脆弱的个人权利面前是虚弱的。在法曼看来,只有对依赖性做出回应的国家才是无懈可击的。法曼在书中倡导应该打破自治的神话,国家现有功能需要改变。

对于如何改变,法曼提供了自己的建议。认为应该在公共体制之内安排看护工作。法曼这种应由国家对看护工作提供支持和供应的倡议,意味着要重新对国家福利和劳务市场排序,要使之成为社会产品而不是免除某些公民看护责任的特权。进而言之,这意味着看护工作转变为国家的供应和资助责任。所

---

[1] See Martha Albertson Fineinan, *The Autonomy Myth: A Theory of Dependency*, New Press, 2004, p. 263.

以，法曼在《自治的神话》谈到的这种模式也可以称为公共资助模式。在法曼的公共资助模式之前，女性主义理论家已经有两种看护模式来解决看护工作问题：其一为亲本模式（parental parity），在家庭内部由父母双亲共同承担看护责任，用以改变过多倚重母亲来完成的模式；[1]其二是反生育（anti-repronormativity）模式（这一模式主要是由芝加哥大学法学院教授Mary Anne Case提出的），呼吁国家应该用一种政策鼓励妇女考虑除了生养子女以外的其他生活选择，因为在生育模式下，多数是由妇女担当看护，这种不成比例的看护更促成性别不平等。法曼所提议的公共资助模式，在某种程度上对于处理此类性别不平等时提供了非常不同的路径。不仅如此，公共资助模式还解决了依赖性的需要。对于单亲家庭来说，更是具有特别大的帮助。

应该说法曼的公共资助模式是女性主义理论里面对依赖性的回应最具核心地位的。但是这种模式也会引发一个问题：公共资助应该采取什么方式？法曼在《自治的神话》一书的主要精力用于重构国家责任的概念，并没有讨论两种公共资助模式所产生的不同模式需要不同的政策支持，是直接资助（direct subsidy）即国家直接资助家庭机构的看护工作还是公共集成（public integration）即由国家提供劳务市场来供应这部分劳务需求，法曼并没有给出答案，也看不出她的偏好，看似两者均可。[2]

《自治的神话》一书不仅重构了有关工作-家庭的辩论核

---

[1] See Susan Okin, *Justice, Gender and The Family*, BasicBooks, 1989, P171, Joan Williams, *Unbending Gender: Why Family and Work Conflict and What to Do About It*, Oxford Unierst Press, 2001, p. 232.

[2] See martha Albertson Fineman, *The Autonomy Myth: A Theory of Dependency*, New Press, 2004, p. 263.

心，而且对法律和公共政策的广效性产生了很深的影响。法曼在本书中对工作-家庭领域内有关依赖性进行的一系列概念重塑，足以引发对一系列重要问题的思考，这其中包括国家应该采用资助方式才能适应依赖性需求，同时还要实现设定的其他重要目标？国家应该在哪些地方或者如何对资助的看护工作进行限定？在本书的主要论证之外，法曼还批评了美国当前的公共政策，对于国家应该满足公民需求进行呼吁，对于法律原则和政策对话进行了大量详尽的论证。在本书中也有法曼对于未来的婚姻形态、福利改革、税收体制、社会安全以及劳务市场规制的一些展望，这些展望也是可圈可点的。

出自《中国社会科学报》2013年4月10日。

女性主义法律现实主义

——法律现实主义与女性主义法学*

摘 要：本文是对两大法律运动法律现实主义和女性主义法学运动理念的反思，法律现实主义已经重述了几十年，男性中心论始终占据着法律现实主义的核心。本文作者发现了一种新法律现实主义历史和新女性主义法学的理论，即女性主义法律现实主义，这会为当下的女性主义法学带来研究进路的转变，减少女性主义内部分歧以及相互攻击。

法律现实主义被称作是美国最有意义的法学运动之一。[1]

---

* 本文原文篇幅过长，本篇译文节选了上半部分，根据文意，文章副标题由译者添加。本文为司法部国家法治与法学理论课题"法观念现代化与女性权益保护——以反家暴法为中心"（项目编号14SFB2001）的阶段性成果。梅·奎恩，华盛顿大学法学院法学教授。本文发表于 Harvard Journal Law & Gender 2012（1）. 女性主义法律现实主义，是作者原创性概念，本文是 Further（Ms.）Understanding Legal Realism: Rescuing Judge Anna Moscowitz Kross 一文的延续，参见 88 Tex. L. Rev. 43 (2009).

[1] Leitbr, Naturalizing Jurisprudence, supra note 2, at 1; see also Cultural Analysis, Cultural Studies, and the Law: Moving Beyond Legal Realism, supra note 2, at 6; William W. Fisher IH, Morton J. Horowitz & Thomas A. Reed, American Legal Realism xiv (1993). [后文简称 Fisher ET AL., *American Legal Realism*].

作为一种主要的叙事方式,现实主义深深地植根于美国或国际的法学想象力中。迄今为止,法律现实主义的叙事试图让法律更好地为人们所理解,叙事者集中于20世纪前50年里美国法学界和法院内那些位高权重、声名远扬的男性。最寻常的或者最根本的原因可能在于,法律现实主义是为了应对法院对法律的机械适用,而不是鼓励真实世界中对法律解释和重要性的警觉。因此,法律现实主义者既着力于规范性,也着力于描述性,为审判提供了一种新的面貌。他们也倡导更广泛地接纳新兴的、非形式主义的法学思想和方法。[1]

一、法律现实主义者的谱系学:男精英探索实用法学的历史

男性中心的传统叙事得到了卡尔·卢埃林(Karl Llewellyn)的支持,而卢埃林,就是传说中的法律现实主义之父。[2] 1930年,卢埃林凭借《下一步——现实主义法学》[3]掀起了激烈且持续经年的对话。[4]在文中,时任哥伦比亚大学法学教授的卢埃林对哈佛大学法学院院长罗斯科·庞德机械的法律适用进行

---

[1] See William A. Edmundson, *Introduction to The Blackwell Guide to the Philosophy of Law and Legal Theory*, supra note 11. (有关现实主义描述性的特点以及与实践相关的启示); Fisher ET AL., *American Legal Realism*, supra note 6, at xi – xv. (提供了现实主义在法院实践和学界倡导的深刻见解)。See infra Part IV.

[2] Fisher ET AL., *American Legal Realism*, supra note 6, at 49. (提到卢埃林是众所周知的现实主义先行者)。

[3] Karl N. Llewellyn, *A Realistic Jurisprudence—The Next Step*, 30 Columbia Law Review 431 (1930). [后文简称 Llewellyn, *A Realistic Jurisprudence*]。

[4] See Fisher ET AL., *American Legal Realism*, supra note 6, at 49 – 52; Kalman, *Legal Realism at Yale*, supra note 10, at 3. (描写了现实主义者忙于20世纪20年代和30年代的论辩)。

性别与法律：女性主义的实践

抨击，该文成为现实主义的一个起点。[1]在卢埃林的著作中，他依然认为当前"法律的复杂性"挑战了议会立法和上诉法院判例作为"论辩援引的核心"。[2]他呼吁法学讨论应该有一种新焦点，即对准"司法（或官方）行为和非专业人员的接触区域"。[3]法律本身应强调社会中"看得见的行为"，包括"整个社会和社会里所有人"。[4]

庞德回应时承认了这些观点，同时也暗示了其具有的局限性。庞德不仅指出不确定的法律概念并非原创，而且担心"年轻法学教师"花了太多的时间在法学景象虚幻的特点上，比如卢埃林。[5]庞德指出，"这样的批判行为，重要固然重要"，但

---

[1] Fisher ET AL., *American Legal Realism*, supra note 6, at 49 – 52; Hull, supra note 10, at 140 – 46. （详述了庞德的作品是怎样成为卢埃林最初关于法学现实主义宣言的催化剂的）。庞德也因为在其构建的社会法学中描述了早期提倡法律实用主义的运动而闻名。See Roscoe Pound, *Mechanical Jurisprudence*, 8 Columbia Law Review 605, 609 (1908); see also Michael Willrich, *City of Courts: Socializing Justice in Progressive Era Chicago*, Cambridge University Press, 2003, 104 – 15 (2003). 但是，经女性主义历史法学家 Felice Batlan 和 Gwen Hoerr Jordan 证实，在庞德之前，法律职业中的女性所从事的社区活动和律师策略已经非常清楚地反映了社会法学的定义和主题。See infra note 61. （描述了社会法学运动是法学现实主义的先驱者，也是传统地只有男性的故事）。显然这些女性没有立刻把自身的行动划定出一个运动或思想学派的疆域，或者在男性为主的法律运动中扬名立万与他们并驾齐驱。See, e. g., Gwen Hoerr Jordan, *Agents of (Incremental) Change: From Myra Bradwell to Hillary Clinton*, 9 Nevada Law Journal 580, 600 (2009). （19 世纪晚期的女性法律活动家从未正式为她们的法律改革运动命名或者建立一个单独和明确的组织）。

[2] Llewellyn, *A Realistic Jurisprudence*, supra note 14, at 443 – 45.

[3] Id. at 44243.

[4] Id. at 464, 465.

[5] Roscoe Pound, *The Call for a Realist Jurisprudence*, 44 Harvard Law Review 697, 697 – 705 (1931).

他质疑"它不是法学的全部……"〔1〕，是否有一种"法学"既描述法律秩序，又能发展出不仅仅是建立在"批判"上的有远见的学问。〔2〕

1931年，卢埃林以《关于现实主义的一些现实主义》〔3〕对庞德进行了回应，他指责庞德用语尖刻，也给接下来的法律现实主义的阶段和语气定了调。〔4〕卢埃林为如他一般的"新现实主义者"作了辩护。〔5〕卢埃林选取了至少20名法学教授、法官和律师（都是男性）〔6〕和他共同分担这一思考，参与类似的创新性工作。〔7〕至于他们的规范性议程，卢埃林说，现实主义改革家对于法律规则实施的要求是在某种程度上承认法律规则的影响，也接受法律"作为一种实现社会目标的方式而不是社会目标本身"。〔8〕

---

〔1〕 Id. at 699.

〔2〕 Id.

〔3〕 See Karl N. Llewellyn, *Some Realism About Realism—Responding to Dean Pound*, 44 Harvard Law Review 1222, 1236 (1931).［后文简称 Llewellyn, *Some Realism About Realism*］.（讨论了现实主义阵营里"是"与"应当"的特征）。

〔4〕 根据Fisher, Horowitz 和Reed，这一"著名的交流……也许是对现实主义最简明扼要的指南，同样有优点和不足。"Fisher ET AL., supra note 6, at 49.

〔5〕 See Llewellyn, *Some Realism About Realism*, supra note 23, at 1224, passim. see also Laura Kalman, *The Strange Career of Legal Liberalism* 16 (1996).［后文简称 Kalman, *Legal Liberalism*］.（在现实主义者的叙事看来，传统主义者教义学的错误在于把法律当成是一套中立的规则体系，法官机械地适用，从而达到一种法律上"正确"的判决）。

〔6〕 Llewellyn, *Some Realism About Realism*, supra note 23, at 1227.

〔7〕 See id. at 1227. 这多少有点讽刺意味和先见之明，Frank 努力把这种现代运动与之前的法律思想隔离开来，形容后者有一种"孩子气的渴望修正父亲控制的世界，远离侥幸和过失"。Jerome Frank, *Law and the Modern Mind* 37 (1930).

〔8〕 See Llewellyn, *Some Realism About Realism*, supra note 23, at 1236; see also Kalman, *Legal Liberalism*, supra note 25, at 16.（现实主义者揭示法律规则也是努力改善的一部分。例如，在毁损旧有法律规则的预测性力量时，现实主义者常常认为是为新的规则奠定基础）。

性别与法律：女性主义的实践

卢埃林认为法律现实主义者并非只有一种声音或信息。[1]而且，多年以来他和同龄人花费了大量的笔墨，努力为现实主义事业寻求更为纯粹的理解，同时为现实主义发展出最好的方法论。此后20多年里，他们进行了精力充沛的，甚至是刻薄的意见交流，有时见于美国优秀法学院的学术期刊，有时活跃在各种针锋相对的批判性对话之中。

例如，虽然卢埃林在作品中提倡要更好地理解法律怎样在社会中运作，[2]其他人则写文章呼吁注意具体领域的学说以期为现实主义推行做好准备。[3]一些学者鼓励运用其他特别的社会科学方法，建议在法律应用中采用实用方法。[4]然而其他人，最著名的是杰罗姆·弗兰克（Jerome Frank），主张改变法学院的环境和课程。[5]同时，卢埃林重新编写和替换了那些被认为

---

[1] See Llewellyn, *Some Realism About Realism*, supra note 23, at 1251.

[2] See Karl N. Llewellyn, *Jurisprudence: Realism in Theory and Practice* 78 (1962). （一个关注法律的人必定把他的思想集中在法律官员和非专业人士的行为互动上）；Karl N. Llewellyn, *The Normative, the Legal, and the Law-Jobs: The Problem of Juristic Method*, 49 Yale Law Journal 1355, 1356-57 (1940).

[3] See Karl N. Llewellyn, *Jurisprudence: Realism in Theory and Practice*, Transaction Publishers, 2008.

[4] See Hull, Roscoe Pound and Kool Llenollyn *Searching for an American Jurisprudence*, supra note 10, at 284. （描述了 Llewellyn, Frank 和其他人嫌隙，一方面是与 Hessel Yntema, Wheeler Cook, Herman Oliphant 和 Underhill Moore，另一方面是在法律研究中运用特殊社会科学方法问题上的分歧）；Kalman, *Legal Realism at Yale*, supra note 10, at 17-19. （描述了 Underhill Moore 行为心理学的恪守承诺和 Llewellyn 关于社会学、经济学、历史和其他社会科学可能对法律改革项目可能有用的洞察力）；see also Kalman, *Legal Realism at Yale*, supra note 10, at 18. （描述 Frank 作为几个不认为人类学是社会科学的人员之一，与现实主义议程是相关或对之有助益的）。

[5] See Jerome Frank, *Courts on Trial: Myth and Reality in American Justice*, 25 Indiana Law Journal 227-46 (1950). See generally Jerome Frank, *A Plea for Lawyer-Schools*, 56 Yale Law Journal 1303 (1947). （提出法学院应该向学生展示实践中的法律，而不是主要在图书馆研究它）；Jerome Frank, *Why Not a Clinical Lawyer-School*, （转下页注）

女性主义法律现实主义

是现实主义运动组成部分的清单。[1]这就有点讽刺意味了,本意是迫切需要现实而实用的方法来改善司法实践,而现实主义的追随者却越来越陷入运动未曾料及的理论修辞的争论之中。

热情高涨之下,现实主义者的话语已近怨恨。历史学家N. E. H. 赫尔(N. E. H. Hull)和劳拉·卡尔曼(Laura Kalman)曾对发生在美国最负盛名的法学院中有关现实主义的内战有过详细记载。[2]很多人不禁抵制法学界的互相轻薄,而且抵制其追随者和推动者为占领理论制高点而斗争。[3]精英法学院作为机构参与到论战之中,基于对他们观点的支持,某种程度上导致对手间的论战不断升级。[4]在如此批判和否定的背景之下,

---

(接上页注[5]) *Lawyer-School*, 81 University of Pennsylvania Law Review 907 (1933). (指出法学院不应该只传授法律规则和原则)。Frank, 一个服务于罗斯福新政的耶鲁大学讲师, 作为第二巡回上诉法院的法官, 常被认为是推行法律诊所教育的先锋。See Margaret Martin Barry, John C. Dubin & Peter A. Joy, *Clinical Legal Education for this Millennium: The Third Wave*, 7 Clinical Law Review 1, 8 (2000). 很多对改变法律教育体系感兴趣的其他现实主义者都追随着 Frank。See, e. g., Herman E. Oliphant, *A Return to Stare Decisis*, 14 American Bar Association Journal 71, 74 (1928). (描述美国法学院"恣意泛滥"); cf. Robert M. Hutchins, *Some Observations on American Education xii* (1956) (描述"职业训练毫无意义")。

[1] See Hull, supra note 10, at 205. (回应 Pound 列出的清单, Llewellyn 和 Frank 又一起合作创造了一份不同清单)。到 1931 年, Llewellyn 清单上的名字从 20 个增加到差不多 50 个。See id app. at 343 – 46。

[2] See Hull, supra note 10, at 173 – 222; Kalman, *Legal Realism at Yale*, 1927 – 1960, supra note 10, at 55 – 62。

[3] John Henry Schlegel, *Critical Legal Studies: An Afterword*, 36 Stanford Law Review, 673 (1984). [后文简称 Schlegel, Critical Legal Studies]. (描述"对私家定义现实主义究竟是什么的理解")。

[4] See Morton J. Horwitz, *The Transformation of American Law*, 1870 – 1960: *The Crisis of Legal Orthodoxy*, 313 – 14 n. 85 (1992). (描述 Yntema, Oliphant 和 Cook 发展了约翰霍普金斯大学法学研究院, 这是一个致力于法律科学研究的机构, 人们认为 Cook 在这方面比教授法学更富有成效); Kalman, *Legal Realism at Yale*, supra note 10, at 112 – 13; *Looking Back at Law's Century* 343 (Austin Sarat ET AL. eds., 2002). (描述高校作战看谁能雇用更多"叛逆者")。

| 性别与法律：女性主义的实践

现实主义者却要奋力构建一个内在连贯和积极的大计划。[1]

许多人认为，接下来的几年里现实主义者虽然还在怒气冲冲地争论，但并没有造成什么实质损害。[2]例如，卢埃林呼吁更多地理解地方法律，他自己也对怀俄明州的夏延印第安民族产生了浓厚兴趣。他坚信夏延维持了"一个比普通法体系更简单和直接的法律体系"，为现实主义方法论提供了一种类似实验室情景的理想试验所。[3]因此，他和人类学家 E. 阿达姆松·霍贝尔（E. Adamson Hoebel）合作，进行了长达 2 年的夏延民族研究。[4]1941 年《夏延的道路：原始法理学中的冲突和案例法》，卢埃林在书中描述了对夏延法律经验的观察。[5]他描述了一个有着深刻"地方法律方法"烙印的社会，即允许在解决争议中给人性留有"余地"，允许当地的决策者"摸索方法直到解

---

〔1〕 现实主义议程也受到学术界之外事件的影响。首先，罗斯福总统在他的新政中启用了很多著名的现实主义者。See Kalman, *Legal Liberalism*, supra note 25, at 17. 之后，胡佛领导的"红色恐怖"威胁策略，以大学的自由主义教授为目标，也让很多专业学者偃旗息鼓。Hull, supra note 10, at 310 - 20；see also Sonya G. Smith, *Cohen v. San Bemadino Valley College*: *The Scope of Academic Freedom Within the Context of Sexual Harassment Claims and In-Class Speech*, 25 Journal of College and University Law 1, 9, 39 (1998). （载明有 798 名大学教授被指控参加共产主义活动）。Pound 和 Llewellyn 均受到联邦调查局的调查；Pound 洗清了联邦调查局的怀疑，而 Llewellyn 被带去谈话。Hull, supra note 10, at 317 - 21.

〔2〕 See, e. g., Kalman, *Legal Realism at Yale*, supra note 10, at 230.

〔3〕 Hull, supra note 10, at 286.

〔4〕 See John M. Conley & William M. O'Barr, *A Classic in Spite of Itself*: *The Cheyenne Way and the Case Method in Legal Anthropology*, 29 Law and Sociology Inquiry 179, 186 - 87 (2004). （描述 Hoebel 完成了大多数田间"基础性"工作，而 Llewellyn 为这个项目提供方法和理论）。

〔5〕 Karl N. Llewellyn & E. Adamson Hoebel, *The Cheyenne Way*: *Conflict and Case Law in Primitive Jurisprudence* (1941). ［后文简称 *The Cheyenne Way*: *Conflict and Case Law in Primitive Jurisprudence*］.

决问题。"[1]

与现实主义者信条不一致的是,卢埃林几乎与项目的所有工作都保持了一定距离,与他本人的建议恰恰相反。[2]在10天的印第安人居住地田野调查中,他仅参观了一次。[3]卢埃林所得出的最终结论,主要源自其伙伴的田野调查笔记。[4]实际上,在这期间,他把时间花费在一个更主流的项目——《统一商法典》的起草上。[5]因此,卢埃林的夏延项目,被认为是现实主义道路失败的案例,[6]

---

[1] See id. at 317, 334, 337-38.

[2] Id. at viii. (声称这本书是"合作的结果,作者一个是法学专家,另一个是人类学家。两个人都是行为科学的学生:现实主义社会学的拥趸者")。

[3] Hull, supra note 10, at 313; Conley and O'Barr, supra note 42, at 186. 他和前研究助手,之后成为其妻子的 Emma Corstvet 进行了这次访问。他在书的致谢词中称 Emma Corstvet 是不为人知的"合作作者"。*The Cheyenne Way: Conflict and Case Law in Primitive Jurisprudence*, supra note 43, at v. (书内致谢说明了 Corstvet 社会学的深刻见解,特别是田野调查方面)。

[4] Hull, supra note 10, at 290. (解释 Llewllyn 让 Hoebel 询问的这些话题是"侵略和欺骗,有争议的权利,有争议的事实……法律工艺和法律工匠")。

[5] See Hull, supra note 10, at 295-300. Llewllyn 和 Corstvet 一起完成《夏延的道路:原始法学中的冲突和案例法》5 年后离婚了。See David Ray Papke, *How the Cheyenne Indians Wrote Article 2 of the Uniform Commercial Code*, 47 Buffalo Law Review 1457, 1470 (1997). 然后 Llewellyn 和另一个以前的学生,帮助他起草《统一商法典》的 Soia Mentschikoff 结婚。Mentschikoff 接着成为芝加哥大学的法学教授,之后成为迈阿密大学法学院院长。Robert Whitman, *Soia Mentschikoff and Karl Llewellyn: Moving Together to the University of Chicago Law School*, 24 Connecticut Law Review 1119, 1124 (1992). 在本文注解 1 中,Corstvet 和 Mentschikoff 也要被看作是女性主义现实主义法学遗产的一部分。

[6] David Marcus, *The Federal Rules of Civil Procedure and Legal Realism as a Jurisprudence of Law Reform*, 44 Georgia State University Law Review 433, 437 (2010). (详述了法学现实主义失败的相似研究);Steven M. Quevedo, *Formalist and Instrumentalist Legal Reasoning and Legal Theory*, 73 California Law Review 119, 120 (1985). (至于其所有的杰出,形式主义/工具主义的区别已证明最近法学的晦涩难懂……在法史学家投入使用时已不能产生智力成果……); See also Ann Scales, *The Emergence of Feminist Jurisprudence: An Essay*, 95 Yale Law Journal 1373, 1400 (1986).

或者至少没有完成。[1]

尽管其承诺没有实现,在现实主义鼎盛时期,学者们仍然极力捍卫其意义以及哪些人可以归入阵营登录入册。例如,在他们重要的选集《美国法律现实主义》中,哈佛大学教授威廉·费希尔(William Fisher)和马丁·霍罗威茨(Martin Horowitz),以及检察官托马斯·里德(Thomas Reed)声称,"精确地判断哪些作者和著作应该贴上现实主义者标签的任务并不……简单",正如"现实主义运动的范围已经……毫无疑问地会持续地被……辩论"。[2]

对费希尔、霍罗威茨和里德来说,"运动的核心"是界定和质疑经典的法学理论和实务,并提供一种哲学上和政治上更进步的法理学。在我们看来,所有致力于这一计划的律师、法官和法学学者都应该称为现实主义者。[3]虽然他们在某种程度上扩展了范围,[4]却遗漏了为此做出贡献的法律女性如安娜·莫斯科维奇·科沃斯。正如著名的法学家、史学家威廉·特文宁(William Twining)所言,似乎很难简单地得出一般性的确认:

---

[1] Kalman, *Legal Realism at Yale*, supra note 10, at 230. (就知识性而言,现实主义没有证明它是有意义的;在教学上,它也未兑现其承诺);Twining, supra note 8, at 382-84. (提出现实主义努力的特征尚未完成)。事实上,就像最高法院在首席大法官 Earl Warren 的领导下,正在进入一个最为"行动派的"纪元,可以说达到了超越法律条文字面程度致力于为市民改善真实世界的状况,传统意义上的现实主义活动开始书风日下。Kalman, *Legal Realism at Yale*, supra note 10, at 201-28.

[2] Fisher ET AL., supra note 6, at xiii.

[3] Id. at xiii-xiv.

[4] Kalman, *Legal Liberalism*, supra note 25, at 13. (描述 Fisher, Horowitz, 和 Reed 的作品如同法学现实主义的"大帐篷政策")。

现实主义者就是美国人、白人和男性。[1]事实上,迄今为止,无论是现实主义运动鼎盛期还是其他时期,都没有全面地叙述承认女性对美国现实主义做出过有意义的贡献。[2]

然而,具有某种讽刺意味的是,女性主义法学学者大部分都是从延续性的男性叙事方式中得到启示;她们的作品可以看作是传统的反形式主义叙事的直接分支。正如下一部分要描述的,法律现实主义支配性的叙事被认为是法律与社会运动的起点。法律与社会运动,作为一种学派,成为所说的法律批判运动之父。现代女性主义法学据说也是出自批判法学研究。因此,许多女性主义法学研究者至少间接地接受了现实主义叙事

---

[1] Twining, supra note 8, at 333. 值得一提的是,Twining继续用一种嘲笑的语气,"即使那样,任何人听到Soia Mentschikoff咆哮的声音,'我怎么了?'" Twining接着提出,"大多数的历史学家可能会同意,把名人……尤其是Mentschikoff……当作不同代的继任者或追随者而不是传统现实主义者"。Id. at 341–42.

[2] 正如早先提到的,Felice Batlan追溯了对社会法学有贡献的职业女性,她们先于现实主义法学运动。See generally Felice Batlan, *Notes from the Margins*: *Florence Kelley and the Making of Sociological Jurisprudence*, in 2 Transformations in American Legal History: Law, Ideology, and Methods Essays in Honor of Morton J. Horowitz (Danielw. Hamilton & Alfred L. Brophy eds., 2010). (详述了在20世纪初Florence Kelley致力于纽约市的改革);Felice Batlan, *Law and the Fabric of the Everyday*: *Settlement Houses, Sociological Jurisprudence, and the Gendering of Urban Legal Culture*, 15 Southern California Interdisciplinary Law Journal 235 (2006). (认为女性庭外和解工作人员在20世纪的转变中起到了开创性的作用);此外,Gwen Hoerr Jordan最近提出Myra Bradwell在19世纪晚期的作品也可以看成是社会法学的先驱。See Jordan, *Agents of (Incremental) Change*, supra note 16, at 604–12;Gwen Hoerr Jordan, "*Horror of a Woman*": *Myra Bradwell, the 14th Amendment, and the Gendered Origins of Sociological Jurisprudence*, 42 Akron Law Review 1201, 1218–29 (2009). 因此,本文和待版书可以看成是性别法学史的一部分,由Batlan, Jordan, Tracy Thomas等人以及我的相关项目《女性主义法学史:女性和法律文集》的合作重新发现和出品。(Tracy A. Thomas and Tracey Jean Boisseau eds., 2011). 下一个项目会揭示这一早期女性群体和女性主义法学现实主义者之间的联系。See also infra Part V.

方式的传统框架、周期性以及部分内容。尽管女性主义者早期曾提出抗议，试图拒绝与现实主义者相提并论。即使是当代的女性主义法学者，即使有可选择谱系的叙事机会，也不认为会存在女性性别的现实主义叙事方式的可能性。

二、法律现实主义者的谱系学：传统男性中心叙事的演化

（一）法律与社会运动

现实主义叙事就像一个标准的故事版本：当大哥现实主义陨落，他们的小弟法律与社会运动继而代之。[1]恰如一个追随者所记，"法律与社会运动在20世纪60年代扩展了这种（现实主义者的）批判，推动了间接用法律完成分配正义进程的追求"。[2]以现实主义者怀疑论传统为基础的社会法学学者，很

---

[1] 接下来提供的是法律与社会运动、法学批判研究和女性主义法学运动的对照表，我力图挑战的在某种程度上与以简化论为基础的叙事同等重要。但是，我呈现的是传统叙事观点。正如这一项目所提出的基本主题，我知道历史时刻和历史运动完全可以用多种方式理解，没有哪个故事作者可以避免其自身的偏见或被建构的现实代入性——即使指出了预设的隐含判断或其他被建构的主观性。See Martha Minow, *Feminist Reason*: *Getting It and Losing It*, 38 Journal of Legal Education 47, 52 (1988).［后文简称 Minow, *Feminist Reason*］."女性主义也不能跳出文化思想的窠臼"; David M. Trubek, *Back to the Future*: *The Short, Happy Life of the Law and Society Movement*, 18 Florida State University Law Review 11, 24 (1990).［后文简称 Trubek, Back to the Future］.（"在运动中总有很多不同的法律、社会和社会科学的思想潮流……[那些有关的]出自不同立场和不同事业目标"）。因此，我承认下列所述是出现并被女性主义法学理论家发扬光大的解构主义哲学一个极简的概述。但是在这个项目中所提出的部分批评与现代女性主义学者的坚持不懈有关，其他人则并无实质性的不同，他们的方法只是导致令人恼火的复杂性，一小群分享专业术语会话的局内人也明显匮乏对运动具有值得肯定的发展。

[2] Paul Schiff Berman, *Telling a Less Suspicious Story*: *Notes Toward a Nonskeptical Approach to Legal/Cultural Analysis*, in Cultural Analysis, Cultural Studies, and the Law: Moving Beyond Legal Realism, 114 (Austin Sarat & Jonathan Simon eds., 2003).

多都和威斯康星大学有关。[1]他们要求对法律权利进行进一步地解构,力图以权利评估作为一种"实现更正义的社会的手段"。[2]

在现实世界里,法律的形式规则并不能真正达到其设定的目标,而出现在这一期间的很多批判性学术著作力图洞见法律中存在的这些问题。[3]在这一点上,法律与社会运动的著作和担忧"纸上规则"和"实践事实"之间存在差距的现实主义者的著作是相似的。[4]而且与现实主义遗留的问题保持一致的很多务实的思考和研究,都出自社会科学家而不是传统的法学教授。[5]例如,刑法学者、犯罪学者以证明刑法和刑事诉讼程序实现实质正义的缺陷而著称,不仅如

---

[1] See Trubek, *Back to the Future*, supra note 62, at 11. (描述威斯康星大学法学院四名教员针对法律与社会所开设的课程)。

[2] Berman, supra note 63, at 106–07.

[3] Joel Handler ET AL., *A Roundtable on New Legal Realism*, *Microanalysis of Institutions, and the New Governance: Exploring Convergences and Differences*, 2005 Wisconsin Law Review 479, 498 (2005). (可能这种学问关注的核心是正式法律和调解实践效果的非正式社会环境之间的关系)。

[4] See G. Edward White, *From Realism to Critical Legal Studies: A Truncated Intellectual History*, 40 Sw. L. J. 819, 831 (1986).因为法律与社会运动和现实主义工作的相似性,在20世纪后半世纪社会法项目频繁地被称为"缺口研究"。See, e.g., Mark Kessler, *Review: Lawyers and Social Change in the Postmodern World*, 29 Law and Sociology Review 769, 771 (1995); see also Thomas D. Russell, *The Shape of the Michigan River as Viewed from the Land of Sweatt v. Painter and Hopwood*, 25 Law and Sociology Inquiry 507, 511 (2000). (如果立法者通过一项法律保护每一个罐子里的一只小鸡,缺口研究就会查核罐子寻找小鸡;"缺口"这一术语就是植根于研究者发现罐子数量超过小鸡的频率)。

[5] Kalman, *Legal Liberalism*, supra note 25, at 17. (虽然现实主义者把"法律和社会科学"当成口头禅,但他们在试图整合两者的努力中并没有走得很远)。See also Trubek, *Back to the Future*, supra note 62, at 20.

性别与法律：女性主义的实践

此，[1]新出现的法律诊所，许多是由非终身制的法学教师所运行，他们正在努力通过挑战法庭基础模式来弥补这些不足。[2]而后随着1965年法律社会协会的成立，法学界的"白大褂"精英们在某种程度上极大地推动和影响了法学与社会运动。[3]不仅现在法学院的教师包括更多的各种族女性、有色男性，法律与社会运动基础中也涌现出了一个新的团体。[4]新公开的阵营认为自身更具批判性，把自己称作批判法学研究联盟（"CLS"）。[5]

---

[1] See, e.g., Jerome H. Skolnick, *Justice Without Trial: Law Enforcement In Democratic Society* (Christine Cardone ed., 3d ed. 1994). （著名的社会学家，纽约大学法学教授，法学与社会学者）；Richard D. Schwartz & Sonya Orleans, On Legal Sanctions, 34 Univerity of Chicago Law Review 274 (1967). （Schwartz，锡拉丘兹大学（Syracuse University）法学教授，《法学与社会评论》的发起编辑，博士，不是法律硕士；Orleans 是一个社会学家）；see also Abraham S. Blumberg, *Criminal Justice* (1967); Abraham S. Blumberg, *The Practice of Law as Confidence Game: Organizational Cooptation of a Profession*, 1 Law and Sociology Review 15, 38–39 (1966).

[2] See Juliet M. Brodie, *Little Cases on the Middle Ground: Teaching Social Justice Lawyering in Neighborhood-Based Community Lawyering Clinics*, 15 Clinical Law Review 333, 335 (2009): 20世纪60年代，为了回应学生"社会相关性"的要求，诊所教育社会正义使命的观点"应运而生"，但是加入了更明确的学科教学使命和目标，即不仅教授学生法律职业的技巧，而且教授法律职业的"价值"，以及从事无偿服务和其他实现正义的需要。See also J. P. Ogilvy, *Clinical Legal Education: An Annotated Bibliography—Part Three: Synopses of Articles, Essays, Books, and Book Chapters*, 11 Clinical Law Review 101, 225 (2005). (20世纪60年代社会关注贫穷问题与给法学学生提供实践经验的动力相一致。"服务模式"的诊所建立在需要为穷人提供法律援助的基础上）。

[3] Trubek, *Back to the Future*, supra note 62, at 7–8. Trubek 继续写道："法律及其发展运动发端于20世纪50年代和60年代，当时，很多法律精英相信法律能够和应该积极地用于塑造社会，律师们认为他们能够设计出没有问题的社会治理和变革体系……如果世界上某些地方出现问题，身处美国法伟大时代的法学家们愿意去修正它。"

[4] See Kalman, *Legal Liberalism*, supra note 25, at 94–95. （详述了20世纪70年代和80年代女性和少数民族法学教员如何汇集起来，挑战由白人男性精英把持法学界职位以及那种内定集团的假设）。

[5] See id. at 94. （"法律和经济以及批判法学研究的到来打碎了自由主义者意见的一致性。"）

(二) 批判法学研究

1977年,举行了第一届批判法学研究大会。[1]很多与会者对福柯(Foucault)、德里达(Derrida)等人的后现代和后结构解构主义方法[2]运用于法律和法律体系的差异研究深感兴趣。[3]有些人在评论中还运用了马克思主义思想,指出法律和法律体制主要是为了加强统治阶级结构和通过霸权规范的复制来维持阶层间的不平等。[4]批判法学研究、法律与社会和传统法律现实主义思想家都有一个突出的相似点,他们都渴望揭秘成文法、成文法的运作和法律制度的神话。[5]

---

[1] Pierre Schlag, *Critical Legal Studies*, in The Oxford International Encyclopedia of Legal History, 295 (Stanley N. Katz ed., 2009). (认为该事件是一个"邀请会议"); see also Menkel-Meadow, *Taking Law and Really Seriously*, supra note 71, at 572 n.69. (作者参加了威斯康星大学举办的会议)。

[2] See Kalman, *Legal Liberalism*, supra note 25, at 82–93; id. at 308 n.58. (提出后结构主义思想可能让青年法学者充当先锋,因为他们在大学时就接受了这样的教育)。

[3] See Kessler, supra note 67, at 769, 772 (1995). (受到意识形态和实践理论家的影响,诸如 Gramsci 和 Bourdieu,后现代作家如 Foucault 和 Derrida,该作品检校了法律是一种通过创造类别塑造意识的论述,凭此,使社会变得有意义); see also M. J. Clark, *Deconstruction, Feminism, and Law: Cornell and MacKinnon on Female Subjectivity and Resistance*, 12 Duke Journal Gender Law and Policy 107, 108 (2005). (对 Derrida 来说,思想是事物,就像陆地和水一样可以触摸,像链条一样互相约束,然而像乙醚一样不可见)。

[4] Douglas Litowitz, *Gramsci, Hegemony, and the Law*, 2000 BYU Law Review 515 (2000); Menkel-Meadow, *Taking Law and—Really Seriously*, supra note 71, at 572; see also Trubek, *Lawyering for Poor People*, supra note 73, at 984–85. (法学批判研究运动表明了法律作为最有力的社会声音,能让居于被边缘化的人服从其从属地位或者合法化)。

[5] Berman, supra note 63, at 115; John Henry Schlegel, *Notes Toward an Intimate, Opinionated, and Affectionate History of the Conference on Critical Legal Studies*, 36 Stanford Law Review 391, 397 (1984). [后文简称 Schlegel, *Notes Toward an Intimate History*]; see also Kalman, *Legal Liberalism*, supra note 25, at 82–83. (描述一些法学批判研究的学者怎样宣称新运动后裔出自法学现实主义声称的"血统")。

性别与法律：女性主义的实践

然而，作为新一代的批判法学研究者，对于找出法律适用与事实不符的问题所在已经兴趣索然。[1]当然，代表性问题他们还是不会放过。[2]很多人通过缜密分析，试图消除法律与社会或者个人与团体相对立的分离概念。[3]他们的著作因此被看作是激进的，和主流法学学术思想南辕北辙。

虽然如此，这种对话还是被学术界的少数圈内人所控制。[4]和现实主义一样，是有选择的声音（再强调一次，主要是那些在舒适地待在法学界的白色男人），通过美国法学期刊杂志发文掌握着批判法学研究的话语权，力图根据他们的主张来指导对话。[5]这种相对封闭的讨论，完全局限于少数人，而这些人其实与真实的世界和以社区为基础的经历离得更远。法学批判运动因

---

[1] John Henry Schlegel, *CLS Wasn't Killed by a Question*, 58 Alabama Law Review 967, 975. [后文简称 Schlegel, *CLS Wasn't Killed by a Question*].（对我们而言，批判的不是参与法律与社会运动的学者，他们那时的工作是在无穷尽重复研究旨在揭示书本上和执行中的法律差距）。

[2] See Kalman, *Legal Liberalism*, supra note 25, at 84; Robert W. Gordon, *Critical Legal Histories*, 36 Stanford Law Review 57 (1984).（给出"引发批判学者选择历史写作方式的冲动性简述"）。

[3] Kessler, supra note 67, at 772.（从意识形态的角度说，法律和社会之间没有效的区分）；Kalman, *Legal Liberalism*, supra note 25, at 86.（宣称法学批判理论学家拒绝权利本位的社会制度，即沃伦法院期间通过把个人和社区两分法永久化来阻止变革性的社会变化）。

[4] See Schlegel, *CLS Wasn't Killed by a Question*, supra note 82, at 968 n. 7.（我们中间的精英主义有一个可怕的问题……害怕局外人员可能会破坏我们的项目）；cf. Schlegel, *Notes Toward an Intimate History*, supra note 81, at 402.（一个声称非常反对等级制的组织，传统理念的行为表现比如……"获得领先就是在好的法学院教书"，这是极度令人困扰的）。

[5] 阅读这些作品，完全会被它俱乐部式的感觉所吸引——反映了几十年前洋溢在法学期刊的现实主义者的交流：内部对话不公开，互相之间以名字相称呼。See, e.g., Schlegel, *CLS Wasn't Killed by a Question*, supra note 82.（通篇都是他的批判法学研究军团，都非常不拘小节，包括"Bob"、"Duncan"和"Laura"）。

为变成了一场令人沮丧的、解构主义辩论而受到批评，积极的、可以汲取的东西几乎很少或者没有。[1]主流的群体把一些运动初期与之保持同一声音的追随者——包括那些女性，给边缘化了。[2]

三、女性和女性主义法学：别离法律现实主义

很多批判法学研究的女性就此转身离开。[3]在 20 世纪 80 年代，她们开始自己举办会议。在会上，她们以"女性—批判"为旗帜，很快就以女性主义法学或"女性主义法学理论"而驰名。[4]

---

[1] 杜克大学法学院院长 Paul Carrington，是认为法学批判研究是一场"虚无主义"运动的学者之一，《华盛顿邮报》上发表的那篇措辞严厉的演讲也有他助益之功。Kalman, *Legal Liberalism*, supra note 25, at 121 – 25; see also Berman, *Telling a Less Suspicious Story*, supra note 63, at 127. （描述批判法学研究在其风格上是如此偏执以至于随着时间的流逝，对社会仍然可能会有潜在的腐蚀性影响）; Gordon, supra note 83, at 116. （陈述法学批判研究学者"多半"没有成功地把自己观点足够清楚地进行交流，从而吸引外部竞争者的很多相关批评）; Kessler, supra note 67, at 770. （更新的后现代方法因为在改革政治中缺乏实用性，甚至政治变革也没能受到批评）。

[2] Carrie Menkel-Meadow 描述了法学批判研究会议上男性怎样通过把女性成员降格到分会中从而将之"少数派化"。Carrie Menkel-Meadow, *Feminist Legal Theory, Critical Legal Studies, and Legal Education or "The Fem-Crits Go to Law School"*, 38 Journal of Legal Education 61, 63 (1988). [后文简称 Menkel-Meadow, The Fem-Crits Go to Law School].

[3] 同理，有色职员——女性和男性——对法学批判研究学者的排斥做出反应。种族批判理论的出现据说也主要是这种分歧的结果。由于通过这一相同的历史和相关的，种族批判理论运动出现的详细叙事要求种族批判现实主义作为一种新的思想学派。See Gregory Scott Parks, *Toward Critical Race Realism*, 17 Cornell Journal of Law and Public Policy 683, 704 (2008). （正如现实主义是法律与社会运动的先驱，法律与社会运动本身是批判法学研究的先驱，法学批判运动是种族批判理论的先驱）。讨论一些有色女性过去，现在可能继续怎样在女性主义法学和种族批判理论阵营之间感到撕裂和被抹除。See Kimberle Crenshaw, *Demarginalizing the Intersection of Race and Sex: A Black Feminist Critique of Antidiscrimination Doctrine*, Feminist Theory and Antiracist Politics, 1 University of Chicago Legal Forum 139, 152 (1989).

[4] Deborah L. Rhode, *Feminist Critical Theory*, 42 Stanford Law Review 617, 621 – 22 (1990). See generally Menkel-Meadow, "The Fem-Crits Go to Law School", supra note 89.

性别与法律：女性主义的实践

女性主义法学诞生于批判法学研究，不管是过去还是现在，很多人都认为这是对法律现实主义标准叙事的进一步延展，是不同于只有男性叙事血统传统的另一代。[1] 但是，进入此学科的法学学者和实践者（主要是女性）持有挑战法学院校和法律机构以男性中心为假设的传统观点。[2]

心理学家卡罗尔·吉利根（Carol Gilligan）为女性主义法学学者挑战法律中自然化的男性目标、呼吁在法律话语和制定中更多地考虑语境、关爱和对话打下了基础。[3] 帕特丽夏·该隐（Patricia Cain）呼吁女性在法律上要"抵制一个女性凌驾于另一个之上"或者"允许聚焦于关心不同群体迥异的生活体验"的独特理论，成为一种无等级的象征。[4] 这些女性主义法学方

---

[1] See Menkel-Meadow, *Taking Law and Really Seriously*, supra note 71, at 576. （女性主义和种族批判理论继续法学批判研究所开始的——批判法律的"中立"或"客观"）；Ronald Chester & Scott Alumbaugh, *Functionalizing First-Year Legal Education: Toward a New Pedagogical Jurisprudence*, 25 U. C. Davis Law Review 21, 44 – 45 （1991）. （提到"女性主义批判"和法学现实主义的联系）；see also Gary Minda, *The Jurisprudential Movements of the 1980s*, 50 Ohio State Law Journal 599, 622 （1989）.

[2] See Minow, *Feminist Reason*, supra note 62, at 47. （女性主义者展示……声称的中立是如何隐藏了使用男性规范来衡量歧视索赔问题的视角）；Trubek, *Lawyering for Poor People*, supra note 73, at 985. （女性主义者提出法律通过体现男性视角和贬值个人经验排除了女性的关注）.

[3] See, e. g., Patricia A. Cain, *Feminism and the Limits of Equality*, 24 Georgia Law Review 803, 835 – 36 （1990）；Robin West, *Jurisprudence and Gender*, 55 University of Chicago Law Review 1, 14 – 15 （1988）. ［后文简称West, *Jurisprudence*］；see also Richard A. Posner, *Conservative Feminism*, University of Chicago Legal Forum 191, 211 – 12 （1989）. （注释中质疑了吉列根的观点）。在早期关头，也有其他女性主义法学方法。麦金农的作品，作为宰制论者或激进女性主义者就父权制和法律提出了相关但是可选择性的观点）. See Catharine A. MacKinnon, *Feminism Unmodified: Discourses on Life and Law* （1987）. ［后文简称MacKinnon, *Feminism Unmodified*］.

[4] Cain, *Feminism and Limits*, supra note 97, at 846; see also Bender, *A Lawyer's Primer*, supra note 97, at 3.

法是激进的非社会同化主义者，提出女性在法律上应该抵制占支配地位的社会制度并将其作为一种社会变革模式。[1]因此，这个群体不仅推行主张，而且一开始就稳扎稳打，避开精英结构具体化、权力获得及划分，以免损害早期的法学批判运动。[2]

他们最终是要阐述：女性生活在实质不平等之下，要让世界普遍变得更公平，男女之间就不应该存在附属关系。[3]早期女性主义法学用这种方法力图给困扰着批判法学研究的循环式辩论注入新的活力，强调有详细价值标准的积极计划的重要性，而不是为了解构而解构。[4]

意义深远的是，那些从事"理论"工作的人目光甚至越过书斋，试图在假定的思想与实践、理念和行为之间搭起桥梁。[5]例如，玛莎·法恩曼（Martha Fineman）号召同仁拒绝学术界常见的"宏大理论"的诱惑，从事"中观层面"的工作，

---

〔1〕 Martha Albertson Fineman, *Introduction to At The Boundaries of Law: Feminism and Legal Theory*, xiv (Martha Albertson Fineman & Nancy Sweet Thomadsen eds., 1991). [后文简称 Fineman, *Introduction*].

〔2〕 Cf. Scales, supra note 50, at 1401 n.144. （承认女性法学运动内的某些精英主义，但是提到不应把来自"革命精英的""革命意识"的理论失败归因于对抗大众，因为大部分成员——女性——是受益群体）。

〔3〕 West, *Jurisprudence*, supra note 97, at 72. （完善的法律制度要保护所有生活方式不受持久侵害……）；Minow, *Feminist Reason*, supra note 62, at 47. （采纳……女性主义批评可以深化法律平等的含义。我认为应该发展类似于女性主义的批评，超越性别语境，包括宗教、民族、种族、不利条件、性取向、社会经济阶级和年龄）。

〔4〕 See, e.g Weisberg, supra note 91, at 405. （批判法学研究寻求解构法律，然而女性主义法学理论寻求通过法律赋予女性权利）；Fineman, *Introduction*, supra note 99, at xi. （女性主义方法 [法学和其他] 和更传统的法学理论的种类之间的真正区别在于在具体值得向往的信仰上）。

〔5〕 Weisberg, supra note 91, at 408. （提到女性主义写作因为不再强调理论受到批评）。

性别与法律：女性主义的实践

自觉地"在女性生活的物质环境和法律性别化的巨大现实之间进行斡旋"。[1]罗宾·韦斯特（Robin West）倡导真实女性生活故事要为人所知的价值，从而"瓦解由法学理论家代言女性的迷信"。[2]这些活动不局限于课堂讨论和专业会议。莱斯利·本德（Leslie Bender）、玛里·马特苏达（Mari Matsuda）和其他很多人呼吁女性主义法学的工作要超出学术范围，设计出"变革性的社会、政治和法律体系""强调女性主义的价值观和关注点"，把人类看成是相互依赖的。[3]

法律实践者和法律诊所深入社会底层的深刻见解是早期女性主义法学运动工作的核心。安·斯凯尔斯（Ann Scales）在授课的同时还从事法律实践工作，作为全国堕胎权行动联盟（NARAL）新墨西哥州分会的首席律师，她在一个医疗补助基金案件中获得胜诉。[4]作为早期女性主义法学有力的声音，她敦促运动中的姐妹们抵制空想，重视"诚实和实用"[5]的价值，"公平必须参照真实的人类困境"。[6]类似地，露西·怀特（Lucie White）主要聚焦于贫困有色女性的需要，怀特的思想和作

---

[1] Fineman, *Introduction*, supra note 99, at xii.

[2] West, *Jurisprudence*, supra note 97, at 65.

[3] Bender, supra note 97, at 11; see also Mari J. Matsuda, *Liberal Jurisprudence and Abstracted Visions of Human Nature: A Feminist Critique of Rawls' Theory of Justice*, 16 New Mexico Law Review 613, 622 (1986). （讨论女性主义者集体努力的价值）；Cain, *Feminism and Limits*, supra note 97, at 806. （强调需要女性中心视角是女性主义法学理论的重要目标）。

[4] See University of Denver, *Sturm College of Law Faculty Directory: Ann Scales* (Nov. 13, 2011), http://law.du.edu/index.php/profile/ann-scales.

[5] Scales, supra note 50, at 1386.

[6] Id. at 1380.

品深深地打上了她与挣扎在贫困社区女性的人际互动的烙印。[1]

这些情操使得女性主义法学理论既具有批判性,又具有建设性。[2]女性主义法学充满希望,早期作品的能量脉冲传递了一种乐观主义信息,这表明通过集体行为和新的女性主义方法,改革和社会变化是可能的。在某种程度上,正是这种乐观,导致一些女性主义者作品被认为是法律现实主义的延续时有些五味杂陈。比如,安·斯凯尔斯曾对现实主义者表达感谢,因为他们也对把法律作为"科学事业,缺乏道德或政治内容"进行了批判。[3]然而,她摒弃了这种男性统治的运动,因为其思想不够激进,努力不够革命。[4]不仅如此,斯凯尔斯声称,法律现实主义没有带来其所承诺的改变,相反,导致其追随者走上了一条没有希望的道路。[5]帕特丽夏·该隐提到,她讨厌把现实主义传统男性和女性主义法学学者做类比,因为这暗示着女性主义者缺乏创造力,不能创作出新的东西。[6]

但是,这些反应表明女性主义忽视了行动主义的另一条康

---

[1] Cf. Lucie E. White, *No Exit*: *Rethinking 'Welfare Dependency' from a Different Ground*, 81 Georgia Law Journal 1961, 1970 – 71 (1993); see generally Lucie E. White, *Subordination*, *Rhetorical Survival Skills*, *and Sunday Shoes*: *Notes on the Hearing of Mrs. G.*, 38 Buffalo Law Review 1 (1990). (分析 G 夫人的案例)。

[2] See Kalman, *Legal Liberalism*, supra note 25, at 179. (综合来看,女性主义者和种族批判理论家的法学学识与前辈法学批判研究相重叠,在某种程度上她们看起来更有建设性);Chester & Alumbaugh, supra note 93, at 44 – 45. (比如女性主义批评家及其支持者这类团体表现多为现实主义的实用主义者)。

[3] Scales, supra note 50, at 1400.

[4] See id.

[5] See id.

[6] Patricia A. Cain, *Feminist Legal Scholarship*, 77 Iowa Law Review 19, 32 (1991); cf. Schlegel, *Notes Toward an Intimate History*, supra note 81, at 391. (历史概念意味着过去会被重新创造,这一组织实际上没有过去。)

性别与法律：女性主义的实践

庄大道：女性主义法学的历史。只关注男性中心的传统叙事，而忽略了法律现实主义的新叙事，这种叙事方式可以包含过去从事法律职业以及聚焦于法律实施中被忽略的女性声音、经验和心愿。通过接受法律现实主义的标准故事、运动及其谱系，女性主义隐然进入了这种以男性为主的叙事之中。[1]尽管不承认，历史自然化和事件视角传统化实际上已经把女性主义法学学者含蓄地变成了法学批判运动的知性女儿、法律与社会运动的孙女以及现实主义的曾孙女。[2]

然而，更糟的是，很多当代女性主义法学学者越来越转向理念至高无上的学术辩论，似乎是复制了现实主义者的实践。正如标准故事里更早的一代，当代女性主义法学在很大程度上似乎也成为一场理论恶斗，而不是改善生活体验的积极斗争。悲哀的是，女性主义法学运动采取了和早期批判一代破坏性成功同样的毁灭模式，不可避免地变成了牺牲品。[3]她们可能正在放弃运动进程中激进主义和创造性的诉求，忍受着不能带来自身改变的运动，有些自相矛盾。[4]多少有点讽刺意味的是，

---

[1] Cf. Martha Minow, *Feminist Reason*, supra note 62, at 52. （我们分享的现实版本多半盛行于全部文化内。这一版本不仅逐渐灌输了差异和定势思维的概念，而且它给了我们关于如何辩论、实际上是如何了解的内部脚本）。

[2] 女性主义历史学家和活动家 Gerder Lerner 已警告了相关的问题。通过接受传统的男性中心史，一些女性倾向于把自己定位为受害者和内化于"她们附属地位和被动性的神话"。Gerda Lerner, *Living with History/Making Social Change*, The University of North Carolina Press 165 (2009).

[3] Id. （认为女性不是关键历史时刻的一部分，这一印象可能会影响到当代女性创造性的思考和争取创新的能力）。

[4] See Nicola Lacey, *Unspeakable Subjects: Feminist Essays in Legal and Social Theory* 169 – 70 (1998). （警告出于害怕信从正统，女性主义者不能更直接地从事传统法学，这可能是短视的，导致了过度泛化和机会丧失）。

最具影响力的一些当代女性主义抽象批评家本身也陷入相当多的理论化中。[1]而且，很多人采用了和她们的美国现实主义先人一样刺耳的语气。

例如，凯瑟琳·希恩（Katherine Sheehan）因为罗宾·韦斯特对后现代主义缺乏关心和持有敌意而对她施以打击，罗宾·韦斯特阐明，在其他事情中"由于女性主义改革家忙于在法律上做些什么来终结父权制，以解构作为一种分析工具，唯一用处就是它是一个避免错乱撞墙的方向盘"。[2]希恩于是鄙视韦斯特的分析，她宣告，"韦斯特有关解构的观点是错的，但她是以一种有趣的方式犯错，对解构错得如此离谱实在有趣"。[3]同样，凯瑟琳·麦金农（Catharine MacKinnon）分享了自己关于后现代女性主义法学著作的批判性观点，宣称这些观点"假装深

---

[1] See, e. g., MacKinnon, *Feminism Unmodified*, supra note 97; but see id. at 198 – 205.（讨论了由 MacKinnon 和 Andrea Dworkin 起草的反色情立法背景下的合作问题）。这种反语不独是对我们的奖赏。最近澳大利亚女性主义法学学者 Ngaire Naffine 和英国女性主义法学学者 Anne Bottomley 的交流中，两者都表达了对理论而不是对基础工作更多的关注；然而，人人都控诉别人过于抽象。See Ngaire Naffine, *In Praise of Legal Feminism*, 22 Legal Study 71（2004）. 反思了女性主义学界的成就和面临的挑战。Anne Bottomley, *Shock to Thought: An Encounter (of a third kind) with Legal Feminism*, 12 Feminist Legal Studies 29, 42 – 44（2004）.（控诉 Naffine 加入到对法学界有伤害的女性主义法学学术正统中去，虽然通过参考法国哲学家 Alain Badiou 解构了 Naffine 的内容）；see also Ngaire Naffine, *Shocking Thoughts: A Reply to Anne Bottomley*, 12 Feminst Legal Studies 175, 177（2004）.（回应了 Bottomley，指出其批评的虚伪，因为她的写作是面向精致和博学的观众而设计的）。

[2] Katherine C. Sheehan, *Caring for Deconstruction*, 12 Yale Journal of Law and Feminism 85（2000）. [回应 Robin West, *Caring for Justice*（1997）]. Sheehan 在文章开头提到，West 的陈述反映了其"缺乏非典型的优雅"。

[3] Id. Sheehan 讽刺地补充说 Martha Nussbaum 对 Judith Butler 作品分析最明显的缺陷在于她展现了其缺乏与之学术地位和头衔相当的、对人的非典型关注。See id. at 87 n. 14.（如果这种努力是其学术的典型特点，Nussbaum 当然也不会变成芝加哥大学的恩斯特·弗罗因德法学与伦理学教授。）

刻，虽然主要是晦涩（很多是愚弄），经常言过其实声称自己是实践者，几乎什么都没有说"。[1]

四、女性主义法律现实主义的提出

正如我们所见到的早期男性统治的法学批判运动一样，很多女性主义法学著作卷入到不友好的论战之中。[2]许多追随者们似乎在竞争学术观点胜过他人，对同龄人或者改善世界的物质环境却没有足够的关注。继续这些乏善可陈的论战，似乎是我们目前陷入的困境。考虑到当前女性主义法学思潮以及对美国法律现实主义叙事方式复苏的兴趣，这是一个暂停下来重新思考女性主义法学血统特别好的契机，因为这和法律现实主义具有某种关联性。[3]与很多讲述（和接受）传统法律现实主义故事是男性专属的主张相反，事实上，在20世纪前50年里很多从事法律职业的女性有着自己的现实主义工程。然而，她们的工作所涉及的法律现实主义是在上诉审判、判决或者立法制度之外的。她们立足于当地的社区和初审法庭，用各种各样现实的方式从事着法律方面的工作。她们时常超越了正式的法律机制和规则，其务实的法律方法积极地涉及了"做"和"创造"现实主义，而不仅仅是高谈阔论或者"寻找"一种美国的法理

---

[1] Catharine MacKinnon, *Points Against Postmodernism*, 75 Chicago-Kent Law Review 687, 693 (2000).

[2] Cf. Mary Anne Case, *Journals as a Feminist Playground*, 12 Columbia Journal of Gender and Law 644, 647 (2003). （声称女性主义学者不需要"伤害一体化策略……"作为其项目的一部分，但是要明智地"学习不轻易地被伤害，不害怕伤害其他人"；Judith A. Baer, *Our Lives Before the Law: Constructing a Feminist Jurisprudence ix* (1999). （我相信女性主义者犯的最大错误是太和善了）。

[3] See supra Part I; infra Part II.

学。[1]

　　与当时的男现实主义者相似，这些女性关心涉及自身在内的群体、社区内的个体怎样受到官方决策和体制的影响。尽管被排除在精英法律职业的舞台之外，她们集合在一起，用新颖的方式有效地参与到社会变革中，提升了对自我和其他受压迫边缘人士的认知。和其他著名的传统现实主义者一样，她们的兴趣在于跨学科和跨领域，时常留心非法学和社会科学的运行模式，以促进其事业。

　　虽然此时和男现实主义者的工作并行不悖，但也有明显差别，反映出了不同的价值、目标和方法。这些区别未必是依照性别而分类的，也就是说"女性的"运作方式，不是只有女性运用这些实践。但是，它们确实与女性主义法学运动开始时所认同的很多方面是匹配的，是通过法律为包括女性在内的边缘人争取权利。与那些著名男现实主义者不同，这些女性把重点集中于务实性对策。因此，这种和而不同有助于重铸法律现实主义的过去，也有助于重新思考女性主义法学的未来。

　　这种可选择性的法律现实主义的叙事，就是我所说的女性主义法律现实主义，这种叙事不仅重新构建了法律现实主义的历史，而且对重新思考女性主义法学作品的未来也有很多重要启示。新的叙事并不是为了盲目地强化法学历史的标准和其蕴含。我知道，试图挑战那些被不断重复的故事，会存在观念与现象相混淆的危险。但是为了提供一个有意义的反叙事，某些内容和传统的历史就至关重要。

　　而且，与卢埃林的同道者相比，这种讲述并非暗示这些工

---

〔1〕　See generally Hull, supra note 10. （寻找美国法理学）。

性别与法律：女性主义的实践

作应该被看成是女性内在的或者单独的性别化术语。事实上，自从男性单独占领了法学界的大厅，直到传统的法律现实主义运动有了一个好开端，女性的工作空间便处在围墙之外这个广阔的世界。或许至少在某种程度上，这些不同的边界和所影响的区域导致了每个群体不同类型的现实主义作品。与情景化且富有吸引力的女现实主义者参与的基层作品相比，传统象牙塔里现实主义者的作品主要是理论上的，与现实隔膜，没有人情味。法学界之外的很多男性也在努力地运用现实主义法学思想，但也被排除在外，理由不在于性别。因此，女性主义法律现实主义作为一种历史，不应该解读为仅仅聚焦于性别的反叙事方式。在运动过程中，活动家的方法本身就是一个重要的焦点，它提供了运动内部操作的不同作品模式和新思维方法。

那么，这种发展中的女性主义法律现实主义的叙事方式提供的是什么？即便具有紧张、不一致和不讨巧的特色，它同样让自己成为一种可能的改革手段。它既可以是挑战过去既定内容的一种方法，包括公认的历史周期，也可以作为一种重新思考当代女性主义法学规范的方式。它挑战了既定的内容，法律现实主义潜在的重要图景不仅被评价这一运动的历史学家错误地忽略了，而且也被那些寻求将自己与她们所认为的只有男性的叙述区别开来的现代女性主义者错误地忽略了。

而且，这种叙事对当代女性主义重新加以思考，恢复和涵盖了过去没有文字记载的女性主义法律现实主义者，是非常重要的工作。事实上，在这种皈依之下我们可以从目前统治法学界的各种各样的女性主义活动中稍事抽离，包括抛弃无益和不友好的言语战争，跨越学科，以更伟大的行动主义来影响当代的生活经验。这种叙事方式进一步提出，设身处地去"做"女性主义法律现实主义,而不是仅仅思考和谈论女性主义。[1]

很多实干的、有思想的历史学家和女性主义法学学者,承认把"女性"聚焦为一个阶级是有其局限性的。然而,他们把它当作是一个有用的出发点。[2]一旦女性具备条件成为一个足够完全的历史主体,我们可能不需要再作这样的区分。[3]但即便到那个时候,我们也必须继续编汇女性的过去,"呈现更大规模的可见模式",允许我们走向"新的全面的历史"。[4]女性的叙事方式可以用作进入有关不公正或不平等宏大对话的一般路径,而不仅仅是女性、性或性别。[5]以此为特点,女性的历史叙事方式不仅仅是文件记载的、静态的往事和群体。它们变成"双重颠覆性的"工具,[6]在"动摇现在"的同时,也告诉我们

---

[1] 这种框架和焦点的转变与其他人的呼吁是相一致的,找到一项无论新旧女性主义法学学者都能接受的连接项目。See Dixon, supra note 122, at 307.(需要连接新旧女性主义理论的新方法);see also Cossman ET AL., supra note 121, at 608.(提出现代女性主义法学"休息一下",这在某种程度上可以让女性主义者能够"内部审视");see generally Martha Albertson Fineman, *Grappling With Equality*: *One Feminist Journey*, in Transcending the Boundaries of Law: Generations of Feminism and Legal Theory, 47 (Martha Albertson Fineman ed., 2011).敦促根本性的转变,从以性别为基础的女性主义平等话语到对更一般性和可概括的在人类境遇下的脆弱性关注,在某种程度上是对美国法学历史的再审视。[后文简称 Fineman, *Grappling with Equality*].

[2] See Lerner, supra note 117, at 177; Fineman, *Grappling with Equality*, supra note 282, at 60.(提出"性别"可以成为进入女性主义法学关于平等讨论的大门,但不应该把整个对话的焦点局限于此);see generally Darren Hutchinson, *Resistance in the Afterlife of Identity*, in Transcending the boundaries of Law: Generations of Feminism and Legal Theory, 176, 186, 189 (Martha Albertson Fineman ed., 2011).(警告后种族/后性别方法的危险性)。

[3] Cf. Joan W. Scott, *Feminism's History*, 16 Journal of Women's History 10, 17 (2004).(在女性主义历史发展不平衡的领域中,遗留了很多要做的事情)。

[4] Id.

[5] See Bennett, supra note 7, at 9.

[6] Scott, supra note 284, at 18.

性别与法律：女性主义的实践

一些与历史不同的东西。[1]此外，我们检视那些活生生的女性生活实际细节，而不是近距离想象或有意构建关注点，我们渴求通过理论来表达那些常常在工作中能够看到的各种各样的真实交集和互联性。

美国的现实主义法律传统是最有影响力的叙事，但也不是神话，而是与现代法治国家的兴起息息相关，这就是我们当下所处的知识体系。[2]不是作为仅存的纯粹主义者努力去推翻一个巨人，坚持把当前的分裂和二元解构主义方法概括为"我们"VS"他们"，我们的目标也不是狡猾地篡夺讲述这一寓言的权力。积极使用已有的术语并用女性主义活动去说明它，可以让我们走得更远。实际上，美国最有参考性的两大法律运动"现实主义"和"女性主义"名称相结合，就是一个很有力的战略性工具，不管现在还是将来都可以很好地为女性和其他边缘化团体服务。[3]

出自《中国政法大学学报》2018年第2期。

---

[1] Id. at 21.
[2] See supra Part I, notes 2–5.
[3] See generally Parks, supra note 90. （认识到对某些传统的现实主义法学思想战略上的忠诚为非主流带来了潜在的收益）。

科沃斯与女性主义法律现实主义 *

摘　要：按照传统的法律叙事，法律现实主义的发展史也是男性叙事史。但是男性叙事并不代表法律现实主义发展史的全部，女性叙事缺失的原因在于对史料有目的性的忽略和遗忘。本文以20世纪初女法律人科沃斯的经验脉络展开史料挖掘，内容既包括如何进行性别经验的法律理论建构，也包括进行女子法庭、家暴案等审判方式的改革。从性别视角来看这些改革对于女当事人法律地位、女法律从业者职业发展的实质影响，都具有女性主义法律现实主义的开创性地位。

20世纪二三十年代，美国的法律现实主义研究盛极一时，而大量文献也在表明：美国法律现实主义叙事是传统的男性叙事。随着性别研究的深入、新材料不断发现，一种崭新的、将会改写法学史的性别化叙事开始浮出水面，也意味着女性叙事将从边缘走向主流。改写者就是本文所要叙述的安娜·莫斯科

---

* 原文参见 Mae C. Quinn, *Feminist Legal Realism*, 35 Harvard Journal of Law and Gender 1 – 5 (2012). 本文是国家社科基金《中国女性发展权法律保障体系研究》(19BFX045) 阶段性成果。因为原文篇幅过长，本文为原文的后半部分，文章标题和文内标题亦有变动。

性别与法律：女性主义的实践

维奇·科沃斯（Anna Moscowitz Kross），本文将会论证她对法律现实主义所作的贡献。但科沃斯作为美国首批女法学毕业生、首批女执业律师和女法官，这位身处法律现实主义全盛时期的女法律人，却并非是常青藤盟校、象牙塔和法院内有声望的知名人物，而是工作在社区和初审法院的基层女性。

在传统的男性叙事中，很难找到女性的存在，也很难发现女性与法律现实主义的内在关联。但20世纪上半叶，确有一些女性植根于现实、超越正式的法律机制和规则，积极创造了属于女性自身的实用法学，这一部分女性被传统男性叙事所无视，科沃斯即是其一。[1]作为纽约大学法学院第一批女毕业生、第一批活跃于美国法律实践的女性、第一批国家任命的女法官，科沃斯是确立女性在法律领域有一席之地的先驱者。她对法律运行体系施加的影响，使代表委托人以不同平常的方式参与到司法决策中来，奠定了她在法律现实主义中独具一格的开拓者地位。科沃斯提出的法律参与，包括把法律作为实现社会目标的手段（从20世纪10年代到60年代）都非常符合现实主义的目标。然而，她的女性工作视角在现实主义的事业中却是标新立异、前无古人的，本文把这一创新称为**女性主义法律现实主义**。

一、身涉其内：性别经验代入司法改革

1892年，科沃斯在俄罗斯出生，出生不久便因逃离压迫随全家移民美国，整个幼年时期家庭都是困顿不支，很早就开始

---

[1] 本文通篇所使用的名字"科沃斯"是她婚后所冠的夫姓。

打工的经历磨练了科沃斯的意志并使其深谙谋生技能。[1]在这一阶段,科沃斯充分认识到了教育对一个人的重要性。她凭借专业技能和天赋,不仅注重自我提升,而且造福身边的人。她认为教育不是为了用于疏远和排斥他人,而是为了搭建桥梁和提供帮助。读书期间,科沃斯一边打工一边身兼移民区夜校教师,她的慷慨和耐心让她进而获得了在曼哈顿下城区大学安居与教育联盟项目中任教的机会,[2]一同任教的同事都是俄国犹太人,都是因恶劣的生活环境而举家逃离故国。[3]

她所教授的很多学生和她一样也忍受着持久的虐待、艰苦的环境和歧视。[4]科沃斯对这种貌似天下太平的虚假有着足够的清醒。她自己曾因不能在犹太教安息日工作而被解雇;[5]他

---

〔1〕 Mae C. Quinn, *Revisiting Anna Moscowitz Kross's Critique of New York City's Women's Court: The Continued Problem of Solving the "Problem" of Prostitution with Specialized Criminal Courts*, 33 Fordham Urban Law Journal 665, 669 (2006).

〔2〕 Mina Carson 详述了这个国家庭外和解的历史,包括强调通过"空洞"思想实验来检验观点。[Mina Carson, Settlement Folk: *Social Thought and the American Settlement Movement*, 1885-1930, Chicago: University of Chicago Press, ix (1990)].

〔3〕 Carson 解释了1900年以后,纽约城的大学安居变成了从俄罗斯来的"流放与屠杀受害者"帮助中心 [Mina Carson, Settlement Folk: *Social Thought and the American Settlement Movement*, 1885-1930, Chicago: University of Chicago Press, 1990, p. ix];Ruth Hutchinson Crocker 提到了大多数庭外和解工作人员,不像科沃斯,离开自己舒适的生活,生活在穷人中间并帮助他们。[Ruth Hutchinson Crocker, *Social Work and Social Order: The Settlement Movement in Two Industrial Cities*, 1889-1930, Champaign: University of Illinois Press, 1992, p. 2].

〔4〕 See Howard Markel, *Quarantine! East European Jewish Immigrants and the New York City Epidemics of* 1892, at 32-37 (1997). (描述了曼哈顿贫民区俄罗斯移民艰难的生活条件,包括居住拥挤的出租屋和供膳屋);see also Nancy Foner, *From Ellis Island to JFK: New York's Two Great Waves of Immigration*, 190-96 (2000). (描述了20世纪早期俄罗斯裔犹太移民面临的教育挑战)。

〔5〕 Quinn, *Revisiting Kross's Critique*, supra note 146, at 669 n. 11.

们在家中举行住棚节仪式时，有人扔瓶子砸破了窗户。[1]早期的贫穷、受压迫和反犹太主义的经历指引着科沃斯对法律职业的追求。[2]1908年，她获得奖学金，进入纽约大学法学院学习。[3]在此期间她晚上继续给移民上课，始终不脱离这种生活体验。[4]

作为纽约大学法学院为数不多的女学生之一，科沃斯组织了一个学生选举权联盟分会，并设法让同班同学费欧雷罗·拉瓜迪亚（Fiorello LaGuardia）加入了该组织。[5]科沃斯还把法学院和社区的女性一起组织起来为因性交易被指控犯罪的女性四处奔走。此时对这类犯罪的处理方式某种程度上是以日益增长的卧底执法的方式来完成的，各种社会团体和宗教组织都参与到如何消灭卖淫这种"社会罪恶"的道德革命议程中。[6]很多温和派呼吁对那些需要帮助和支持的、被看成是失足女性的性工作者们给以慈悲的处理。[7]最后，经与多方斡旋，在纽约治安法院体系下成立了一个专门处理此类案件的女子法庭，区别于其他刑事案件。[8]

然而，当时还没有为委托人直接代理的机制，科沃斯主导了女子法庭的市民调查，以替代把受指控的妓女像晚会娱乐一样的社区展览，努力阻止这种窥阴式的实践活动。[9]同时，科

---

[1] Id.
[2] See id.
[3] Id.
[4] Id. at 669 n. 12.
[5] Id. at 670.
[6] Id. at 671 – 76.
[7] See id.
[8] See id.
[9] See id, at 676 – 78.

科沃斯与女性主义法律现实主义

沃斯通过升天教会监狱委员会这一圣公会组织，为释放的女性囚犯提供社会服务，为其重返社会做先期准备。[1]虽然当时还是一名法科生，但科沃斯通过跨学科的、创新性的方法对法律制度施以影响，超越了律师-委托人这种二元关系制的概念，发展了法律援助的整体模型。

1910年获得律师资格后，科沃斯最终在女性法庭获得了一般代理的职位。[2]她与其他女性同事一起，开始对标准诉讼制度进行改革。科沃斯，作为新成立的纽约女性律师协会（以下简称协会）76名成员之一，倡议为被控告的妓女提供法律援助。[3]这些人都属于贫穷女性，无钱聘请私人律师，也得不到免费代理。科沃斯及其所在协会，通过坚持不懈的努力和积极的解决问题的技能，说服法官和法院管理者们加入了女律师志愿者的队伍。[4]科沃斯是非正式解决此类问题的法律联盟成员

---

[1] 因此，科沃斯和颇具盛名但有时也颇有争议的升天教会牧师珀西·斯蒂克尼·格兰特（Percy Stickney Grant），开始一段很长时间的合作，不只是升天教会内。see Parish History, *The Church of the Ascension in the City of New York*（Dec. 17, 2011），http://www.ascensionnyc.org/history. 格兰特作为一个社会主义者，把宗教、法律和其他方面的改革者汇集在一起，解决以阶级为基础的不公正以及其他不公正。See Percy Stickney Grant, *How to Put the People Behind the Law*（1912）. 寻求为社区成员赋权，让律师和外部人员一起推动社会变革。

[2] Quinn, *Revisiting Kross's Critique*, supra note 146, at 678.

[3] Id. 这个团体起初叫女律师俱乐部，成为全国性组织以后改名为女律师协会。See Jean H. Norris, *The Woman Lawyers' Association*, Women Law Journal 28（1915）.（提到女律师协会的前身是1899年的女律师俱乐部，当时只有18名成员）；see also Virginia G. Drachman, *Sisters in Law: Women Lawyers in Modern American History* Harvard University Press, 235（1998）. 现在以全国女律师协会而闻名。

[4] See Bertha Rembaugh, *Problems of the New York Night Court for Women*, 2 Women Law Journal 45（1912）.（在这四个月期间，我们和不同的地方法官以及法院相关官员召开大量会议，敦促他们特别分配给我们没有其他辩护律师的初次犯罪的案件）。

| 性别与法律：女性主义的实践

之一，该组织最初只有6名女律师。[1]

有趣的是，该联盟不仅保护了女被告的权利，而且为女律师提供了就业机会，解决了女律师的就业无门的问题。[2]通过这一方式，女律师获得了实践经验和职业发展认同。[3]科沃斯在协会期刊《女律师期刊》的时事通讯中写到过这种关联性，而《女律师期刊》是全国女律师的主要新闻出口处。[4]科沃斯的写作在律师协会中引发了连锁效应，即便有时在方法上见解不一，但她们在互相支持。[5]期刊编辑表示，是该期刊"将我

---

[1] See Marion Weston Cottle, *Women in the Legal Profession*, 4 Women Law journal 60 (1915). (六名律都是女师协会的成员，最近在纽约市女子夜间法庭做志愿者，为女犯担任法律顾问。这六名女律师是 Jean H. Norris, Bertha Rembaugh, Mary M. Lilly, Anna Moscowitz, Amy Wren 和 Sarah Stephenson, 她们是屈指可数的纽约律师协会女领导）。

[2] 比如，1923 年在《纽约时代》的文章中，科沃斯详述了从法学院毕业时律所拒绝雇用她，就因为她是女性。See *70000 Work People Clients for Woman*, New York Times, July 22, 1923, at X7. 除了女性法庭的志愿者工作，为了获得处理工会案件的经验，她还是一个男检察官朋友办公室的志愿者。Id.

[3] See Mossman, supra note 172, at 19. （印第安人女律师 Cornelia Sorabji 在早期传记中提到，"尽管性别和法律职业化文化可能对有抱负的女律师造成巨大妨碍，但这些观念有时候以自相矛盾的方式，交叉为女性成为法律专业人才提供新的机会"）。

[4] 《女律师期刊》是季刊，1910 年由纽约女律师俱乐部开始发行。See Drachman, supra note 169, at 235 (1998). （详述了杂志作为女律师的平台，帮助纽约协会从1911 年 20 个会员发展为全国性的，刊物发行从第一年130 份发展到1914份。杂志介绍中说这一点也不奇怪，让全国更多的女律师订阅，说明这具有特征相似的互联性——我们诚挚地邀请所有的女性加入我们的俱乐部，助益我们的杂志。你需要我们，我们也需要你）。See 1 Women Law Journal 17 (1911).

[5] 例如，科沃斯并不同意缓刑官 Maude Miner 对卖淫问题的观点。See Anna Moscowitz Kross, *Report on Prostitution and the Women's Court*（*Part I – History of the Women's Court*）, 3-5 (1935). （来自美国犹太档案馆的报告草案，作者的复印件），（提到科沃斯不同意 Miner 建立女子法庭）；see also Katherine B. Davis, *Colony Plan Opposed*, New York Evening Post, Dec 11, 1916. （描述了早期 Miner 主张创设女子法庭）；Quinn, *Revisiting Kross's Critique*, supra note 146, at 674 n. 35. 但是这个杂志对科沃斯和米勒的工作都进行了刊登。See *Women in Public Life*, 3 Women Law Journal 31 (1914).

们紧密地连接起来"。[1]

利用期刊招募，让更多的女律师可以参与刑事案件实践，科沃斯认为这是一种实用方案，一方面让女律师获取经验和增加社会知名度，另一方面又满足那些有法律需要的人。[2]不仅如此，尽管这些方法超越了案件解决的法律程序，实现了实质公正这一社会目标，科沃斯还是使用了男现实主义者容易理解的语言，赞美一起工作的女同僚：

> 从社会服务的角度看，全面地进入刑法实践是女律师的职责所在……比起男同事，还有何处可以为女律师提供更多机会吗？还有比在学校更好的经历能让她与实际生活事实更接近吗？现在不过是寥寥几位女性在刑事法院门口瞥上几眼，即便是对从事法律职业的女性而言，也会因被代理人职业而担心被玷污的恐惧，避免与这种生活状态面对面……但是，有机会为这些不幸的人做代理律师，应该认识到一个宽和的时代已经到来。有机会走到大众面前，赢得专业认可——尤其是履行社会服务，应该也会激励女性进入刑法实践之中。[3]

但女律师厌倦了"现实生活"总和被指控的"卖淫案"有所

---

[1] *To Members*, 4 Women Law Journal 40 (1915).

[2] Anna Moscowitz, *The Opportunity of the Women Lawyer in the Criminal Court*, 4 Women Law Journal 86 (1914). [后文简称 Moscowitz, *Opportunity*]. 事实上，科沃斯的一位同事，Jean H. Norris 作了这方面的努力，后来被任命为纽约地方法院系统的第一位女法官。See Quinn, *Revisiting Kross's Critique*, supra note 146, at 681. 安娜·M. 莫斯科维奇是被任命的第二个女法官。See infra Part III. B.

[3] Moscowitz, *Opportunity*, supra note 177, at 86.

关联，代理这种类型案件也阻碍了她们的职业发展前景，因此科沃斯把战略目标转向已被假定的等级化传统。对于法律专业人员来说，从事法律职业和满足社会需要不仅是一种责任，还是一种荣誉。而且，这种专业化的互动是职业成功的新标志。[1]

像许多纽约金融区的副十字军战士一样，科沃斯也希望能减少纽约城的卖淫活动。但是，与宗教化或道德化原因不同的是，科沃斯通过直接接触，更能理解事情的复杂性。她没有把妓女看成是罪犯，而是把她们看成是被社会舍弃的人；反过来看，她们是因工作对社会产生了负面影响而使她们成为"一种社会问题"。[2]尽管在某些方面她也具有其他副十字军家长式的认知本能，但她更感兴趣的是如何给女性赋权，以便她们能够独立生活。

走进性工作者后，她也逐渐看到她们作为独立的个体处在错综复杂的生活之中，法律体系并没有充分地认识到这一点，法律适用也是冷冰冰的。[3]法律惩罚也没有吸收新兴的社会科

---

〔1〕 西海岸从事类似工作的女性刑事辩护律师，Clara Foltz 曾表达过类似的情绪。See Barbara Babcock, *Woman Lawyer: The Trials of Clara Foltz*, 288–319 (2011).（Foltz 对发展公众辩护律师作用所做的贡献那一章）。

〔2〕 See Quinn, *Revisiting Kross's Critique*, supra note 146, at 670 n.118. 有时候在表达自己对卖淫的道德关注和建议他人也持此类观点之间，科沃斯会摇摆不定。她反复使用那时流行的术语如"社会罪恶"表明她对妓女的审判性多于认可。在她的文章和工作中，她对性工作的棘手问题作了大量的思考，随着时间推移和经历增加，她在刑事控诉中的地位也在加强，这使她有能力呼吁废除女性法庭。See infra Part III.B. 而且，这种陈述可能反映了实用性和策略性的辩护动机。See Michele Alexandre, *The New Faces of Feminism*, in Transcending the Boundaries of Law: Generations of Feminism and Legal Theory, 97, 100, 104 (Martha Albertson Fineman ed., 2011).（部分描述在学界之外工作的那些"女性主义行动派"，有时"精明的策略估算"）。

〔3〕 See Anna Moscowitz, *The Night Court for Women in New York City*, 5 Women Law Journal 9 (1915). [后文简称 Moscowitz, *The Night Court for Women*].

学方法,为监禁提供有意义的替代选择。[1]法律的制定和适用常常导致意想不到的后果。科沃斯的很多委托人,在扫荡贫困社区泛滥的卖淫时以错误的方式被快速起诉,实际上是法律的受害者。[2]证据规则的不当适用,牵连到清白无辜的女性,而撒谎的警察却被轻信。[3]

这些源于真实生活的体验,为科沃斯的思想超越独立个案提供了资料,成为她致力于制度性改革的动力。她一边继续为被指控的妓女出庭代理,一边开始倡议修正法院过于拘泥的法律惩罚流程。1915年科沃斯在《女性法律期刊》发文分享作为女法庭律师以及身为升天教会研讨会法律委员会的主席所体悟的深刻见解,是其理论化的一个开端。[4]科沃斯在文中再次使用了与几年后在现实主义法学圈子才使用的极其相似的语言,指出女性法庭实质上就是一种形式主义:

> 在女性夜间法庭……每件案子必须在某些成文法下有某一个法律名称,适合于法律的某个章节,辅之以法律解释。指控、被告、证据以及辩护,都受限于法律条款,都在法律的装扮下进行。这是制度本身的结果。法院不折不扣,受到法律措辞、术语和限制条件的支配。[5]

除程序机械化外,科沃斯直指法院管理人员罔顾眼前的

---

[1] See id.
[2] Quinn, *Revisiting Kross's Critique*, supra note 146, at 680–81.
[3] See id.
[4] Moscowitz, *The Night Court for Women*, supra note 181, at 9.
[5] Id.

性别与法律：女性主义的实践

现实：

> 地方法院的法官漠然坐在椅子上执行法律，不管他个人情感如何或者他对罪犯如何友善，不过是一种伪善的、西蒙的现代化身。法院的每一个官员都理所当然地秉持这一精神。即使是女缓刑官行使神圣的职责，也只是另一种空架子，带来的不是希望，而是罪犯在惩罚中的绝望。[1]

因此，科沃斯提倡用一种非形式化的、更社会科学化的方法来审理被指控的妓女。她从高处着眼，认为应该把法律干预作为一种实现社会目标的方式，来帮助那些陷入性交易泥潭的人：

> 女性夜间法庭有个极为不利的难点存在。严格的法律程序或多或少与良性处理社会恶习有敌对或矛盾关系。任何团体的政府要想成功地处理社会恶习，都必须有法律制裁，这是理所当然的，但是处理必须是建立在了解人性和人类苦难的基础上，必要时重罚，但是一定要慈悲……在治理堕落性社会问题中，要有同理心，要有帮助他们进入社会的科学体系，这是一个我们可以大有作为的广阔领域……[2]

接下来的几年，科沃斯继续与法律职业内外的人建立联盟，

---

[1] Id. 科沃斯也提到了莫德·迈纳（Maude Miner）. See supra note 175.
[2] Id.

科沃斯与女性主义法律现实主义

利用她的影响力施加公共压力,改革有关妓女的法律适用和法律制度。[1]1917年,作为升天教会法律委员会主席的科沃斯写信给市长约翰·普洛伊·米歇尔(John Purroy Mitchell),投诉扫黄的苛刻和法院没有人性化对待被指控的性工作者。[2]市长虽然没有取消妓女案刑事法庭的模式,但他却废除了女性法庭夜间会议。所有事情完全移到日间会议,解决了把审理妓女当作一种夜间剧娱乐的问题。[3]

1919年市长任命了第一位女性地方法官——珍·H.诺里斯(Jean H. Norris),她曾是科沃斯的大学同班同学,彼时正与科沃斯一起为被指控的妓女提供代理。[4]市长希望诺里斯能帮助法院变得"女性化"或者人性化。[5]尽管科沃斯的要求没有被全部满足,但对后来现实主义者产生了影响:法律的改进并不必然要直接触及书面法律,也可以通过"司法(或官方)行为及

---

[1] Quinn, *Revisiting Kross's Critique*, supra note 146, at 679 – 81.

[2] Id. at 681; see also Anna M. Kross, *Report on "Prostitution and the Women's Court"* 10 (*early draft*). [后文简称 Kross Report]. (有作者署名)。不幸的是,我没找到这一著名报告最终版本的出处,发布时媒体遮住了。See *Mrs. Kross Favors Social War on Vice*, New York Times, March 9, 1935. (在对城市首席地方法官的建议进行了几个月的调查后,对(女性法庭)使用方法的全面调查报告这周很早就送给了市长)。只有报告的草稿有出处,在俄亥俄州辛辛那提的希伯来联盟大学的美国犹太档案馆中。

[3] See Quinn, *Revisiting Kross's Critique*, supra note 146, at 681. 法庭警告标志上写着"游手好闲者或参观者不得进入"。George E. Worthington & Ruth Topping, *Specialized Courts Dealing with Sex Delinquency: A Study of the procedure in Chicago*, Boston, Philadelphia and New York. New York F. H. Hitchack, 293 – 94 (1925).

[4] *Mrs. Jean H. Norris Appointed to Bench: First Woman Magistrate to be Named in This State Nominated by Mayor*, NewYork Times, Oct. 28, 1919, at 4.

[5] See Quinn, *Revisiting Kross's Critique*, supra note 146, at 681 – 82 n. 86. (在这一点上反映了女性经验可能会比法官席上的男性更能包容不同的思想)。

其对外部人员的行为和影响之间的接触区域"来改变。[1]这些影响也和非专业女性有关。

二、稳步推动：改革法庭审判

然而，女性法庭的问题仍在持续，1931年诺里斯法官因腐败丑闻离职。[2]1934年，科沃斯接替诺里斯担任法官。[3]一周之后，科沃斯即在纽约城女性俱乐部联盟的午餐会作了演讲。她宣称，作为一个法官，她"更确信，要从根本上解决妓女问题，唯一的希望就是将其拿到法院之外，从犯罪目录中删除，'在社会上设计出某种体系来解决这一问题'"。[4]

在科沃斯担任法官的同天，原法学院同班同学费欧雷洛·拉瓜迪亚（Fiorello LaGuardia）收到邀请接任了纽约市下任市长，科沃斯正式向她提出了一个备选方案。科沃斯呼吁废除整个女性法庭模式，创造一个替代性体系，将妓女问题作为公共卫生问题和社会服务问题来解决，她的计划得到了铺天盖地的报道。[5]科沃斯认为目前女性法庭是建立在"幼稚的法律万能信仰上"。[6]科沃斯对自己早期思想的推进表现在：她力促在法

---

[1] Llewellyn, *A Realistic Jurisprudence*, supra note 14, at 442–43.

[2] See Quinn, *Revisiting Kross's Critique*, supra note 146, at 683–85; see also John M. Murtaugh & Sara Harris, *Cast The First Stone* 232 (1957). （描述了女性法院内有一个在无辜女性和职业妓女中进行敲诈勒索的圈子）。

[3] See Quinn, *Revisiting Kross's Critique*, supra note 146, at 685. 在拉瓜迪亚任职的前一晚，市长奥布莱恩对科沃斯作了任命，这是他最后的公务行为。Id.

[4] *Mrs. Kross Scores Vice Case Methods*, New York Times, Jan. 14, 1934, at 24; see also Quinn, *Revisiting Anna Moscowitz Kross's Critique*, supra note 146, at 685.

[5] See *Kross Report*, supra note 190.

[6] Id. at 12; see also Quinn, *Revisiting Kross's Critique*, supra note 146, at 686–87.

院正式结构之外建立一个混合的医疗-社会体系,根据具体情况来解决妓女问题。[1]

她设想出一个由医生、精神科医师和律师组成的裁决机构,帮助受指控的妓女接受医疗、社会、心理咨询和其他服务。裁决机构的运行就像一个管理委员会,鼓励自愿服从,代替对从事性工作判决监禁这样的惩罚性措施。除了处理那些从事性交易的人,裁决机构还提供公共教育、为潜在性病患者提供治疗。[2]这是一种深度跨学科的、植根于新兴社会的科学方法,科沃斯建议先进行小范围试点,探索一种学术圈现实主义者们写作和理论化的模式。[3]

虽然这一计划得到了女律师和医疗界的支持,[4]但市长拉瓜迪亚拒绝了这一提议。[5]为此,科沃斯用自己独特的影响力和个体化叙事方式公开地对她进行了批评。1936年6月6日,她在女性法庭的法官席上宣读了一份声明,控诉拉瓜迪亚宁愿在昂贵而

---

[1] *Kross Report*, supra note 190, at 3-4; see also Quinn, *Revisiting Kross's Critique*, supra note 146, at 687-88.

[2] *Kross Report*, supra note 190, at 3-4.

[3] See, e.g., Mark Fenster, *The Birth of a "Logical System": Thurman Arnold and the Making of Modem Administrative Law*, 84 Oregon Law Review 69, 71 (2005).(描述了阿诺德的现实主义见解以及希望"在法院和代理之间发展灵活的功能性关系",以帮助解决由于时代经济衰退带来的实际问题)。

[4] See, e.g., Harry J. Benjamin, *Prostitution: In Some of its Medico-Psychological Aspects and an Attempt at its Practical Solution*, 3 Medical Research Review 21 (1935).(称赞了科沃斯的建议)。

[5] Anna M. Kross & Harold M. Grossman, *Magistrates Courts of the City of New York: Suggested Improvements*, 7 Bmhhyn Law Review, 411, 443-49 (1938).[后文简称 Kross & Grossman, *Suggested Improvements*].拉瓜迪亚拒绝了这一计划,这也反映了关于行政地区的发展问题,纽约州民主党派中出现分歧,就像在国家层面一样。See Daniel R. Ernst, *The Politics of Administrative Law: New York's Anti-Bureaucracy Clause and the O'Brien-Wagner Campaign of* 1938, 27 Law & History Review 331, 335 (2009).

| 性别与法律：女性主义的实践

无效的调查上浪费资金,也不愿意成立她所提议的裁决机构。[1]

接下来,她描述了进入法庭的女性已经陷入了这个城市的腐败大网之中。[2]她叙述到,最近的一次突袭,五个妓女被逮捕,其中四人有法律顾问,一人没有,而没有法律顾问的这个人"每周支付给皮条客或警察的钱低于其他人"。[3]她说法律体系和惩罚并不能打破重复逮捕的循环,实际上是在让性工作者保持与这种交易的联系。科沃斯援引了另一新近受审年轻女性的经历,谴责道：

> 她刚刚从因卖淫而判处的两年徒刑中刑满释放,三周之后,她又因为在街上拉客被逮捕了。她问我,"如果你刚刚出狱,一文不名,没有地方可去","你们会干什么？"如果我们要为纽约城的卖淫做些什么,我们要做的必须是帮助那些成为妓女的人重新适应社会,恢复正常的生活。[4]

科沃斯的陈述未能说服拉瓜迪亚采纳她的计划,反而使她们的关系变得紧张。[5]但是这并没有阻碍她以法官立场重新思考

---

[1] 科沃斯认为拉瓜迪亚把钱都花费于这些活动而不是她的提案,她说：一年多以前,我应市长的要求提交了一份处理纽约市卖淫问题新程序的计划…市长指定了一个委员会来考虑这一计划以及其他提议的计划。结果是不报告同意也没有不同意,也没计划。我们只不过是随波逐流地进入新的辅助调查而已。参见 Magistrate Kross, *Statement Given out at the Women's Court*, 3-4 (1936).

[2] See id.

[3] Id.

[4] Id.

[5] See Quinn, *Revisiting Kross's Critique*, supra note 146, at 690. (描述了科沃斯对拉瓜迪亚未采用其计划的挫败感); see also Charles Garrett, *The LaGuardia Years, Machine and Reform Politics in New York City*, 16 (1961). (描述了科沃斯和拉瓜迪亚的紧张关系); *Gambler Decision Upheld by Court*, New York Times, Sept. 4, 1943, at 15. (讨论了在科沃斯撤销了对一个所谓赌博者的指控后,拉瓜迪亚对她的批评)。

法律制度如何对待性工作者，尤其是更年轻的妓女。正如当时其他女改革家一样，科沃斯也"既有政治理想，又很实际"。[1]她把目标又转向法院的管理运作。[2]她发现了一种有发展新方案空间的法律漏洞，可以尝试为涉案年轻女性赋予权利。[3]通过这种方式，科沃斯把理论运用于处理法律、社会和犯罪行为的操作之中，再次"身体力行"现实主义，而不是高谈阔论。

三、人性化探索：设立未成年人法庭以及社会服务局

1936 年，科沃斯获得了联邦工作发展管理项目（WPA）的资金支持并得到地方法院首席法官的认可，着手在女性法庭做了一个"实验"。在某种程度上，实验也是之前她对拉瓜迪亚的建议。[4]在社工多拉斯·克拉克（Dorris Clarke）的帮助下，她建立了一个专门的法庭诉讼事件议程，称之为人性的女未成年人法庭[5]，专门受理年龄在 16 岁～21 岁之间，被指控有卖淫

---

[1] Elisabeth Israels Perry, *Critical Journey*: *From Belle Moskowitz to Women's History*, The Challenge of Feminist Biography, 79, 90（Sarah Alpem ET AL. eds., 1992）. （涉及贝乐·莫斯科维奇和一般的妇女运动）。在这期间参与法律改革的其他女性理解科沃斯的运作模式。Id.

[2] See Id.

[3] See generally Mae C. Quinn, *The Modem Problem - Solving Court Movement*: *Domination of Discourse and Untold Stories of Criminal Justice Reform*, 31 Washington University Journal Law&Policy 57, 70(2009). [后文简称 Quinn, *Untold Stories*]. （是首批有关科沃斯建立人性的未成年人法庭的有历史意义的叙述之一）。

[4] See Anna M. Kross, *New York (City) Magistrates Courts Procedures for Dealing with Wayward Minors* (1936). [后文简称 Kross, *Wayward Minors*]; Kross & Grossman, supra note 204, at 439 - 41. （详述了首席法官在 1936 年 3 月 2 日，签署了一项命令，授权建立人性的未成年人法庭）。

[5] See Quinn, *Untold Stories*, supra note 212, at 74 n. 82; see also Dorris Clarke, *The Wayward Minor's Court*: *1936 - 1941*: *An Evaluative Review of Procedures and Results* 6 (1941). （描绘了人性的未成年人法庭）。

| 性别与法律：女性主义的实践

或其他性行为"不检点"的年轻女孩。[1]防止这些法律上的未成年人[2]像成年被告一样被对待[3]，新成立的专门审判点适用非正式开庭程序，保护那些需要帮助的年轻人。她希望把她们移出刑事司法体系，以咨询服务和社会干预的方式帮助她们。[4]

像卢埃林将法律界定得很宽泛一样，她也发现了其他创造性的方法。例如，她对年轻妓女的案子特别审理，以免受到成年妓女的影响。[5]她减少法庭管理程序的形式化，将注意力转向非道德审判实践。[6]用这些方法，人性的未成年人法庭试图"将法院严格拘泥于法律条文的特点最小化"，适用"有个性的、社会化的技巧和程序"[7]，帮助已被逮捕的年轻女性。[8]

在初次开庭成年女性法庭陈述时，法官不关注案件可能的原因和是否有足够的证据支持，[9]证据不足也会因急于结案而

---

〔1〕 Kross, *Wayward Minors*, supra note 213, at 1; Bernard C. Fisher, *Justice for Youth: The Courts for Wayward Youth in New York City*, 21 (1995). [后文简称 Fisher, Justice for Youth]. （说明法庭"主要关注性滥交女孩儿，离家出走、散漫和离经叛道的青少年以及不受重视的女孩"）; see also *Wayward Minors' Act*, *New York Criminal Procedure Law Title VII – A § 913 – a* （已废止）（现存于纽约大学法学院图书馆）。

〔2〕 Walter Gellhorn, *Children and Families in the Courts of New York City* (1954). （提到在纽约儿童的年龄段止于 16 岁的生日）; Alfred J. Kahn, *A Court For Children: A Study of the New York City Children's Court*, 30 – 35 (1953).

〔3〕 See Quinn, *Untold Stories*, supra note 212, at 80.

〔4〕 Kross & Grossman, *Suggested Improvements*, supra note 204, at 437; id. at 430. （"人性的未成年"部分……追求一种科学的区别对待，即在一个合理的犯罪预防理论下，对出现于此的人区别对待）。

〔5〕 Id. at 173 – 74; *Clarke*, supra note 214, at 6; see also Quinn, *Untold Stories*, supra note 212, at 6.

〔6〕 Kross & Grossman, *Suggested Improvements*, supra note 204, at 440 – 41.

〔7〕 Clarice, supra note 214, at 17.

〔8〕 Id. at 10. （从最初开始，这种法庭的目标就是调整而不是判决；只有在其他所有应急对策试过之后才会诉诸于判决）。

〔9〕 Id. at 12 – 13.

不了了之。[1]然而,在科沃斯新的人性的未成年人法庭,初次开庭主要是用于收集被告的背景信息及其有何需要,条件适合则提供非正式的处理和干预。[2]科沃斯让那些年轻女性确信:接受法庭的帮助,免予正式起诉,让她们的生活开始发生改变,是为了她们的利益。[3]这样一来,被告人常常就会"同意"在家庭所在地之外接受进一步的社会、身体和精神的检查。[4]科沃斯想让这些案件脱离正式裁决和审判轨道,将之纳入基于每个被告独特需求和问题的干预性治疗中。[5]

科沃斯明白缓刑管理部门不能承担额外的工作,也不能仅以社工职责来促进这种新模式,[6]她的解决方式再次超越了法律条文。[7]她创建了一个由非法律专业调查者和顾问组成的团队,称为地方法院社会服务局,来帮助行使新型法院的职责。[8]志愿者的主要任务是收集可减轻被告处罚的社会心理和

---

[1] Kross, *Wayward Minors*, supra note 213, at 5–6.

[2] See id.

[3] See Clarke, supra note 214, at 14–15.

[4] Kross, *Wayward Minors*, supra note 213, at 14–18. (讨论通过"道义劝告"获得"默示同意")。女性被安置到诸如佛罗伦萨克里腾顿联盟或者好牧人之家这类居所内。Quinn, *Untold Stories*, supra note 212, at 73.

[5] See Kross, *Wayward Minors*, supra note 213, at 6.

[6] See id. at 5–6, 10. (记载了加入的职员完成了大量的与被告人相关的广泛的教育、宗教、生活条件、身体和心理健康历史方面的背景调查); see also Mae C. Quinn, *"Feminizing" Courts: Lay Volunteers and the Integration of Social Work in Progressive Reform*, in Feminist Legal History: Essays on Women and Law, supra note 61, at 208. [后文简称 Quinn, *Feminizing Courts*]。(描述了因为资源缺乏问题,法庭缓刑官对大部分被告人监督不到位)。

[7] See generally Quinn, *Feminizing Courts*, supra note 229, at 206. (详述了科沃斯在法律权限之外,努力进行司法创新的实验)。

[8] 更多的是这一团队特点和职业的多样化。see id. at 207–14.

性别与法律：女性主义的实践

其他背景信息。[1]然后，科沃斯利用这些信息制定个性化的处理方案，让案件停留在非正式管理中。[2]征得案件缓刑官的同意后，那些成功完成服务计划的被告会给以撤销立案做为奖赏。[3]而未完成服务计划的被告，则会进入审理、裁定、进行正式判决。[4]其他女性刑事司法改革家，如马萨诸塞州弗雷明汉监狱负责人米里亚姆·万·沃特斯（Miriam Van Waters），也在同时期使用了女志愿者。[5]

科沃斯将不同领域的个人和利益整合在一起，来解决她认为迫切的社会需要。她选用非营利性机构的人员、富有的捐助人、公共学校教师和牧师，让他们抽出时间来支持社会服务局的工作。[6]热心帮助这些年轻女性的宗教界人士，大纽约教堂联盟的总秘书长罗伯特·W. 赛尔（Robert W. Searle），最后成为社会服务局董事局的主席，以此角色服务了很多年，对科沃斯这一跨领域的工作是一个极大的促进。[7]在这个仍然因身份而疏离的年代，科沃斯热心于身份多样性，尊重社区、文化和

---

[1] Kross, *Wayward Minors*, supra note 213, at 9 – 13. 科沃斯解释到，之前"特别强调放在立即指控上"，几乎没有做什么努力来揭露表面上的违法犯罪是受到与立即控诉无关的不幸或不良因素的激发。Id. at 14.

[2] Id.; see also *Clarke*, supra note 214, at 13. （提到在传讯和第一次出庭之间的这种调查是"与普通成年人法庭程序的一次彻底分离"，问题"在于其合法性"）。

[3] Kross, *Wayward Minors*, supra note 213, at 17. 1940 年，有 330 个被告在人性的未成年人法庭受审。Clarke, supra note 214, at 51.

[4] Kross, *Wayward Minors*, supra note 213, at 18 – 19.

[5] See, e. g., Estelle B. Freedman, *Maternal Justice*: *Miriam Van Waters and the Female Reform Tradition*, 188 (1961). （她在弗雷明汉创造的这个机构对当地女性志愿者而言就是精神磁铁，是对国家缓解社会问题的补充）。

[6] Quinn, *Feminizing Courts*, supra note 229, at 210.

[7] Id.; see also Robert Searle, *Religious Leader*: *Head of Home Advisory and Service Council Dies*, New York Times, June 18, 1967, at 76.

种族的不同。在哈莱姆区推广为年轻的性工作者所做的法庭实验时，她雇了三个非裔美国社工志愿者为那里的女被告工作。[1]媒体报道也提到，人性化的未成年人法庭的志愿者"来自所有的宗教和种族，因此，为社会和职业调整提供了机会，非常有用"。[2]

四、性别化关怀：设立家事法庭和家事咨询委员会

多年以来，科沃斯始终关注改革，扩大实验，关注点从一个女性的历史性问题转向另一个，从妓女问题转向了家庭暴力问题。[3] 1946年，她建立了家事法庭，在地方法院系统内增设针对非重罪家庭暴力问题的专门诉讼。[4]在新诉讼中，科沃斯寻求用社会科学干预方法来查明家庭矛盾的原因、阻止后续问题的发生。[5]

地方法院首席法官埃德加·布龙贝热（Edgar Bromberger）非常支持科沃斯的审判实验。[6]在向媒体描述家庭条款时，布龙贝热使用了现实主义者的术语，认为拒绝"法律形式主义"……只会使家庭矛盾恶化。[7]他还响应了科沃斯在性交易

---

[1] Quinn, *Feminizing Courts*, supra note 229, at 210 – 11.

[2] *Welfare Bureau Will Meet at Tea*, New York Times, Dec. 13 1936, at. D6.

[3] See generally Mae C. Quinn, *Anna Moscowitz Kross and The Home Term Part: A Second Look at the Nation's First Criminal Domestic Violence Court*, 41 Akron Law Review, 733 (2009). [后文简称 Quinn, *Home Term*]. （解释了科沃斯怎样以一种新颖的方式处理家庭暴力起诉以及把它和其他的刑事事件区别开来）。

[4] Id. at 742; *New Courts to Sit in Home Disputes*, New York Times, Mar. 18, 1946, at. 23.

[5] See *New Marital Court Has Home Setting*, New York Times, Apr. 30, 1946, at. 23.

[6] See id.

[7] *New Courts to Sit in Home Disputes*, supra note 242, at 23.

| 性别与法律：女性主义的实践

诉讼改革前些年的讲话，他宣称：

> 长久以来地方法官明显地意识到……转瞬即逝的婚姻小插曲引起的法院逮捕或传唤，这种狭隘的法律判决实际上并不能解决家庭中的根本问题。相反，在公开审理中，夫妻之间针锋相对，拿出对另一方的不利证据（很多情况下还是在邻居面前），实际上是对未来家庭的安宁增加了额外的危险，对已经混乱的家庭状况火上浇油。[1]

科沃斯在法官席上每天都能看见这些悲欢离合上演，很清楚这种状态。一边是重复的起诉和判决，一边是家庭暴力的被告成为法院常客。[2]这种累犯促使她不能眼睁睁地"看着醉酒、虐待和暴力事故不断地重复上演"，对于地方法院来说，一定可以有其他的办法加以阻止。[3]

随着第二次世界大战的结束，纽约城家庭暴力案件的数量剧增，每年超过1万件。[4]庭审之后科沃斯得出这样的结论：战士回家后，有一部分人是第一次和伴侣一起生活，在经济压力、住房问题或其他战时困难的影响下，他们的婚姻关系正在走向破裂。[5]在某种程度上，科沃斯既试图解决这些问题又想塑造和平生活的家庭模式，既修正地方法院的程序，也修正某

---

〔1〕 Id.
〔2〕 See Willella DeCampi & Mary Okon, *Home Term Court Makes a Home*, Sunday Daily News, July 9, 1950, at 5.
〔3〕 Id.
〔4〕 *New Courts to Sit in Home Disputes*, supra note 242, at 23.
〔5〕 See Anna M. Kross, *A Love Seat in Court* 2 (Mar. 1, 1950). （未出版手书，有作者署名）。[后文简称 Kross, *A Love Seat*]。

些表象特征。

例如,不在正式审判室进行诉讼,取而代之在常规化房间进行,房间布置的像家庭居住的一般公寓[1],有起居室、餐厅、厨房和育婴房,所有的装饰都是当地的商业和慈善组织捐赠的,工作人员在那里模仿家庭生活。[2]科沃斯对法院接待室的双人沙发尤其自豪,她经常和涉案夫妇们坐在那里,以交谈的方式帮助他们解决纷争。[3]

纠纷一旦触及家庭条款,当事人就会被传唤到庭,案件也分配给相关工作人员。工作人员对夫妇双方进行询问,详细了解纠纷背景。[4]和人性的未成年人法庭一样,在正式指控之前,科沃斯通常也会鼓励当事人推迟案件审理,进入一个非正式的管理和服务期。[5]如果成功完成服务,案件就会终止,不进行正式判决;如果未能完成工作要求的,仍然会存在监禁的可能。[6]评论员认为这种程序是"与法律形式主义分开的标志",提供了"一种灵活的、非正式的和社会化的程序,这种程序更重视家庭的总体幸福而不是死板的法律解释"。[7]非现实主义的程序经常会让被指控虐妻者没有正式法律陈述,有少数评论家

---

[1] DeCampi & Okon, supra note 247, at 4–5.

[2] Id.

[3] Kross, *A Love Seat*, supra note 250, at 2. 她解释沙发"是我们主要目标的象征物,两个人必须靠近一起坐在它上面。这恰好是我们试着去做的——把那些感情破裂的人带到一起"。Id.

[4] Quinn, Home Term, supra note 241, at 747–48.

[5] Id.

[6] Id.

[7] Alice W. Field & Max Blaustein, *Home Term: A Socialized Court for Family Problems in New York City Magistrates Court System*, 6 (1948).

| 性别与法律：女性主义的实践

认为科沃斯的家庭条款确定了一种"律师职能的新概念"。[1]

在整个20世纪40年代，高校已经有很多法律现实主义者，科沃斯呼吁将宏大的社会科学方法适用于法律规则和法律程序的评估中。她自己也在加以实践。她的改革不仅仅是为了解决当事人的个别争议，而是把它作为一个"实验室"，来研究家庭问题和改善法院实践。[2]既选用医生，也选用心理专家，她寻求发展更科学的实务工作。她成立了一批诊所，帮助被告及其家庭。科沃斯建立酒精中毒诊所，提供实体性的酒精滥用治疗服务，[3]成立内部精神病治疗机构，由贝尔维尤医院的精神病医生运行。[4]虽然随着现代问题解决法庭的出现，这些干预在今天看来相对普通，但在利用法律和科学进行跨学科创新上，科沃斯显然走在了她那个时代，包括男现实主义者的前面。[5]

与人性的未成年人法庭所做的一样，科沃斯在家事法庭也成立了一个私人组织来协助她工作。[6]这个私人组织被称为家庭咨询委员会，也是由非法律专业的志愿者和来自不同宗教和社群

---

[1] Richard Maisel & June Christ, *Families in Conflict: An Explanatory Study of the Problems, the Program and the Needs of the Home Term Court and the Home Advisory Council*, 8 (1954).

[2] See Quinn, *Home Term*, supra note 241, at 74, n. 69.

[3] Id. at 750.

[4] Id.

[5] 可以将这种方法和沃尔特·惠勒·库克（Walter Wheeler Cook）离开哥伦比亚大学到约翰霍普金斯大学后开展的现实主义工作进行对照，他们在那里建立法学研究会。研究会存在于1928~1933年，在很大程度上被看成是失败的实证分析，他们使用问卷表和资料汇编来研究诸如离婚诉讼以及选择诉讼法院等这类事情。See John Henry Schlegel, *American Legal Realism & Empirical Social Science*, London: University of North Carolina Press, 147-210 (1995).

[6] Id.

的代表组成。[1]然而，与人性的未成年人法庭中使用的志愿者不同，这些志愿者大部分来自科沃斯自己的社会圈子和经济圈子。[2]志愿者咨询顾问不仅在法庭上和委托人见面，而且也在社区和他们见面，拜访他们，和其家庭成员交谈，了解他们过去的生活。[3]如果有必要，顾问们也准备好在法律范围之外帮助他们。[4]

五、性别经验的超越：多元化学术领域与身份单一性

科沃斯和传统的男现实主义者一样，通过写作来分享她的思想。但她发表的作品并不仅面向专业精英读者。恰恰相反，她是面向实践者和其他对基层法律操作感兴趣的人，科沃斯利用《女律师期刊》获得了更广泛的读者。[5]从20世纪10年代到60年代，她刊登在这本杂志上的文章，鼓舞着女律师和他人加入到社会司法工作，丰富了这一领域的论述。[6]

成为法官之后，她开始在传统刊物发表学术作品。[7]最有

---

[1] Quinn, *Home Term*, supra note 241, at 745–46.

[2] Id. at 749.

[3] Id. at 749–50.

[4] Id. at 750. 除了履职个案工作，家庭咨询委员会的成员还被期望发展和加强与社区群体的关系，这能帮助与法院有牵连的家庭。Id. at 746.

[5] See 1 Women Law Journal 20 (1911); see also Drachman, supra note 169, at 235. (《女律师期刊》变成了女律师分享一些热点问题的主要工具)。

[6] See, e.g., Moscowitz, *Opportunity*, supra note 177, at 86; Moscowitz, *The Night Court*, supra note 181, at 9; Anna M. Kross, *Conference on Juvenile Delinquency*, 32 Women Law Journal 55 (1947); Anna M. Kross, *Mental Health and the Courts*, 50 Women Law Journal 136 (1964); see also Anna M. Kross, *Hypocrisy Scored in Penal Methods*, New York Times, Dec. 12 1937, at 99. (但是让教师、社会工作者、牧师、基督教青年会、青少年保护单位、刑罚学者和心理学家坐在一起，让他们的观点、经验和设施碰撞出火花，这样，钱花的更少而工作的成效更大)。

[7] See, e.g., Anna M. Kross, *The Problems of the Family by Fowler V. Harper*, 62 Yale Law Journal 292, 311 (1953). (Fowler V. Harper & Jerome H. Skolnick, *Problems of the Family* [1952])。

| 性别与法律：女性主义的实践

影响力的作品是 20 世纪 30 年代在《布鲁克林法律评论》上发表的三部曲。[1]这一系列作品是与哈罗德·格罗斯曼合写的，比起那些高傲的男现实主义同龄人，科沃斯仍然维持了一种谦虚的语气。这些作品就纽约地方法院的程序规则和日常运行做了深入研究。[2]即使加入专业学术对话之后，她也没有忘记象牙塔之外新闻媒体的力量以及和她希望帮助的那些对象之间联系的重要性。

20 世纪 30 年代和 40 年代，科沃斯利用《纽约时报》的新闻报道和文化活动，来提升人性的未成年人法庭的职业意识。[3]在跨学科方法初现威力后，科沃斯排演了一个戏剧作品，戏剧收入又转投进了她的创新性法庭项目。[4]家事法庭运行 2 年后，科沃斯编制并宣传一本家庭条款小册子——《纽约城地方法院体系下家庭问题的社会化法庭》，普及法庭的日常运行程序。[5]科沃斯希望分享改革成果，为其他司法管辖区提供一幅改革蓝图。[6]

---

〔1〕 Anna M. Kross & Harold M. Grossman, *Magistrates Courts of the City of New York*: *History and Organization*, 7 Brook Law Review 133 (1937). [后文简称 Kross & Grossman, *History and Organization*]; Anna M. Kross & Harold M. Grossman, *Magistrates Courts of the City of New York*: *Jurisdiction*, *Powers and Duties of Magistrates*, 7 Brook. Law Review 295 (1938). [后文简称 Kross & Grossman, *Powers and Duties*]; Kross & Grossman, *Suggested Improvements*, supra note 204.

〔2〕 See generally Kross & Grossman, *History and Organization*, supra note 271; Kross & Grossman, *Powers and Duties*, supra note 271; Kross & Grossman, *Suggested Improvements*, supra note 271.

〔3〕 See, e.g., *Women Organized to Assist Courts*, New York Times, Dec. 15, 1935, at 41; *Welfare Bureau Will Meet at Tea*, supra note 240, at D6; *Welfare Project is Reorganized*, New York Times, Apr. 20, 1940, at 31; *Charity Will Gain by Theatre Party*, New York Times, Mar. 10, 1941, at 14.

〔4〕 See Quinn, *Feminizing Courts*, supra note 230, at 213.

〔5〕 Field & Blaustein, supra note 257.

〔6〕 See id.

科沃斯与女性主义法律现实主义

科沃斯一直在地方法院工作,直到1953年她被任命为纽约城惩教署的行政长官。[1]任期到1966年间,继续进行刑事司法创新,[2]当时纽约城地方法院体系已被完全重组为一个统一的、遍及全州的法院体系。[3]在她调离纽约地方法院后,她的改革也一直持续到该法院重组关闭。[4]她的法院创新之举在当下仍被大量复制,但她却早已被遗忘。[5]

六、新性别叙事与法律现实主义的改写

与法律现实主义叙事并行的女性主义法律现实主义,就是我所说的新性别叙事,这种叙事不仅重构了法律现实主义的单一性别史,而且对重新思考女性主义法学作品也有很多重要启示。新的叙事并不是为了盲目地改写法学历史的标准和其含义。我知道,试图挑战那些被不断重复的故事,会存在观念与现象相混淆的危险。但是为了提供一个有意义的反叙事,重述过去就变得至关重要。

发展中的女性主义法律现实主义的叙事方式提供了什么呢?即便具有紧张、不一致和更不讨人喜欢的特色,它同样让自己成为改革的一种可能手段。它既可以是挑战过去既定内容的一种方法,包括公认的历史周期,也可以作为一种重新思考当代女性主义法学规范的方式。它挑战了既定的内容,法律现实主

---

[1] Quinn, *Revisiting Kross's Critique*, supra note 146, at 693; see also Joan Cook, *Anna M. Kross Dies; An Ex-City Official*, New York Times, Aug. 29, 1979, at D19.

[2] Cook, supra note 277, at D19.

[3] Quinn, *Revisiting Kross's Critique*, supra note 146, at 695.

[4] Id.

[5] See id. at 710; see also Quinn, *Feminizing Courts*, supra note 230, at 217; Quinn, *Untold Stories*, supra note 212, at 69; Quinn, *Home Term*, supra note 241, at 757.

| 性别与法律：女性主义的实践

义潜在的重要图景不仅被评价这一运动的历史学家错误地忽略了，而且也被那些寻求将自己与她们所认为的只有男性的叙述区别开来的现代女性主义者错误地忽略了。

发展中的女性主义法律现实主义叙事会提供什么？虽然性别叙事并不讨人喜欢，但它成为一种改革手段。既可以是挑战过去既定内容的一种方法，包括公认的男性一统天下的周期发展；也可以是对当代女性主义法学范式的一种反思。新性别叙事颠覆了原有的内容，女性主义法律现实主义本该居于法律现实主义的重要篇章，不仅被评价这一运动的历史学家错误地忽略了，而且被那些寻求将自己与男性叙述相区别的现代女性主义者错误地忽略了。

进而，这种叙事会让人对当代女性主义加以反思。事实上我们可以从目前统领法学界的女性主义活动中稍事抽离，包括抛弃无益的、不友好的各种论战。科沃斯的性别经验倡导的是跨越学科、以更具现实意义的行动主义来影响当代生活。这种叙事方式要强调的是："做"女性主义法律现实主义，而不是仅仅思考和谈论女性主义，只有如此才能让女性主义法学具有更富有成效的未来。[1]

---

〔1〕 这种框架和焦点的转变与其他人的呼吁是相一致的，找到一项无论新旧女性主义法学学者都能接受的连接项目。Rosalind Dixon, *Feminist Disagreement* (*Comparatively*) *Recast*, 31 Harvard Journal of Law and Gender 307 (2008). （需要连接新旧女性主义理论的新方法）；see also Brenda Cossman, Dan Danielsen, Janet Halley & Tracy Higgins, *Gender, Sexuality, and Power*: *Is Feminist Theory Enough?*, 12 Columbia Journal of Gender and Law 608 (2003). （提出现代女性主义法学需要"休息一下"，这在某种程度上可以让女性主义者能够"内部审视"）；see also Martha Albertson Fineman, Grappling With Equality: One Feminist Journey, in Transcending the Boundaries of Law: Generations of Feminism and Legal Theory, Oxford: Routledge-Cavendish, 47 (Martha Albertson Fineman ed., 2011). 敦促根本性的转变，从以性别为基础的女性主义平等话语到更一般性和可概括的在人类境遇下的脆弱性关注，在某种程度上是对美国法学历史的再审视。

科沃斯与女性主义法律现实主义

很多实干的、有思想的历史学家和女性主义法学者,承认把"女性"定义为一个阶级是有其局限性的。然而,他们依然把它当作是一个实用的出发点。[1]一旦女性具备条件成为一个完全的历史主体,我们可能不需要再做出这样的性别区分。[2]但即便到那个时候,我们也必须继续汇编女性历史,"呈现更大规模的可见模式",走向"全新的历史"。[3]女性的叙事方式不仅仅关注女性、性或性别,且可以用作进入有关不公正或不平等宏大对话的一般路径。[4]以此为特点,女性的历史叙事不仅仅是文件记载的、静态的往事和群体,它们变成"双重颠覆性的"工具[5],在"动摇现在",也诉说历史的不同。[6]此外,检视那些活生生的女性生活细节,而不是近距离想象或有意构建关注点,可以通过理论来表达工作中各种各样的真实交集和互联性。

上述女性主义法律现实主义的叙事,是对科沃斯及其合作

---

[1] Gerda Lerner, *Living with History / Making Social Change*, Chapel Hill: The University of North Carolina Press, 177 (2009). Martha Albertson Fineman, *Grappling With Equality: One Feminist Journey*, in Transcending the Boundaries of Law: Generations of Feminism and Legal Theory, Oxford: Routledge-Cavendish, 60 (Martha Albertson Fineman ed., 2011). (提出"性别"可以成为进入女性主义法学关于平等讨论的大门,但不应该把整个对话的焦点局限于此); see also Darren Hutchinson, *Resistance in the Afterlife of Identity*, in Transcending the Boundaries of Law: Generations of Feminism and Legal Theory, Oxford: Routledge-Cavendish, 176, 186, 189 (Martha Albertson Fineman ed., 2011). (警告后种族/后性别方法的危险性).

[2] Joan W. Scott, *Feminism's History*, 16 Journal of Women's History 10 – 17 (2004). (在女性主义历史发展不平衡的领域中,遗留了很多要做的事情).

[3] Id.

[4] See Bennett, supra note 7, at 9.

[5] Scott, supra note 284, at 18.

[6] Id. at 21.

| 性别与法律：女性主义的实践

者的历史新发现，通过她们的过去来绘制出一条轨迹，以表明当前公认的法律现实主义的叙事没有反映出很多从事法律职业的女性在其鼎盛期所做的工作。这一新历史也并不能代表所有女性，甚至没有代表所有从事法律职业的女性。相反，它应该引发法律现实主义者进行更深层次的讨论，尤其是在重新思考和拓展传统叙事时，必须注意女律师的经历以及其他在常青藤联盟或象牙塔之外对法律现实主义进程做出贡献的相似经历。

除了动摇已广为人知的法律现实主义运动性别构成基础，女性主义法律现实主义者的故事也是当前对现实主义运动时期界分的挑战。在普遍认可的现实主义时代开始之前，科沃斯已经开启了她法律现实主义的活动。菲利斯和他人提议推翻原来的发展史从根本上重新架构法律现实主义运动起源的模式，增加新发现的女性贡献史。[1] 而且，这一具有创新性和跨学科性的法律项目推

---

[1] Felice Batla 曾追溯过对社会法学有贡献的职业女性，认为她们的活动先于现实主义法学运动。See generally Felice Batlan, *Notes from the Margins: Florence Kelley and the Making of Sociological Jurisprudence*, in 2 Transformations in American Legal History: Law, Ideology, and Methods Essays in Honor of Morton J. Horowitz (Daniel W. Hamilton & Alfred L. Brophy eds, 2010). (详述了在 20 世纪初 Florence Kelley 致力于纽约市的改革); Felice Batlan, *Law and the Fabric of the Everyday: The Settlement Houses, Sociological Jurisprudence, and the Gendering of Urban Legal Culture*, 15 Southern California Interdisciplinary Law Journal, 235. (认为在 20 世纪的转变中女性庭外和解工作人员起到了开创性的作用)。此外，Gwen Hoerr Jordan 提出 Myra Bradwell 在 19 世纪晚期的作品也可以看成是社会法学的先驱。See Jordan, *Agents of (Incremental) Change*, supra note 16, at 604–12; Gwen Hoerr Jordan, "*Horror of a Woman*": *Myra Bradwell, the 14th Amendment, and the Gendered Origins of Sociological Jurisprudence*, 42 Akron Law Review 1201, 1218–29 (2009). 因此，本文和另一本待版书可以看成是性别法学史的一部分，由 Batlan, Jordan, Tracy Thomas 等人和我合作的相关项目《女性主义法学史：女性和法律文集》已经出版。(Tracy A. Thomas and Tracey Jean Boisseau eds., 2011.) 下一个项目会描述早期女性群体和女性主义法学现实主义者之间的联系。See also infra Part V.

科沃斯与女性主义法律现实主义

行已经超过了50年，科沃斯的性别经验叙事与现在认定现实主义时代已结束的认知是矛盾的。事实上，科沃斯独创的专门化刑事法庭、法院应以解决问题为导向的改革在现实中仍然具有很好的反响[1]，可以说，女性主义法律现实主义的纪元从未结束。

从科沃斯担任法官、惩治局行政长官，到其职业生涯结束时，都可算为"业内人士"。如果科沃斯可以归位于新性别叙事的核心人物，也有利于女性主义法学回归实用性，有利于破解传统的单性别叙事。有一点也非常重要，她并不是从一个掌权者或特权的位置才开始她的追求。即使是作为政府机构的业内人，她也不是法学界的精英身份；她鞠躬尽瘁到生命最后一刻，而她的完整个人经历却没有被成功地书写。作为一个贫穷的俄罗斯裔的移民，她忍受着歧视和严厉对待；作为一个拥有多元交叉性身份的范例，科沃斯身上反映了许多不能一言以蔽之的困境。[2] 科沃斯学习法学专业、担任律师和成为法官，她独特的生活机遇、选择和决定，是她身为女性的独特成就。她的故事让身份复杂性变得鲜活，也是多样性叙事中一个重要的典范。

有人认为使用"法律现实主义"的术语仅仅是支持了传统男性中心叙事的一个特殊法律方法而已，也有人质疑，为什么我们要用这一术语来叙事，因为我们相信将来实用性一定会战胜理论性。可以预见，新概念和新框架会让女性主义法学和历

---

[1] See Quinn, *Revisiting Kross's Critique*, supra note 146, at 710; see also Quinn, Feminizing Courts, supra note 229, at 217; Quinn, *Untold Stories*, supra note 212, at 69; Quinn, Home Term, supra note 241, at 757.

[2] 作为这一复杂身份更深层次的部分，我会在科沃斯传记里进一步地探讨，尽管她和一个男人结了婚，有两个孩子，但她有各种各样友谊和利益的生活方式和生活选择在那个时代的异性规范和母性框架内几乎是不合时宜的。Mae C. Quinn, *Anna Moscowitz Kross: Mother of Socio-Legal Movements.* （即将出版）。

史性著作以后的前景更为可观。现实主义法律传统作为美国最有影响力的叙事,是与现代法治国家的兴起息息相关,但它不是神话,是我们当下所处的一个知识体系。[1]我们不是作为仅存的纯粹主义者要努力去推翻一个巨人,坚持把当前的分裂和二元解构主义方法概括为"我们"VS"他们",我们的目标也不是谋篡讲述寓言的权力。我们努力的方向,是积极使用已有的术语,并用女性主义活动(很多是科沃斯在处理自己工作时使用方式)去诠释,让女性主义走得更远。实际上,美国最有影响力的两大法律运动"现实主义"和"女性主义"名称相结合,就已经是一个很有力的战略性工具,不管现在还是将来,都可以很好地为女性和其他被边缘化的团体服务。[2]

很多女性法学史家描述过给女性史贴上"女性主义者"标签所带来的问题,那我们为什么还要给这种新的法律现实主义叙事、科沃斯的工作或者其他东西贴上"女性主义"的标签呢?[3]在某种程度上,问题的产生其实是因为"女性主义者"一词有很多不同的含义。[4]在科沃斯时代,她被称为女性主义

---

〔1〕 详见本书前一篇论文《女性主义法律现实主义——法律现实主义与女性主义法学》。

〔2〕 Gregory Scott Parks, *Toward Critical Race Realism*, 17 Cornell Journal of Law and Public Policy 683–704 (2008). (认识到对某些传统的现实主义法学思想战略上的忠诚为非主流带来了潜在的收益)。

〔3〕 See Mary Jane Mossman, "*Le Feminism*" *and Professionalism in Law*: *Reflections on the History of Women Lawyers*, in Transcending the Boundaries of Law: Generations of Feminism and Legal Theory, Oxford: Routledge-Cavendish, 9–10 (Martha Albertson Fineman ed., 2011). (描述了"关于早期美国女律师是否是女性主义者的循环历史辩论")。

〔4〕 See Mary Jane Mossman, "*Le Feminism*" *and Professionalism in Law*: *Reflections on the History of Women Lawyers*, in Transcending the Boundaries of Law: Generations of Feminism and Legal Theory, Oxford: Routledge-Cavendish, 12 (Martha Albertson Fineman ed., 2011).

者，是因为她聚焦于女性问题。[1]尽管对这个术语有历史争议，从科沃斯及其同仁经验来看，早期女性主义法学作品都已具有很多同样的主题和写作动机。[2]

如前所述，在科沃斯还是一个法科生时，她就试图挑战通常意义上的法律边界，超越传统的以诉讼为基础的、执业律师和法律制度之间的二元结构。[3]律师不仅是个别案件中的委托代理人，而且从整体上看应该是法律顾问，帮助被告人在出狱之后可以重新进入社会，避免将来再次入狱。[4]科沃斯所做的工作，改善了女性生活、增加了女性工作机会，不止被控女被告受益，为她们提供代理的女律师也能从中获益。[5]

事实上，正如女性主义法学学者帕特丽夏·该隐所示，科沃斯早期的律师工作呈现了与现实真正的关联性。科沃斯努力实现社会正义，一以贯之并延伸到律师-委托人的关系中，超出职业之外、信仰之上和性别之外。虽然科沃斯和其军团被排除在法律精英机构之外，但她并没有浪费时间去攀爬法学界象牙塔围墙，也没有费时思考怎样才能入围他们的名单。她思虑最多的是怎样

---

[1] Howard Whitman, Annie, *The Poor Man's Judge*, Collier's, Mar. 1, 1947, at 46; cf. Mossman, supra note 297, at 9, 12, 24. （与法学教授 Barbara Babcock 辩论时声称，几乎每一位早期女律师都是一个"自发的女性主义者"，但也认同这些女律师"从未有效地向法律和法律职业性别化的预设发起挑战"）。

[2] See supra Part III. C; see also Lerner, supra note 117, at 15. （提到传记作家必须"根据主体的自我意识和她所处时代的环境来叙事"）。

[3] Cf. Moscowitz, *Opportunity*, supra note 177, at 86. （记录了女性——像很多男性一样——有在刑事法庭工作的必要条件，即"可以敏锐地洞察人性，深刻地理解个性，逻辑思维能力清晰，有同理心"）。

[4] Quinn, *Revisiting Kross's Critique*, supra note 146, at 677-78. （讨论科沃斯参与了以重返社会为基础的诉讼工作）。

[5] See supra notes 171-176. （描述了科沃斯在某种程度上关注女律师之间以及这些律师和其委托人之间的互联性）。

| 性别与法律：女性主义的实践

和社区以及专业人合作，来推进法律在现实生活中的影响。不言而喻，她的日常工作相当于实际和身体力行地跨越学科。在该隐和其他早期女性主义法学理论家的论述中，也有同样实际的描述。

任职法官后，科沃斯情怀不变地继续努力使女性获得更多自主生活的权利。然而，有意思的是，不仅仅是她的律师活动，她的很多司法实践都是多视角的，每一种都可以算是为当代女性主义价值及其相关事项的代言、在与成规相对战。例如，今天的女性主义者已经认同为险恶环境下从事性交易的年轻女性提供保护和让她们恢复正常的生活是正当的，但其他人会认为这一判断所包含的性活动和亲密价值观并不能解释所有女性对此判断的认同。[1]同样地，科沃斯在黑人住宅区的未成年人项目中雇用少数民族女性，明白享有特权的白人女性并不是为市区贫穷非裔美国人代言的最佳人选，她对统筹兼顾原则的理解令人瞩目，具有现代精神。[2]另一方面，这种实践也可能被解读成操纵和不尊

---

[1] Drucilla Cornell, *A Defense of Prostitutes' Self-Organization*, 1 Cardozo Women's Law Journal 121–124 (1993). （呼吁重塑妓女作为工人的权利）；Beverly Balos & Mary Louise Fellows, *A Matter of Prostitution: Becoming Respectable*, 74 The New York University Law Review 1220, 1301 (1999). （拒绝"性交易是性意思自治的表示"这一观念）。

[2] Kimberlé Crenshaw, *Demarginalizing the Intersection of Race and Sex: A Black Feminist Critique of Antidiscrimination Doctrine, Feminist Theory and Antiracist Politics*, University of Chicago Legal Forum 154, (1989). （"有色女性不仅被忽视，而且在白人女性作为女性为她们说话时"，对她们的排斥也加强了）；Alvin Hadley, *Cultural Sensitivity in African American Health Care: Strategies for Outreach to African American Communities*, Diversity Matters (2006), http://www.diversity-matters.net/publications-csih.pdf. （描述了团体和机构用于帮助非裔美国人社区家庭与卫生保健相关条款的策略）；Ken Resnicow et al., *Cultural Sensitivity in Substance Use Prevention*, 28 American Journal of Community Psychology 271–277 (2000)；Isis H. Settles, *Use of an Intersectional Framework to Understand Black Women Racial and Gender Identities*, 54 Sex Roles 589–597 (2006). （研究交叉结构在审查……黑人女性的身份和幸福中的价值）。

重使用非裔美国女性的社工，对那些被帮助的被告产生了误导。[1]

很多家事法庭的工作也可以适用这种区别对待。许多现代女性主义者很难想象让一个被控告的虐妻者和其妻子坐在一起，为了解决他们难以相处的夫妻关系。[2]但是也有一种声音，认为这种处理复杂人际关系的方式是适合的，它以这种方式表明并非所有女性都是潜在的受害者，也不是所有男性都是故意施害者。[3]科沃斯在法庭工作中使用志愿者和其他系统外人员，因其打破了在法律与社会间架起的法律规则高墙而被称赞。然而，有些女性主义者认为这是滥用权力，可能会误导没有专业知识的诉讼当事人；[4]而用女性主义现在的标准来看，派遣优越的女性，指导贫穷家庭怎样生活得更好，也会被认为是各不相宜。[5]

科沃斯有关法律代理变革的观点和实践，有其女性主义者身份更深层次的复杂性。尽管她早期在女性法庭上努力为因性

---

[1] See Cheryl D. Hicks, "*In Danger of Becoming Morally Depraved*": *Single Black Women, Working-Class Black Families, and New York City's Wayward Minor Laws*, 1917 - 1928, 151 University of Pennsylvania Law Review 2077, 2117 - 2119 (2003). （描述了一些黑人家庭来到法院系统寻求帮助，但最终却使自己的孩子长时间被带离家庭）。

[2] See Alana Dunnigan, *Comment*, *Restoring Power to the Powerless*: *The Need to Reform California's Mandatory Mediation for Victims of Domestic Violence*, 37 University of San Francisco Law Review 1031, 1052 (2003). （调解确保了施虐者的行为不会被公开和作出解释）；Sarah Krieger, Note, *The Dangers of Mediation in Domestic Violence Cases*, 8 Cardozo Women's Law Journal 235 (2002). （强制性的调解对性别关系都有负面的影响）。

[3] Leigh Goodmark, *Autonomy Feminism*: *An Anti-Essentialist Critique of Mandatory Interventions in Domestic Violence Cases*, 37 Florida State University Law Review 1, 26 - 27 (2009); Aya Gruber, *The Feminist War on Crime*, 92 Iowa Law Review 741, 801 - 820 (2007). （挑战施虐者和受虐者两元制的概念）。

[4] See Sally Engle Merry, *The Criminalization of Everyday Life*, in Austin Sarat et al. eds., Everyday Practices and Trouble Cases, Evanston: Northwestern University Press, 14 (1998).

[5] See Ruth Crocker, *Social Work and Social Order*: *The Settlement Movement in Two Industrial Cities*, 1889 - 1930, Champion: University of Illinois Press, 27 (1992).

| 性别与法律：女性主义的实践

行为被指控的成年女性提供免费代理，但绝大多数年轻人在未成年人法庭是没有代理人参加的。[1]科沃斯把这些未成年人的问题归因于其年龄和其他因素，如果这些未成年人同意法庭提出的建议，案件就可以从审判程序进入法庭治疗机制。[2]而且，科沃斯建议那些证据不足的女孩接受法院干预治疗。[3]因为科沃斯没有适用当代自由主义法律标准中的意思自治和个人权利至上，也常因此被看作是一个反女性主义者。[4]

家事法庭中的非正式程序同样适用于男性，法庭鼓励那些被控殴打和遭受其他家庭暴力的男性在没有法律顾问的情况下接受问询。因为不用通过法律程序或正式代理就可以把试图掩

---

〔1〕 See Bernard C. Fisher, *Justice for Youth*: *The Courts for Wayward Youth in New York City*, New York: Community Service Society, Bureau of Public Affairs, 26 (1955).——一个令人关注的事实是，在这种法庭程序中没有发挥辩护律师的作用。缩小法律顾问的作用是为了让社会法庭帮助那些陷入困境的人们避免陷入邪恶的另一个必然结果。

〔2〕 Clarke, supra note 214, at 15. 社会工作者特别缓刑官多里斯·克拉克（Dorris Clarke），科沃斯的拥趸者之一，她在1941年对人性的未成年人法庭评论时称，"事实上，对这些女孩没有任何的伤害，所有人都乐于同意这种庇护——事实上，很多人在休会期间也要求返回到机构中来"。Id. "不考虑法律方面，"她声称，"程序不只是社会调整器，在大多数情况下法院要能够确保年轻人改过自新而无宣判污名"。Id. at 28. 克拉克有关法院的论文最终发表在一个法学学术期刊，她在文中提倡修改成文法，以便使科沃斯在当地实施的非正式审前实践获得法律依据。See Dorris Clarke, *Treatment of the Delinquent Adolescent Girl*: *By Court or Administrative Tribunal?* 21 New York University Law Review 225, 248 (1946).

〔3〕 Anna M. Kross, *New York (City) Magistrates Courts Procedures for Dealing with Wayward Minors*, 2 (1936). 科沃斯记录道，"部分女性法庭优先于人性的未成年人法庭，地方主审法官适当地在女性法庭审判（或在套房里）对人性的未成年人指控是惯例，要么解除指控，要么作出宣判"。如上，一个年轻人不应在人性的未成年人法庭被宣判，除非审讯中提交了"足够的证据"，年轻人在成年刑事法庭也被给予"法律对被告保障的所有权利"。*Wayward Minors' Act*, New York Criminal Procedure. Law Title VII-A § 913 - a（已废止）.（现存于纽约大学法学院图书馆）.

〔4〕 指出科沃斯的工作早于标志性 Gideon v. Wainwright 法律顾问权力案，这是非常重要的。Gideon v. Wainwright 372 U. S. p. 335 (1963).

科沃斯与女性主义法律现实主义

盖暴行的施暴者快速监禁,这种实践也容易受到当代某些女性主义法学阵营的欢迎。实际上,在女性和受害人代理人的倡导下,一些现代家庭暴力法庭保留了相似的特征,被告即便没有法律顾问的陪同也要定期地向法官进行报告。[1]

与其把这些复杂性看成是科沃斯工作特性中女性主义者的本性,不如把它看成是对个别女性主义者近乎无休止的自我界定方式的一种确认,我们应该欢迎这些复杂性。因为,没有绝对的检验办法来辨识某一特性是否真的属于女性主义派系类型。浪费时间去内部区分和精确地贴上某个标签并没有实质意义,性别二元论的不宽容可能会将某些女性主义信徒也排除在外。科沃斯的方法具体展示了女性主义怎样才可以不被视为仅仅是关注"女性问题"。因此,正如25年前许多法学家和历史学家开始提出的那样(最近重复得更多,展现了新的活力),我们所有人都试图挑战既存的等级结构,以促进所有人的自由权利,而不仅仅是女性的。[2]

---

[1] 作为纽约市公设的辩护律师,我和委托人出现在这种家庭暴力法院审查诉讼记事表,在那里我目击了无数的被告人没有代理而面对审查法院的提问。See also Robyn Mazur & Liberty Aldrich, *What Makes a Domestic Violence Court Work? Lessons from New York*, 42 Judges Journal 5, 8 (2003).

[2] See Martha Albertson Fineman, *The Vulnerable Subject: Anchoring Equality in the Human Condition*, in Transcending the Boundaries of Law: Generations of Feminism and Legal Theory, Oxford: Routledge-Cavendish, 161 (Martha Albertson Fineman ed., 2011).(重构女性主义,不仅仅是集中于"女性问题"上,还要聚焦于人类共有的脆弱性上)。Laura Spitz, *Theorizing the More Responsive State: Transcending the National Boundaries of Law*, in Transcending the Boundaries of Law: Generations of Feminism and Legal Theory, Oxford: Routledge-Cavendish, 305, 308 – 11, 314 – 18 (Martha Albertson Fineman ed., 2011).(号召女性主义者通过参与北美消除种族隔离项目,在解决跨越国界脆弱性中发挥积极的作用)。Christine Stansell, *The Feminist Promise: 1792 to the Present*, New York: Modern Library, 368 – 394 (2010).(描述了全球女性主义的出现,关注人权问题,包括关注健康、反贫穷运动和女性主义部分议事日程)。

性别与法律：女性主义的实践

虽然科沃斯主要集中于"女性"，但她关心的并不只是单一的主体。例如，她解决家庭暴力问题时看到了男性生活的改善，是与其妻儿生活的提高息息相关的。回顾她的整个职业生涯，对科沃斯来说，很难讲哪一个问题更困扰她，女性的压迫？抑或因种族或贫穷而被剥夺的选举权？抑或是因遭受精神损害而被边缘化？或者可能是不同问题的叠合？科沃斯的关注点不仅仅是被边缘化和被压迫的女性，因为她想帮助和关注的是各种原因下所形成的这一类人。

通过行动主义，科沃斯突破了理论上性别二元性带来的障碍。[1]不是优先或者过度花费时间来思考个体的归属和定位，通过实实在在的"做"，在设法获得实质平等的背景下，让分歧变得趋于无声。[2]如此来看，科沃斯大概既可以算是一个早期女性主义者，也可以算是一个后女性主义者。[3]随着法律现实主义的正名，随着"女性主义"理念建构的广义化，我们也突破了传统的理论边界，动摇了名单排名权。因此，通过讲述科沃斯的故事作为新女性主义法律现实主义叙事方式的范例，以消除可以感受到的标签限制，以及常见的圈内人和圈外人之间的混乱区别。

运用这一新历史发现也可以为当代女性主义工作提供所需要的空间和视角。正如历史学家朱迪斯·贝内特（Judith Ben-

---

[1] See Linda Nicholson, *Identity Before Identity Politics* 185 – 86, Cambridge University Press 185 – 186（Jeffcey C. Alexander & Steven Seidman eds., 2008）.（鼓励读者把"身份分类"作为一个社会整体来思考，就如挂毯里的线一样……任何身份类别的意义将会随着和其他身份类别的"线"交叉而发生变化）.

[2] See generally Ian F. Haney López, *The Social Construction of Race*: *Some Observations on Illusion*, *Fabrication and Choice*, 29 Harvard Civil Rights-Civil Liberties Law Review 1, 27（1994）.（提出社会建构，诸如种族"必须被看成是分类的……来源和持续的基础"）（重点突出）.

[3] See Janet Halley, *Split Decisions*: *How and Why to Take a Break from Feminism*, Princeton: Princeton University Press, 11 – 15（2006）.

nett）所言，"时光的流逝提供了……更清楚的理解"，"和过去……保持距离尤其有用"，因为这种分析思考模式，允许我们在交流中更少进行个人挑战和激烈论述。[1]这一新知识也可以有助于我们在当代直言不讳地提出全新主张，帮助我们看到前人已经努力克服了很多同样的问题。[2]因为，这可以催生良性的后见之明，拒绝那些用现代观点来看有缺陷的方法，[3]也可以成为将来最有希望的特别运作方式。

重新积极地发现女性主义法学的历史，包括科沃斯所代表的女性经验与司法改革，似乎拒绝法律现实主义也是女性主义法学过去的一部分，或者非此即彼地选择吸收其传统的男性中心观念和象牙塔的实践，要有用得多。或者，把科沃斯看成是以女性经验处理生活中的不公和不平等的法学女性主义者的模范，提供一个司法改革的样板，足以确保这是一项成果而非一套不成形的观念。[4]

---

〔1〕 See Judith M. Bennett, *History Matters: Patriarchy and the Challenge of Feminism*, Philadelphia: University of Pennsylvania Press, 52 (2006).

〔2〕 See Gerda Lerner, *Living with History / Making Social Change*, Chapel Hill: The University of North Carolina Press, 183 (2009).

〔3〕 See Judith M. Bennett, *History Matters: Patriarchy and the Challenge of Feminism*, Philadelphia: University of Pennsylvania Press, 46 (2006).

〔4〕 因此，正如女性历史学家和人权活动家夏洛蒂·邦奇（Charlotte Bunch）的著作所说，女性主义法律现实主义寻求融合过去和现在，理论和实践，通过（1）描述和讲述过去的故事，（2）分析为什么事情会以那种方式发生，（3）提供应该存在什么样的愿景，（4）为怎样完成这一愿景制定战略。See Charlotte Bunch, *Not by Degrees: Feminist Theory and Education*, in Learning Our Way: Essays in Feminist Education, Berkeley: Crossing Press, 248 (Charlo He Buch & Sandra Pollack eds., 1983). （一个可靠的女性主义理论会帮助我们用这样的方式理解当前的事件，即它能帮助我们发展愿景和改革方案来维持人们参与的日常政治活动）。朱迪丝·贝内特（Judith Bennett）在她最新的重要著作中赞成、推进和拓展了这一方法。Judith M. Bennett, *History Matters: Patriarchy and the Challenge of Feminism*, Philadelphia: University of Pennsylvania Press, 47–49 (2006).

| 性别与法律：女性主义的实践

从这种意义上看，女性主义法律现实主义者的新叙事也许是对现代女性主义法学辩论式微做出的响应。[1]

出自《中国政法大学学报》2021年第2期。

---

[1] 我并不是说这是改革的唯一路径。其他充满希望和富有成效的女性主义提案近期也崭露头角。克莉丝汀·卡尔萨姆（Kristin Kalsem）和弗娜·威廉（Verna William），作为新女性运动首创者，也呼吁女性主义法学需要更多的实用主义。Kristin Kalsem & Verna Williams, *Social Justice Feminism*, 18 UCLA Women's Law Journal 131 (2010). 没有考虑女性主义法学和传统现实主义叙事方式之间的关系，她们从第一次和第二次女性主义浪潮中吸取了其他教训。See Kristin Kalsem & Verna Williams, *Social Justice Feminism*, 18 UCLA Women's Law Journal 192 (2010). （"利用历史更广义地把社会公正女性主义界定为……富有成效、建设性和治愈性"。我也不认为这种思考方式应该凌驾于其他新兴的现实主义法学）。Victoria Nourse & Gregory Schaffer, *Varieties of New Legal Realism: Can a New World Order Prompt a New Legal Theory*, 95 Cornell Law Review 61, 64 (2009). （新现实主义者分享了这样一种视角，给新形式主义、新古典主义法学和经济学理论以及来源于它的新形式主义的变体提供了一个替代性选择）；Gregory Scott Parks, *Toward Critical Race Realism*, 17 Cornell Journal of Law and Public Policy 685 (2008). （呼吁种族批判主义法学的产生根源于"种族批判理论、经验主义社会学和公共政策"）。实际上，进一步的对话在所有学者和实践者这些相关的群体中进行，可能更富有成效。See also Rosalind Dixon, *Feminist Disagreement (Comparatively) Recast*, 31 Harvard Journal of Law and Gender 321 (2008). （提议采用比较宪法来"鼓励在理论层面上对批判性的女性主义观点全方位地给予更多的关注……激励现在和将来旨在完成性别正义的、更细致有效的实践法律干预形式"）。

正义、家庭正义与社会正义

  家庭不仅是由爱和共同利益联结而成的亲密群体,也是一个需要讨论"正义"议题的领域。苏珊·穆勒·奥金在《正义、社会性别与家庭》一书中提出,社会性别问题是一个正义问题,家庭内的不公是现代社会不公的逻辑起点,家庭内的不平等源于家庭内无酬劳动的不均衡分配。家庭正义的实现,不只是社会正义的实现,也是和谐社会的实现,这是制度文明可以企及的新高度。

——题记

  苏珊·穆勒·奥金是美国女性主义政治哲学家,她的作品集中在把大多数女性排斥在外的政治思想领域。奥金的《西方政治思想中的妇女》被视为政治学领域女性研究的基石,《正义、社会性别与家庭》和《文化多元不利于女性吗?》是作者享誉盛名的另外两部著作。

  前不久,中国政法大学出版社正式出版了由笔者翻译的《正义、社会性别与家庭》一书。该著实际上是女性主义首次对罗尔斯《正义论》提出的批判。奥金同时对诺齐克、沃尔泽等一系列哲学名家进行了批判,认为他们的理论缺陷在于对女性、对家庭进行了理论隔离,政治哲学应该修正关于如何实现性别正义的理论缺失。奥金认为如果"家庭是人的第一所正义学校",正义原则也就应该延伸至家庭以及私人领域。

一、家庭内无酬劳动的不均衡分配:性别不正义的起点

性别分工所带来的不正义是从家庭内部向社会扩展的。奥金在《正义、社会性别与家庭》一书中提出,家庭内的不公是现代社会不公的一个逻辑起点,家庭内不平等的原因在于家庭内无酬劳动的不均衡分配。而无酬劳动的分配是以社会性别为基础的。

社会性别投射在家庭内性别分工上就是"男主外,女主内"。"内外有别"的实质是"家务劳动无酬化",也形成了家庭内部的性别差序格局,社会性别使以生理差异为基础的"性别差异、性别区分、性别等级"变得合理化、合法化。

"女主内"的分工模式让女性的谋生能力弱化甚至丧失,不能像男性那样养活自己。如果离婚或分居之后,儿童随母亲居住,情况就会更糟,这不仅会对女性自身也会对儿童成长造成直接伤害。奥金认为性别建构作为一个事实性存在,已经成为女性乃至全社会实现机会平等的最主要障碍。

二、社会性别问题是一个正义议题

奥金提出社会性别问题成为正义议题有三重含义:第一,也是最明显的原因,即女性必须被充分纳入所有正义论之中;第二,机会平等不仅包括女性在内,还应包括所有儿童在内,虽然这已被当下社会所存在的性别不公现象所损坏;第三,家庭是性别建构开展的关键领域,想要获得一个正义的社会,就

必须先有一个正义的家庭，因为我们首先在家庭中获得自我认同，学会如何与人相处，这是道德形成的根基。

奥金以密尔在《论妇女的屈从地位》中提出的观点作为论证基础，女性家庭地位的不平等深深地阻碍了在更广社会范围中实现正义，因为它回避了男人潜在的道德责任。崇尚男性的"自我崇拜、非正义的自我优先"的家庭对男童成长具有负面影响，因为在这类家庭中男童仅仅因为他身为男性就取得了绝对优势。密尔指出，婚姻关系中所存在的大量实例表明婚姻关系"是和社会正义的第一原则相对立的"。密尔的观点为奥金提供了有力的理论支撑。

但是，把家庭的"私人"生活和政治、市场的"公共"生活相区分，是政治理论的一个学术传统，并且明确宣称这两个领域中应适用不同的原则。他们把家庭从他们认为的公共领域中加以分离，宣称这种分离和女性的本质紧密相关，把女性排除在市民生活和政治生活之外是恰当的。而奥金之所以选择罗尔斯的正义理论作为批判的目标，正是因为罗尔斯是其中最为典型的代表。奥金认为罗尔斯完全没有考虑到家庭生活的正义问题，也把家庭内颇为流行的性别分工彻底忽略了，他只是沿着权力、责任和优先权分配这一路径构建他的正义论，以成年男性作为理论主体，却没有提及他们是如何成年的。他忽略了一个人的成长需要倾注大量精力和艰辛付出这一点，到目前为止这些工作大部分是由女性来完成的。

奥金提到，既有的正义理论中提到的"工作"都是在市场上完成的、有报酬的工作。这些论者一方面在潜意识中假定了这一不言而喻的事实，即在经由性别建构的家庭中，女性持之以恒地从事无报酬的养育工作，帮助孩童们实现社会化，给亲密关系提供避风港（否则理论家就会认为她们是不道德的）。但另一方面，这些活动又不属于这些理论家的研究范围。家庭本身并没有接受正义标准的检验，正义之光也从未照耀这一领域。比如，麦克尔·桑德尔就曾在《自由主义与正义的局限》里提出，家庭不具备正义所需要的环境，正义只有在利益诉求不同和商品分配时发挥作用，而这些情况在家庭中很少见。家庭是一个关系亲密的群体，由爱和共同的利益联结而成，统领它的是价值更高的美德。

三、实现社会正义必须首先实现家庭正义

在将家庭剔出正义论适用范畴的同时，论者们却在不遗余力地强调家庭在道德教化等方面所应承担的功能。在当代主要正义论者中，罗尔斯把家庭当作道德培育的第一所学校。他认为在正义感的形成阶段，家庭起到了根本作用。但罗尔斯也同其他人一样认为家庭适用于正义标准是不恰当的。

面对上述政治哲学无视的理论悖论，奥金认为有一个问题需要厘清：当女性自身处于不正义中时，又如何培养儿童具有理论家所要求的、成为正义的社会公民所必须具有的正义感呢？

在正义社会的众多组成部分中，正义的家庭才是构成正义社会的至关重要的根基。奥金引用了德里克·菲利普在《面向社会正义的秩序》里对于家庭的描述，菲利普也认为家庭是养成儿童正义感的场域。菲利普提出儿童身份认同感的培养，更多的要依赖于"父母自身所具有的一贯良好的、完整统一的人格形象"，这种一贯性身份要"以恪守对工作和爱的承诺为核心来塑成"。奥金抓住菲利普对家庭重要性的确认展开了批判，她认为如果承担家庭主要养育工作的女性处在"工作"与"爱"

相冲突的环境之下，父母关系不是正义和互惠的，而是一方支配或者指挥另一方，这种父母关系并不能给予儿童很正面的示范和效仿意义，从而罗尔斯所称的道德培育理论就失去了根基。

奥金的《正义、社会性别与家庭》是对传统正义理论的一种修正，填补了以往理论框架的重大疏漏，而这一疏漏几乎影响到每一个人。家庭内不正义的性别关系，会让每一个家庭成员都身处畸形关系之中，"内外有别"成就的只能是男性的"生活巨婴"和女性的经济依赖。依据奥金的理论建构婚内平等关系，不只是把家庭从"一所专制的学校"变为"一所道德培育的学校"这类根基性的改变，更重要的是两性关系会从此进入到一种正常的轨道之内，男性摆脱"专制"恶名，女性获得长足发展，儿童生长在融合而非紧张关系弥漫的家庭乐园。从这一点上来讲，家庭正义的实现，不只是社会正义的实现，也是和谐社会的实现，这是制度文明可以企及的新高度。

出自《中国妇女报》（新女学周刊）2017年11月14日。

下篇　制度篇

为什么缔结婚姻

——婚内自治与婚姻的社会职能之辩

1974年我还是法学院的一名学生,我们常常在一门名为"禁止令"(Injunctions)的课上讨论:禁止令是否应该发出,是取决于其法定性还是现实的复杂性。但下课之后,欧文·费斯(Owen Fiss)教授总是喜欢提醒我们:我们所讨论的禁止令不过"就是一张纸"。在他看来,"禁止令"就是获得某种形式保障、改变或者产生某种社会地位的一份文件。讨论,也仅仅只是讨论。独立来看,"禁止令"上的文字其实负载不了课堂讨论的信息量。相反,禁止令只是对现实事物的一种说明。但是,一份文件的发放,不仅事关其实施,而且还要追问它所包涵的内容和意义。

回顾现行政策所遭遇的诸多现实问题,特别是当论及法律对于婚姻制度的强化时,我情不自禁地就会想到这和禁止令实施所面临的问题有些相似。[1]像禁止令一样,婚姻的表现形式

---

[1] 玛萨·艾伯森·法曼(Martha Albertson Fineman),现任美国埃默里大学(Emory University)Robert W. Woodruff 教授,女性主义与法律思想项目主任。该文发表于 *Virginia Journal of Social Policy & the Law* [Vol. 9: 1 2001],时任康奈尔大学法学院 Dorothea S. Clarke 教授。根据文意,文章副标题由译者添加。在大多数情况下,国家和各州政策企图复兴并复制理想而传统的核心家庭模式的亲密关系。从法律以及法律制度的失败而言,也导致了对社会上母亲和孩子的贫穷困境无计可施。

也可以约化为一张纸。这张纸虽然区别于其他证书,但在形式上也界定不了婚姻的本质。婚姻的含义已远远超出了这纸证书单薄的表现形式。

对婚姻本质的追问会让我们认真思考我们称为婚姻的这一制度的内容、目的和功能。这种思考会带来两个问题:一是"婚姻"一词对于作为个体的我们意味着什么?为了说明这个问题,我们要从私人角度来谈,从我们的文化和社会实践来谈;二是"婚姻"一词对于作为社会共同体的我们意味着什么?从这个角度看婚姻,我们就要看看婚姻的职能是什么,尤其是在政治、意识形态和社会结构下,在制定法律和政策时。[1]

很明显,对个人和社会而言,婚姻意味着一种法律关系。国家通过法律来界定:谁可以结婚、如果死亡或者离婚造成婚姻关系解体的后果是什么。从这个意义上看,所有的婚姻都被法律标准化了。法律确立了一个统一的标准,特别是谁可以和谁结婚、应该遵守什么样的形式。法律也界定了婚姻解体时相关的经济后果和其他后果。从个体角度来看,婚姻的最终内容与实施却越来越不清晰。因为当下的婚姻关系已经被法律界定为一种"私人"关系从而使得国家放弃对这一关系的规制,法律对于处在存续状态的婚姻是听之任之或者极少介入的。[2]而在其他形式的、同样表现为一纸证书的法律关系中,是不能期待

---

[1] 类似的问题还有:在一个多样化的、多元的世俗社会,存在婚姻的社会定义吗?婚姻是一种行为和功能吗?还是一种合法形式?婚姻的法律身份培养、改进、支持、保留或者保护的是什么?

[2] 家庭隐私的标准存在一个例外,这种例外大多数是虐待与怠慢类的案例。其他观点对本文来说不重要,例如,在刑事案件中排除配偶证言的规则。详见Frances E. Olsen, *The Family and The Market: A Study of Ideology and Legal Reform*, 96 Harvard Law Review 1497, 1504–05 (1983).

成为私人关系的。在婚姻关系中,权利义务被界定、被限定、被建构,以至于这种婚内交互关系被公共权力预先设定了范围和本质。相应地,婚姻证书的核发并不能决定婚姻如何具体实施、不能决定婚姻对于缔结者而言意味着什么,也不能决定缔结者在这种关系中如何履行职责。法律对婚姻的规制就是对处在婚姻存续中的每一个个体日复一日的放任自流。当事人可以自己界定自身的婚内行为,可以自己赋予婚姻内容和意义。即使有外在的"理想"关系可能会影响到它,婚姻也是一种个体化的、特质性的安排。法律通过确定婚姻属于私人关系这一原则来确认和强化婚姻的个体特征。除非是在极端情况下,否则法律一般不会强加给婚姻普遍的行为标准。[1]这就会导致法律对婚姻的规制还存在一个真空地带。在实际生活中,这一真空地带又被各种非法行为所填充,有时会引起个体间的冲突,有时让个体欢欣鼓舞,有时让他们充满期待或恐惧,有时又极度渴望。

　　反思如此种种,婚姻意义如此个体化的状态可能预示着:为了回答"为什么缔结婚姻",我们必须首先思考"什么样的婚姻"(what marriage),或者更简洁一点回答"婚姻是什么"(what is marriage)?质疑"什么样的婚姻"实际上是要引起对制度个体化和被延展了的本质的关注。相比之下,集中于"为什么缔结婚姻"这一议题则使婚姻制度的社会功能和基本原理更为突出。下面我就对"什么样的婚姻"和"为什么缔结婚姻"

---

[1] 1999年有两个(并且不完全地)被视为"极端"的例外:家庭暴力和婚内强奸。即使存在着一般性的法律规则,例如普通法规定妻子是丈夫的家属、夫妻关系适用隐私原则,使得这类权利救济还未走向法庭就被中止了。参见 Martha Albertson Fineman, *What Place for Family Privacy?*, 67 Geoge Washington Law Review (1999).

性别与法律：女性主义的实践

分别详细讨论。

对于置身其中的个体而言，婚姻有各种各样的意义。在实践中，婚姻被认为是一种法律约束、一种承诺的象征、排他性的性关系、一种继承关系和家属关系、一种自我成就的手段、一份社会契约、一种文化现象、一种宗教要求、一种经济关系、一种首选的生育组合、一种摆脱贫困和被赡养的手段、一种浪漫的典范、一种本能或者神圣的结合、一种道德立场、一种社会状态，或者是一种合同关系。[1]

婚姻对于建构和容纳它的社会而言，有各种隐含的意义。从国家的角度来看，婚姻可能只意味着一种强制秩序，一种记录意志性的必需品（如死亡发生时帮助财产流转）。在不同的语境下，婚姻可以被视为提供了一种秩序，也可以被看作是一种获取社会最大利益、克制和治理性事的手段。[2]婚姻能够反映一个社会的道德风尚和宗教习俗，具有社会符号功能。婚姻还是为社会完成生育任务的一个基本场所。社会必须通过生育、把婴幼儿教养、训练成为劳作者、选民和富有创造力的市民来完成自身的延续，这一任务通常是由婚姻家庭来承担的。[3]从这个意义上讲，婚姻也可以是社会的服务机构，因为它承担了一种社会职能，需要照顾婚姻家庭内具有依赖性和脆弱性的家庭成员。最后，婚姻也可能是一种向市民提供社会分配和交付

---

[1] 此处的列举还是没有穷尽。对个人来说，婚姻存在很多附加的意义。

[2] See Lloyd R. Cohen, *Rhetoric, the Unnatural Family, and Women's Work*, 81 Virginia Law Review (1995).

[3] 婚姻式家庭的法律设置使得国家受益，国家已经获取了婚姻社会职能的利益。我利用这种利益做了个论证，即国家有义务重构其他的社会制度来容纳和资助再生产。在论证过程中，我关注的不是婚姻而是照管者与依赖者的关系。参见Fineman, supra note 4.

社会益品的机制。[1]

我们应该首先搞清楚我们质疑的是婚姻的哪些方面，需要对哪一方面提供建议。如果我们对上述的婚姻角色或者职能保有清醒，知道如何来填补婚姻的法律空白，也许就回答了"为什么缔结婚姻"。以个体化婚姻为范例来替代社会化原理下的婚姻是不恰当的，我们不能拥护这样的婚姻制度。以社会化原理为基础的婚姻是社会对婚姻加以规范和控制的合法性依据，然而，改革者认为以社会化原理为依据而对婚姻进行规制已经成为历史，不再适应这个变化了的世界。例如，一对夫妇想要结婚是因为可以凭借婚姻身份从国家领取一定形式的经济和社会福利，而其他非婚姻关系则不能领取；[2]他们结婚可能是因为一些制度上的个体性含义，是他们对外宣示彼此恪守承诺的象征。不过，如果这对夫妇是同性恋，就会遭到一些宗教领袖和政治家的反对，因为他们认为婚姻是天然异性、授命于神的关系（被个体化了的宗教含义），习惯性地、恰当地对异性婚予以维护（道德的或者以传统为基础的社会化）。[3]在世俗社会里，

---

[1] 这与个性化的体系形成鲜明对照，例如在斯堪地纳维亚，个人是津贴和政策的基本单位。

[2] 例如，只有配偶一方死亡或者婚姻关系结束，另一方的健康保险和监护权利才能被认可。

[3] 在佛蒙特州的公民联盟中有一些批评家，在法律问题上引用宗教教义进行批判。参见 Julie Deardorff, *Vermont Is Front Line of Gay Marriage Fight*, Chicago Tribune, Apr. 3, 2000, p. 1. 对历史和传统的运用更加普遍。参见 Bowers *v.* Hardwick, 478 U. S. 186 (1986). 20世纪70年代其他州法院的判决也常常将婚姻限定为异性婚，把婚姻定义为一个男人和一个女人之间的关系。参见 Martha Chamallas, *Introduction to Feminist Legal Theory*, 265 – 66 (1999) [citing Jones v. Hallahan, 501 S. W. 2d 588 (Ky. 1973), Baker *v.* Nelson, 191 N. W. 2d 185 (Minn. 1971), and Singer *v.* Hara, 522 P. 2d 1187 (Wash. App. 1974)].

第二种状况才是值得关注的。而问题就会变成:为婚姻提供的经济福利和保护机制是否恰恰会被婚姻的道德性或传统性所限制?[1]在这种关系平衡中我们要质疑:历史和传统什么时候可以让步于新的行为模式?当社会对某种行为的道德评价不再一致,法律所反映出的道德立场是否还存在?

上述案例提醒我们,必须首先解释清楚婚姻制度下婚姻的含义,但这也会让"为什么缔结婚姻"这一问题变得更加复杂和难以回答,迫使我们不能仅仅关注当下社会中婚姻关系的本质或形式,而是关注我们希望这个服务于社会的制度应该具有什么样的作用和功能。这个例子也印证了我们一直给出的假设:婚姻的成就和容纳使得婚姻关系有别于其他社会关系,具有完成某种社会职能的独特能力。

既往的婚姻概念以及赋予它的各种假定,限制了家庭政策的发展,也扭曲了我们对婚姻的认识。上文所列举的关于婚姻含义的种种(其实也尚未穷尽)表明,婚姻在社会中被期于各种职能。孩子们必须被看护和养育,依赖者必须被看顾,每个个体的幸福要予以周全。[2]但我们首先要问的是:婚姻的存在是为了婚姻本身,还是为了实现社会目标而分配给婚姻当事人的一种必要?[3]

我的质疑是:各种相关的和看似恰当的社会目的并不是我们所需要的婚姻,我们根本不需要这样的婚姻。那样的婚姻是对国家而言的,我们不需要一个要承担各种社会功能的婚姻,

---

〔1〕 这是夏威夷和佛蒙特州法院的论证。参见 Baker *v.* State, 744 A. 2d 864 (Vt. 1999); Baehr *v.* Lewin, 74 Haw. 530 (1993).

〔2〕 See Martha Albertson Fineman, *The Neutered Mother*, The Sexual Family, and Other Twentieth Century Tragedies (1995).

〔3〕 第二个问题是社会目的和意义是否仍然是有效的。

为什么缔结婚姻

更不需要一个这样的家庭。而且,作为一种社会分类,也不应该把婚姻关系作为家庭的核心关系加以倚重,家庭不等于婚姻。[1]尽管从历史的角度来看,这二者是如此类似,但是最近几十年事情已经发生了实质性的变化。婚姻早在50年以前就与社会制度无关了。那个时候婚姻制度,是一种基本保护手段,保护的是那些需要依赖于丈夫的妻子。

现在婚姻关系中暴露出来的问题不仅和婚姻相关,而且也和家庭内的看护与依赖关系相关。概括地讲,在现行婚姻制度下:妻子被视为婚姻合伙人和市场竞争的参加者;夫妻双方一致认为恶化的婚姻就应该终结(不再适用过错离婚制度);在现有婚姻概念下女性不应该被法律特别保护。现在的婚姻制度把亲子关系视为家庭关系的核心或者精髓,而不是婚姻关系,并致力于如何以政策来强化这种关系。社会福利制度据此做了调整,对于仅仅拥有婚姻关系(或其他长期的性关系)的人,不再享有法律特别赋予"家庭"的保护和福利。相应地,一个人有家属,就是有家庭,就能得到法律保护和社会福利,即便这个人没有婚姻。我们思考家庭问题时曾经一直不加甄别地把婚姻作为家庭的核心,在某种程度上有些极端和激进。吊诡的是,尽管统计数据显示传统的婚姻家庭已经变成少数,却依然在社会上保持着其核心地位。[2]这一传统婚姻概念在社会中的延续,

---

[1] 家庭关系通过不同种类的家庭行为表达,有些是以性为基础的,正如婚姻一样。有些是生物基础形成的,正如血亲关系。其他的更多是彼此相关,例如,建立在陪护或者照管的基础上,或者经由喜欢和相互依赖而发展起来。

[2] 最近的人口普查数据表明,只有低于1/4的家庭是传统式的。更多的则是单身家庭、同居家庭、丁克家庭。See Eric Schmitt, *For First Time, Nuclear Families Drop Below 25% of Households*, New York Times, Late Edition, May. 15, 2001, at A1 (reporting on the 2000 U. S. Census data).

性别与法律:女性主义的实践

说明政策变革已与现实脱节,显得相对幼稚。把婚姻制度变革作为解决社会问题的首选方案,婚姻本身也就变得问题重重。变革采纳的方式是把婚姻存在的必要性变为处理社会难题的手段,忽略了对于家庭内依赖关系的论证。[1]

一、妻子的法律地位——从被保护者到合伙人

女性主义家庭理论家已经指出:婚姻是一项公共制度,具有公共职能。[2]从历史来看,婚姻的成立和解体也由法律来规范。[3]婚姻的公共职能之一还表现为婚姻是一种重要的意识形态,塑成我们的信仰,帮助我们去理解其他社会机构。从这个角度讲,婚姻已经可以被看作是一种基本社会机构。[4]

婚姻对于性别建构,具有独特的关联性。考虑到性别几乎在社会各方面都具有的重要性,以及我们对于婚姻的信任和婚姻本身承担的社会任务,制定相关法律政策和社会政策时就应该对婚姻问题充分考量。必须知道婚姻在社会、文化或者法律制度中并非是性别中立的。[5]性别中立以一种妇女处于历史性

---

[1] 婚姻通常产生一种国家裁定的依赖关系集合,例如对老人和小孩的照料,这样就不需要由社会公共领域承担。

[2] See Frances E. Olsen, *The Family and The Market*: *A Study of Ideology and Legal Reform*, 96 Harvard Law Review (1983).

[3] 婚姻应属于公共领域,因为是由国家管理谁可以结婚,怎样离婚,谁取得婚姻的产物(如孩子、财产)。政府以税收的形式在管理着家庭资产。

[4] 博克称赞了婚姻的基本作用,参见 Franz v. United States, 712 F. 2d 1428, 1438 (D. C. Cir. 1983). (博克部分同意部分反对)他陈述道:"保护家庭和婚姻制度的原因不仅仅是它对我们的社会是基础性的,更在于我们整个的传统都鼓励、支持和尊重婚姻家庭制度。"参见 Masking Dependency, supra note 14, p. 2189, n. 21.

[5] "一个典型的传统家庭:丈夫和妻子正式结婚、一起生活、有亲生的孩子;丈夫是一家之主,提供经济支持,并且有赡养妻子和孩子的法律责任;妻子和孩子对他有服从和尊重的义务". Id, p. 2182.

为什么缔结婚姻

弱势的方式，塑造了男性和女性的愿望和经历。[1]

在普通法的历史中，婚姻法比较集中的体现为婚内的依赖性和婚内义务。家庭角色以性别为分类，相互补足、相互依赖。妻子为丈夫提供性行为和家务劳动；丈夫要提供家庭的经济支撑作为交换。[2]据我推测，自从"女性主义"第一次结盟，至少有一部分人就开始关注婚姻家庭制度和家庭法的内容。几十年之后，这些关注转为改革诉求。这就是我们现在看到的法律中的变革，有关夫妻关系的法律变革也是一种很重要和触及婚姻关系本身的变革。

女性主义者认为有必要对家庭法进行改革，有两个基本原因，一个是家庭制度的内部原因，另一个是外部原因。第一个原因是家庭内部分配和家庭地位历史性的不平等。[4]这种不公正曾切实地存在于等级制和父权制家庭，离婚法改革时社会上出现的经济不平等待遇和女性普遍遭受的身心虐待就是一个明证。[3]家庭法改革的第二个原因则产生于家庭外部审视以及应该在更大的社会背景之下来评估女性对家庭责任的贡献。[4][5]女性主义的改革

---

〔1〕 婚姻塑造了女性从属的责任。她们的照管责任常常让她们没有工作优势。对传统性家庭的另一种解释："没有经济补偿的照管任务交给女性，而男性在追求事业以供养家庭的同时，也助益自己的事业或者工作前途。"，Id, p.2188.

〔2〕 See Mary Ann Glendon, *The New Family and the New Property*, Toronto: Butterworths, 1981.

〔3〕 See June Carbone & Margaret Brinig, *Rethinking Marriage*: *Feminist Ideology, Economic Change and Divorce Reform*, 65 Tulane Law Review (1991).

〔4〕 See Martha Albertson Fineman, *Cracking the Foundational Myths*: *Independence, Autonomy, and Self-Sufficiency*, 8 American University Journal of Gender Social Policy & the Law (2000).

〔5〕 博克在注解中提到：照看者的劳动和精力投放进事业和市场投资活动中，也能够产生经济回报。

性别与法律：女性主义的实践

实现了教育平等、政治平等，但是如果家庭角色和家庭责任没有相应的变革，那么就业平等也就不算完全实现。[1]女性主义者有一个共识：无论家庭内外，女性的角色首先是根据她们在家庭中是妻子、母亲、女儿来定义的。[2]这些角色还会被假定为经济不独立、富有自我牺牲精神，居于从属地位。进而，家庭角色取代了其他思想性的愿望或职业以及与这种愿望或职业相关的教育和培训。这种家庭（私人）领域的经验转化成为一种对职业（公共）领域的合理期待，限定了女性职业发展的可能。[3]

有关美国20世纪的家庭法叙事，必定是关于丈夫和妻子之间的等级关系转为一种婚姻合伙制关系。在这种体制内配偶是性别中立的，每个人都平等地自负其责，也平等地为其配偶负责。[4]变革已然很好地完成了，但是我们还完全跟不上变革的步伐。即便是女性和丈夫的关系已经从依赖关系转向合伙关系，人们依然停留在变革前的婚姻期待之中。[5]因为尽管在市场和公共领

---

[1] See Twila L. Perry, *Caretakers, Entitlement, and Diversity*, 8 American University Journal of Gender Social Policy & the Law (2000).

[2] See Michael D. A. Freeman ed., *The State, the Law and the Family: Critical Perspectives*, Tavistock Publications Sweet & Maxwell, 1984.

[3] 女性主义法律家的叙事与那些非法学的女性主义者是相似的。巴里·托姆声称，在大家称为女性主义"第一次浪潮"中，赋予丈夫控制妻子身体和财产权力的那些父权制法律，催生了家庭内的暴行并最终导致了改革的呼唤。在第二次的浪潮中（发生在20世纪中叶），女性主义者认为家庭就是压迫和不平等的场所。这种理念界定下的家务分配和意识形态才是理想的家庭。参见 Barrie Thorne, *Feminist Rethinking of the Family: An Overview*, in Rethinking the Family: Some Feminist Questions, Longman (Barrie Thorne & Marilyn Yalom, eds., 1982).

[4] See Martha Albertson Fineman, *Masking Dependency: The Political Role of Family Rhetoric*, 81 Virginia Law Review (1995).

[5] See Barrie Thorne, *Feminist Rethinking of the Family: An Overview*, in Rethinking the Family: Some Feminist Questions, Longman (Barrie Thorne & Marilyn Yalom, eds., 1982).

域已经存在大量的批评和非议,这次改革的失败可能也会对女性主义有些责怪,认为他们把家庭等同于一种机构太过于理论化了。

但不能就此而断言这些女性主义者不关注家庭领域。家庭法的学者们还是认可女性主义提出的有关公共领域和私人领域之间关系错综的理念。而且,他们有一半精力在关注教育变革,接受和推广这样一种理念:为了女性进入公共领域,成为一个全面发展的市民,家庭变革是必不可少的。有关公共领域和私人领域的讨论,就是围绕着作为私人领域制度的家庭需要一场"公共"改革拉开的长长的战线,在这长长的战线中首先需要关注的就是如何在法律上建构和表现家庭内部关系。不过,家庭法学者特色性地把对"公共"领域内的非家庭机构的批判留给了他人。[1]如果只看婚姻关系中有关个体期待所发生的变化,这次改革可以说是成功的。家庭法学者开启了婚姻审查制度,进行了强有力而且富有成效的论辩,改变了有关性别暴力[2]、生育权利[3]和夫妻法律关系的思考方式[4],也构建了家庭领域的性别角色。在最近一项有关女性主义影响家庭法的调查中,凯瑟琳·巴特利特院长(Katharine Bartlett)认为女性主义对于家庭法的主要贡献在于"开启了对允许、甚至是强化部分家庭

---

〔1〕 在大多数情况下,那些忙着关注公共体系和结构的人忽视了家庭。对许多女性主义者来说,理论背景就是以家庭模式为视角,也确实是这样。该领域的学术研究在很大程度上被划分为:(1)用控制或者从属的模式关注性暴力或者生育权利问题。(2)性别歧视研究,例如,研究工作中出现的歧视问题。(3)关注家庭并将性别中立和平等的理念引入家庭中,取代历史性的性别化制度。

〔2〕 See Elizabeth M. Schneider, *The violence of privacy*, 23 Connecticut Law Review (1991).

〔3〕 Roe *v.* Wade, 410 U. S. 113 (1973).

〔4〕 See Martha Albertson Fineman, *The Illusion of Equality*: *The Rhetoric and Reality of Divorce Reform*, University of Chicago Press, 1991.

性别与法律：女性主义的实践

成员从属于他人的制度审查和对法律制度正义的质疑"。[1]这就界定了女性主义的任务就是对抗不平等性和从属性，进而对改革产生影响。女性主义忽略了私人领域的历史性干扰，把我们的注意力推向婚姻和夫妻式家庭的内部运作。

巴特利特院长对家庭法领域女性主义者和实践者的贡献定位，实际上是在很大程度上将其视为成功的典范。女性主义者挑战公私二元的划分，认为这是对于家庭现象的胡乱分割。[2]继而展开了后续对传统父权制家庭法的改革。女性主义者强势地借助了诸如"平等"这样的法律概念，把婚姻关系重塑为平等合伙人之间的关系。离婚规则有关家庭财产也变化为应将个人工资和收入视为家庭收入，而不是个人所有。夫妻之间的法律关系在性别中立、平等地位的语境下被完全重写。之前的"家庭暴力"，也被重新定性为刑事犯罪和民事侵权，"婚内强奸"也被法律认可。对于大多数女性来说，不管她们是不是女性主义者，都已经从中受益，普遍赞成这种显性的性别平等。

巴特利特院长说，即便今天大家都接受了这种性别平等的变化方式，但对于女性主义或者对大多数社会成员来说最分立的议题就是在家庭法或相关法律中"保留或者消除家庭内传统性别角色"，她的这些话是颇值得玩味的。[3]她的分立论透露出这些传统角色依然存在。她的判断揭示了家庭性别角色相关议

---

[1] Katharine T. Bartlett, *Feminism and Family Law*, 33 Family Law Question (1999).

[2] See Martha Albertson Fineman & Roxanne Mykitiuk, *The Public Nature of Private Violence*, New York: Routledge, 1994.

[3] 例如，家庭暴力是家庭法中最没有争议的问题，参照家庭法以外的熟人原则就能够得到解决。同样地，在家庭法之外最常见的冲突，例如，女性主义者关于产假的讨论，也与家庭和性别角色相关联。参见 Bartlett, supra note 39, at 500.

题对于当下流行的女性主义文化带来了冲击。她精确地描述了当下人们的反应，以夫妻关系为主导的新规范有些不切实际。

巴特利特院长的评论似乎更可能反映这样一个事实：在很大程度上，家庭法的女性主义者的关注面受到了限制，他们一直不间断地揭示家庭内部存在的不平等和不公正，但却没能退后一步在社会语境下来思考家庭制度，更忽视了本文开头所提出的那些问题。从这个角度来理解巴特利特院长的评论，可以把我们从对家庭角色和性别平等（至少开始是）的关注中带离，引导我们关注现有文化、社会和意识形态体制下的婚姻以及夫妻式家庭（the marital family）的社会位置和含义。

我们应该明白，一般而言什么样的改革可以使婚姻、夫妻式家庭或者社会内变得更为平等和公正，这样改革才会成为可能。除非我们理解和领会了改变婚姻和夫妻式家庭的结构和功能这一方式会如何挑战并威胁其他社会制度，否则即便是有充分的理论支撑，改革也不能这样进行。巴特利特院长暗指的那种冲击就是基于这种挑战和威胁而言的。

我们希望女性主义不要再重复一种理论错误，不要以法律和政策为阵地与其他领域女性主义者们交战。我们不能假定其他社会机构会与我们认为的理想家庭模式和功能相一致。把夫妻式家庭作为一种机构，去精准地探究它和法律、政策的关系，不但是经济理论或者哲学理论的构成部分，也是在探讨市场内在的"现实"约束性或者现有公正理论的极限性，这对女性主义的改革肯定是极为重要的。我们不能只看到夫妻式家庭的内在因素，只关注夫妻关系的性别本质。我们一定要留意夫妻式家庭理念在社会中的作用，公共体系和私人体系对这类理念的依赖方式。

性别与法律：女性主义的实践

巴特利特院长的论文从三个方面揭示了在成年配偶（或者异性婚）之间家庭关系的本质是以性别为分类的，这种关系就是男性和女性之间的关系，女性主义就此设计出有关离婚、性和生育以及家庭暴力的改革。[1]因为论文"空间有限"，她忽略了其他相关领域的探究，包括直接关系到儿童和家属未来的两个问题：有关双职工家庭的法规和国家福利制度。这一家庭方面的选题反映了女性主义仍然主要关注男性和女性之间的关系。

男女两性关系议题对当下女性主义来说，是一个最轻松的研究课题。说这个议题轻松是因为它集中于内部关系和亲密关系，只是一个产生女性主义内部争端的领域，和其他社会主流领域之间不再交涉。虽然这一领域还有一些问题尚待女性主义者加以识别和锻造，但是对离婚、性、生育、家庭暴力的法律化说明这个领域已获得均衡，也许已经接近于达成社会共识。

在声称得到均衡或者相对共识时，我没有忘记宗教权利或者忽略这样一个事实：在社会群体中依然有人支持某种微妙的争议，比如在倡导流产合法化时女性阵营内部有人就关注孕后期能否堕胎。所以，对社会上的大部分人而言（包括女性主义者和非女性主义者），我的建议是：

1. 制定一些相对政策：法律允许相对自由地离婚，以配偶之间寻求经济公平的合伙模式为辅；

2. 在"和平共存"（live-and-let-live）模式中增加承认女性

---

[1] 巴特利特的相关探讨也陈述了女性主义内部的紧张。在这种情况下，她必然提及婚姻和儿童抚养体制（对经济从属关系的私人解决方法，以及与此相关的福利探讨）。也许，这也证明了在家庭法领域谈论任何一个核心问题时不涉及到其他方面有多难，因为它们在概念上、政策上以及实践上都相互关联。参见 Bartlett, supra note 39, p. 475.

性行为的决定权;

3. 家庭暴力的行凶者应该被审查和惩罚,与此同时社会应该为受害者提供支持和保护。

也许巴特利特院长热衷于观察女性阵营的分裂(相比冲击而言),观察到了但是没有声明女性主义者以社会契约为理论基础所构建的"性别议题"已经(或者应该)形成。也许作为男性对立面的女性地位观察已经被替代了,转而观察女性被历史性地、文化性地分配为看护者或者养育者这样的固化角色。在这一点上,法律女性主义者好像也没有像对待对夫妻之间的传统分工那样,保持足够的清醒。

在意识形态的建构与实践层面,女性主义者要为母亲们做些什么?我们不想让女性成为家庭里传统的"妻子",但是我们想让她做个传统的"母亲",这就让我们变得很分裂,在女性主义阵营内外都会引发争议。对于母亲们来说这才是一个真正的"性别议题",也是家庭法对当代法律女性主义在概念和理论上的一个挑战。很显然,解决依赖性与看护者两难的方案不可能在家庭内部获得,必须在家庭外的制度当中寻求,要求工作场所和国家对此作出相应变革。

回到巴特利特院长论文中忽视的双职工家庭福利政策,我们就会清晰地看到最具争议性的社会议题是什么。它已经让女性阵营内部产生分歧和争议,也让我们看到了家庭中关于平等、性别中立的改革在实践中是失败的,这些家庭依然还是传统的,是按照性别来分工的。双职工家庭的内部冲突,特别是有关福利的,母亲对平等的渴求和全职工作的父亲对平等的渴求是不一样的。我们应该如何思考这一现象,应该如何根据母亲这一现状来进行改革?尽管几十年的改革一直在寻求平等的家庭责任,也颁行性别中立、实施平等规则,但却让女性蒙受了损失。

女性主义法律理论家们曾经认为:当女人在职场中更积极时,男人就会变得更爱家。不过,在家庭里面,对平等和性别中立的追求并没有产生父亲和母亲实际生活的变化,职场中同样也是。性别中立的亲子监护原则颁行之后,儿童和其他家属的照看责任依然是遵循原来的性别分工。在实践中,母亲职责与父亲职责也还是极其不同。在个体化的家庭中,我们可能会看到母亲对于责任分配的抗争。一些男人实际上也企图按照改革后的法律,来重新定义他们的行为以及社会对于父亲的期待。[1]但是研究表明,当父亲们身践力行之后,他们的经济收入也会缩减,也要承受与母亲们一样的不利后果。

或许最引人瞩目的是获得平等的难度,身为父母的男女两性在不断地体验和试错。女性职场的成功与家庭责任中的性别分工形成了如此鲜明的对比,这种流于表面的平等规则,不但反映而且也强化了无子女夫妻对此类平等的渴望和态度。对女性主义而言,或者更准确一点说对于女性主义所关注的家庭法,家庭内的不平等得以延续意味着什么?很显然,社会上还有一些议题(也可能就是分离议题)需要女性主义来思考。他们需要一些概念和词汇来界定依赖性和亲子关系的内在不平等性,这很关键。相比而言,法律女性主义的语言体系已经很成熟,他们以质疑平等、宰制和反从属为并置理念,受害人代理、平等的特别对待作为框架。这些成熟的概念体系虽然说明了在夫

---

[1] See Arlie Russell Hochschild, *The Time Bind: When Work Becomes Home and Home Becomes Work*, 113 Political Science Quarterly (1997). Gene Koretz, *Hazardous to Your Career: The Risks of Taking Unpaid Leaves*, Business Week, Jan. 17, 2000.

妻关系中，法律和社会结构强加给身为妻子的女性所要承受的负担，但却没有充分体现身为母亲的女性所处的两难境地。[1]

二、家庭法未来的改革

女性主义概念体系缺乏对平等式家庭中母亲两难境地的描述，可以借用其他学科填补这一修辞空白，我们可以从移入选民（a potential colonizer）所引用的经济学中借用一个概念。艾弗里·卡兹（Avery Katz）的文章提到"对法律来说，经济学是其基础"，"家庭法是其应用的一个开拓"。卡兹教授认为："经济分析可以阐明任何范围的、个体追求目标受到强制限制时的人际互动。"[2]他对于家庭关系的描述如下：

"个体化家庭强加给社会其他家庭的、强加给其他家庭成员的外部效应，激励人们对家庭资产和家庭个体的人力资产进行投资；引发家庭成员之间的战略行为，导致家庭成员之间相互影响，以保险对抗家庭解体、失业、残疾带来的情感和经济风险，以这些有限信息和有限理性来影响家庭组建和事业决策。"

卡兹教授分析：到目前为止，相对于其他学科对家庭和市场分离议题产生的持续影响，经济学只对家庭法产生了"相对而言极少的影响"。当某些家庭成员要为其他不能谋求自己利益的家庭成员进行保护作出相关决定时，他认为由此引发的"循

---

[1] 这些概念帮助澄清了在离婚、生育、和家庭暴力问题上，法律对待女性存在历史性的不平等和不公正。这一语境涉猎的范畴也让我们清楚女性在社会上和制度上应该有什么样的平等诉求。Victor R. Fuchs, *Women's Quest for Economic Equality*, Cambridge: Harvard University Press, 1988. （注解提到，即使平等，女性最为关注的仍然是孩子）。

[2] Avery Wiener Katz, *Foundations of the Economic Approach to Law*, Foundation Press, 1998.

环需求"（家庭整体想法的内在性）是"自由主义的基本议题"，他分析：识别这一议题对于理解平等，特别是对女性主义而言，是个难题。卡兹教授把这类家庭标记为"原始的家长式家庭制"。[1]经济模式被假定为是一种个人自主的理性，不但能相互影响，而且在交互作用中能使自身效用最大化，但是这种假定并不能适用在家庭关系之中。[2]

家长式家庭的"循环需求"不仅呈现了经济学至上原则的两难困境，也使女性主义深陷两难之中，因为这种家庭内的不平等和需求循环不能用前文提到的女性主义平等原则和性别中立原则加以轻松解决。需求和依赖在某种形式上被授权给家长制，但是也只限于部分家庭关系。

（一）契约合作：身份式婚姻的终结

借助大量的法律和经济运动，契约概念作为一种处理家庭关系的法律方法取得了十足的进步。如果我们不在法律和个体经济模式下使用这个概念，契约的理念还是有意义的。经济学的理论趋向于接纳已经假定的既有结构，但是契约理念要考虑能够适用此理念的家庭关系。契约不但要建立一种家庭内的个体关系，它也反映一种社会安排、制度内的连锁结构和意识形态，甚至也反映国家和个人的关系。在这个意义上，我们称婚姻为"社会契约"。[3]

---

〔1〕 卡兹教授谈到，因为家庭背景的复杂性，一些学者认为经济模式是不适合的。就这一点而言，他承认在探讨这一议题时存在着"学科争议"，尤其是心理学和生物学。但是他没有提到女性主义也是"争议性的学科"。

〔2〕 这并不意味着经济学家没有运用他们的模式来预测和解释家庭行为或者为政策辩护。

〔3〕 See Martha Albertson Fineman, *Contract and Care*, 76 Chicago – Kent Law Review (2001).

为什么缔结婚姻

不过，在婚姻和契约之间建立关系，应该算是经济学的一项发明。在婚姻的制度设计中这一公认的比喻手法已经被认可很长时间了。在实践中，被个体自治秩序例证的契约理念，在历史的语境下则被认为是遗忘了家庭关系的亲密性而被视为有些不恰当。尽管在家庭法中发现了某些传统的语言表达也和契约有些关联，但大多数人认为婚姻和性关系还是应该由国家来加以规制。

问题是把契约关系作为婚姻的理想状态也没有给予足够的研究。尽管在论证婚姻契约是否成立时我们要讨论与此相关的"一致同意"和"对价"或者在裁定离婚经济后果或其他后果中归责于"信任"和"期待"，但直到今天也鲜有学者思考到婚姻是一种十分灵活、易被操控和产生各种个体化（但具强行性的）条款的法律制度。即便是在契约大行其道的领域，像和解协议或最低限度容忍、婚前协议，法院在面对其他非婚姻契约时也要仔细审查其中的公平性条款、缔约过程中是否存在强迫对方等。尽管一个人缔结婚姻时可以概念性地进行"选择"，但当进入婚姻时，它就不是一个普通的、个体自治的自由市场了。

如果我们真以契约理念替代传统的、国家规制的婚姻，取代大家所熟知的婚姻，这必将是一个很有趣的"思维试验"。如果对社会政策提出一个自由授权的实践建议，我们可能要把现实的婚姻作为一种亲密关系的订购理念和订购机制，模糊了依赖性的社会批判。[1]

在《中性母亲》一书中，我已经谈到：废除婚姻作为法律范畴的一种分类，让位于一套特别的规则加以规制，废除和变

---

[1] 我并不是说与福利改革的相关"批评"是把依赖性作为一种病理学。相反，我对批评的关注是因为它把不可避免的依赖性委托给了家庭。

更法律上以结婚、离婚以及那些把"配偶"作为间接分类的规则，包括税法或者遗嘱与房地产规则。[1]

呼吁废除婚姻作为私人秩序还是有几分可能的。私法范畴的合同法、侵权法、刑法、财产法、平等法等衔接的是目前尚处于"身份"状态的婚姻，如果接纳变革还有很多概念上和结构上的工作要做，要考虑相关的法律对价和法律后果。性附属（比较正式的称呼是丈夫和妻子）关系中的财务问题由私法调整，这类合同式的个体化协议没有特别的规则来规制其公平性或者特别审查、监管谈判过程。[2]

不过，废除婚姻状态作为一种法律分类，也非易事，这其中会牵扯很多问题。缺少了契约来规制特别的亲密关系，就需要有规范后果的相关处理规则。一般规则可以在衡平法（比如不当得利或者法定信托）、合伙法、劳工法中寻找，这些都是解决性附属关系纠纷的法律基础。宪法和民法也可以提供一些参照，来确定以前获得豁免的、应该附加给家庭成员共同承当的经济后果。[3]

换句话说，除了契约规则，修改原则也能填补废止婚姻法以后遗留下的空白。实际上，如果揭去覆盖在家庭中丈夫和妻子的两性私密面纱，很显然有大量的法律法规可以适用。如果婚姻关系不能提供豁免或者特别的关系保护，配偶之间出现民

---

[1] 我预计仍将存在文化式的或者宗教信仰式的婚姻。然而，这些婚姻没有独特的法律意义，这些婚姻的法律后果也将由普遍适用所有人的法律所规定的。

[2] 常见于婚前协议，并且教条地要求书面约定（虽然实践中并不典型）。

[3] 在这个时代，从属关系不受任何连约规则所约束。我唯一的要求就是他们也普遍适用于这些规则，并且适用于有行为能力的成人之间的所有交易。性从属关系不能作为特殊分类而区别对待。

事侵权和犯罪时,免责也就不再具有正当性。

女性主义者一个世纪前就指出:婚姻制度中存在大量的陋习和暴力。这种制度是以不平等的、等级制的社会分配为基础的,在这个社会里男人是家庭的主宰,享有家庭最高权力和妻子的性服务,被其他家庭成员服从和尊重。一旦这种婚姻上的制度保证被移除,男人的行为就会由适用于全体社会成员的法律标准来加以调整。

"改革"提议中有个颇具实用性的启示:已经失效的婚姻制度,将不再为婚内强奸豁免。一些人身伤害被概念性地涵盖在"家庭暴力"之下,对这类行为的处罚远远低于社会上其他同类行为,改革后这类行为将成为一个法律问题。[1]也许我们应该构建一些民事侵权理论对家庭内性附属关系中的伤害行为予以补偿,而不是适用陌生人之间的伤害理论,例如,在亲密关系中因情感故意伤害或者心理伤害而造成的侵权。[2]另外,在陌生人之间适用的禁止骚扰(包括跟踪)、口头攻击、精神虐待等一般规范也可以用于规范性亲密关系。[3]

还有一个完全不同的流派观点,国家废除了婚姻法和相关制度,也许就完全破坏了国家对于性附属关系的控制和调节。如果国家不再对性附属关系的形式有所偏爱、给予补助和保护,

---

〔1〕 在过去,一些特定类型的家庭暴力不被认为是犯罪。丈夫不仅有权利而且有责任去惩罚妻子和孩子。只要没有超出必要的界限,肉体责罚也是合法的。

〔2〕 在离婚的语境下,已经存在这样做的动力。参见 Ruprecht v. Ruprecht, 599 A. 2d 604, 607 (N. J. Super. Ct. Ch. Div. 1991). (离婚时允许提起无身体损害的蓄意伤害情感之诉);又参见 Hakkila v. Hakkila, 812 P. 2d 1320, 1326-27 (New Mexico Court. App. 1991).

〔3〕 其他领域的法律将会替代(或补充)已被废除的结婚和离婚规则,如破产法、信托责任、衡平法和道德标准。

也就不能或不应该存在什么被禁止的形式了。同性性伴侣和其他形式的性关系就会被视为优选私密性关系的平等模式。这种结合模式也许会通过宗教仪式或文化仪式成立，国家管控的利益也将不会体现。[1]如果不是因为婚姻附着了大量的经济利益和其他社会福利，异性婚也不再具有什么正当性，那些"离经叛道"的性关系也不会再被处罚。

另外，用异性婚的标准来衡量的其他一些不以性关系为基础的家庭形式，也会随着婚姻制度的废除而放开。特别是单亲母亲，不会再被视为一种非正常状态。没有婚姻，母亲们不再被放置在异性婚姻合伙人这种法律关系中询问婚姻的有无。没有"单身母亲"和"已婚母亲"之分，只有"母亲"。想怀孕作母亲的女人，不用当心遭受非议或者处罚了。父权诉讼既不会自动生成，也不会违背父亲意愿而被强加，而国家规定必须在出生证明上填写"父亲的名字"来确保由一个男性来承担孩子的经济责任，也是完全无视母亲隐私的。精子库和生殖技术专家、包括人工授精和不孕治疗，这类事项也不再和母亲的婚姻状态相关，不再必须根据已婚状态才能寻医问药。[2]

另外，婚姻作为一种法律分类被废除还有其他含义，那就是身陷异性婚姻生育模式中的女性也自由了。在早期的讨论中，契约虽然看似是一种身份概念下的规则，但只在提及家庭时该词才经常被使用。[3]有趣的是，如果契约是一种比喻，那么在

---

[1] 普遍原则很显然存在例外，强奸和猥亵儿童将仍然被法律所禁止及惩罚。

[2] 一旦消除限制，这种生育方法也许更受偏爱。这就避免了需要征得精子捐献者"同意"的问题，因为他向精子银行捐献时已经放弃相关利益。

[3] 的确如此，在将婚姻称为"合伙"的现代家庭法律体系中，一些经济上的结果能根据个人偏好、通过婚前合同或者分手协议来量身定做。

为什么缔结婚姻

谈判之初，作为平等一方的女性所具有的人类活动似乎应该被认为拥有"天然"垄断权或者拥有超出"要求"更多的"供给"，这好像也没有反映在契约之中。[1]性和生育（性交换和受迫害也是其中一个重要领域）并没有受到契约的约束。我们不但允许个体化的磋商，而且把性交互关系交由法律之外（调解状态）或者适用一般性的强制规则。从传统来看，性附属关系一般是由婚姻契约、诸多规则包括刑事的和民事的来规制的，通过处罚或禁止其他性附属关系来支持和强化婚姻制度。[2]

没有什么明显的理由说明性关系既属于契约的一部分（如婚姻契约要求性服务）又要排除在契约之外（如私人磋商）。[3]因此，可能存在一个问题，如果性附属关系像其他社会关系一样重要，那么为什么还会被区别对待？如果没有法律上的特别

---

[1] 更特别的是，这些领域已被悬置，应由婚姻法规的特别条款加以规制。

[2] 这些规则不仅仅是有关结婚和离婚的法律，同时也包括大量的刑事和民事法律，这些法律支持婚姻制度，并且惩罚不符合婚姻模式的性关系。例如，反对卖淫、通奸、未婚同居的法律，以及继承法、财产规则和税法都区别对待婚姻双方间的经济交换和其他社会成员间的经济交换。参见 Martha Albertson Fineman, *Law and Changing Patterns of Behavior: Sanctions on Non-Marital Cohabitation*, Wisconsin Law Review (1981).

[3] 康德不同意这种对人权利与物权类似的意见，他所描述的婚姻式家庭状态中获得的限定继承"既不是针对一件物品也不是针对一个人，而是获得了一个人"。康德进一步描述了三种获得的客体：男人获得了妻子，一对夫妇获得了孩子，一个家庭获得了仆人。我们也知道了"用这种方式无论获得什么都是不可分离的，并且所有者对这些客体的权利与其他权利相比更具个体性"。这种（显然是父权制的）主张——丈夫（或男人）在婚姻中获得妻子（或女人），这种普通法规则曾豁免了婚内强奸。See Immanuel Kant, *The Metaphysics of Morals*, 61 (Mary Gregor trans. & ed., 1996); see also Jeremy Waldron, *When Justice Replaces Affection: The Need for Rights*, in Liberal Rights, Cambridge University Press, 1996. 霍尔大法官认为，对婚姻的同意意味着同意根据丈夫需要为其提供性服务。幸运的是，以这种观点为基础建立起来的权利与义务的体系渐渐被破坏了。See 1 Hale P. C. 629, as quoted in *Warren v. State*, 336 S. E. 2d 221 (1985).

规定，成人之间两厢情愿的性交易都应属于契约范畴。[1]

假如废除婚姻作为一种法律分类之后，以及原来依赖于此解决的性附属关系也交由其他法律，就会出现大量的法律程序问题，包括法律转化机制、适用和包涵新行为模式的原理。当然，如果把性附属关系完全适用合同法、民事侵权和刑法，也不存在什么原理转化。但是合同法、民事侵权和刑法要如何进行相应变革呢？磋商理论、对价理论和显失公平理论需要做出修正吗？目前在现行实体法的体系内寻找答案是众望所归，因为实体法有很多有关平等、独立、自治的个体之间关系的条款及相应法律后果。

当然，如果我们对夫妻关系加以法律规制，问题很明显就会变成"接下来那些孩子怎么办？"尽管我们可以公认当下的美国女性能被期许获得平等的职能、能取得商谈地位，但我们谈到儿童保护或者其他需要照顾的家属时，契约模式并不能为此类需求提供量身定制的确认方式。[2]

目前，美国的自治理论就像神话一样假定婚姻家庭具有管理家属的本质功能。这种功能兼具意识形态和结构性维度，挟裹着政治和政策舆论和影响法律。但是这种政治和政策舆论下的家庭已经不复存在，它已经改变了。离婚已经很常见，很少有人组建符合传统模式的家庭关系。女性对自身的愿望和对她

---

[1] 惩罚卖淫的法律将失效，女人可以有偿代孕以及进行其他有偿性地生育服务。

[2] 在平等模式下，这些关系可能是非功能性的。也可能是等级制的、并且是不平等的。然而，这并不意味着人们的价值不平等，而是暂时的能力不平等。参见 Woodhouse, supra note 50, p. 1253, p. 1255. 我不同意用与平等关系时的一致性来理解看顾/依赖关系。其他人用不同的概念，例如"管理关系", See id, pp. 1256 - 1257.

为什么缔结婚姻

们伴侣的期许也发生了实质的变化。然而我们依然坚持把主要的、排他性的照顾家属的责任分配给这种婚姻式家庭。对于女性来说,有些事情必然会失去控制,要么是家庭,要么是工作。一些女性将会为了一个平等的婚姻放弃自己的个人发展;其他人则别无选择,只能在降低抚养标准或放弃照顾孩子之间妥协,因为工作和照管孩子不能兼得。这种家庭窘境对即将步入此类家庭的人们也会产生深远影响。[1]

在婚姻式家庭作为家属容身地的模式下,照看成本由家庭负担,而家庭之内,主要是来自妇女和儿童。对女性来说,后果经常是在配偶死亡或者离婚而造成家庭解体之后才能看到,对于家庭的照看不算是全职工作,不能被视为承担主要家计,却要夜以继日地照管。不管是对社会还是对个体而言,当婚姻式家庭不再承担这种社会分配,孩子们得不到足够的照管而自生自灭,后果就会显而易见了。

(二)依赖性联盟:家庭法的现代开端

女性主义的家庭理论必须放开讨论,坚持要求重估家庭在社会分配中的地位,可以把考量社会中婚姻式家庭的历史作用作为开端。行为模式的改变已经把我们推向后传统、婚姻式家庭时代,我们的新式家庭(有人也许会说不一定是婚姻模式)能够或者应该赋予什么样的角色或者职能?什么功能必须是诸如市场和国家这类社会机构共同承担的?婚姻当中的实质性变

---

[1] 更进一步地,婚姻在定义家庭关系和家庭责任时曾起到的重要作用在20世纪逐年递减,其实质已经被修改。其他家庭关系不再用婚姻来定义。离婚后的父亲对子女负有法律上的抚养权利和责任。历史上非婚生子女所享有的权益也由夫妻间的婚姻契约来约定。在许多州,平等原则或者契约的原则使得非婚同居关系终止时,对财产的分配和其他经济的分配与离婚规则相似。

化应该如何影响和家庭相关的宪法条款和政策?最后,我们如何为孩子们提供公平和公正的保护?

婚姻被历史性地定位为"家属"的天然场所。[1]家就是儿童、老人和患病者的存身之处。也是在这个意义上,国家把家定义为一个"私有化"的依赖关系,否则它就会变为国家这个集合体的责任。然而,依赖关系已经远非一种家庭责任了,依赖性的家庭责任已经让整个社会从中受益。而和依赖关系相关的成本却没有被平均分担,这是极其不公平或公正的。

在考虑上述状况时,必须首先明白依赖性是一种人类现象。在早期的作品中,我已经尝试着对依赖性概念加以构建。[2]这也部分回应了讨论福利"改革"、个体化责任修辞以及诸多有关建议婚姻能解决大部分和儿童、贫穷相关的社会问题时,对依赖性特征的轻蔑和嘲笑。

依赖性是"不可避免的"。且不说人类自身存在的"病理性"状况,人类社会就是依赖性无法避免的一部分。人类发展和经验共享是普遍存在的。我们每个人都会像孩子一样依赖他人,当我们老了、生病了,或者残疾了,我们就会变得依赖。从这一点来说,依赖可以被视为一种生物属性。[3]

不过,还有一个和依赖性相关的重要方面。如果从生物学

---

[1] 我前文区分了"不可避免的"依赖性和"派生性的"依赖性,前者包含了经济的、心理的和其他社会含义的物质依赖性,是生物学分类,后者诞生于照管者完成照看任务之时自身也需要的资源。

[2] 在这个世纪(至少直到最近)不可避免的依赖性和其他工业化民主是进步的社会福利政策的目标——不可避免的依赖性构成了"值得救助的贫穷",例如,被国家所保护并给予集中教育及福利资源的孩子。See *Masking Dependency*, supra note 14.

[3] 经济上和心理上的依赖性不包含在这个分类里面。尽管这些人也许存在不可避免的依赖性,但把他们放在制度性的或者意识形态的语境中理解更为适宜。

意义上来讲,依赖性具有普遍性和不可避免性,那么我们任何一个生命节点都会产生依赖。照管者自身不可避免的依赖性亦需要一种依赖他人提供照管的资源,这是一个简单的认识,很常见,但是常常被忽略。我把这一类型的依赖性称为"派生性依赖"。[1]

社会应该把这种不可避免的依赖性责任(以此由此而生的派生性依赖)分配给谁?什么条件下哪些人可以被委派来承担照管之责?在思考这些问题时一定要记着照管之职要求牺牲自治权,需要在经济收入和参与市场发展潜力的消极影响上作出妥协。照管会产生原本由家庭承担的大量成本,这本是家庭内部配给照管之人的义务。

当卡兹教授阐明家庭必须是"家长式的",他只说对了一半。现实是家庭必须是家长式和母系式并存的。孩子和其他家属既需要"父职"供给,也需要"母职"照管,但是在现有组织结构之下很难发现谁能全部容"父母"角色于一身,现有的社会结构只是把照管之责封闭在家庭之内,其他机构对此置若罔闻。

市场假定劳作者是无家庭负担的,并以此构建相关体系,惩罚那些不顺从的人;国家假定了家庭是自给自足的,惩罚那些不顺从的家庭;而社会要求产生一种传统角色分工的、婚姻式家庭形式。即便怀有最完美的平等主义意愿,家庭也会渐渐变成那种传统的、性别分工式的模式。不管单身母亲是如何称

---

[1] 派生性依赖对于社会资源而言是一个合法性的诉求,目前社会上还没有形成一致意见。在"福利改革"的背景下,照看工作能获取补助的要求还没被社会接受。Martha Albertson Fineman, *Legal Stories, Change, and Incentives - Reinforcing the Law of the Father*, 37 New York Law School Review (1992).

职，也会被视为是不适格的。社会需要照管者，但是照管者也需要资源，包括时间、金钱、精力和膳宿场所。一家之主和家庭内作为家属的妻子承担的照管角色共同提供了培育和经济资源。不过，他们做的这些，是把妻子的劳动力不合理地视为无报酬的，直接把这种照管丈夫和孩子的职责强加给她。承担这些照管之责不但让家庭成员受益，而社会才是最终的最大受益者，她为社会培养了劳作者、选民、学生和各种各样其他类型的市民，使其成为这些社会体系的一员并为这些社会体系做出贡献。

在现代社会中，随着单亲家庭形式的出现，在阐述依赖性时，认真思考家长式和母职式资源将会迫使我们跳脱出现有的家庭制度和夫妻关系的模式。实际上，我们的思考也可能会导致激进的家庭重新配置，重新评估改变了的家庭模式和基本的家庭职能。

已经有人开始建构这种重新配置的愿景。至少我本人已经丢弃了婚姻的束缚，不再被这种照管和依赖关系所困扰。但是我认为这种依赖关系应该是被国家补助和保护的。认识到了依赖性的不可避免性和社会应该防护性地承担这些由家庭照管者承担的依赖性的需求，我赞成重提我们的声明，把工作场所加以调整来适应"双重责任的"劳作者，这样照管家庭和参加市场工作（也可以称为母职式和家长式的结合）就能够兼容。只有完成这些以后，我们才能享有一个依赖性被公平、公正解决的社会。

出自《中国政法大学学报》2015年第4期。

家庭贡献与离婚财产
的分割原则[*]

女性主义者全力以赴于平等时日已久。19 世纪,女性主义要求的"平等对待"是平等接受教育和平等就业,但是常以失败而告终。[1] 20 世纪早期,女性主义的平等诉求得到了最高法院的保护,对劳工立法予以支持,尽管这一做法很明显地违背了宪法的平等原则。[2] "特别对待"对战"平等对待"的讨论持续到今天,如何维护职场中的孕妇权益成为女性主义运动中的

---

[*] 本文是对玛萨·艾伯特·法曼《虚幻的平等:离婚法改革的修辞与现实》一书的书评,该书已由本文译者于 2014 年翻译出版。帕特里夏·A. 该隐,女,爱荷华大学法学教授。研究方向:性别与法律、联邦税法。

[1] See Eleanor Flexner, *Century of Struggle*, Havard University Press, 1959. (该文讨论了 19 世纪早期的女性主义争取教育平等的斗争);Bradwell *v.* Illinois, 83 U. S. (16 Wall.) 130 (1873). (该案拒绝了 Myra Bradwell 平等从事法律职业的诉讼请求);Goesart *v.* Cleary, 335 U. S. 464 (1948). (支持州限制女性调酒师);Craig *v.* Boren, 429 U. S. 190 (1976) (overruling Goesari).

[2] Muller *v.* Oregon, 208 U. S. 412 (1908). (支持最长工时条款,只保护职业女性)。也可参见 Frances Olsen, *From False Paternalism to False Equality: Judicial Assaults on Feminist Community. Illinois* 1869 – 1895, 84 Michigan Law Review 1518 (1986),(内有早期女性主义以行动支持劳工保护立法的有趣历史)。

性别与法律：女性主义的实践

一个难点问题。[1]

20世纪后期，性别平等的斗争发生在州立法机构、国会、州法院和联邦法院。联邦高院直到1971年才承认性别平等是一个宪法原则，[2]这一年是宪法诉讼的一个转折点。受这一成功的鼓舞，女性主义者开始在联邦法院发起更多的诉讼，挑战法律中存在的男女区别对待。[3]当这些案件如愿被最高法院所受理时，性别平等的新法学业已形成。早期的时候，我们知道孕期歧视并不在宪法性别平等保护之内。[4]一个极具希望的标志性案件，[5]让我们清楚了性别平等不会适用宪法保护的种族平等。[6]我们也清楚，男人和女人的情形与军事法草案[7]、强奸法令规定的

---

[1] See Herma Hill Kay, *Equality and Difference*: *The Case of Pregnancy*, 1 Berkeley Women's Law Journal 1 (1985).（该文特别关注休产假的孕期职工，给她们和也参与有性生殖的男职工平等的保留工作的机会）; Linda J. Krieger & Patricia N. Cooney, *The Miller-Wohl Controversy*: *Equal Treatment*, *Positive Action and the Meaning of Women's Equality*, Golden Gatb University Law Review: 13 Women's Law Forum 513 (1983).（在涉及孕期和产期时，讨论了职场中与同等对待相反的积极行动）。

[2] Reed v. Reed, 404 U.S. 71, 74 (1971).（以平等保护为立场的一次反击，爱达荷章程规定人民房地产管理员时男性优先于女性）。

[3] 彼时时任教授（现任美国联邦高院大法官）的 Ruth Bader Ginsburg 是当时女性主义立法的主要参与者。参见 Ruth B. Ginsburg & Barbara Flagg, *Some Reflections on the Feminist Legal Thought in the 1970's*, 9 The University of Chicago Legal Forum (1989).

[4] See, e.g., Geduldig v. Aiello, 417 U.S. 4S4 (1974).（该案判决认为把孕期妇女排除在残疾人福利之外，并不违反宪法第十四修正案中的平等保护条款）。

[5] Frontiero v. Richardson, 411 U.S. 677, 682 (1973).（四名法官根据种族歧视严格审查了性别歧视，裁定给予同样的法律保护）。

[6] See Craig v. Boren, 429 U.S. 190 (1976).（建立了性别歧视的中间审查测试的做法）。

[7] Roetker v. Goldberg, 453 U.S. 57, 64-83 (1981).（该案支持国会授权军事登记机构有适当的裁量权挑选男性，而不挑选女性）。

情形[1]或者他们自己的非婚生子女的情形都不相似。[2]

平等讨论初期，女性主义围绕着宪法第十四修正案，集中讨论该法案的平等对待对性别歧视案件而言是否就是最好的平等模式。对于男女差异下的性别内部分层，有些女性主义者认为特别对待才是最好的模式，特别是在处理与孕期相关的事项中。[3]其他女性主义者则致力于重新界定平等，以迎合同一社会下男女不同社会状况、法律状况和经济地位的需求。[4]而后，因为平等分析模式使得问题进一步深入，女性主义内部开始产生理论分歧，女性主义诉讼律师则要超越有关平等争议，为更具意义的社会变革而奋斗。[5]女性主义的讨论最早集中在公共领域[6]，包括就

---

[1] Michael M. *v.* Superior Court, 450 U. S. 464, 469 (1981). （在加利福尼亚法律规定只有男性行为是犯罪的条款下，支持并确认了一名十七岁男性与一名十六岁女性达成性合意。）该法院在判决书中写道："平等保护条款并没有要求'法律必须平等保护每一个人'，或者要求'事实不同，也要求法律给与同等对待'。"［转引自 Tigner *v.* Texas, 310 U. S. 141, 149 (1940)］。

[2] Parham *v.* Hughes, 441 U. S. 347, 349 (1979). （支持佐治亚州法规定：起诉一名过失杀人罪的私生儿童，只要经母亲允许而不需要父亲允许）。

[3] See supra note 3; see also Wendy W. Williams, *Equality's Riddle*: *Pregnancy and the Equal Treatment/Special Treatment Debate*, 13 New York University Review of Law & Social Change 325 (1985). （反对特别对待而支持同等对待，即便是范围扩大到临时残疾的工人，也不给残疾孕妇同样的法律保护）。

[4] Christine Littleton, *Reconstructing Sexual Equality*, 75 California Law Review (1987).

[5] Lucinda M. Finley, *Transcending Equality Theory*: *A Way Out of the Maternity and the Workplace Debate*, 86 Columbia Law Review, (1986). （建议把平等与特别对待的讨论与社会性别等级的根源性问题相分离）；Patricia Cain, *Feminism and the limits of Equality*, 24 Georgia Law Review (1990). （如果女性主义的精力能够更集中在从平等讨论到更直接地讨论自身意义，会提供更好的奉献）。

[6] See Cain, supra note 14, at 804. （注释中提到了平等与特别对待的讨论关注了职场中的孕妇）。

| 性别与法律：女性主义的实践

业市场以及政府领域[1]、教育[2]和社会机构[3]。不过平等保护发动的挑战并不能普及到深受宪法保护的私人空间和个体自由，因为宪法要求政府不能侵犯这些私人领域[4]。但这并不意味着挑战平等保护绝不会牵扯家庭法范畴；平等保护条款已经

---

[1] 平等作为政府福利，有时会涉及到平权法案，例如：政府是否愿意对女性过去遭受的歧视予以补偿。See, eg., Kahn v. Shevin, 416 U. S. 351. （支持州税对寡妇有税收优惠，而鳏夫没有）；Schlesinger v. Ballard, 419 U. S. 498 (1975). （支持海军法规定给女性额外的时间来获得必要的提升）。

[2] See, e. g., Mississippi University for Women v. Hogan, 458 U. S. 718 (1982) （判决支持了密西西比大学限制女性登记注册违反了第十四修正案的平等保护条款）；Deborah L. Rhode, *Association and Assimilation*, 81 Northwestern University Law Review 128 – 142 (1986). （把平等当做一种理想引发了对教育体系语境的隔离但平等的相关议题的讨论）。

[3] 平等进入社会的权力是女性主义者继挑战私人会所之后的下一个目标。在这一语境下对平等讨论引起的是私人权利与团体权利之间的冲突问题。See, e. g., New York State Club Ass'n v. City of N. Y., 487 U. S. 1 (1988) （认为纽约市的《人权法》是违宪的）；Board of Directors of Rotary Int'l v. Rotary Club, 481 U. S. 537 (1987). （认为《昂鲁法案》要求加利福尼亚劳特莱俱乐部容许女性没有违反宪法第一修正案）；Roberts v. United States Jaycees, 468 U. S. 609 (1984). （认为《明尼苏达州人权法案》允许青年商会（Jaycees）接纳女性没有侵犯男成员的会员自由）；see also Deborah L. Rhode, *Association and Assimilation*, 81 Northwestern University Law Review (1986). （分析了会员性别隔离）。

[4] See Frances Olsen, *The Family and the Market*: *A Study of Ideology and Legal Reform*, 96 Harvard Law Review (1983). （讨论了公共领域与私人领域的二分法）。一些女性主义者认为平等的讨论应该更多地围绕私人领域，因为私人领域的探讨更能服务于通过维持现状来获得更强大的利益。与此对照，平等的争论要求国家通过减少力度来实施平等。See, e. g., Catharine Mackinnon, *Feminism Unmodified*, Harvard University Press, 1987. （建议把堕胎分类为一种私人权利，改变"现有私人领域的权力和资源分配"）；see also Ruth Colker, *An Equal Protection Analysis of United States Reproductive Health Policy*: *Gender, Race, Age, and Class*, Duke Law Journal 324, 355 – 57 (1991). （建议构建一个以性别为基础的平等保护政策框架，关注美国青春期女性生殖健康政策的影响）；Robin West, *Equality Theory, Marital Rape, and the Promise of the Fourteenth Amendment*, 42 Florida Law Review (1990). 婚内强奸部分豁免是不适当的功能体现，是宪法规定的平等保护的支配性法律共识。

特别应用于赡养费[1]、配偶对共有财产管理权[2]、推定父亲对其子女的相关权利[3]。我只是认为：女性主义的讨论大量地集中在像就业、教育这种有关公共领域的话题，关注家庭法领域的并不多。论辩涉及对女性的积极行动、特别对待与平等对待、分离但平等对待的可能性、对作为非中立平等的批评[4]。一些争辩是剑拔弩张的，在公共领域通过厘清收益和损害以平等语辞获取女性权利，这一过程也丰富了女性主义对平等的认识。将收益和损害的方法应用于家庭法领域，这对确认和保护女性权利、承认角色平等而言，无疑也会同样加深私人领域对平等的认识。

玛萨·法曼就是一个致力于在家庭法语境下推进性别平等的

---

[1] Orr v. Orr, 440 U.S. 268 (1979). （该案支持了前夫拖延赡养费支付违反了州法律对丈夫的强制赡养义务，而不是妻子违反了宪法第十四修正案的平等保护条款）。

[2] E. g., Kirchberg v. Feenstra, 450 U.S. 455 (1981). （路易斯安那州的法律规定丈夫对共同所有的共同财产有单方处置的权利不用征得妻子同意，该案认为这违反了宪法十四修正案的平等保护条款）。

[3] See, e.g., Parham v. Hughes, 441 U.S. 347, 349 (1979); Caban v. Mohammed, 441 U.S. 380 (1979). （支持了以性别为基础的区分，认为纽约市法律规定对拒绝认养孩子的父亲禁止推定违反了宪法第十四修正案的平等保护条款）; Lehr v. Robertson, 463 U.S. 248 (1983). （支持纽约市法律规定，如果一个推定父亲未能和孩子建立实质关系，拒绝确认推定父亲的亲权并不违反平等保护条款）; Michael H. v. Gerald D., III Supreme Court 1645 (1991). （加利福尼亚推定一个女人的丈夫就是她孩子的父亲，否认生物学父亲的亲权）。

[4] 此处的批评是指性别平等是一种比较权利，是和男性相比较的必需权利。这样，有关个体应该具有什么样权利的规范性原则就全部都是男性术语。既然如此，女性利益在某种程度上只能与男性相类似。只能是男性定义下的权利，而不会超出这一范围。当然，从历史上来看，这种男性定义的权利是男性特权，特别是白人男性业主的特权。See Martha Minnow, Marino, All the Difference, Ithaca and London, Cornell University Press, 1990. （把含蓄的标准当做与符合全部男性的权利，并且倾向于作为一种女性权利的语辞，是一种误导，因为历史上男性待遇之间也存在种族差异和阶级差异）。

性别与法律：女性主义的实践

女性主义专家。过去十几年，她出版了大量的学术著作，提醒大家现有平等的讨论对存在于婚姻存续以及离婚时的不平等的修正是不恰当的。[1]她的《虚幻的平等》一书[2]，就为这一问题提供了专门的可获取的相关资源。[3]无论是否同意法曼的结论，女性主义理论家和家庭法专家都会从此著作中有所收益。

该书分为两个部分，第一部分集中于离婚时财产分割问题，第二部分集中在儿童监护相关事宜。[4]我特别感兴趣的是财产分割，我的书评也是有关这一部分的。[5]选择财产分割的原因

---

[1] See Martha Fineman, *implementing Equality: Ideology, Contradiction and Social Change*, 1983 Wisconsin Law Review 789 (1983). (arguing that because of socioeconomic factors that often disadvantage women, divorce reform should focus on result equality); Martha Fineman, *Illusive Equality: On Weltzman's Divorce Revolution*, 11 American Bar Foundation Research Journal (1986). [reviewing Lenore J. Weitzman, *The Divorce Revolution* (1985)].

[2] Martha Fineman, *Illusion of Equality: The Rhetoric and Reality of Divorce Reform*, Chicago: The University of Chicago Press, 1991.

[3] 封面设计的内容法曼以前的著作也有涉及，见 Fineman, supra note 24; Martha Fineman Sc. Annie Opie, *The Uses of Social Science Data in Legal Policy – making: Custody Determination at Divorce*, 107 Wisconsin Law Review (1987); Martha Fineman, *Dominant Discourse, Professional Language, and Legal Change in Child Custody Decision – making*, 101 Harvard Law Review (1988); Martha Fineman, *The Politics of Custody and the Transformation of American Custody Decision Making*, 22 UC Davis Law Review (1989); Martha Fineman, *Challenging Law, Establishing Differences: The Future of Feminist Legal Scholarship*, 24 Florida Law Review, (1990).

[4] Fineman, supra note 25, at 173 – 90. 书中有三部分，只有一章是法曼提出的有关财产分割和儿童监护的建议。

[5] 儿童监护当然也是财产分割的相关议项。强制共同监护是过去以平等语辞让很多女性处于不利状态的一个主要示例。儿童监护有两种比较典型的相关因素，我会在文中提及。而且，法曼的著作中已经有很多相关内容，而且已经有了很好的论述，我不会在此班门弄斧，但不提及这个问题似乎也却之不恭。概而言之，法曼很简洁地描述了既定的儿童监护规则，所称的专家并没有参与立法过程，体现最终的决定性意见。单纯从效果来看，这些建议还是值得称赞的。

在于我认为我们需要一种规范理论来指引在离婚时如何分割财产，平等理论为此提供了一种可能性。

平等作为一种规范原则所带来的问题就是平等具有不同的含义。[1]平等理论让学者们深陷其中，全力以赴于这些差异并试图解释哪种含义才是适合这一任务的最佳答案。例如，一些女性主义者支持这样的婚姻理念：虽然夫妻对家庭的贡献不同，但是丈夫和妻子都被假定作出了同等价值的贡献，他们是平等的合伙关系。[2]这一平等意义之下，假定婚姻存续期间的贡献平等，就要支持离婚时的财产平等分割。这种平等原则在规范性争议中就意味着平等贡献就应该获得平等回报。[3]在法律上，这一原则反映了平等对待的理念：离婚时，平等贡献应该被平等"对待"。

不过，假定的平等并不是真实的平等。如果对婚姻的贡献只是一个相关因素，那么真正的平等规则就会要求一种实际贡献的精准计量办法来代替对平等贡献的推测。困难之处在于，缺少了这一推测，可能法律对传统型丈夫的贡献测定要比传统型妻子的个人化的、非货币化的贡献测定更为轻而易举。这样，根据贡献来测算分配的平等原则就存在风险。

法曼教授承认平等存在各种含义以及平等与贡献之间存在令人烦恼的相互影响。她反对的是平等对待模式，这种模式只

---

[1] 的确，在一些理论家看来，平等也许没有任何意义。See, e.g., Peter Weston, *The Empty Idea of Equality*, 95 Harvard Law Review (1982).（认为平等的语辞应该被废止）。

[2] See Deborah L. Rhode & Martha Minow, *Reforming the Questions, Questioning the Reforms: Feminist Perspectives on Divorce Law*, in Divoece Reforms at the Crossroads (Stephen D. Sugarman & Henna H. Kay eds., 1990).（赞同男女平分因离婚导致的经济损失）。

[3] See infra text accompanying notes 65–66.

性别与法律：女性主义的实践

关注了贡献，它也应该关注因离婚变得贫困的女性有什么经济需求。她称自己的模式为结果平等模式，支持一种旨在矫正因离婚而导致的经济差异的分配规则。[1]抛开以此平等模式为基础的改革所具有的可能性，法曼最终总结出的平等语辞很轻易地会被反女性主义者所利用，这就是法曼所说的"废弃平等的时候"[2]。

尽管法曼对废弃平等做了一个很好的说明，但我还是很好奇我们可以用什么样的规范原则来加以替代。法曼批判支持离婚财产分割的规则是牺牲女性而让男性受益。她呼吁废弃平等，部分原因是在呼吁一种新的规则来确定离婚财产分配，她相信新的规则在确认女性需求时对女性更为公平。然而，她却未能提供一个清晰的、以需求为基础的分配性规范原则。

尽管法曼的批评有其正确性，在家庭关系和离婚这一语境之下女性主义可以进行更为深入的讨论之前，我个人仍不愿意废弃现有平等。并且，如果平等作为一种财产分割的规范指引是失败的，那么我相信女性主义的工作应该发展出一种替代性规则，能够回应离婚时伴侣之间的差异需求，特别是这些需求差异是在伴随着婚姻和离婚时的性别角色差异而导致加剧的。

我的书评关注的是需要甄选出一种离婚财产分割的规范理论，不管这种理论是否是以平等的语辞来加以表达。第一部分，我是以法曼的威斯康星经验中所采取的平等对待作为一种财产分割的规则作为开端。我讨论的也是该书的开端部分，因为我认为这是法曼平等理论目标的一个起始点。第二部分，我回到

---

[1] Infra note 69.
[2] Fineman, supra note 25, at 190.

问题本身：平等理论错误何在？第三部分，除了指导在离婚分割财产时如何平等地作出决定，我要寻找的是一种规范。最后，我的结论是，对目前财产分配规则并不能满足现实需求的相关争议中，法曼的观点是正确的。我建议，一种规范性原则要与能够证明以需求为基础的分配规则具有正当性的平等相较量，这一原则自身必须足够强硬。

一、作为威斯康星经验的离婚平等

平等原则与离婚相关联是在分割婚姻存续期间的财产时。法曼教授著作的第三章，回顾了威斯康星州有关平等分割婚内财产的规则发展，她认为自由女性主义改革的努力有些南辕北辙。这一章剖析了法律改革的进程是与当时全国范围内的妇女运动的一种对立。法律改革发生在 20 世纪 70 年代中期，恰恰是在女性主义对法律中的平等理论进行充分讨论之前。假如威斯康星的法律改革发生在这一历史语境下，法曼对改革者的描述可能会有更多的赞誉。尽管如此，她的主题也揭示了女性主义活动存在的严重不足：改革并没有站在所有女性的立场上。

20 世纪六七十年代的女性运动被批评为法律改革只关注中产阶层的白人女性。同工同酬就是这样的改革；改革只能让那些受过良好训练、有能力和有高薪水的男性做同样工作的部分女性收益（如医生、律师等职业的女性）。高收入的女性能够向他人支付儿童看护费用。但是低收入阶层的劳动女性，即便是与做同样工作的男性同工同酬，也还是不能支付这笔费用。反对六七十年代女性运动最为特别的批评是，这些改革的活跃分子如果更多地靠近那些较低经济和社会地位的女性阶层，听取

性别与法律：女性主义的实践

她们的声音，那么这场改革可能会具有更高的水准。

法曼教授对威斯康星州这场女性主义离婚法改革有相类似的批判。她也指责他们只听取了中产白人女性的故事，关注她们在法律上的需求。改革者最早采用的故事就是法曼所说的无家可归的家庭主妇的"恐怖故事"[1]。为了理解所谓的"恐怖故事"，他们发起了无过错改革的法律斗争。无过错离婚意味着，在缺少过错证据的前提下，配偶任何一方都有平等的权利提起离婚，并且能够离婚。表面上看，无过错离婚是与平等原则相一致的，因为它为双方都提供了平等的离婚机会。从概念上来讲，尽管平等提起离婚的原则是真实的，而在实践中则是，缺少了过错，男性配偶获得离婚的权力要多于女性配偶，原因很简单，一般而言男性配偶的权力本来就多于女性配偶。[2]问题是，离婚时的权力不仅仅意味着获得离婚的可能。权力也决定了相关财产权利和监护问题。一个人的权力越大，获得大份额财产、监护权的机会就越多，如果监护权是值得获得的话。离婚时男方的权力部分抵消了在旧法实施时女方拒绝同意离婚的权力；而无过错离婚剥夺了女方这一权力。

幸运的是，那些支持无过错离婚的威斯康星的女性主义改

---

[1] Id. at 63. (讲述的是实施普通法州的一个女性，要求有自己名下的财产时，她丈夫就决定离开她，因为那个时候普通法不承认离婚时配偶享有财产权，她对这种家庭以及丈夫单独所有权很失望，事实上是她耗费了大部分成年以后的生命在照顾家和孩子）。

[2] 这在实施普通法的州是特别真实的，丈夫可以以自己的名义获得全部婚内资产。尽管有平等贡献的法律规定，财产分割还是强调个人名下的资产。See Rhode & Minow, supra note 30, at 199 - 201. (认为国家应该发挥更大的作用来确定财产的特别分配标准，确保分配决定是以双方对婚姻关系、未来需求以及谋生潜能所做的家庭贡献和经济贡献为基础）。

革者,后来意识到了这一改革对女性潜在的经济损失,是与无过错离婚法实施相伴随的。这一意识随着其他州"恐怖故事"开展而实施无过错离婚得到进一步的提升。[1]典型的恐怖故事讲述的是一个忠诚的妻子在漫长的婚姻生活中全身心投入在家庭事务中,自己名下却没有任何财产。离婚时,实际上是净身出户陷入窘境,没有财产或者能养活自己的生活手段。为免于出现这种状况,无过错离婚就要为这些女性制定经济保护作为配套实施的法律方案。在威斯康星,改革者所支持的并最终被州立法者所采纳的经济保护,就是离婚时平等分割财产。法曼批评的也正是这一解决方案。

二、平等何错之有?

这个国家的平等概念是根植于自由政治理论的。自由女性主义在进行辩论时采用的就是这一平等概念,女性应该得到与男性一样的同等对待。法曼所引用的平等概念是一种"规则平等"[2]。平等概念的另一种可能就是众所周知的结果平等。[3]女性主义在现有体制下呼吁实质性变革使用的这一平等概念,将会产生男女之间的结果平等。例如,雇主提供产假和儿童看护将会在就业市场发生实质性改变,能让女性获得和男性一样的全日制工作。规则平等的争辩并不能在就业市场产生这一变革,因为

---

[1] See Fineman, supra note 25, at 62-64. (内有令人不安的离婚经验案例)。

[2] Id. at 20-21. (有时规则平等也被当做形式平等); see also Cain, supra note 14, at 817-20. (讨论了形式平等的历史根源和建构)。

[3] See Fineman, supra note 25, at 21. (有时结果平等被当作实质平等); see also Cain, supra note 14, at 825. (平等能够被理解为在物质条件下要求重新分配和实质性改变)。

| 性别与法律：女性主义的实践

规则平等只能是在女性工作情境与男性相似时才能发挥作用。[1]

法曼注意到，在进行公共领域的法律改革时，相比包括家庭法在内的私人领域，结果平等更受女性主义欢迎。[2]她引用了同值同酬和积极行动作为公共领域的两大改革成果来说明结果平等的理念。[3]女性主义者热衷于就业市场的实质性改革，一种可能是因为就业市场是由男人建构的，女性被历史性地排斥在公共领域之外。"相比之下，女性的家庭经验就不是一种被排斥或者机会被抑制的经验，而是过度参与、承担广泛责任的经验。"[4]这样，法曼观察后发现，如果积极行动原则能够应用于公共领域，那么也能以同样的方式应用于家庭这种私人领域，也同样适用于男性，"特别是争夺监护权的父亲"[5]。

在家庭语境下，女性所追求的平等是在家庭琐事和儿童看护上支持责任平等。如果夫妻在这些负担上乏于平等责任，那么妻子就不能像丈夫一样平等进入就业市场。[6]不过，值得注意的是，这些有关平等的讨论应该更多地应用于婚姻存续期间而不是应用于离婚时。法曼认为，依照自由女性主义最为真实的目的，他们更愿意采用的家庭内部平等是：平等进入就业市场。因为一个成员的家庭参与必然会影响到其参与市场和政治领域的应有能力，讨论应该保持参与每一领域的一致性。如果性别平等规则应用于公共领域，相类似的规则也应该应用于私

---

〔1〕 因为只有女性会怀孕做母亲，母亲更倾向于承担儿童看护的责任而不是父亲，在孩子出生和儿童看护上，女性和男性并不处于相同的境遇。

〔2〕 Fineman, supra note 25, at 23–24.

〔3〕 Id. at 23.

〔4〕 Id. at 25.

〔5〕 Id.

〔6〕 妻子当然也愿意承担那些不能转移给丈夫的额外的怀孕负担、生理负担。

人领域。[1]尽管法曼提出了有关平等争辩的象征性权力的一致性方法,[2]她也明确地拒绝这种象征性意义:规则平等对现实生活中真实女性产生的作用具有足够的恰当性。[3]

然而,在婚姻存续期间的儿童看护和家庭琐事上,在长期忍受全部家庭责任的不平等方面,规则平等也许会让妻子们有所受益,而离婚时规则平等的延伸就会导致妻子们陷入无可保障的伤害。离婚时,规则平等支持财产分割和儿童监护权的同等对待。表面上看,平等分割财产和平等获得儿童监护权似乎能够产生公正的结果。但毕竟,如果婚姻双方是平等的合伙关系,那么从理论上来讲关系解体时就应该平等分割资产。不过,法曼的观点是,知识分子热衷追求的平等实际上经不起仔细推敲。她认为难点如下:

1. 假定贡献平等不利于过度奉献于家庭的妻子。离婚时财产平等分割的目的是补偿婚内合伙人,以合伙人平等作出贡献作为前提。自由女性主义者支持这一改革,因为这种改革让家庭内的无报酬劳动在离婚时予以补偿会使女性从中受益。假定妻子的家务贡献是与丈夫家庭外所得的财物贡献平等,自由女性主义认为适用规则平等可以提升大多数离婚女性的状况。法曼则认为这一认知的麻烦在于忽略了大多数女性既在家庭外工作也在家庭内承担家务。在这种情况下,妻子对婚姻组织的贡献极大可能超过了丈夫,如此一来,平等分割财产对妻子而言

---

[1] Fineman, supra note 25, at 24.
[2] Id. at 25 – 26.
[3] Id. at 28. (很不幸,在家庭法领域,平等作为一种符号性特征,呈现出自己的生命力,为达到更个人化或者更公正的平等概念在作出必要决策时,着重排除细微的差别)。

实际上是不公平的。[1]

评论：这种批评并不是对同等贡献同等分配的平等规范进行批评。平等规范，如果适用得当，贡献越多分配份额也就会越多，适用这种模式，妻子就会因贡献多而分配份额也多。法曼识别出此处的困难所在并不是平等理念内部的困难，而是，改革运动所导致的结果所带来的困难，改革采纳的是推定性平等而不是平等原则的运用本身。法曼批评的核心在于平等语辞有一种掩饰重大不平等的倾向。

2. 平等对待合伙人在财产分割过程中会不利于女性。平等监护权的创意在规则平等下能被证明是正当的，因为在社会分配权的语境下父母被假定是平等的；[2]规则平等是把共同监护作为一种理想的监护方式。在理想世界里，从抚育子女的真实参与和父母的希望参与来看，父母的监护权是平等的。但在现实生活中，大多数的家庭，父母并不能发挥同样的作用，承担同样的责任。母亲实际上在抚育子女方面付出更多，[3]而且她

---

[1] Id. at 29, 47.

[2] Id. at 84.

[3] Id. at 222 n.40. （母亲们不仅一直承担着繁重的儿童看护，而且还承担着主要的家务）。See Mary J. Bane et al., *Child Care Arrangements of Working Parents*, 102 Monthly Labor Review 50, 52-53 (1979). （报导了双职工父母家庭的儿童看护安排）。See Catherine L. Fisk, *Employer - Provided Child Care Under Tide VII: Toward An Employer's Duty To Accommodate Quid Care Responsibilities of Employees*, 1Berkeley Women's Law Journal 89, 90-96 (1986). （讨论了儿童看护、女性就业平等和经济平等）；Mary J. Frug, *Securing Job Equality for Women: Labor Market Hostility to Working Mothers*, 59 Boston University Law Review 55-56 (1979). （陈述了劳动力市场的障碍对父母而言，不利方面女性多于男性）。

们自己也更渴望这么做。[1]在一个不理想的世界里采用共同监护，会导致从母亲监护转向父亲监护这一不公正状态的出现。第一，这一规则忽略了父母在儿童抚育过程中可能的不平等贡献。第二，权力转换会在离婚时引发更不对等的商谈。因为母亲比父亲更为渴望获得监护权，她们更愿意通过放弃财产权来让父亲放弃孩子的抚养权。[2]一般而言女性经济权力少于男性，财产份额缩减对母亲而言将会进一步引发"女性贫困"。[3]

评论：这一批评并没有针对平等本身。因为改革者假定双方对监护权的渴望是等同的，而现实恰恰相反，所以困境就出现了。再者，平等语辞给极其严重的不平等现状戴上了一个面具。总而言之，家庭法语境下的平等问题是平等语辞所导致的、非同等处境下的个体被予以同等对待。尽管同等对待的语辞提升了一些女性离婚时的经济状况，但是对婚姻关系中所付出的无法估价的贡献并未作出经济倾斜，例如家务和儿童看护，平等语辞依然让女性处在不利处境之下，掩盖了她们在现实中的过度付出，忽视了她们总体而言的不平等的商谈权力。把不平等当作平等是不公正的，也会产生进一步的不平等。

---

[1] See Victor F. Fuchs, *Women's Quest for Economic Equality*, Ithaca and London: Harvard University Press, 1988. （福克斯认为如果男性渴望得到孩子，关心孩子的福利和女性等同，那么，当女性承担儿童看护服务时，男性很愿意为这些服务买单，当下的权力等级也会发生逆转）。Id. at 68.

[2] Fineman, supra note 25, at 222 – 23 n. 43.

[3] See Mary I. Bane, *Household Composition and Poverty*, in Fiahting Poverty: What Works and What Doesn't, Harvard University Press（Sheldon H. Danziger & Daniel H. Weinberg eds., 1987）.（讨论了女性家长和她的孩子会变贫穷的原因）。

三、如果废弃平等，离婚财产分割时公正的方法是什么

如果平等分割财产不是一种正确的做法，那么离婚时怎么决定谁应该获得多少财产？我们应该考虑哪些因素？指导我们的应该是以什么为基础的规范性原则？如果我们同意法曼的观点应该拒绝平等分割，是不是还存在其他问题？

从历史来看，平等分割规则存在于实行夫妻共有财产制的州，在这些州，婚姻是一种合作关系，配偶是平等的合作伙伴。[1]也就是说，没有偏差或根据推定，平等分割规则对任何一方都是绝对的；允许偏差的平等分割就会出现不平等。[2]婚姻以平等的合伙契约理论为基础，根据共有财产制就能确认合伙期间配偶对获得的财产的平等权利。[3]尽管对夫妻作为平等合伙人的描绘不精确，但规则平等还是在共有财产概念和以此推定的离婚平等分割财产下发挥了作用。

---

〔1〕 See Bea Aim Smith, *The Partnership Theory of Marriage*: *A Borrowed Solution Fail*, 68 Texas Law Review 689 – 91 (1990). （提到了共有财产的八个州合伙模式的长期经验）。

〔2〕 See Doris J. Freed & Timothy B. Walker, *Family Law in the Fifty States*: *An Overview*, 24 Family Law Quarterly 309, 335 – 37 (1991). （列出了目前离婚时实施平等分割财产或者推定平等分割财产的七个共同财产州）。例如，加利福尼亚州规定：除非一方配偶有故意侵占共同财产的行为，才需要平等分割。Id. *Table IV*, n.3. （列出了十个实施共同财产的州，包括八个比较传统的州：亚利桑那、加利福尼亚、爱达荷、路易斯安那、新墨西哥、内华达、德克萨斯和华盛顿以及威斯康星，这是因为采用《婚内财产法案》被视为享有共同财产司法权的州，还有密西西比州）。我不懂为什么密西西比会被列入其中。

〔3〕 当然，在八个共同财产制发达的传统共同财产州，配偶享有平等的财产权原则事实上也不是一个规则。例如，只有丈夫管理夫妻财产的权力。See generally, Smith, supra note 54, at 689. （说明早期的婚内财产法真正的目标是要建立和保护妻子的独立财产，而不是要建立共同财产）。

家庭贡献与离婚财产的分割原则

作为一种选择,把婚姻关系比作合伙关系意味着一种不同的规范原则:应该对个体的劳力加以公平补偿。原则上应该与约翰·洛克著作中提出的"劳动应得理论"财产权相一致。[1]假如丈夫和妻子对婚姻作出了平等贡献,假如待分配的财产能够查明属于配偶劳动所得,那么离婚时的财产平等分配在应得原则中就能够被证明是正当的。劳动应得理论是与共有财产制相一致的,因为婚姻伴侣在合作关系中是被看作仅以劳力(非财产性的)付出的。婚前财产以及婚内所得和礼品,也具有分别财产的特征,这就不应列为离婚分割财产。[2]

相比而言,实行共有财产制的州、实施普通法的州,在改革之前,不把婚姻关系视为平等的合作关系。从历史来看,实施普通法的州把所有权人作为离婚财产分割的一个最重要的决定性因素。因为财产的所有权人一般是对婚姻作出货币贡献的人,实施普通法的州更倾向于对有薪配偶进行财产倾斜,丈夫是典型性代表。[3]

随着公平分配法的通过和实施,在离婚财产分割决定财产

---

[1] See John Locke, *Two Treatises of Government*, Cambridge University Press, 1960. (解释了一方劳动所得归一方所有成为一方财产);Walton H. Hamilton, *Property—According to Lode*, 41 The Yale Law Journal 864 (1932).

[2] Eggemeyer v. Eggemeyer, 554 S. W. 2d 137 (Tex. 1977). (判定丈夫单独所有的不动产离婚时妻子不能分得);see also Cameron v. Cameron, 641 S. W. 2d 210 (Tex. 1982). (引用征得了 Eggemeyer 的同意,但是判定在实施普通法的州,即使技术上是分离财产,婚内取得的动产,离婚时也要予以分割。) See *Texas Family Code Annotated* (Vernon Supp. 1992). (授权任何普通法而实施准共同财产制的州,例如,婚内取得的财产,可以对个人取得的财产进行离婚分割)。

[3] See Marygold S. Melli, *Constructing a Social Problem*: *The Post – Divorce Plight of Women and Children*, 11 American Bar Foundation Research Journal 759, 771 (1986). (指出这一方法对无收入配偶方造成了结果不公平)。

归属时所有权人的重要性已经变得很不重要。一些实施普通法、以采用夫妻共有财产制领先的州,公平分配立法含纳了离婚平等贡献推定。[1]婚姻是平等合伙关系的观念远落后于这场普通法改革。

如此一来,在实行普通法和实行夫妻财产共有制的州,现有规范离婚财产分割的规则所反映的确认了应得原则,财产分配应该与劳动贡献相一致。平等分配规则也能够用平等理论加以解释。有关配偶对婚姻的个人贡献应该加以公正补偿的争论,正如文章最初我所建议的,是以平等对待的平等模式作为基础的。平等对待要求识别个体应被平等对待的因素。这里所说的相关因素就是"贡献"。被称为"应得平等"的模式可以更为精确。对女性主义所关心的婚姻中处于不利处境、离婚时要看"贡献"大小来决定财产分割的妻子来说,问题在于应得平等能否被证明是一个令人满意的原则。法曼著作中大部分的篇幅都是在关心平等的度量问题,如果"贡献"被充分估算进女性对婚姻贡献的多种形式之中,这一问题可能就得以解决。在这一语境之下,她可能感觉不到要被迫放弃财产分割所适用的平等原则。

也许贡献这一语辞要比平等语辞(虽然可能是在财产分割时的平等)更具伤害性。如果妻子的贡献在分配过程中估值很少,那么应得原则下的多劳多得自然将会使妻子处于不利位置。假如社会中对家务和儿童看护总体上是被低估的,这种类型的

---

[1] See, e. g., *Arkansas Code Annotated* § 9-12-315 (a) (1) (A) (Michie 1991). (规定"所有婚内财产应该一人一半,除非法院发现平等分割会产生不平等");*North Carolina General Assembly - General Statutes* 5 50-20 (c) (1991). (规定"婚内净值资产应该被平等分割,除非法院决定平等分割会产生不平等")。

贡献在离婚时被低估也就不会令人奇怪。[1]

对估值问题，有一个解决方案，即假定贡献平等，如此就会按照应得平等（desert-equality）允许平等分割。不过，这种解决方案无论如何都不会成功，因为在大多数州，推定贡献平等是可以被驳回的。法曼教授为推定贡献平等列出了九个最常见的因素，可以总结分为两大主要分类：贡献和需求。[2]贡献类的因素包括：(1) 婚姻存续的时长；(2) 存续期间所得财产；(3) 对婚姻的劳力贡献，包括儿童看护和家务活动；(4) 一方配偶对另一方教育提升或者赚钱能力的贡献；(5) 为一方配偶外出工作提供的必要时间和精力。

即使一个妻子能够满足所列负担，需求应该能超过推定的平等贡献，她丈夫也能争辩有其他因素的存在或缺失而力图反向主张，声称出现偏差是适当的。因为这些因素不能量化或排名，在财产分割过程中一种因素或一组因素可能就会抗衡另一种或另一组因素。除非一方配偶能够断定她占有全部或大部分类别（这是一种不可能的情景，因为这些因素具有内在不兼容性），作为结果，她的配偶可能就会利用其他剩余因素把分配推向适用规则平等规范。[3]

将以上批评应用于大多数现实情境中，似乎从逻辑上和直觉上都是正确的。而且，作为一种经验判断，其他家庭法学者已经证明需求性因素被法院所忽视这一事实的存在，而贡献因

---

〔1〕 See Melli, supra note 59, at 772.（只要社会持续性低估家务和儿童养育的经济地位的价值，离婚时任何的解决方案都只可能会起到微弱影响）。

〔2〕 Fineman, supra note 25, at 41 - 42.（所有权人和过错是两种很不受关注的附加分类，这些事实因素可以把其包纳进来）。

〔3〕 Id. at 50.

素是最备受关注的。[1]不过，在一些现实情境中，我能想象一个妻子可能既要主张贡献因素（如婚姻存续时间很长、长时间照顾孩子、支持丈夫工作等），也要主张需求因素（如年龄、健康、没有外出工作能力等），主张应该分得多于一半的婚内财产。不管她能否获得成功，是否具有主张贡献平等和需求平等的能力，但是她丈夫是有这种能力主张他贡献得更多的，认为他的贡献是大于妻子需求的。

法曼谴责规则平等过于关注贡献而降低了对需求的注意度。当她观察到"贡献是一种平等化的概念，而需求则要求一种对差异的认知和评价"，她识别出了平等和贡献之间存在的连接点[2]。我在解释应得平等原则（同等贡献等同分配）时也已经注意到了这一连接点。法曼推断出了这一原则所具有的道德说服力，但她也推断了在处理需求问题时应得平等原则并不能给我们提供指导。[3]即使离婚时妻子和孩子们的需求能够被确定[4]，法曼对平等的批判也会迫使我们重新考虑：应得平等在离婚财产分割时是否就是一个令人满意的原则。

我们再次思考法曼对内在不兼容因素的批评，妻子能辩称

---

[1] See Suzanne Reynolds, *The Relationship of Property Division and Alimony*: *The Division of Property to Address Need*, 56 Fordham Law Review 827（1988）.（在说明离婚时一方配偶的需求时揭示了财产分割和赡养费之间的关系）。

[2] Fineman, supra note 25, at 46.

[3] Fineman, supra note 25, at 52 "平等解决方案对需求问题是不充分的"。

[4] See generally Lenore Weitzman, *The Divorce Revolution*: *The Unexpected Social and Economic Consequences for Women and Children in America*, Free Press, 1985. 韦兹曼对加州离婚法改变了无过错离婚法令进行了统计，显示：离婚后的女性和她们的孩子和离婚后的男性相比，经济状况极其不利。她进一步揭示：这种经济不利加剧了无过错离婚导致女性财产分割过少的后果。see also Weitzman, *Bringing the Law Back In*, American Bar Foundation Research Journal I 791, 794（1986）.

家庭贡献与离婚财产的分割原则

她外出谋生能力低,所以她有分得更多财产的需求。丈夫就能反击他对婚姻资产的贡献更多,如果婚姻存续时间短,妻子对他的谋生能力并没有贡献多少[1]。这些论辩不会反驳她的需求事实。他们会支持婚内财产是丈夫个人努力的结果,也理应归属于他。法院更倾向于采纳他的意见而不是她的意见,只要把婚姻设想为一种平等的合作关系,在这种关系中,要根据个人贡献加总,关系解体时要根据各自的贡献来支付。

强调平等诱使法院过多地估计了贡献因素一点也不应该惊讶。在庄严的美国法律历史中,平等是一个引人瞩目的原则。如果以需求为基础的相关因素也能被法院平等关注,我们必须识别出一种极好的平等原则,证明以需求为基础的分配规则具有正当性。[2]

尽管在此书中法曼未能提供一个规范性原则来支持以需求为基础的分配,她早期的学术成果却提供了一种可能[3]。她对财产分配规则的争论描述是:源自"两方竞争,可能还是互不相容和不切实际的政治愿景的现代婚姻"[4]。与平等的合作模

---

[1] Fineman, supra note 25, at 50.

[2] 当然,从历史来看,关心需求主要是通过奖励性赡养费来予以补救。赡养费一直是可获得的,可以有多种形式(如永久性的、临时性的或者恢复性的)。决定奖励赡养费是否合适的因素包括婚内行为不检、过错和配偶相关需求。See generally Freed & Walker, supra note 55, at 353-61. 离婚改革的风波促进了哲学的提升,在财产分割时需求是一种比赡养费更好的解决方案。排除这次改革运动的因素,法院很明显不愿意贯彻和使用可获得财产来解决需求问题。See Reynolds, supra note 61(阐述了财产分割和赡养费之间的关系)。

[3] See Martha A. Fineman, *Societal Factors Affecting the Creation of Legal Rules for Distribution of Property at Divorce*, in At the Boundaries of Law, Routledge (Martha A. Fineman & Nancy S. Thomadsen eds., 1991).

[4] Id. at 265.

式相对照的是依赖模式,以"家庭是一种适当的,也是独立的机构,来解决家庭环境中出现的依赖或需求问题"[1]。法曼并没有在这一观点基础上深入研究,无论是早期作品还是在本著作中。她也从未解释为什么家庭是一个恰当地解决需求问题的机构。[2]

虽然这一问题没有明确的答案,但却是值得探讨的。富有争议的是有关事实性的一些问题,社会是由家庭组成的,家庭内的成员对相互的需求负责具有正当性,包括离婚后的需求。也许这种正当性在于:一般而言家庭对社会是有益处的;家庭为社会组织提供了富有成效的方法,特别是当一方配偶承担了儿童看护责任,又置身于就业市场之外时。不过,在进入这样一场争论之前,理性行为者会要求为选择置身就业市场之外的一方提供一些保障,以免在将来产生过度的不利。政府强加给离婚后的家庭成员的责任给了理性行为者必要的保障,来鼓励人们参加家庭组织,即使参与带来了潜在的、不利的依赖性风险。

尽管我概述的争论准确地描述了过去家庭以及家庭责任的观点,我个人并不倾向于把这种论点作为一种规范原则,来分配现代的离婚后家庭责任。[3]然而,还是需要一些这样的规范性原则来论证以需求为基础的分配具有正当性。

---

[1] Id.

[2] 法曼这篇文章的任务是在描述而不是在构建规范(解释了家庭现有的两大冲突愿景带来了贡献与需求事实之间的冲突)。因为她并不支持把依赖模式作为一种优选规范,她也不需要论证家庭就是需求问题的恰当解决方案。

[3] 我当然不赞成家庭引发的问题应该由家庭独自解决的观点。儿童看护需求来自家庭内部,然而我认为儿童看护作为一种需求应该被社会视为一个整体。

当然，也还存在另外的可能。一个女性离婚后的需求程度是受传统的性别角色影响的，法律可以为此设计出一种责任，让其从传统角色中受益。例如，妻子已经是多年的家庭主妇，承担了多年的性别角色并推定其丈夫从中受益，为了补偿妻子的低薪能力，这种情况下把财产从丈夫名下转移到妻子名下就具有正当性。另一方面，这一原则并不支持把财产从丈夫名下转移给妻子，如果妻子的低薪能力是社会上对男性影响较小的性别歧视造成的。[1]

那么，问题的关键在于：在离婚财产分割时，平等为贡献高于需求的估算提供了一个强原则。然而，我们又不能忽视现实中存在的需求，需求变成离婚的一个表象，因为因离婚而导致女性的灾难性损失是不成比例的。[2]离婚后丈夫也要转移财产给妻子的需求永远都公正吗？在我们能够证明王牌的规则平等和需求应被放弃之前，这个问题必须回答。法曼对这个问题给出的答案是"YES"。也许她是正确的，但我还是愿意看到她对这一回答的更进一步的论证。

四、结论

玛萨·法曼的《虚幻的平等》对离婚改革来说，是一部作

---

〔1〕 赫伯特·雅各有相类似的观点，见 Jacob, *Faulting No - Fault*, America Bar Foundation Research Journal 773, 779 - 780 (1986).

〔2〕 总体而言，离婚是亏本生意。离婚时一个高效运营的家庭单位被拆分成两个低效单位。随着收入没有增加，而离婚后的父母生活成本却变高，因为他们现在支撑的是两个家庭而不是一个家庭。这样，他们的综合生活标准必然会下降。See Lenore Weitzman, *The Divorce Revolution: The Unexpected Social and Economic Consequences For Women and Children In America*, at xii (1985). （显示了，离婚后一年男性的生活水平提升了42%，而带着幼童生活的女性下降了73%，综合起来的"损失"是生活水平下降了30%，但是只有前妻是唯一的损失者）。

出重要贡献的女性主义作品。她的论辩，带有价值性和实践性的洞察力，她对平等的批判并没有让离婚后的女性受益。她总结道：平等的语辞是如此腐朽浮夸，必须寻找一种崭新的方式来讨论由此引发的议题和麻烦。尽管她呼吁废弃这种作为规范标准的平等概念，我还是建议：在我们完全可以放弃平等概念之前，我们应该发现一种可替代的规范理论。法曼和我都同意：我们需要根据离婚造成的不成比例的经济损失，来更准确地描述离婚后的女性和孩子的具体需求。因为平等的语辞并不能很恰当地解决这一问题，我们需要发现替代理论来回答如下问题：离婚时是什么造成一方受损？谁应该为这种损失负责？谁又从因为贡献而受损的事实中受益？有些理论家已经开始对这些问题进行探讨。[1]玛萨·法曼对平等的精准批判，应该会鼓励其他学者继续这一研究进程。

出自《妇女研究论丛》2017年第3期。

---

[1] See Smith, supra note 54, at 739-42.（论证了应用于离婚财产分割的"企业责任"理论）；Stephen D. Sugarman, *Dividing Financial Interest on Divorce*, in Divorce Reform at the Crossroads, 130, 148-63 (Stephen D. Sugarman & Henna H. Kay eds., 1990). 建议"公平考虑"，包括承认"以需要为基础的权利""双方的期待"和"不当得利"；Rhode & Minow, supra note 30. 建议财产分割时奖励"共享行为"，呼吁国家承担更多的责任，减少因历史性偏爱男性的性别关系造成的经济不平等。

民国时期婚姻*立法的
时代性与助动力

民国时期的婚姻立法，作为清末修律的延续，是中国近现代史上第一部颁布实施的婚姻法，其在中国近现代婚姻家庭法制史乃至近现代中国法制史上的重要地位都是不可忽视的。但婚姻法的制定，却是在社会动荡、制度转型的背景之下，外有收回法权之迫，内有司法适用之急，因而其立法的时代性也更为浓郁。

一、南京国民政府时期婚姻立法原则与特点

南京国民政府婚姻法吸收了世界各国的立法经验，能较自觉地顺应时代发展的潮流和中国社会中的进步要求，在近代中国社会，其进步意义是不可否认的。在立法技术上远远高于以前的婚姻立法，在立法原则上，南京国民政府婚姻立法都不同程度地体现了男女平等、一夫一妻、婚姻自由等反封建婚姻家庭制度原则。婚姻法对于男女平等的贯彻，如关于离婚条件之

---

* ①本文所称婚姻法草案属于民律草案之亲属编中有关婚姻的章节；所称婚姻法为民国民法典之亲属编颁行后其关于婚姻的相关规定。②文中法条序号，按照《中华民国民法制定史料汇编》予以引用。

规定，根本打破传统法律及历次民律草案宽于男而严于女的陋习。特别是在"婚姻效力"一节增设"夫妻财产制"，在某种程度上保护了妇女在家庭中的合法地位和财产权益，妇女拥有财产所有权具有了法律依据。不过，这一时期的婚姻立法虽然确立了男女平等和婚姻自由原则，但更突出的特点却是其折衷性和保守性。

(一) 折衷性

南京国民政府立法院的立法，首要任务是既要顾及本国社会实际，又要兼采国外立法之长，对本国法律传统与国外先进法律制度进行整合。但这种整合在制度设计上却呈现出了一种折衷的态度。

1. 从法定婚龄看父权与婚姻自主权、法定婚龄与早婚习惯之折衷

结婚年龄是构成婚姻的实质要件，历次草案对于未成年之婚姻都定为可撤销之婚姻，并且撤销权的行使归于父母或法定代理人。但是历次草案对于最低结婚年龄的规定也都低于成年年龄，而必须取得父母同意的年龄都高于法定结婚年龄。这样婚姻当事人的合意，只有在大于法律所规定的父母允婚年龄或者是成年之后才能自由达成，年龄限制也随着草案的修改呈现出走低的趋势，我们以年龄为主线作如下排列，这种变化会变得更加清晰：

(1) 结婚须经父母同意的年龄：

清末，民国 4 年草案：不限定年龄→民国 15 年草案：≤30 岁→民国 17 年草案：男≤25 岁、女≤21 岁→民国 19 年草案，民国婚姻法：≤未成年。

(2) 离婚须经父母同意的年龄：

清末，民国 4 年草案：男≤30 岁、女≤25 岁→≤民国 15 年草案：30 岁→民国 17 年草案：≤21 岁 →民国 19 年草案，民国婚姻法：≤未成年。

从年龄上看，由父母主婚的年龄期间越来越小，但从性质上看，依然是父母主婚为主。因为，我国向来有早婚的习惯，婚姻法及历次草案对不符合法定婚龄的婚姻都定为可撤销婚姻，由父母行使撤销申请权，也就是说，对大多数子女而言，习惯上不待成年就会定婚、结婚，实际决定婚姻命运的还是父母而非婚姻当事人。但是在自由、平等的婚姻制度之下，否认婚姻自由、平等与民法总则对该制度的确定有悖，而否认家长权或称父母主婚权，则有违于我国历来之婚姻传统，不可能取得实际效果。但对于离婚年龄，从立法沿革上看，父母已失去左右子女的权利。总体而言，对于婚姻权利，婚姻法采用了一种折衷的办法，以求得传统与当时时代的融合。

对我国素有的早婚陋习，立法当局已知其弊，因此通过对法定婚龄的论证、并以此为基础对早婚加以限制。但第 981 条却规定"未成年人结婚，应得法定代理人同意"，而按照第 990 条的规定未得法定代理人同意的缔结婚姻的，可以且仅由法定代理人行使撤销权；而且知情后如果超过 6 个月或结婚 1 年或当事人受孕，撤销权即为丧失。如此一来，条文所设定的年龄限制，也只是条文徒设，对改变早婚习惯不可能达其成效。

2. 承认中表通婚合法性

婚姻法对亲属禁婚范围进行了调整。除直系血亲不能结婚外，旁系血亲、旁系姻亲辈分不同不能结婚，旁系血亲限于八亲等以内、旁系姻亲在五亲等以内，皆不能结婚。这些禁制看似既保护种族健康，又顾忌伦理道德，但上述近亲禁止结婚的原则也有一个例外,即婚姻法第983条第1项第3款规定的表兄弟姊妹不在此限。中国历代官方对此中表婚屡禁不止,南京国民政府婚姻法对此也别无良策,只能妥协于习惯。

(二)保守性

婚姻法所呈现出来的保守性,是就其内容而言的。无论采用何种立法例、哪种立法主义,婚姻法都不可能不借靠传统的力量,来为以后的司法实践架桥铺路。这种保守性,既是现实性的需要,也是婚姻法得以有效实施的保障。因而,这种保守被巧妙地加以遮蔽和维护。

1. 设定妻的单方义务

在民国时期,甚至当下村郊地区,还是以聘娶婚为主要形式,即以女入男家为主。与聘娶婚制度相附随的则是夫妻之间权利与义务的不对等性,尤其是义务被规定为妻子的单方义务。第一,同居义务,婚姻法规定住所的设定,属于夫的权利,妻以夫之住所为住所(第1002条),只有赘夫以妻之住所为住所(第1002条)。妻因婚姻而入住丈夫家中,成为丈夫的家属,因而所谓的夫妻互负同居义务,以妻负同居义务为一般原则,婚姻既然是以共同生活为目的,则妻的同居义务就成为必然。但夫妻的同居义务可以因正当理由而免除(第1001条但书)。何谓正当理由,要根据具体情况由司法机关酌情判定。对于没有正当理由而拒绝同居的,按照婚姻法规定,相对方则有拒绝扶助的权利,并可以以恶意遗弃为理由,请求离婚;同时,更可请求法院判令他方履行同居义务。这种判决是否可以请求强制执行,在立法上,存有争议。

第二,冠姓义务。妻以其本姓冠以夫姓,赘夫以其本姓冠以妻姓(第1000条)。夫妻可以另行订定(第1000条但书),

或者协定另外一种姓。可见，婚姻法所规定的冠姓，是以妻冠夫姓为一般原则，强调的是妻的冠姓义务，夫妻所生子女也必然以父姓为姓。

2. 预设妾制合法空间

虽然立法院于中央政治会议之亲属法先决各点审查意见书内也称"谓妾之制度亟应废止，虽事实上尚有存在者，而法律上不容承认其存在"；但又谓其地位如何毋庸规定，如果另定单行法律，难免有间接承认妾制之嫌。各妇女团体曾经历次议决，建议政府凡娶妾者，概以重婚论。但婚姻法所采用的婚姻生效方式为仪式婚，不承认事实婚，所以即使纳妾也不会因重婚触犯刑法而承担刑事责任。如此一来，仪式婚的确立与事实婚的否认为妾制预设了一个合法的制度空间。

民法第1123条第3款规定"虽非亲属而已永久共同生活为目的的，同居一家者，为家属"。妾虽然不能因两性结合成为亲属，但却因永久共同生活而成为家属。其所生子女，在亲属编施行前所生者，当然为庶子女；其在亲属编施行后所生者，虽不得为婚生子女，但经其生父抚育，即使未经认领程序，也即可视为已经认领；既然可视为已经认领，也就应视为婚生子女。如果是亲属编施行后，法律中已经没有妾的相关规定，纳妾即为苟合通奸，和奸无夫之女虽不成奸罪或重婚罪，惟其妻自可据为请求离婚或别居之原因，且似此通奸所生之子女，自系非婚生子女苟未经认领程序，即无从视为婚生。继承法虽然没有对非婚生子女的继承问题进行规定，但第1149条规定"被继承人生前继续扶养之人，应由亲属会议依其所受扶养之程度及其他关系酌给遗产"。就继承而言，妾及其子女不会在夫身亡之后，顿失依靠。所以对于妾自身的生存和其子女的利益都无影响,在法律上也不会处于不利地位。

可见,无论是刑法、婚姻法还是继承法,实际上都为妾制预留了合法空间。

3. 保留赘夫制度

所为赘夫,是指男子因婚姻而入女家所得的称谓。我国传统法律素采男系亲属制度,通常婚姻,都是女子因婚姻而入男家,成为男家的家属,而赘婿则相反。赘婿制度,由来已久,汉书载"秦人,家贫子壮则出赘"。社会习惯也承认,俗语"坐堂招夫"就是指这类婚姻。婚姻法沿用旧时称谓及制度,第1000条规定"……赘夫以其本姓冠以妻姓",在父母子女一章规定"赘夫之子女从母姓",实际上是以"赘夫婚"作为一种变例婚,继续承认男系亲属为尊的婚姻观念和制度,虽然两法条后文都补有"有约定者从其约定",为此婚姻状态下的男人留有救济途径,但也被立法者巧饰成"男女平等"的招牌和标志。殊不知该称谓和制度的保留,实际上是在明示婚姻法中所谓"婚姻"并非男女两性的平等结合,而是受法律保护的一种男主女从状态。

4. 妻之财产权名至而实不归

虽然就形式而言,夫妻财产制具有极大的进步性,但内容却具有较浓厚的夫权主义色彩。法定财产制中规定"联合财产由夫管理",共同财产制中规定"共同财产由夫管理",统一财产制中规定"夫妻得以契约订定将妻之财产,除特有财产外估定价额,移转其所有权于夫,而取得该估定价额之返还请求权",分别财产制中也规定妻可以其财产之管理权赋予夫。虽然在赋予夫在夫妻财产关系中更多权利同时,也使丈夫承担更多责任,对妻之财产权益给予一些特殊保护,如法定财产制中规定"联合财产由夫管理"的同时规定"其管理费用由夫承担","联合财产之分割,除另有规定外,妻取回其原有财产,如有短少,由夫或其继承人负担"。但赋予夫在夫妻财产关系中更多权利同时亦使其负担更多责任,仍是把夫当作家庭的重心,仍是维护夫在家庭事务中的主导地位,仍是夫权意识、男尊女卑思想的一种反映,而且,无论何种财产制形式,都没有使妻获得更多的实质性内容。在近代中国,夫在家庭事务中居主导地位有其必然性,但必然的并不等于是合理的并要用法律加以确认。在婚姻立法上虽不能确保实际生活中夫妻双方都现实地发挥同样的作用,但在法律上应承认夫妻双方在家庭财产上的平等权利,至少不应在立法上确认夫妻一方在家庭财产上的更多权利。婚姻法如此规定是在以形式改进的方式延续着中国传统夫权意识和男尊女卑思想的内容。

二、平等、自由原则的确立与司法实践的背离

如果以法典的颁布作为近代化完成标志,那么婚姻法所确立的婚姻自由、男女平等原则,则是这一时期婚姻法近代演进的表象特征。法律文本如何贯彻和体现该原则,在司法实践过程中如何把握和处理具体案件,反映的是这种近代化的实质。民国婚姻法所确立的、颇能代表先进性的婚姻自由和男女平等原则,在司法实践中也同样令人心生疑虑。

(一)司法解释:"七岁童婚姻有效"

在分析南京国民政府婚姻法的特点时,我们已经对法定婚龄(包括结婚、离婚)进行了比较,对于婚姻权利,婚姻法采用了一种折衷的办法,以求得传统与时代的融合。对我国素有的早婚习惯,立法当局从法律上对此陋习予以限制。

| 性别与法律：女性主义的实践

对于新形成的法律制度，司法机关应该是以法律强制力为保障，强迫社会主体接受新的规则并改变原有行为习惯，而不应该在司法实践中倒行逆施。但司法院民国三十一年解字第2372号解释说："男女满七岁后，有结婚之意思，经法定代理人主持举行婚礼，并具备民法第982条之方式者，自应发生婚姻效力。"[1]众所周知，南京国民政府为五院政府，司法院担纲统一解释法令及变更判例大权，但此一解释不但规定了最低有效婚龄，同时也使婚姻法所确立的婚姻自由原则尽损无疑。试想，以一个7岁幼龄儿童的智识，对于婚姻、婚姻自由有多少认知能力？如何确保自己的意志得以自由实现？虽然我们不能仅凭一个解释例而推导出其他婚姻并不自由的结论，但是结合文本分析，至少证明立法和司法对于婚姻自由制度，采取的都是一种极为妥协的态度，在实践中婚姻自由并没有切实保障。只不过，对于已达到定婚年龄的男女本人，最高法院的判例和解释例都是在保护其自由缔结婚约的权利。所以，婚姻自由在一定意义上，属于尚有瑕疵的制度进化，在司法实践中并没有坚决彻底贯彻和执行，为婚姻法的近代转化培养社会基础。

（二）男女平等与夫权保护

男女平等在婚姻关系中应表现为夫妻平等。事关夫妻平等的妾制与婚姻法中几乎占近一半篇幅的夫妻财产制，作为婚姻法近代化中废弃旧法的制度标志，笔者在前文婚姻法的分析中没有予以肯定，而是以保守性作为结论。从婚姻法颁行后的司法实践，也可窥见一斑。

---

[1] 刘爵编：《司法院解释要旨分类汇编》（上），大东书局印行1946年版。

1. 暗护妾制

南京政府婚姻法条文中并没有对妾的问题作出相关规定，但这种回避却是保护性的。在司法实践中，妾不但具有合法的家属身份，并且最高法院给予妾来去都很便利的法律保护，如纳妾之夫不能随便离妾，除非具有法律上规定的离婚原因，才能以"同居义务不存在"为由解除夫妾关系或者说脱离家长与家属的关系。但妾如果因为脱离关系造成生活困难，夫应酌给相当的赡养费，资助其生活。[1] 夫死时，妾虽无遗产继承权，但为夫生前继续扶养之人，自得请求酌给财产（第1149条）。在实践中，除了妾不能与妻一样要求别居之外，其他权利和妻没有不同。至于妾所生之子女的法律地位，因为自幼受其夫之抚育，应视为婚生子女（第1065条第1项），其权利义务关系，均与婚生子女相同。

2. 巧饰夫之财产权

婚姻法中，尽管有大量的篇幅（第1004~1048条）用于规定夫妻财产制，但较传统法律所规定的权利，妻子并没有在实质上取得进展。有关财产案的判例和解释例，多是涉及离婚时的女方妆奁，按照大理院时期适用的现行律民事有效部分，都应该归女方所有。所以，在家庭财产权问题上，从立法到司法，妻子都没有获得和丈夫同样的权利。

实际上，国民政府对于夫权，从来都是曲尽保护之意。民国时期的刑法曾经三改通奸罪之条文表述，先是经历了"有夫之妇，与人通奸……"而"有配偶而与人通奸……"，后是由"有配偶而

---

[1] 最高法院民国二十二年上字第163号判例："妾因判决脱离关系，而陷于生活困难者，他方纵有过失，亦应准用民法第一千零五十七条规定，给与相当之赡养费。"

与人通奸……"而"有夫之妇与人通奸……",再是"有夫之妇与人通奸……"改为"有配偶而与人通奸……"三次修正,而每一次趋向平等的修改都是在妇女运动的压力之下所为。对于离婚原因中通奸的认定、重婚问题所产生的民事责任,民国政府对夫权的袒护堪称有条文资以确认,有判例予以佐证。

三、婚姻法制度变迁的动因:女权运动

考证大理院时期的司法实践,笔者发现民国十一年(1922年)上字第1009号大理院判例较以前的判例,有了突兀性转变,从传统的"父母主婚"转而认为"父母为未成年子女所定婚约,子女成年后如不同意,则为贯彻尊重当事人意思之主旨,对于不同意之子女不能强其履行",但未见详细案情,不明就里。据考证,1926年1月,国民党第二次全国代表大会又通过了《妇女运动决议案》。该决议案将国民党政纲中规定的"于法律上、经济上、教育上、社会上确认男女平等之原则,助进女权之发展"转化为具体的法律政策:(1)制定男女平等的法律;(2)规定女子有财产继承权;(3)从严禁止买卖人口;(4)根据结婚、离婚绝对自由的原则,制定婚姻法;(5)保护被压迫而逃婚的妇女……。十七年九月民二庭上字第829号已认为"主婚权……虽为吾国旧律所容许,然与婚姻自由之原则显相违反";民国十七年(1928年)10月,法制局婚姻法草案告成,编纂者在立法说明中称:"本案以订结婚约为单纯契约关系,以男女本人双方合意、自由缔结为原则,旧律婚书或聘财之要式行为及父母代为定婚之大权,均为本案所不采。"[1]立法、司法

---

[1]《中华民国民法制定史料汇编》(下),1976年刊行,第341页。

民国时期婚姻立法的时代性与助动力

均见成效,我们好像有理由认为,《妇女运动决议案》是因势就势,国民党政府顺应了社会发展需求,并在立法上反映了这种发展规律。但自1911年辛亥革命国民政府初建至1926年国民党第二次全国代表大会的召开,这漫长的15年间,立法上何以未见进展?

实际上,中国妇女运动自清末的维新变法时就已初露端倪,如维新变法运动中的重要人物康有为在其重要著作《大同书》中,从天赋人权理论出发,提出了包括婚姻自由在内的六条纲领。1903年中国近代史上第一部论述妇女问题的专著《女界钟》出版。作者金一(金天翮)[1]被誉为"中国女界的卢梭"。他认为,妇女应该争取七种权利:"(1)参政权利;(2)入学之权利;(3)交友之权利;(4)营业之权利;(5)掌握财产之权利;(6)出入自由之权利;(7)婚姻自由之权利。妇女运动

---

[1] 金天翮(1874~1947年):中国近代诗人,学者。原名懋基,字松岑,号壮游;又名金一;后名天翮、天羽;笔名麒麟、爱自由者、天放楼主人等。江苏吴江人。自幼厌科举帖括,重经世之学,早年著《长江赋》《西北舆地图表》等,颇负时誉。光绪二十四年(1898),荐经济特科,不就。在家乡兴办学校,讲求实学。二十九年,在上海参加革命团体爱国学社。曾翻译日本宫崎寅藏宣传孙中山革命事迹的《三十三年落花梦》和俄国虚无党史《自由血》等书。同时在《江苏》上发表长篇小说《孽海花》第一、二两回,表现了民主革命倾向。民国初年,曾出任江苏省议员。后半生主要精力从事教育工作,曾在苏州国学会讲学,又在上海光华大学任教。其主要成就在于诗文。他继承了诗界革命的精神,努力打破诗坛门户之见,广泛向古人汲取营养,自闯新路。他自称其诗"有律令,不趁韵,不咏物",因而内容广阔。如早期《新中国唱歌集》和《招国魂》等,鼓吹革命。《感事》等反映甲午战争、戊戌变法、庚子事变、辛亥革命等重大政治事件;《田家新乐府》等写农家苦乐;《都踊歌》等则反映国际题材,使读者耳目一新。金天翮才思纵横,豪宕健爽,有些诗雄奇谈诡,具有浪漫主义色彩。有学者认为金天翮是诗界革命在江苏的一面大纛。"五四运动"后与章太炎等提倡国学,尊崇孔子,在有些方面一反早年的进步主张。著有《天放楼诗集》《孤恨集》等。载大唐网, http://info.datang.net/J/J1184.htm。

性别与法律：女性主义的实践

精英还发起参政运动，这一运动以'中华民国女子参政同盟会'的成立为其标志。该会提出以下9项政纲：(1)男女平权之实现；(2)女子教育之普及；(3)家庭妇女地位的向上；(4)一夫一妇主义之实行；(5)自由结婚之实行与无故离婚之禁止；(6)妇女职业之励行；(7)蓄妾及妇女买卖之禁止；(8)妇女政治地位之确立；(9)公娼制度之改良。"[1]

上述妇女运动大开理论之先河，为以后的妇女运动奠定了舆论基础。1919年"五四运动"爆发，先进知识分子对北洋军阀为了恢复和维持封建统治再次掀起的尊孔复古、制礼作乐的封建意识和封建礼俗，展开了猛烈批判，进而发起了新文化运动。

五四知识分子首先通过理论分析和现实批判使人们认识到封建礼教与社会进化是背道而驰的，与民主科学的精神格格不入，摧毁了封建社会风俗所赖以存在的理论基础。

其次，对各种陋习展开批判。如片面重孝会导致的早婚、七出休妻、纳妾、重男轻女、婚姻不能自主、不能优生；揭露贞洁观的卑劣，批判要求女子守贞、守寡、殉夫；批判封建家族的专制、保守、迷信和对妇女的压抑，号召组建民主、平等的新家庭；抨击男尊女卑的社会陋俗，谋求妇女解放、婚姻自由；……。通过批判使人们在思想上认识到了封建社会风俗的落后，为新的社会风俗的传播扫清了道路。

青年人最关心的还有婚姻家庭问题。"我们试看上海、北京各报纸的社会新闻，每天每个报纸平均至少有两条是婚姻问题

---

[1] 参见陈功："家庭革命"，载 http://edu.sinoite.com，最后访问日期：2005年1月4日。

民国时期婚姻立法的时代性与助动力

的记载。"由"父母之命,媒妁之言"包办的传统婚姻制度首先遭到了追求个性解放、人格独立的五四知识分子的猛烈批判和反抗。当时人们追求的婚姻自由包括男女社交的公开、恋爱自由、婚姻自主、离婚自由等方面。[1]

为争取婚姻自由,1919年11月14日,长沙赵五贞因不满包办婚姻在花轿中自杀,引起全国的关注,毛泽东连写10篇文章批判旧的婚姻制度。胡适等改编的话剧《玩偶之家》公演后,模仿娜拉出走一时间成为流行的抗婚方式。天津觉悟社的郭隆真以智抗争更被传为佳话:成亲之日她穿上学生装到男家,向来宾发表演讲,痛斥包办婚姻,宣传婚姻自由,然后理直气壮地重返天津女师上学,在社会上引起强烈的震撼。这些都激励着五四青年为争取婚姻自由而斗争的热情,引起人们婚恋观念的变化。[2]

对婚姻自由的追求还包括离婚自由。五四青年掀起的离婚热潮持续了10年之久,到20年代末才逐渐平息,受西方意识影响较大的留学生群体离婚的最多。但当时的知识分子也认识到在女子没有独立社会地位的情况下由男子单方面提出离婚,无异于"出妻",因此许多人主张采取对女方负责的慎重态度。

对旧家族制度的批判,是为了构建一种新的家庭制度,五四知识分子认为"新家庭之组织,与旧家庭不同之点有三:一曰分居。二曰婚姻,成立于男女之恋爱。三曰财产,属于得产

---

〔1〕 参见王静:"五四时期知识分子对社会风俗演进的贡献",载《北京党史》2001年第3期。

〔2〕 参见王静:"五四时期知识分子对社会风俗演进的贡献",载《北京党史》2001年第3期。

之人，以铲除依赖性"[1]。

虽然上述运动在社会上轰轰烈烈，但在法律方面取得的成效却极为有限。有据可查的，是1922年大理院上字第1009号关于婚约的判例转向了尊重男女本人的意志，不再强制履行婚约（1919年11月以后的判例至该判例以前的判例，笔者尚未查见），对于大理院判例"尊重当事人意愿，不再强迫履行婚约"，其态度发生的转变时间，是在赵五贞抗婚自尽且舆论声势鼎沸之后，转变的原因，也可以据此部分得以解释。

1923年6月中国共产党在广州召开第三次全国代表大会。大会通过了《妇女运动决议案》[2]。提出了"打破奴隶女子的旧礼教""男女教育平等""男女职业平等""女子应有遗产承继权""男女社交自由""结婚离婚自由""男女工资平等"等口号。国共合作（1924～1927年国共合作）之前，妇女运动仅限于城市知识女性；国共合作后，妇女运动得以广泛开展，遍及社会各个阶层，并首先在政治上取得成果，1924年4月，《国民党第一次全国代表大会宣言》发布了"国民党党纲"，在《国民党党纲·对内政策》第12条中宣称："于法律上、经济上、教育上、社会上确认男女平等之原则，助进女权之发展。""男女平等"原则正式确立。

1926年1月，国民党第二次全国代表大会通过《妇女运动决议案》，认为今后应该特别注意全国妇女运动，理由是：自五卅惨案发生，中国妇女的革命运动渐有发展，本党为扩大势力，

---

[1] 邰光典、宝贞："新家庭"，载梅生主编：《中国妇女问题讨论集》，新文化书社1926年版，第211页，转引自王静："五四时期知识分子对社会风俗演进的贡献"，载《北京党史》2001年第3期。

[2] 资料来源：中国人民大学网络教育学院网站。

应团结此力量在本党旗帜之下；防止妇女运动被反革命利用；要争取大多数未参加革命的妇女。[1] 该决议案认为应该根据国民党党纲"男女平等之原则，助进女权之发展"进行了相应的法律调整，包括：（1）制定男女平等的法律；（2）规定女子有财产继承权；（3）根据结婚、离婚绝对自由的原则，制定婚姻法；（4）保护被压迫而逃婚的妇女。1926年7月，国民政府司法行政委员会发布了《审判妇女诉讼案件应根据妇女运动决议案之原则令》，训令各级司法机关："未制定新法规以前，凡属于妇女诉讼案件，应依照中国国民党第二次全国代表大会妇女运动决议案法律方面之原则而为裁判。"[2]

将前文提及的1923年6月中国共产党第三次全国代表大会通过的《妇女运动决议案》和1926年1月国民党第二次全国代表大会通过《妇女运动决议案》做一对比，会发现内容基本一致。国民党第二次全国代表大会的召开，又正是国共合作期间。为了清楚地表达上述发展轨迹，我们可以按时间顺序排列如下：

1919年"五四运动"（新文化运动）
↓
1919年11月11日赵五贞抗婚自杀案
↓
1922年大理院作出"尊重当事人意愿，不再强迫履行婚约"的判例
↓
1923年6月中共第三次全国代表大会通过《妇女运动决议案》

---

[1] 参见《中华民国民法制定史料会编》（下），1976年刊行，第317页。
[2] 世界书局编辑所编：《国民政府现行六法、司法法令合编》（第3册），世界书局1929年新编，《民法》。

性别与法律：女性主义的实践

↓
1924年4月《国民党第一次全国代表大会宣言》正式确立"男女平等"原则
↓
1926年1月国民党第二次全国代表大会通过《妇女运动决议案》
↓
1926婚姻法草案（民国十五年一月）稍采男女平等原则
↓
1928年10月（民国十七年）婚姻法草案确立男女平等立法原则
↓
1930年（民国十九年）南京国民政府婚姻法颁布

虽然国民党二大通过《妇女运动决议案》的背景资料，笔者尚未查实求证，但据以上资料，我们不能排除《妇女运动决议案》的通过是共产党的积极推动，从而也就不能否认，婚姻法近代化所取得实质性进展，不完全是国民政府或国民党的作用。但是，以立法和司法的形式，对婚姻自由、男女平等（包括女子继承权的获得）予以肯定和确立，在某种程度上反映了国民政府的积极态度；同时，也说明，权利的获得过程，是一个斗争过程。不单中国，国外也是如此，如1803年制定公布、1804年施行的法国民法，虽为法国大革命的产物，但关于妻之地位，则完全采纳中古习惯，甚至将"夫当保护其妻，妻则从顺其夫"的语句，容身于法律条文（法国民法典第213条），与自由，平等、博爱的革命口号，极不吻合。因为起草民法典的拿破仑一世，厉行军国的专制主义，压迫尚处于萌芽期的妇女解放运动，谓"予妻自由，有背法国旧俗"，意欲使妇女株守中世纪的家庭组织之中。后大修正婚姻法，妻的地位，才逐渐提高。韩国受中国儒家思想影响最深，其家族法带有明显的父系家长制特征，也是因为遭到许多妇女组织和学术界的强烈批判，直到 1973 年，由 61 个女性团体组织了"泛女性家族法改正促进会"（PWC）[1]，提出了《泛女性家族法改正促进会改正要纲》[2]，1977 年立法当局终于被迫部分接受了该改正纲要的内容，"泛女性家族法改正促进会"提出的要求至少实现了五成以上。韩国著名法史学家朴秉濠教授说："这一法律的通过展示了女性活动进入立法程序的胜利。"[3] 这句话对女权运动促进法律演进给予了充分肯定。可见，女子法律地位（包括婚内）的改变和提高依靠女子自身权利意识的觉醒才能有效得以实现，具有世界范围内的普遍性。

出自《法史学刊》（第 1 卷）2007 年 7 月。

---

[1] Pyong-ho Pak, "Family Law", Pyong-Ho Pak, Chu-Su Kim, Kwon-Sop Chong, Hyong-Bae Kim, T'ae-Jun won eds., *Modernization and Its Impact upon Korean Law*, Institute of East Asian Studies, University of Californai, Berkeley, 1981, pp. 7~8. 转引自苏亦工"韩国民法典的修正及其背景"，载《私法》2003 年第 2 期。

[2] 韩琫熙："韩国家族法の变迁史"，载小岛武司、韩相范编：《韩国法の现在》（下），东京：中央大学出版部 1993 年版，第 70~73 页，转引自苏亦工："韩国民法典的修正及其背景"，载《私法》2003 年第 2 期。

[3] 韩琫熙："韩国家族法の变迁史"，载小岛武司、韩相范编：《韩国法の现在》（下），东京：中央大学出版部 1993 年版，第 70~73 页，转引自苏亦工："韩国民法典的修正及其背景"，载《私法》2003 年第 2 期，第 8 页。

近代女子财产继承权的
法律变革与理论争议

摘 要：女子财产继承权是近代法律变革的一项重要内容，民国时期这一立法上的变化具有划时代的意义，是一种性别权利的突破。但女子财产继承权体现的仅仅是一种权利能力，而不是行为能力；无论是未嫁还是已婚，女性都没有真正的财产支配权，一方面是女性权利依然处在家长权、夫权之下，另一方面女性自身也不具有行为能力，甚至在债务继承时家境贫寒之女反受继承权之害。这场立法突变实则利弊各半，原因在于这项法律变革基于一场政治运动，而不是基于社会变迁，这对现代法律变革极具启示。

在中国法制史上，民国时期向被视作传统与现代的分水岭。在这一时期，近现代法律体系得以形成，基本法律制度得以确立。但"在以理性为主旋律的近现代社会之中，……家庭领域始终是制度理性需要占领但又难以攻克的最后一个堡垒"。[1]

始于1926年的女子财产继承权法律变革，也可谓是充满艰

---

〔1〕 引自朱勇教授为笔者著《民国时期婚姻法近代化研究》一书序言，中国法制出版社2006年版，第1页。

近代女子财产继承权的法律变革与理论争议

辛。是年一月,民国第二次全国代表大会通过了《妇女运动决议案》,并敦促国民政府,从速依据宪纲对内政策第12条"于法律上、经济上、教育上、社会上确认男女平等之原则助进女权之发展"之规定:一制定男女平等的法律;二规定女子有财产继承权。[1]女子财产继承权的法律确认,无疑代表着一种现代理性的胜利。然而这种理性的胜利,固然有其先进性,但其立法效果则不能仅凭一条一款来衡量。本文正是以法学方法论为视角,对该时期的女子财产继承权的真实状况进行的全面解释。

一、家制之下的女子财产继承权

(一) 废宗祧继承,女子财产继承权成为可能

宗祧制度,是近代法律变革以前的一项法律制度,以"承奉祖先祭祀,以绵血食"为标的。但是宗祧继承有五大原则:一异姓不得乱宗;二限于男子有受继权;三独子兼祧,不限于两支;四准许虚名待继;五被继承人亡故,该亲属会有主张应继之权。[2]从宗祧继承原则来看,宗祧继承人的主体资格已经严格地限定为男性。不过,并不是每一个男性都能获得继承宗祧的资格,能够得以继承宗祧的,只有嫡长子和嗣子。嫡长子为妻所生,而嗣子是养子,必须通过立嗣取得合法身份。虽然"立嗣目的,厥在承宗","然实际上,宗祧继承人,亦即遗产继承人。争继实即争产"。[3]按中国旧制,"遗产之承受,除被继

---

[1] 参见《中华民国民法制定史料汇编》(下),1976年刊行,第317页。

[2] 参见方文政:"宗祧继承与遗产继承问题",载《法律评论》1930年第345期。

[3] 《中华民国民法制定史料汇编》(下),1976年刊行,第347页。

承人有遗赠行为外,以宗祧继承为先决问题",[1]"家产由继承祭祀之家族(男子)承继"。[2]但宗祧继承,非嫡子,非长子,而是嫡长子。[3]可见宗祧制度的存在,遗产继承对于非嫡长子而言是一种限制,对女性而言,更是不得涉猎的禁区。因为"宗祧重在祭祀,故立后者惟限于男子,而女子无立后之权,为人后者亦限于男子,而女子亦无为后之权"。[4]在宗祧继承之下,女子不仅被剥夺了立嗣权,而且没有被立嗣的权利。

近代法律变革之始的《大清民律草案》,对于宗祧继承的存废是闪烁其词的。[5]虽然在立法草案说明中提到"虽取家属主义,须宗自为宗,家自为家",[6]但也说明"所谓继承之身分权者,礼制所乖,毋容混淆",[7]对于女性继承依然严格限制。《大清民律草案》将妻的继承顺序排在直系尊亲属之前,"妇人,夫亡无子守志者,得承其夫应继之分为继承人","若其妇独能守志,则其应继之分应归其妇",但"后族中苟有可嗣之人,仍可立嗣"。[8]从这一点来看,寡妇继承所得财产只不过是暂为家族存留,因为立嗣是寡妇不能拒绝的行为,[9]其财产终必为嗣

---

[1] 方文政:"宗祧继承与遗产继承问题",载《法律评论》1930年第345期。
[2] 史尚宽:《继承法论》,荣泰印书馆股份有限公司1980年版,第11页。
[3] 《中华民国民法制定史料汇编》(下),1976年刊行,第817页。
[4] 谢振民编著:《中华民国立法史》,中国政法大学出版社2000年版,第788页。
[5] 有学者认为《大清民律草案》继承编仍然"继续实行宗祧继承制度"。参见张晋藩:《中国法律的传统与近代转型》,法律出版社1997年版,第452页。
[6] 《中华民国民法制定史料汇编》(下),1976年刊行,第817页。
[7] 《中华民国民法制定史料汇编》(下),1976年刊行,第924页。
[8] 《中华民国民法制定史料汇编》(下),1976年刊行,第948页。
[9] "孀妇不得不愿立嗣"(一九一四年上字一一一六号判例),转引自何勤华、李秀清主编:《民国法学论文精粹 第三卷 民商法律篇》,法律出版社2004年版,第416页。

子所有，而且再嫁也不能随其转移。另一方面，《大清民律草案》将妻设置为限制行为能力人，即便其夫去世，也还是仍在家长的监护之下。而亲女继承，只能发生在户绝，即同宗无可继之人时，条件之苛刻，有等同于无。可见遗产继承，无论是"妇人"，还是"亲女"，都掣制于宗祧继承。

　　1915年法律编查会和1926年修订法律馆的《民律继承编草案》都对宗祧继承明确加以规定。1928年《继承法草案》修订时，尽管草案中依然可见"嫡子""嗣子"之词，但明确废除了宗祧继承制度。因为在该草案修订时，《妇女运动决议案》已获通过，男女平等以及女子继承权已成为法定原则。1930年立法委员会提交中央执行委员会政治会议审查的《亲属法继承法立法原则》，再次明确废除宗祧继承，并举出三大理由：一是社会发展，社会组织以家为本位，而不是以宗为本位，宗子主祭已成虚名；二是社会上长房未必大宗，且有长房兼祧次房之后，有违小宗可绝之古制，宗祧继承已经有名无实；三是宗祧继承惟限于男子，女子无为后之权，有悖男女平等原则。[1]但是同时也说明，选立嗣子，是当事人的自由，立法无庸加以制止。此一特别说明，无疑为社会适应新的法律制度特设了一个过渡期。

　　从立法沿革来看，宗祧继承的废除，意味着男子在私法领域某些特权的废除，也意味着对女性财产继承的禁锢可能被解除，使得男女平等具备了一定的理论基础。但男子特权的废除，宗本位向家本位的转变，并不必然会给女子财产继承带来实质的进展，而仅仅是一种可能。

---

〔1〕《中华民国民法制定史料汇编》（下），1976年刊行，第591、592页。

性别与法律：女性主义的实践

（二）立家制，名至而实不归

我国传统社会，为男系血统宗法主义社会，强调男性血缘关系的延续和伦理秩序的建立。在宗法废除之后，家制存废问题，成为传统与现代博弈的另一个焦点。家制存废，涉及社会的基本构成能否由传统的家庭本位转向现代的个人本位。家本位之下，家庭单个成员不能成为独立的主体，也就是说，家庭成员的独立人格，会被家制所吸收。

《大清民律草案》明确设定家制，且"亲属法既采家属主义，不采个人主义"。其原因在于"以家属制度之社会，采用个人主义之法律，则可谓两背"。并在起草说明中提到：编纂一国法典，必须是实际与理论兼顾，不能用理论长短来衡量法律之优劣。法律采用个人主义，必须是社会先于法律而以个人主义为本位，但这与中国当时社会所不符。因为"中国今日之社会实际情形，一身之外，人人皆有家之观念存，""而家长、家属等称谓散见于律例中颇多……数千年来；惯行家属制度之习尚，是征诸实际"。[1]"在中国宜从家之实际组织上著眼，即从家长、家属之关系上著想，其系统上之关系"，"家长及家属一节者，先规定家长之资格，继以家长之权利，次及于家属，不言家属义务者，以家长权利，其对面即家属义务存焉故也"，"家政统于家长"（第11条）；1915年《亲属法草案》规定"家长，以一家中最尊长者为之"（第8条），"家政，统于家长"（第11条）；1926年《民律亲属编草案》除对家制作了相同规定，并专设家产一节；[2]1930年立法院院长胡汉民、副院长林森提请

---

[1]《中华民国民法制定史料汇编》（下），1976年刊行，第816、817页。
[2]《中华民国民法制定史料汇编》（下），1976年刊行，第833、834页。

中央政治会议核定《民法》亲属、继承两编立法原则,亲属法立法原则中包括:家制应设专章规定。届此,"已不承认前法制局所纂新亲属法草案为当,而欲恢复前清民法草案"。[1]

对于采取何种主义,立法当局认为"个人主义与家属主义之在今日,孰得孰失,固尚有研究之余地,而我国家庭制度,为数千年来社会组织之基础,一旦欲根本推翻之,恐窒碍难行,或影响社会太甚"。[2]

家属主义与个人主义之争,一个重要的论点便是家属主义是否助长了人民依赖之心。坚持个人主义列举了中国不适合家属主义的三大理由:"家人在共同生活之下,养成依赖性,长游惰之风,阻上进之路,减少生产,增加消费,此及于经济上之恶影响也,重家轻国,勇于私斗,怯于公战,此及于政治上之恶影响也。集素昧生平,情感违异之人,强相结合于一室,变起萧墙,纠纷莫解,此及于社会上之恶影响也。"[3]坚持家属主义的一派认为"个人主义"是西方社会的产物,但是"西方依赖他人之心思甚少之原因,实由工商业发达,人人皆有自食其力之路,至国家救济,贫民保险制度,均极发达,故人民自无

---

[1] 郁嶷:"家制余论",载《法律评论》1930年第365期。郁嶷又名祖述,字宪章,号愤园。光绪三十三年(1907年)入北洋法政专门学堂,六年后毕业。后一直从事编辑工作,1918年,在朝阳大学执教,同时兼任北大教授。1927年李大钊遇难后,郁嶷辞去公职,致力于法学教育与研究,先后出版了《法学通论》(1919年)、《中国法制史》(1920年)、《继承法要论》(1932年)、《比较宪法》、《政治学史》、《货币纲要》、《法学通论》等10种著述。担任过国民政府法制局编审,主持制订了《亲属法》。与李大钊、白坚武并称"北洋三杰"。

[2] 谢振民编著:《中华民国立法史》,中国政法大学出版社2000年版,第786、787页。

[3] 郁嶷:"家制余论",载《法律评论》1930年第365期。

须依赖他人"。[1]而个人主义是不符合中国国情的,"矧自农业经济论之,耕作单位之小家庭,于种种方面实优于个人主义耶。以我地大物博,今后政策亦必重农。则对于大多数农民,生活基本上家庭尚不宜破坏也"。而且采用家属主义,并不是为了保护家长权利,实际上是家长忍辱负重,因为"我国家制以男系的家庭制度而兼个人主义之精神,家长权与亲权、夫权并立其特色也。家长对于家属生计、教育职业之筹书、及未成年人无能力人之保护,皆负全责。俗语喻以为子女作为马牛者,盖几乎只有义务而无权利。此人伦道德,涵濡已深之所致也"。[2]法学界一场理论论战,终以家属主义为胜而告终。

家制对于女子财产继承权的影响,在于家长对家产的管理。根据旧律,家长的权利之一就是"管理家产,子弟不得私有其财产,而当总摄于一家:故一切之所有,皆为家财"。立法院民事起草委员会在《民事亲属继承起草说明书》中阐明设置家制是仿效瑞士民法[3],但"瑞士之家制,纯为家产而设,故不标题曰家,而曰家属的共同生活,家长之权义,仅及于家产而止。是即所谓家长者,即为管理家产之人,所谓家属者,即为对于家产应受家长处分之人"。[4]在民国时期历次草案中,只有1926年草案设定家产内容,其他草案均无涉猎。当立法出现空白,根据"法无禁止即为自由"的权利推定原则,家长对于子女乃至家属的家产依然享有管理权。

---

[1] 《中华民国民法制定史料汇编》(下),1976年刊行,第817页。
[2] "三五法学社对于民法亲属编先决各点意见书(二)",载《法律评论》1930年第350期。
[3] 《中华民国民法制定史料汇编》(下),1976年刊行,第643页。
[4] 胡长清:"家制论",载《法律评论》1930年第367、368期。

家制之设定以共同生活为本位，社会组织以家为本位。家制之下，家庭内部成员必然听命于家长，男人之间的平等都不是一件易事，男女平等更是缺乏体系上的完整性。女子财产继承权虽然于法有据，但在家制之下，根据家属主义原则，对外主体不独立，对内其人格被家长所吸收，其继承所得之财产，并不会掌控在自己手里。

二、司法解释之下的女子财产继承权

《妇女运动决议案》通过之后，该决议案在广州政府时期曾作为辖内各省诉讼的准据予以实施，武汉政府期间还出台过具体的议案和解释，到了南京政府和宁汉合流之后，南京方面的保守立场却逐步占了上风，开始严格限制妇女继承权。[1]特别是女性婚姻状态，成为女性能否继承父家财产的先决条件。

在女子继承权被确定为法律原则之后，各省在具体适用过程中产生了三个问题："（一）已嫁女子，有没有继承财产权；（二）继承财产与宗祧继承，可否混合；（三）嗣子有没有继承权。"武汉政府司法部的答复是：

> "1. 继承限于亲生子女与配偶；2. 已嫁女有财产继承权；3. 宗祧继承与财产继承两不相混；4. 立嗣与否听本人自由，但非被继承人生前有合法遗嘱，不得与亲生女均分遗产；5. 无人继承或受赠的遗产，归国库为普及教育

---

[1] 参见"女子继承权的起源与经过"一文的"编者按"，载何勤华、李秀清主编：《民国法学论文精粹 第三卷 民商法律篇》，法律出版社2004年版，第419页。

之用。"[1]

但南京最高法院的意见,却与武汉方面全然相反。1927年武汉司法部解字第7号先是规定女子获得财产承继权,但南京最高法院解释第34号认为:

> "查第二次全国代表大会妇女运动决议案,系前司法行政委员会会行广东、广西、湖南各省高等审监庭在未制定颁布男女平等法律以前。关于妇女规定,根据上项决议案,法律方面之原则而为裁判。按上开会文,以财产论,应指出未嫁女子与男子同有继承权,方符法律男女平等之本旨,否则女一出嫁无异于男已出继,兹不适用上开之原则。"[2]

1928年解字第35号同样只限于"未出嫁女子、与男子同有继承财产权"。1928年解字第47号进一步确定:女子继承财产系指未出嫁之女子而言、不问有无胞兄弟、认为有同等承继权;至出嫁之女子、对与所生父母财产、不得主张承继权。1928年解字第92号解释(最高法院答复江苏高等法院函)如下:

> "第一点,应分别情形解释于下:(甲)女子未嫁前与同父兄弟分受之产应认为个人私产,如出嫁挈往夫家,除

---

[1] 潘振亚:"女子继承权的起源与经过",载《法轨》1933年第1期,转引自何勤华、李秀清主编:《民国法学论文精粹 第三卷 民商法律篇》,法律出版社2004年版,第425页。

[2] 郭卫编:《最高法院解释法律大全文件汇编》(第2集),上海法学编辑社出版1931年版,第73页。

妆奁必需之限度外，须得父母许可，如父母俱亡，须取得同父兄弟同意；（乙）女子未嫁前父母俱亡并无同父兄弟，此项遗产自应酌留祀产及嗣子应继之分，至此外承受之部分，如出嫁挈往夫家，除妆奁必需之限度外，仍须得嗣子同意。如嗣子尚未成年，须得其监护人或亲族会同意；（丙）绝户财产无论已未出嫁之亲女，固的对于全部遗产有承继权，但依权义对等之原则，仍须酌留祀产。如本生父母负有义务（如债务赡养义务之类），亦应由承继人负担。第二点，女子被夫遗弃留养于母家，其本生父母既许其分产，自无禁止其与兄弟分受遗产之理。第三点，妇人夫亡无子守志者，不问其出嫁前有无承继本生父家之财产，但既为守志之妇，自得承受夫分，希即查照饬遵。"[1]

这一解释引起学界强烈反对。郁嶷认为有四点失当之处：一是比拟不伦。解释称"女已出嫁，无异男已出继"，但男子出继后，取得所嗣父母之财产继承权，丧失的是其对本生父母之财产继承权；而且女子出嫁为原则，不嫁为例外，男子则以出继为例外。二是立论不公。解释又称"未出嫁女子与男子同有继承权，方符法律男女平等之本旨"。也就是说，如果出嫁女子与男子同有继承权，就是违反了法律男女平等之本旨。三是阻碍婚期。"今以女子出嫁而无继承权、则顾念财产、必延长婚期、坐以待之、庶免应得权利、忽焉丧失。是此项解释、足为女子婚期阻碍者甚矣。"四是奖动非行。"力避正式婚姻之名、

---

[1] 郭卫编：《最高法院解释法律大全文件汇编》（第2集），上海法学编辑社1931年版，第76页。

| 性别与法律：女性主义的实践

以为继承遗产之地。""又有孤寂不耐之苦，必溢为非行。"[1]郁巍的观点并非一家之言，得到了其他学者[2]的支持。反声一片的学者，多数为社会名流，有很高的社会声誉，给了当局很大的社会压力。

在舆论之下，司法院院长王亮畴向统一解释法令会议提议从新论定女子继承财产权，即"女子不分已嫁、未嫁，应与男子有同等财产继承权，当经一致通过，著为新例"。并溯及既往，消除最高法院九二解释的影响。[3]

此一前后矛盾的法律解释，诚然有其政治原因（后文会加以解释），但笔者认为通过《妇女运动决议案》时，"女子财产继承权"这一措辞本身也为其后的解释纷争打下了伏笔。中国现代以前的法律文书，向以精炼达意著称，对于措辞的考究，也是慎之又慎，如"子婚而故，妇能孀守"，"已聘未娶，媳能以女身守志"等。"妇""女"两字的使用，有着严格的区分。[4]据笔者总结，已婚女在中国传统律典、判例、解释例中用"妇"，而未婚女则为"女"；社会上称已婚女为"妇"，未婚女为"女"；家庭中，称过门女为"妇"，自家女儿为"女"；"妇女"作为已婚女和未婚女的合称使用。"妇""女"之间不仅仅是一种婚姻状态的区分，区别的关键在于：女性作为一种

---

[1] 郁巍："女子继承权问题"，载《法律评论》，1929年第287期。
[2] 如胡长清："论女子财产继承权"，载《法律评论》1929年第293期；高维浚："女子财产继承权的限制问题"，载《法律评论》1929年第286期；民隐："关于女子出嫁蕲产限制之商榷"，载《法律评论》1929年第291期，等等。
[3] 《南京中央日报》第三七号（五月十八日）社论参照。转引自胡长清："论女子财产继承权"，载《法律评论》1929年第293期。
[4] 参见史尚宽：《继承法论》，荣泰印书馆股份有限公司1980年版，第21页。

客体，是归属于父家还是夫家。如果此结论可以成立，那么《妇女运动决议案》中设定的"女子财产继承权"实际上已经对"妇女"和"女子"作了一种小心翼翼的区分，也已经暗含了一种身份设定：女子财产继承权只能限于继承父家遗产。从南京最高院关于"出嫁掣往夫家，除妆奁必需之限度外，须得父母许可，如父母俱亡，须取得同父兄弟同意"来看，女继承人婚姻状态之争，实际上是"父家"财产与"夫家"财产之争，只不过假女性之名玩了一场"击鼓传花"的游戏。

从理论上讲，即便是有名无实，已婚女财产继承权的获得，也依然引起了社会的恐慌。认为"我国家庭间之纠纷，本不在少，其沉积不发者，大都以经济关系为居多，女子既获得财产继承权，则向来酝酿待发之案，必先之以析产，继之以离婚，势将难与应付"。[1]但胡长清认为：我国女子因财产问题不能独立，受制与其夫者，事所恒有。即使能享有全部财产继承权以后，如果具备法律上的离婚要件，或双方均愿离婚，也没有不许其离婚的理由。民法典虽未颁行，但并不是没有法律可资准据，所以也不足为虑。[2]已婚女子获得父家财产继承权，不仅增加了父家财产被转移的风险，而且使夫权受到威胁，无怪乎南京国民政府痛若割脉般步步退守。

三、夫妻财产制之下的女子财产继承权

对于多数女性而言，结婚是一种常态，也就是说多数或者

---

[1]《南京中央日报》第三七号（五月十八日）社论参照。转引自胡长清："论女子财产继承权"，载《法律评论》1929年第293期。

[2] 参见胡长清："论女子财产继承权"，载《法律评论》1929年第293期。

说绝大多数女性还是处在婚姻之中的。就女子财产继承权而言，突破法律与传统上的障碍而继承的财产，究竟谁是真正的所有权人？按照旧律，妆奁属于妻子的私产，也就是说妻子拥有绝对的所有权。但是继承所得财产，很明显是不属于妆奁范畴。《大清民律草案》规定夫妇于成婚前关于财产有特别契约的，契约有效，但契约必须在呈报婚姻时进行登记。同时也规定，其成婚时以及成婚后所得财产，为妻所特有财产，夫有管理、使用及收益之权。对妻特有财产的解释是：成婚时携带的一切奁资及成婚后一切劳动所得，并特别说明这是遵从我国习俗。离婚时妻之财产仍归妻所有。[1]之后草案关于夫妻财产的规定，都没有超出这一立法原则。在1930年草案中规定如果成婚时没有约定夫妻财产制，则为法定财产制，内容大致等同于《大清民律草案》，只不过是在条文上更加细化而已。即便是依照现在的民间习惯，婚前约定财产（且必须为书面）的仍不多见，可见在民国时期，从法律上来讲，夫妻财产制多见的仍然是法定财产制。按照法律规定，这种法定财产制，实际上是联合财产制，原则上是夫妻财产各归其所有，甚至也标明妻继承所得财产，归妻所有，但管理、使用及收益仍归丈夫。[2]推定为法定财产，即联合财产以后，夫妻财产制度是不可以变更的。所以这种所有，如果不以离婚为条件，实际上是有名无实的。这一结论笔者在一起婚内财产分析案中得到证实：在案件中，因妻陈志芳担心夫陈步周挥霍无度，败家破产，以至于母女生活无计，特请求将联合财产改为分别财产。法院认为："只可诉请给

---

[1]《中华民国民法制定史料汇编》（下），1976年刊行，第860~861页。
[2]《中华民国民法制定史料汇编》（下），1976年刊行，第608~609页。

付赡养费费用,而不得据为分产之原因。"[1]按照《亲属法》的规定,联合财产制是以妻之财产,除法定特有财产外,与夫之财产并合,管理、使用、收益之权属于夫,但妻对于原有财产,仍保有其所有权;分别财产制是夫妻之财产,各别独立,不因结婚而受任何影响,妻之财产,管理、使用、收益权都属于自己,而不属于夫。要想变法定的联合财产制为分别财产制,或妻子要想收回自己财产的所有权,必须是"夫妻之一方依法应给付家庭生活费用而不给付时"。而且,变联合财产为分别财产,不等于平分家庭财产。即便是收回联合财产中本属妻所有的占有、使用、收益权,对于夫之财产以及产权不明推定为夫之所有的财产,妻根本不可取得如夫一样的占有、使用和收益权,更别说是所有权。即便是夫挥霍无度,妻也只能听之任之。唯一可行的方案,就是按照最高法院的示下"只可诉请给付赡养费费用"才为明智之举。

在夫妻财产制中,丈夫还有一项特别重要的权利,那就是处分权。"联合财产属于夫的部分,夫以所有人之资格的自行处分之。民法以此为当然之事,惟就夫之处理妻的原产,规定应得妻之同意,但为管理上所必要之处分,不在此限(民法一〇二〇条一项)"。[2]也就是说基于管理的财产处置,是不必经妻同意就可以行使。但是,对于夫的财产,妻则没有处分权,只有在夫不在的时候,有部分日常家务管理权。夫妻之间,并不是作为共同体存在,而仅仅是夫作为妻的代理,在某种意义上,

---

〔1〕 郭卫、周定枚编辑:《最高法院民事判例汇刊》(第7期),上海法学书局1934年版。

〔2〕 史尚宽:《继承法论》,荣泰印书馆股份有限公司1980年版,第356页。

甚至可以称为没有限制的全权代理。

当然，夫妻财产制之下，丈夫对于妻子的财产不仅体现为一种积极财产的占有权，也包括替妻子清偿债务，包括妻子继承所得债务。所以，对于已婚女性来说，遗产继承权，也可以说是夫权之下的财产继承权，妻子继承所得的遗产，会被丈夫的财产权所吸收，由丈夫全权负责。

四、近代女子财产继承权的反思

从以上分析来看，废除宗本位，取消了男性继承的限定，给了女子财产继承权一种可能，但是依然承认立嗣合法，又限制女子财产继承权；代以家本位，又使得女性权利淹没在传统家长权力之中；在夫妻财产制之下，妻子的财产权实际上是被夫权所吸收。

从财产继承权属性来看，继承以财产为标的，如果继承所得财产并不为继承人所真实所有（包括占有、使用、处分及收益），那么近代确立的女子财产继承权，仅仅是一种继承身份的合法性，是一种身份权利，而非财产权利。这一点，在立法当局，也是很明确的。因为在通过的《妇女运动决议案》中，明确规定的就是"女子财产继承权"，而非女性应有财产权。"女子应有财产权和承继权"仅是获得通过的"妇女运动适用的口号"。[1]但是财产权利与人格权利具有不可分割的内在关联性。新文化运动时期，娜拉曾经是女性寻求自由的一个标志性人物，

---

[1] 潘振亚："女子继承权的起源与经过"，载《法轨》1933年第1期，转引自何勤华、李秀清主编：《民国法学论文精粹 第三卷 民商法律篇》，法律出版社2004年版，第424页。

近代女子财产继承权的法律变革与理论争议

鲁迅曾在《娜拉出走以后怎样》一文中提到，娜拉出走除了饿死之外，无非有两种结局：一是堕落；二是回家。因为娜拉既没有经济基础也没有谋生能力。鲁迅认为"在目下的社会里，经济权就见得最要紧了。第一，在家应该先获得男女平均的分配；第二，在社会应该获得男女相等的势力。"[1]有现代学者更将财产权利提升为：无财产无人格。[2]一场看似胜利的法律革命，只不过是一场障眼法，用身份权利掩盖了财产权利的本质。

这一立法上的妥协，究其原因，也许并不是民国时期的立法机关保守；而在于，女子财产继承权的获得，并非是社会自然演进的结果，而是一场政治较量的产物。1926年1月，国民党第二次全国代表大会通过《妇女运动决议案》，认为今后应该特别注意全国妇女运动，理由是：自五卅惨案发生后，中国妇女的革命运动渐有发展，为扩大势力，应团结此力量在国民党旗帜之下；防止妇女运动被反革命利用；要争取大多数未参加革命的妇女。[3]正是这一政治契机，使中国女性获得了财产继承权。

从权利构成来讲，女子财产继承权的获得，实际上仅仅意味着一种权利能力平等。因为权利的行使，必须满足两个条件：一是具有权利能力，二是具有行为能力。权利能力是法律赋予主体的一种法律资格，具有合法性，就自然人而言，是人人生

---

[1] 鲁迅：《娜拉走后怎样》。是鲁迅先生于1923年12月26日在北京女子高等师范学校文艺会上的一篇演讲稿。后来收入他的杂文集《坟》。载百度百科，http://baike.baidu.com/view/4222189.htm，最后访问日期：2011年7月23日。

[2] 参见尹田：《无财产即无人格——法国民法上广义财产理论的现代启示》，载中国法学网，http://www.iolaw.org.cn/showNews.asp?id=6174，最后访问日期：2011年7月25日。

[3] 《中华民国民法制定史料汇编》（下），1976年刊行，第317～320页。

而具有的,始于出生,止于死亡;行为能力则是权利人真实行使权利的行为条件,也称法律行为能力,即个人以独立的意思表示,使其行为发生法律上效果的资格,是"单独确立的为完全有效的法律行为资格"。[1]民法中的私法自治原则,就是指个人可以自主与他人缔结某种私法关系,但也因此必须为自己所为之行为负责,然而如何知道该人是否具有足够的判断能力来决定自己与他人间的私法关系,并进而对此负责,则有赖"行为能力"这个概念来加以规范与判断。这一时期的女性显然不具备或者不完全具备(参见本文夫对于妻的财产代理权)"行为能力",也谈不上符合私法自治原则,成为独立的民事行为主体。

从社会现实来讲,女子财产继承权的获得也未必是广大妇女的福音。因为,"享受这种利益的,只是有产阶级的女子,若属无产阶级的女子,反不免因此都有受累的风险,父母死了,若不依照法定期限,声明抛弃继承权,或限定继承,便各个都要帮他穷父母还债,这种只'锦上添花',而不'雪中送炭'的新继承制度,穷鬼的子女听到了,真要捏一把大汗"。[2]蔡枢衡先生在梳理清末以后三十年间中国法制发展轨迹时曾说,当时诸多立法的事实基础不是中国的农业社会,毋宁乃西方发达的工商社会,即"将个人主义作基础的团体主义,把个人本位作基础的社会本位,以自由主义作基础的干涉主义,以产业资

---

〔1〕 史尚宽:《民法总论》,荣泰印书馆股份有限公司1980年版,第92~93页。

〔2〕 潘振亚:"女子继承权的起源与经过",载《法轨》1933年第1期,转引自何勤华、李秀清主编:《民国法学论文精粹 第三卷 民商法律篇》,法律出版社2004年版,第428页。

近代女子财产继承权的法律变革与理论争议

本作基础的金融资本主义"的社会形态和生活方式。[1]"而此社会形态和生活方式,如汤因比所言,乃是西方自中世纪以来,几经折腾、人头滚滚、血流成河中于漫长时光里一点一滴逐渐涵育、生成的。"[2]以中国当时的社会基础,并不具备法律变革的条件,这种强行制定的规则,不仅不会被社会所认可,更不会被遵守和执行。[3]

在某种意义上,私法领域的这场法律变革肩负着双重使命,不惟是法律自身需要完成近代化转变,还在于法律充当了协调政治需求与社会发展的整流器:一方面要满足某些群体的政治利益,另一方面又要保持与社会整体发展的同步性。女子财产继承权的立法变革,就像一只风向标,展示着传统与现代的交锋。男女平等,特别是女子财产继承权的提出,更是法律"一体两任"的一个集中反映,其面临的障碍不仅是以家本位为主的家长制、家产制、千年以来男尊女卑的文化淤积,更有女性自身行为能力缺位的不足。

出自《政法论坛》2011 年第 6 期。

---

[1] 参见蔡枢衡:《中国法律之批判》,上海正中书局 1947 年版,第 62 页。转引自许章润:"法律:民族精神与现代性",载《中外法学》2001 年第 5 期。

[2] 许章润:"法律:民族精神与现代性",载《中外法学》2001 年第 5 期。

[3] 梁漱溟先生曾经慨言,"辛亥革命确是两千年来一大变局,社会秩序……一切法制礼俗都将从新订定。就为其一时订定不出来,陷于扰攘混乱者三十多年。"其实,"陷于扰攘混乱者"岂止三十多年。而订定不出来的原因就在于缺乏事实基础。详氏著"今天我们应当如何评价孔子",载《梁漱溟全集》(第 7 卷),山东人民出版社 2005 年版,第 284、285 页。转引自许章润:"法律:民族精神与现代性",载《中外法学》2001 年第 5 期。

冷静对待离婚冷静期

2021年1月1日起,中华人民共和国第一部以法典命名的法律《中华人民共和国民法典》(以下简称《民法典》)正式实施。这也意味着,民间热议的"离婚冷静期"也将正式生效。

从立法草案、新法颁布到临近实施,"离婚冷静期"始终是《民法典》最受关注的内容,并体现出"法意"和"民意"的撕裂。当"央视新闻"在微博区发布民意调查"民法典拟引入'离婚冷静期'你支持吗?",评论区内60多万条回复,几乎是一边倒的反对声。民间反对的理由基本上包括法律干涉了离婚自由、客观上反而会降低结婚率、登记离婚当事人多数是冷静的、规定离婚冷静期不能降低离婚率等。

与沸腾的民意形成鲜明对照的,是民法学界几乎一边倒的支持该项立法,认为离婚自由本身就是一种有限度的自由,家庭的稳定性优先于个人的自主性;离婚冷静期不是禁止离婚,一个月的冷静时间并不长。[1]

---

[1] 参见中国妇女网记者采访:"离婚冷静期并未限制离婚自由——专家谈民法典婚姻家庭编",载《中国妇女报》2020年6月22日。其他类似观点可见:"设置离婚冷静期是善意的提醒",参见周頔、夏吟兰:"'婚姻家庭编'引领全社会树立正确婚姻家庭观",载《民主与法制时报》2020年6月7日;"面对协议离婚对数持续增长的现状,应反思已有登记离婚制度设计的合理性,增设这一期(转下页注)

部分法学学者和法律实务工作者则给出了第三种意见，建议要客观地认识离婚冷静期，在实施过程中防止一刀切地适用。[1]

可以肯定的是，新制度如今的正式实施，并不能消减法意与民意之间的紧张关系。理论界、实务界需要去反思沸腾的民意，对新制度保有更深的反思和追问，以便探寻问题的真相并寻找何为恰当的解决之道。

《民法典》设置离婚冷静期的动机，是基于"离婚率逐年增加"的忧虑，其目的主要是减少冲动性离婚、维护未成年人利益、稳定家庭关系；在分析离婚根源时，则直接指向因"个人主义膨胀"而导致的轻率离婚。[2]

那么，首先需要反思的是，对高离婚率的忧虑是否基于传统的婚姻观？中国传统的婚姻观是从一而终、离婚羞耻。逐年递增的离婚率所引发的警觉，是否仍然默认这种传统观的预设？然而，现代社会婚姻的价值目标和道德追求，早就不该是"从一而终"了；对此，新中国成立初期颁布第一部《中华人民共和国婚姻法》就已经给出了答案。从传统的包办婚姻中解放女

（接上页注〔1〕）间是民法典在保障离婚自由与防止轻率离婚之间采取的平衡举措。"参见薛宁兰："'离婚冷静期'的程序意义与权利保护"，载《中国妇女报》2020年7月8日。另外，笔者就离婚冷静期电话访谈了北京某区民政局婚姻登记处主任，并对专家提到的月内数次结离现象做了调研，该民政局婚姻登记处主任认为这种现象属于政策性结离，比如房产限购、汽车牌号限购等，是基于利益性目的而出现的一种现象，尽管这也属于对婚姻本身的不尊重和对婚姻法的无视，但并不属于不冷静性离婚类型。

〔1〕 具体内容参见资深家事法官王礼仁："正确理解'离婚冷静期'的意义和功能"，载《中国妇女报》2020年7月6日；潘萍："应对'离婚冷静期'入法提升妇联组织化解家事纠纷能力"，载《中国妇女报》2020年7月7日。

〔2〕 参见中国审判理论研究会民事审判理论专业委员会编著：《民法典婚姻家庭编条文理解与司法适用》，法律出版社2020年版，第138页。

性，赋权女性结婚自由、离婚自由，是对女性选择生活方式的法律保障；保障离婚自由，更是对离婚羞耻的制度性否定。

其次需要反思的是，婚姻关系完整等于家庭稳定并进而保障儿童利益最大化吗？现实生活中有很多的示例证明，一方或者双方的委曲求全并不能让家庭成员从家庭结构完整性中受益；恰恰相反，紧张、冷漠乃至摩擦不断甚或粗暴相向的家庭关系，会使每一个家庭成员、尤其是孩子，成为紧张关系的受害者。爱与尊重才是婚姻存续的价值基础，是父母言传身教给孩子的最大福利，更是家庭的实质正义；只要爱与责任不减，即使婚姻关系解除，孩子的幸福感也不会缩减。

另外值得追问的是，当下的高离婚率真的是"个人主义膨胀"吗？设定离婚自由并不是为了促进离婚的随意性，而是一方面保护自主性的体现，另一方面保障婚姻当事人从痛苦的婚姻关系得以解脱。从这个意义上来说，离婚自由和结婚自由一样，都可以成为追求幸福生活的手段，但离婚本身并不是幸福的人生体验，更不会成为个人主义的彰显。

在理论意义上讲，高离婚率是从传统依赖型性别关系向平等型性别关系转变所带来的不可避免的动荡。它反映出的是女性主体性和独立性的提高，是女性对婚姻的期待从物质期待转向情感期待，对人生的选择从生存方式转向生活方式。这种动荡会随着性别平权意识的普遍提高而趋于平和，高离婚率也会随之降低。

如果高离婚率反映的是社会高需求和民众的制度期待，那么降低离婚率则是"离婚冷静期"最直接的立法目标。但是，该离的婚还是会离，30天的冷静期并非一个理性的计时单位，也不只是增加了时间成本，因为时间的长短会与个体紧张度呈现正比例关系,对度日如年的当事人而言是无法承受的情感成本。协议离婚弱势方因此产生的变数压力,会变成一种负面的制度成本传递向社会,使民众失去对婚姻本身的兴趣和对婚姻自由的信任。

所以,在新制度的实施与民意的反对业已成为一种明显的对立观点时,我们需要保持足够的清醒,去观察新制度的实施能否降低离婚率,以及达成这一目标是否会引发新的社会问题、产生新的制度成本。《民法典》在实施过程中应保留足够的回旋余地和弹性空间,因为立法不只是去追求立法者的婚姻价值观、建构立法者的法律秩序,更是要顺应社会发展规律和满足民众对法律制度的期待。

从性义务到性合意

——论我国婚内强制性行为何以为罪

摘 要：自进入21世纪以来，婚内强奸一直是我国学界讨论的话题，但是也始终争执不下。笔者认为婚内强奸就是犯罪，因为现代婚姻法中夫妻都是独立主体，各自享有合法的性自由，夫妻之间的性行为应是各方以自由意志为基础而达成的合意行为，而不是单方性义务；单方强制性行为违背妇女意志，按照我国刑法规定就是犯罪。但是婚内强奸有其特殊性，应以当事人亲告作为法律介入的底线，并由当事人决定婚姻是否存续以及应否存续，不能让婚姻成为强奸的免罪牌。

随着我国法治文明的不断发展，人们的权利意识也在不断提高，这其中也包括人们曾经羞于出口的性权利。尽管这一权利，目前仍然处在"犹抱琵琶半遮面"的状态，但是对于该权利的侵犯，却越来越引起人们的关注，尤其是此权利易受侵害的女性自身。长久以来，这个话题属于人们的"禁区"，以至于谈性色变。但是与之相反的是，强奸罪作为一项古老的犯罪、世界各国普遍存在的性犯罪，其犯罪率却居高不下；某些问题的争议，也一直是我国学界的热点，比如对性工作者（或者边缘性工作者）的强奸问题、婚内强制性行为问题。[1]而婚内强制性行为，不仅是涉及性权利问题，还是关乎女性权利问题，或者说，是法律如何确立、维护和保障女性权利的问题。仅就婚内强制性行为问题而言，不仅仅关乎女性的性自主权，而且关乎两性性自主权的冲突。如果双方处在婚姻存续期间，更增加了这一问题的特殊性。其实，有关婚内强奸罪名是否成立的争议，最大的焦点在于女方婚内性义务是否成立。本文拟从强奸罪的犯意入手，寻找婚内强制性行为的问题根源以及解决方案。

一、婚内性义务的历史变迁

从历史来看，强奸罪最早的犯意，是对夫权的一种侵犯，而法律对于夫权的维护是通过课以女性忠贞义务来实现的。这是一种确认妻子专属于丈夫的单方义务，最早来源于人类对于财产继承的排他性。按照摩尔根《古代社会》描述，人类社会自母性世系转入父性世系，女性的社会地位和家庭地位就发生了变化。在母系社会，代际相传的核心是女性，或者说是母亲。随着养殖业和畜牧业的规模化，女性因繁重的生殖和养育任务耗费了太多的时间和精力，而无暇全力投入生产，加上男女两性的体能差异，本由女性主导的财产累积模式转为以男性为主导，这样男性成为财产的主要创造者，继而成为占有者。这一财产所有制的转化，也最终导致了婚姻制度的转变。"财产观念

---

[1] 本文除引用观点之外，不采用通说的"婚内强奸"概念而是表述为"婚内强制性行为"，因为既为强奸，必为犯罪。在已经定义为强奸的基础上去讨论是否为犯罪，存在一种逻辑错误。

在人类心灵中的成长过程,包括财产的创始、财产的享有,特别是包括对财产继承权的决定,凡此均与专偶制家庭的建立密切相关。"[1]摩尔根认为正是由于具体财产的所有权和继承权的推动,促使了人类从"伙婚"(punalua)阶段走向"偶婚"阶段,而后走向"专偶"阶段。"确定子女的父亲是谁,这件事情此时必将具有先前的社会所不知道的重要意义,……专偶制家族使子女认准了父亲,从而确定了合法的继嗣。"[2]在"伙婚"阶段,"丈夫多妻,妻子多夫,而且任意交换"[3],并不存在性义务。随着氏族的扩大发展,妻子的数目减少,人类进入"偶婚"阶段。"偶婚制"家族是建立在一男一女相婚配的基础之上,但是婚姻不是基于感情,而是因为便利和需要。这种婚姻关系"在智力很高的易洛魁人和其他同样进步的印第安部落中,一般来说,丈夫可以用很严厉的惩罚来要求妻子的贞操,但是他却不承认自己有相应的义务"。而与此同时"一夫多妻被普遍视为男子的权利"[4]。这一婚姻制度,标志着人类社会也自此进入到"父权制"时期。"父权制"确立的真正基础正是财产的大量生产和把财产传给子女的愿望使世系由女性改变为男性下传。而和"父权制"相伴生的"专偶制"有两个特点:"第一种是,每个男子满足于一个妻子;第二种是,对女子的贞操

---

〔1〕[美]路易斯·亨利·摩尔根:《古代社会》(下册),杨东莼等译,商务印书馆2012年版,第443页。

〔2〕[美]路易斯·亨利·摩尔根:《古代社会》(下册),杨东莼等译,商务印书馆2012年版,第443~446页。

〔3〕[美]路易斯·亨利·摩尔根:《古代社会》(下册),杨东莼等译,商务印书馆2012年版,第490页。

〔4〕[美]路易斯·亨利·摩尔根:《古代社会》(下册),杨东莼等译,商务印书馆2012年版,第529~530页。

防范森严。"[1]在富裕阶层,女人被迫与世隔离,公认在"独占同居"的婚姻下以生儿育女为结婚的首要目的。由此,为了确保男性世系下财产继承人血缘的纯正,女性不仅是专属于其丈夫的性用品,女性贞洁也成为一种法定义务。

陈顾远先生在《中国婚姻史》里面要谈到:自唐律以来,对女性性行为严加其刑,丈夫如果把妻子捉奸,可以杀死奸夫淫妇;可以把妻子卖入娼门;如果只是杀死奸夫的,可以把妻子卖入官门为奴。陈顾远先生认为"一般独课此义务于女子之身,愈至后世,其力愈大",女性要守童贞、守妇贞、守从一之贞。[2]但是,这种忠贞义务却是不对等的,甚至这种忠贞也并不以女性是否恪守义务为准,而是以是否取得丈夫许可作为义务免除的条件。例如,"许多论著也都谈及爱斯基摩人缺乏性嫉妒的心理,他们友好地出让和相互交换妻子",但是"与一个已婚妇女发生性关系而事先未得其丈夫明示或默示同意的行为"才会被认为是通奸,因为这意味着"对其作为一个男人的地位的挑战"[3]。忠贞义务也未必和财产继承人血缘纯正相关。摩尔根在《古代社会》里面多次提及忠贞是只对女性具有约束力的单方义务。"在大部分的国家,所通过的法律要求妇女结婚时必须是处女,对已婚妇女的通奸施予严厉的惩罚,而丈夫的婚外性关系却不看作是通奸。"[4]这种丈夫对于妻子的排他性占有

---

〔1〕 [美]路易斯·亨利·摩尔根:《古代社会》(下册),杨东莼等译,商务印书馆2012年版,第547页。

〔2〕 参见陈顾远:《中国婚姻史》,商务印书馆1998年版,第183~185页。

〔3〕 [美]E. A. 霍贝尔:《初民的法律:法的动态比较研究》,周勇译,中国社会科学出版社1993年版,第89~90页。

〔4〕 [美]路易斯·亨利·摩尔根:《古代社会》(下册),杨东莼等译,商务印书馆2012年版,第444页。

以及财产化的归属，使得性贞洁在法律上进一步被确认为女性义务。在我国，女性成为"男权"隶属，最为明显的则是清末时期有关"无夫奸"的立法争议，在这场争议中一方坚持"无夫奸"不入罪，一方坚持入罪。而彼时关于"无夫"的界定，不是以是否结婚为标准，"无夫"既包括12岁以上未婚女性，也包括已婚之后的孀居守寡之人。这场"无夫奸"存废的立法争议，其理论依据仅仅在于实际上是否侵犯了"夫权"。

我国《唐律疏议》中对强奸"有夫妇女"和"无夫妇女"的处罚是不同的，《唐律疏议》第416条规定："若奸无夫妇女，徒二年；奸有夫妇女，徒二年半。"甚至同样是强奸"有夫妇女"也会因为被害人家庭地位的不同，处罚也会不同，严重者会判死刑，如《唐律疏议》第413条规定"奸父祖妾、伯叔母、姑、姊妹、子孙之妇、兄弟之女者，绞"。同样是侵犯女性，犯罪处罚却迥然而异。《唐律疏议》曾被视为我国古代法制文明的集大成者，并以此为基础形成了历史上著名的中华法系。因此，唐律的规定可以说是"父权"时期的一个典型标注，体现了如何借助女性来确认和保护等级森严的"父权体制"。所以，法律所维护的女性贞洁，不是把女性自身作为法律保护的对象，而是借以保护"夫权"的媒介，并由此而确立整个统治秩序。因而，强奸罪虽然侵犯的是女性，但从法律规定来看，实际上是在强奸"夫权"。在现代社会，强奸罪的犯意被修订为侵犯了女性的贞操权。但是，"贞操"一词本身也是男权的一种体现。如果强奸是对夫权的侵犯，那么按照这种传统的解释就可以推导出：丈夫自己是不能强奸自己的，也就不能构成婚内强奸。而实际上，这样和西方的婚内无奸的思想相吻合。1985年，美国佐治亚州的 Daniel Steven Warren v. The State 婚内强奸案中，被告以九名大法官一致通过而获罪。史密斯大法官在判决中对婚内强奸罪名进行了历史分析，他谈到了之前影响该罪名成立的三个理论：首先是英国王座大法官霍尔有一个著名的契约理论，霍尔认为"丈夫不能委托自己对自己的合法妻子去实施强奸罪，因为在他们共同认可的婚姻中，妻子以契约的形式放弃了不配合的权利"。在霍尔的契约理论中包含着另外一个前提，按照当时英国法的规定：如果强奸犯和他的受害人结婚，那么这个犯罪嫌疑人就会被免于起诉。这就产生了一个备受争议的推论，婚姻存续期间的强奸同样能够得以豁免。[1]另外一种理论则起源于中世纪。这种理论认为妻子属于丈夫财产，地位至多不过是一个奴隶，而强制性行为只不过是丈夫使用了自己的财产。第三种理论认为婚姻是作为一个共同体存在的，女人结婚后就会在人格上融入这种共同体，与丈夫合二为一成为一种法律存在。鉴于夫妻同为一种法律存在这一事实，丈夫是不能强奸他自己的。在霍尔时代，婚姻双方缔约以后是不能撤销的，妻子要承诺"爱，忠诚，顺从"，而丈夫要承诺"爱，珍惜和保护，至到一方离开人世"，妻子从属于丈夫，失去自己的独立身份，要归于丈夫，名字要冠以夫姓。但是现代法律发生了改变，非经正当程序不得剥夺他人生命、自由和财产，妻子也不再是丈夫的奴隶或者财产，妻子已经完全可以作为独立主体成为一种法律存在（legal being）。所以，先前的三个理论在当今社会都已失去了价值，也丧失了正确性。[2]

---

[1] 美国法律改变了"如后续婚姻则一方不受强奸起诉的一般规则"这一信条。

[2] Daniel Steven Warren v. The State. Supreme Court of Georgia. 255 Ga. 151；336 S. E. 2d 221；1985 Ga. LEXIS 975.

| 性别与法律：女性主义的实践

中国近代以前的法律，同样也是把妻子视为丈夫的财产。在男女关系或者说夫妻关系发展成为一种主从关系之后，也就意味着女性在家庭领域和社会领域并没有获得独立的地位，成为家庭主体和社会主体，而是作为一种客体寄生在"夫权家庭"和"父权社会"。女性在居于从属地位的过程中，自身也成为一种客体存在。传统伦理以"三从四德"[1]约束女性并明示女性作为客体，为父亲、丈夫、儿子所支配。女性作为客体，可以被文明转移（从父家嫁到夫家），也可以被交换、被贩卖、被抢掠，"父权的发现导致了女人的隶属地位，这是保证女人道德的唯一手段——这种隶属起初是生理上的，后来则是精神上的"。[2]女性本身作为一种客体存在，既被当时的伦理道德支持，也被传统法律所许可和确认。"一个女人如果有婚姻之外的性交行为，就会被视为犯罪，而一个男人只有与他人的妻子性交才会受到谴责，因为他犯了侵犯他人财产的罪。"[3]女性被强奸，侵犯的不是女性自身，而是侵犯了其丈夫的财产权。

国内著名刑法学家陈兴良教授也对强奸进行了历史解释，据陈兴良教授的考证，"奸"是中国古代刑法的一个特定用语，其被作为日常生活用语数千年来其初始的法律含义始终未变，即"奸"作为性行为的代用字是在贬义上作为婚外性关系的特称。[4]陈兴良教授有关"婚内无奸"的观点，也是基于这种历

---

〔1〕《仪礼·丧服·子夏传》记载"未嫁从父，既嫁从夫，夫死从子"，笔者认为"三从"实际上也表明女性作为财产时的所有权归属。
〔2〕［英］罗素：《婚姻革命》，靳建国译，东方出版社1988年版，第17页。
〔3〕［英］罗素：《婚姻革命》，靳建国译，东方出版社1988年版，第33页。
〔4〕参见陈兴良："婚内强奸犯罪化：能与不能——一种法解释学的分析"，载《法学》2006年第2期。

史或者说传统的解释,并认为这完全是一个法解释学的问题。但陈兴良教授的这种解释应该是以历史为语境,并没有考虑到法律自身的进化以及强奸这一概念的现代语境。从历史的角度来看,强奸这一概念本身具有特别的历史背景和文化背景。但是,随着法治文明的发展,强奸罪的犯意也由侵犯夫权或者说侵犯女性的贞洁权修改为侵犯女性的性自主权。

二、性义务的现代嬗变:同居关系以及性合意

上文已经提到,女性作为财产,是以婚姻与否作为所有权的转移为标示,婚前所有权归其父亲,婚后所有权归其丈夫。这种状态在近代社会中发生了变化,近代婚姻立法多采用了两种立法例。一种是夫妻同体主义。夫妻同体主义,并不是说夫妻双方的人格婚后在法律上都消灭而形成一种合成人格。实际上是妻之人格在婚姻成立后,被夫吸收,在法律上不享有任何财产权。在这种原则之下,妻子不具有行为能力,也没有独立人格。[1] 另一种是夫妻别体主义。夫妻在法律上各有自己的独立人格,妻子具有行为能力,也可以独立拥有自己的财产。近代婚姻立法中,继承罗马法的国家都采用夫妻别体主义,英国以及日本的旧律都曾经采用夫妻同体主义,但在后来的修律过程中都改为采用夫妻别体主义。我国近代婚姻法在处理夫妻身份关系时仍然采用了"同体主义",这一原则在法律效力上就体现为同居义务,表现为:丈夫有权决定住所地、妻从夫居,只有赘夫以妻之住所为住所。同体主义的另一法律效力表现为

---

[1] 参见王新宇:《民国时期婚姻法近代化研究》,法制出版社2006年版,第79页。

"冠姓义务",是以"同居义务"为基础而形成的,"从夫居"是妻子要冠以夫姓,赘夫要冠以妻姓。[1]可见,我国近代婚姻立法中,同体主义之下的同居义务实际上是一种身份支配权,是丈夫对妻子的支配,表明一种从属关系。尽管与"从夫居"相附着的"冠姓义务"随着新中国婚姻法的制定而解除,但是"从夫居"作为一种传统习惯在现代社会仍然得以保留,尤其是在大部分农村地区。虽然"从夫居"不再是一种法律规定,但寄存于"从夫居"之下的身份支配权,仍然具有很深厚的影响力。这也是部分学者将"同居义务"直接解读为"性义务"的原因。

现代婚姻法中,多数采用夫妻别体主义,夫妻之间各自保持身份独立和人格独立。我国《婚姻法》第9条、第13条、第14条分别规定:登记结婚后,根据男女双方约定,女方可以成为男方家庭的成员,男方可以成为女方家庭的成员;夫妻在家庭中地位平等;夫妻双方都有各用自己姓名的权利。从规定中可以看出,《婚姻法》采用夫妻别体主义。我国《婚姻法》没有规定夫妻同居为一种义务,只是在第3条规定"禁止有配偶者与他人同居",在司法解释中提到"当事人起诉请求解除同居关系的,人民法院不予受理。但当事人请求解除的同居关系,属于婚姻法第三条、第三十二条、第四十六条规定的'有配偶者与他人同居'的,人民法院应当受理并依法予以解除"。从这两项规定来看,可以推定同居是一种自由权,基于身份而产生,由配偶之间自由决定。有配偶而与他人同居的,侵犯了配偶相

---

[1] 参见王新宇:《民国时期婚姻法近代化研究》,法制出版社2006年版,第80页。

对方的自由权利；而请求解除同居关系，则属于配偶双方协商的范畴，是配偶双方自由意志支配的范畴，公共权力不介入。由此也可以推定，配偶之间的性行为，也是一种自由权，属于双方自由协商的范畴，以双方合意作为行为可否发生的判断标准；合意是否达成，以及达成概率的高低将直接影响夫妻感情。这一判断标准也和我国另一司法解释相一致。

在学界，还有一种观点认为：既然在司法实践中，因一方生理缺陷，另一方可以请求离婚，那么可以推定夫妻性行为是一种性义务。比如，1989年12月13日发布的《关于人民法院审理离婚案件如何认定夫妻感情确已破裂的若干具体意见》规定："人民法院审理离婚案件，准予或不准离婚应以夫妻感情是否破裂作为区分的界限。……根据婚姻法的有关规定和审判实践经验，凡属下列情形之一的，视为夫妻感情确已破裂。……一方患有法定禁止结婚疾病的，或一方有生理缺陷，或其它原因不能发生性行为，且难以治愈的。经调解无效，可依法判决准予离婚。"我国台湾地区也规定"不能人道者，得离婚"。但是，据上海社科院徐安琪研究员对500位离婚当事人所做的调查，因性生活失调提出离婚的只有3%，而因婚外恋、性格不合等引起离婚的，占总数的78%。另一名律师对自己代理的约200件离婚案件进行统计，以性生活失调为由提起离婚的只有4件，占总数的2%。[1]造成这一现象的原因，一方面可能是国人出于传统观念，认为性是一个禁忌性话题不能堂而皇之地提出，另一方面也反映了，性关系只是夫妻关系的一部分，如果性关系

---

[1] 参见柯直："性与离婚关系的研究"，载 www.docin.com/touch-new/preview_new.do?id=2473936442，最后访问时期：2021年12月27日。

没有影响夫妻感情，那么婚姻依然可以存续，而这个存续的基础也是夫妻就性行为达成了合意。在不能达成合意时，即双方自由权出现冲突时，所产生的法律后果是可以解除自由权所赖以产生的身份关系，即婚姻关系。

所以，就婚内性关系而言，我国《婚姻法》既没有规定同居义务，也不能推导出性义务。夫妻之间的性行为，是以婚姻为前提夫妻各自享有的自由权，是合意行为。在当下中国，性行为的合法性是基于夫妻关系而产生的，是一种身份权利，也是相对权利；而性自主权的主体是各自独立的，不具有人身从属关系和依附关系，更不存在一方人格权被另一方所吸收；性自主权是由权利主体自由意志支配的，可以上升为人格权，是一种绝对权利。而人格权利是优于身份权利的。

三、婚内强制性行为是否具有正当性

如果按照当时《婚姻法》的规定进行推导，夫妻保持了各自独立的社会地位和家庭地位，是没有任何法律区别的社会主体和家庭主体，夫妻之间的性行为也是一种合意行为。性行为作为夫妻生活不可缺少的行为，如果夫妻之间不能达成合意，那么有需求的一方可否强制发生性行为？这种强制是否具有正当性？

苏力教授曾经分析了面对社会变化中的"性"的两种态度，一种态度是固守传统的规矩，把先前社会中规制"性"的种种正式的和非正式的制度（法律、习惯、风俗），把先前的一些地方性的、有时间性（有时甚至更长）的做法当作普适的"自然法"，当作永恒的道德法则，不遗余力地加以坚持。另一种态度则是拒绝任何性的规制。但是苏力教授认为这两种态度都是不

可取的。[1]苏力教授进一步作了分析,他说"在这种观点看来,性欲的强烈本身就证明了性欲的正当性,并且越是强烈,就越具有正当性。这种论证的逻辑是行不通的。正当性是一个社会概念,只有在社会中才有意义。是的,性欲在相当程度上是一种天性,但'自然'并不具有道德的意义,否则,因性欲过分强烈而对异性施暴也就可能具有道德正当性了。我们必须看到,我们今天所处的这个空前的社会变革时期的确几乎在'重估一切价值'、改变一切规范,但这并不意味着,市场经济带来的社会将是一个没有规矩,或者说在性的问题上不要规矩的社会。不可能"。[2]当然,苏力教授的上述言论并非专门针对婚内性行为,但是,却涉及性行为的正当性问题,即性行为并不能以一方的强烈需求而使强制性具有了正当性。

实际上,是否具有正当性最具争议点的还是这种行为是发生在婚姻存续期间的一种行为。那么如何来看待这种婚姻关系以及婚姻内的性关系?早在19世纪,德国著名法哲学家费希特就给出了答案,他认为"婚姻决不是发明的习俗,绝不是任意的安排,而是一种必然完全由自然和理性的统一得到规定的关系。认为婚姻是完全得到规定的,我说,这就意味着,自然和理性所允许的只是我所描述的这种婚姻,而决不是两性旨在满足性欲的任何其他结合"。[3]他甚至认为"男人不会放弃自己的

---

〔1〕 参见朱苏力:"从禁忌到理性——波斯纳《性与理性》译序",载[美]理查德·A. 波斯纳著,苏力译《性与理性》,中国政法大学出版社2002年版。

〔2〕 朱苏力:"从禁忌到理性——波斯纳《性与理性》译序",载[美]理查德·A. 波斯纳著,苏力译《性与理性》,中国政法大学出版社2002年版。

〔3〕 [德]费希特:《自然法权基础》,谢地坤、程志民译,商务出版社2004年版,第315页。

性别与法律：女性主义的实践

尊严而去表现自己的性欲，寻求性欲的满足；我这里所说的是原初的性欲。谁在与可爱的妻子结合时还只能把满足性欲作为自己的目的，谁就会是一个野蛮人"。[1]

那么，夫妻之间的性行为，单方强制是否就是合情合理呢？笔者认为，在当今社会，判断是否合情合理应该在同一个标准之下进行判断，应该充分考量每一个当事人的身体感受和心理感受。夫妻性行为，是一种关系行为，应该以是否有助于双方关系的和谐作为判断标准。以此标准进行判断，强制性行为显然是无助于双方关系提升的，或者根本就是破坏性的，是不合乎情理的。妻子应顺从丈夫，满足丈夫的需求，是一种典型的传统的"夫为妻纲"的夫主妻从模式，这与现代法律精神、人文精神都是背道而驰的。夫妻都是理性存在者，"每个理性存在者都必须在自己用另一理性存在者的自由限制自己的自由的条件下，用那个关于另一理性存在者的自由的可能性的概念，来限制自己的自由"，[2]是夫妻之间感情的水乳交融，这种行为的发生是以夫妻修好为基础并促进夫妻情感的，而不是采用一种过激的手段使夫妻感情走向破裂。美国佐治亚州的 Daniel Steven Warren v. The State 婚内强奸案中的史密斯大法官在判决书中也对此类现象大加贬斥，他认为"一个正常的男人听到这种强迫性行为的细节，觉得这是令人难以置信的……。对强奸犯而言，这种行为不是'爱'，也不是'狂热'，也不是常规意义上的'激情'，这只是在贬低女人、使女人蒙羞。……这是毫无争议

---

[1] [德] 费希特：《自然法权基础》，谢地坤、程志民译，商务出版社2004年版，第307页。

[2] [德] 费希特：《自然法权基础》，谢地坤、程志民译，商务出版社2004年版，第54页。

的强奸"。[1]在德国法哲学家费希特看来,"单纯的性欲绝不能称为性爱;这是一种野蛮无礼的滥用,它的目的看来是要把人性中一切高尚的东西都遗忘殆尽"。[2]他说"性爱是一个把自然和理性最紧密地结合起来的点;它是自然与理性相联系的唯一环节,因此是一切自然环节中最出色的环节"。[3]

应当说,婚姻是爱情的结晶,性爱也是婚姻不可缺少的组成部分,但是这种性爱在现实生活中会遭遇各种各样的磨砺,夫妻双方之间的关系很有可能由和谐走向不和谐,但是这并不能成为一方可以强制另外一方的理由,更不具有正当性和情理性。"当女人没有爱情而不得不屈从男人的性欲时,她丧失了她的人格和全部尊严。因此,国家保护其女性公民,反对这种强制,是其绝对的职责。这种职责根本不是以一种特别的、随意的契约为基础的,而是以事情的本质为根据的,而且直接包括在公民契约中;这种职责与保护公民生命的职责一样,是神圣的和不可侵犯的。(这里关切的是保护女性公民的内心道德生命)。"[4]在不和谐出现时,双方应该尽力修补并改善这种不和谐,当状态无法改变时,可以协商是否继续保持这种身份关系。

同时,这种不正当性与我国现行《刑法》的规定是相一致

---

[1] Massaro. "Experts, Psychology, Credibility, and Rape: The Rape Trauma Syndrome Issue and Its Implications for Expert Psychological Testimony", *Minnesota Law Review*, 69 (1985), 395–399.

[2] [德]费希特:《自然法权基础》,谢地坤、程志民译,商务出版社2004年版,第308页。

[3] [德]费希特:《自然法权基础》,谢地坤、程志民译,商务出版社2004年版,第308页。

[4] [德]费希特:《自然法权基础》,谢地坤、程志民译,商务出版社2004年版,第316页。

的。我国《刑法》第236条规定，强奸罪是指以暴力、胁迫或者其他手段，违背妇女意志，强行与其发生性关系的行为。从《刑法》规定以及其他相关解释来看，没有规定丈夫享有婚内豁免权。也就是说按照我国《刑法》的规定，如果婚内实施强制性行为，同样也是犯了强奸罪。这也与前文笔者的分析相一致，婚内性行为从法律上来讲已经摆脱了传统观念的限制，具有了现代性，是夫妻各自享有的性自主权，是夫妻之间的合意行为。任何一方不具有强迫另一方的权利和资格，否则即为犯罪。

四、婚内强奸的特殊性及其司法实践

但是，也不能不说，婚内强奸作为强奸罪的一种特殊类型，在实践中也确实有其复杂性。这也是为什么至今仍然争议极大的原因。[1]但是笔者认为，之所以争议，并不仅仅是在理论上存在争议，在司法实践中也有很多牵扯因素影响这一罪名的认定。

2014年春节期间曾发生了一起别样的婚内强奸案。某男子为了让妻子了解私会网友的危险，戴着人皮面具，自导自演了一出入室抢劫强奸戏，不知情的妻子报案后，男子以涉嫌犯强奸罪被刑事拘留。笔者感兴趣的是检方的处理结果，"检方认为这起案件属婚内强奸的范畴，但因为邵某夫妻俩的婚姻关系比较稳定，没有发生破裂，妻子也没有要求处理邵某，因此不能认定为强奸罪"。[2]从实际处理来看，影响罪名成立的是"婚

---

〔1〕 一起1999年的"白俊峰强奸妻子"罪名不成立案，另一起是2000年的"王卫明强奸妻子"罪名成立案。分别刊载于《刑事审判参考》1999年第3辑和2000年第2辑，最高人民法院刑一庭主编。

〔2〕 陈邵珣："男子持刀戴面具回家抢劫强奸老婆被认定无罪"，载中新网，http://www.chinanews.com/fz/2014/01-22/5765459.shtml，最后访问日期：2014年1月22日。

姻关系比较稳定，妻子没有要求处理"，这也不难看出，此案的关键点是婚姻关系是否尚能存续、受害人是否坚持诉诸法律。

学者钱向阳汇总分析了1980年以来的15起婚内强奸案例，其中因婚姻尚属存续期、法院明确表明"婚内无奸"的案例7起（其中包括热门案例白俊峰案）；因婚姻无效或法院认为婚姻处于不确定期而判决强奸罪的4起（其中包括热门案例王卫明案）；另有4起被法院判决强奸罪名成立，但是判决书中没有体现罪名成立和婚姻状态有关，但是这4起案件又都是存在离婚诉讼程序中，除了1989年的案件是被告将人从法院绑架情节比较恶劣之外，其他3起案件的时间都是发生在2000年以后。[1]有意思的是，在判定"婚内无奸"的案例中，除去一起暴力强奸致人死亡的、一起分居后在被害人家中强奸的，其他案件也是处在离婚诉讼程序中，时间跨度从1982年到2001年。实际上，国内比较激烈的讨论也是发生在2000年前后，引发讨论的原因就是白俊峰案和王卫明案这两个判决迥异的热门案件。虽然不能借此认为婚内强奸案件在我国发生了重大司法转向，但是变化也是明显的。

笔者认为，婚内强奸的特殊性就在于：该罪名的认定和婚姻是否能够存续具有直接关联性。这两种状态在相互影响，婚内强奸成立，婚姻解体；婚内强奸不成立，婚姻存续。[2]这就

---

[1] 参见钱向阳："婚内强奸的文化分析"，载陈兴良主编：《刑事法评论》（第19卷），北京大学出版社2007年版，第542~607页。

[2] 钱向阳自己在山西农村和山东农村做了一个小范围的民意调查，调查显示：村民对于婚内强奸行为并不支持进行刑事处罚，而是倾向于离婚。参见钱向阳："婚内强奸的文化分析"，载陈兴良主编：《刑事法评论》（第19卷），北京大学出版社2007年版，第542~607页。

| 性别与法律：女性主义的实践

意味着，既要婚内强奸罪名成立，又要保持婚姻得以存续，是一个两难选择。在司法实践中，如何裁判罪与非罪才是理性的，则是现代法律精神带给司法的一道难题。

先贤罗素说过，"婚姻是妇女最普遍的生活方式，因此，妇女所忍受的不情愿的性关系的总数，在婚姻中比在卖淫中恐怕要大得多。性关系中的道德如果摆脱了迷信，它主要由对他人的尊重构成，所以不能不顾他或者她的欲望，仅仅是为了个人的满足而使用他人"。[1]婚内强制性行为不仅是对女性性自主权的侵犯，更是对女性人格和精神的一种侵犯，所以，笔者认为，对于此类案件首先开宗明义的是婚内强制性行为也是强奸，属于刑事犯罪。这也是现代刑法的发展趋势，其次，此类案件应该在刑法中明确界定为"告诉才处理"的亲告案件，由受害人决定是否起诉，是否要求追究加害人的法律责任。而且亲告也更适合中国国情，一方面，由受害人亲告，会使当事人认真思索他们之间的婚姻关系是否尚能存续，增加此类案件是否起诉的严肃性。[2]笔者也并不认为这一界定会带来什么诸如诬告之类的不良的连锁反应，因为在当代中国，特别是农村地区，绝大多数妇女还是"从夫居"，处在家庭的弱势地位，一旦婚姻关系解除，很多妇女就会居无定所，更为严重的是赖以生存的土地承包经营权并不会随着婚姻关系解除而从夫家转移到父家，

---

〔1〕 [英] 罗素：《婚姻革命》，靳建国译，东方出版社1988年版，第103页。
〔2〕 从公开的案例来看，基本上婚内强奸案件都是处在离婚诉讼程序中或者分居状态中，也就是婚姻不确定状态。所以笔者不赞同由司法机关来确认这种婚姻状态是否能够存续、夫妻感情是否尚能维持，并且以此作为强奸罪名是否成立的标准和依据，而是交由当事人自己判定更为合理。因为一旦强奸罪名成立，当事人之间的婚姻必然会走向解体。

"农嫁女"在婚姻关系破裂后会面临更为严重的生活环境。但是现代社会,毕竟不是蒙昧社会,女性权利意识、自我存在意识、人格尊严也在随着社会发展不断强化,她们会在屈辱与尊严之间做出选择。另一方面,此类案件多数情况下公安机关因是家庭内部纠纷而不受理,由受害人亲告,可以防止受害人维权无门从而引发血案、命案,造成更严重的社会后果。只有在此类强奸案件中,出现重大伤害或者死亡时,再由公检机关介入比较适宜。[1]最后,司法机关对于此类案件应该首先定性为犯罪,如果加害人确有悔改并取得相对方谅解,可以免予处罚。这样的判决对于社会而言,是一个利于法治现代化的司法宣传,可以避免相类似的案例不断出现。

实际上,婚内强奸案件的问题,不是立法问题,也不是司法实践问题。比较难做到的,是我国传统法律对于当代人的影响,包括对法律界人士的影响。李楯应该是最早关注婚内强奸的学者,他早在80年代中期就对此问题进行了探讨,他后来也谈到"婚内强奸作为一种社会的、法律的与伦理的问题显现出来,其背景是工业社会的形成和女权主义的出现。在中国,很长一个时期内不具备这种条件。因此,发生在夫妻间的性行为中即使有暴力存在,但婚内强奸却并不能作为一个法律事实被人们认知"。[2]即便是在国家和政府推动的法律近代化过程中,家庭法领域也是进展缓慢的,表现了极强的胶着性。美国佐治亚最高法院的法官史密斯大法官认为"在丈夫强奸妻子无罪的

---

[1] 笔者认为,一些学者担心由于原被告双方是夫妻关系,会出现证据真假以及关联性问题,以现在的技术手段和法律职业素养,证据排查也不是很难做到的。

[2] 李楯:"个体权利与整体利益关系——婚内强奸在中国的法律社会学分析",载陈兴良主编:《刑事法判解》(第1卷),法律出版社1999年版,第396页。

| 性别与法律：女性主义的实践

理论和信仰背后，尽管有各种各样的解释，但归根结底都是源自普通法对于女性的态度、对女性地位以婚姻地位的态度"。[1] 而实际上，不论是立法还是司法，都不能忽视这种对于女性地位以及权益的无视或者漠视，既然这一切是人为造成，那么也必然可以人为去除，"在文化因素影响法律实践和立法时，意味着法律也在通过社会实践和社会体系创制一种力量；法律塑成了社会环境以及社会行为，社会同时也在成就和创造法律；社会影响法律的制定和实施，法律也作为一种文化同样也在影响社会"。[2]

出自《妇女研究论丛》2014 年第 6 期。

---

[1] Daniel Steven Warren v. The State. Supreme Court of Georgia., 255 Ga. 151; 336 S. E. 2d 221; 1985 Ga. LEXIS 975.

[2] Naomi, Mezey, "Law as Culture", in Austin Sarat & Onathan Simon. Durham ed, *Cultural Analysis, Cultural Studies, and the Law: Moving Be youd legal Realism*, Duke University Press, 2003, p. 45.

女性贞洁与法律的操守

摘　要：传统道德伦理和传统法律对女性的关注从来就没有脱离女性贞洁，这一问题在当今社会仍有其延续性。从历史发展来看，女性贞洁作为女性单方义务存在了几千年，女性自身也在父权制之下经历了性从属化和客体化的演变；在大男子伦理之下，贞洁问题实行的是男女不同、女女不同的评价标准。在法制臻于文明的今天，法律应该摆脱旧伦理道德的缠裹，担负起现代使命去除双标准化，保护女性应有的权益。

2013 年，是中国各种经典案例频发的一年，其中也包括硝烟弥漫了将近一年的李某某案。在该案中，笔者一直关注的被害人身份问题，并没有在司法上体现出不同，笔者担心的被害人可能会在各方迫使下出庭接受质证也没有发生。尽管这一案件为法学研究带来了各种各样的思考，引发了不同的探讨与纷争，但是笔者关注的却是某教授发布的"强奸陪酒女社会危害性要小"的问题。[1]这一问题，不仅涉及中国传统的法律意识、

---

[1]　此教授最早的观点是"强调被害人为陪酒女并不是说陪酒女就可以强奸，而是说陪酒女同意性行为的可能性更大；另外，即便是强奸，强奸陪酒（转下页注）

性别与法律：女性主义的实践

道德意识，也涉及现代法律所应该持有的立场和态度。在该案中，被害人陪酒女的身份与其他人（或者女人）的区别在于，这一职业所具有的暧昧性以及可能会引发的性合意的可能性。但是，能否基于这种身份的不同而阐发出社会危害性的不同？从各方信息来看，基本上可以分为两大阵营，一方认为社会危害性确实会小，原因在于这是一类特殊群体，是其自身不检点招致危害结果发生，而且很有可能是一种合意，但对于洁身自好的女性而言不存在此类危险；对立阵营的观点是陪酒女也有自己的意志，哪怕是在合意之后、行为即将发生的最后一刻，也有权拒绝他人。[1] 抛开具体案情，如果仅就被害人身份而言，她与良家妇女的本质区别就在于良家妇女是贞洁的，而陪酒女通过特殊服务换取酬金，按照世俗的观点，也就是不贞洁的。这么一来，贞洁问题，就不仅是个道德问题，还是一个法律问题。如果仔细究问，这还是一个历史问题。

可以说，自古以来，社会和法律对于女性的关注从来就没有脱离女性贞洁。"在世界上大部分文化中，一个妇女的名誉与性纯洁联系在一起——确实这通常是确定一个妇女名誉是否完好的唯一标准。……男人的荣誉则有更多变化，……男人通过

（接上页注〔1〕）女也比强奸良家妇女危害性要小"。接着改为"强奸良家妇女比强奸陪酒女、陪舞女、三陪女、妓女的危害性要大"。后对自己的言论公开道歉并删除了相关微博。本文并不是为批驳某教授曾经一时语失而发布的观点，而是认为此教授的观点在当下中国并不是孤立存在的，相反是具有代表性的，因此才有了本文写作的初衷。载http://www.7y7.com/yule/23/94523.html，最后访问日期：2013年11月20日。

〔1〕 比较有代表性的是李敖的观点。参见李敖评："陪酒女不是慰安妇"，载《人民网》强国论坛，http://bbs1.people.com.cn/post/1/0/1/132144792.html，最后访问日期：2013年11月20日。

保护家庭、表现出身体上的勇猛、行使权威及表现胆量而获得荣誉,他还通过保护女性亲属的性纯洁而获得荣誉。"[1]女性的荣誉或者说道德评价,不可避免地和贞洁捆绑在一起。为了维护女性贞洁或者防止女性失贞,从西方的"贞操带"[2]到中国的贞节牌坊,中西方异曲同工,甚至法律与道德,双管齐下。但在漫长的人类发展史上,无论是法律还是道德,在贞操问题上男女都极少适用同一个评价标准。"据董家遵先生依据《古今图书集成》的记载所作的统计,从周秦到清初,共有节妇36 867人,烈女12 072人。"[3] "节妇是丈夫或婚配对象死后终身不嫁的女性,烈女是为了守住自己的贞操而自杀或被杀的妇女,这还不包括没有上封建青史的许多普通劳动妇女。"[4]但是,未见任何典章书籍有对于男子贞操的记载,相反,狎妓、青楼花酒却能成就男子风流并青史留名。从历史的发展来看,贞洁从对女性身体的禁锢,已经上升到对女性人格的否定、道德的摒弃。在摆脱蒙昧、远离野蛮的当代文明社会,思考法律该如何担当才能不失其制度文明的操守之前,我们先来看看女性贞洁是如何发展成现在的状态的。

---

〔1〕[美]梅里·E. 威斯纳—汉克斯:《历史中的性别》,何开松译,东方出版社2003年版,第123页。

〔2〕 贞操带,是专门用来防止女子性交的金属或橡皮带,流行于14世纪的意大利,因此别名为"佛罗伦萨带"。载百度百科,http://baike.baidu.com/link?url=VOuHdaKRUvO3kJGzHmTJuKHPiM-Myo-7GyG4l_qBH3bMcZSUK4Qv04Nh9shEAsDG,最后访问日期:2013年11月8日。

〔3〕《现代史学》(第3卷),1937年版,转引自蒋德海:《伦理文明,还是法治文明》,华东师范大学出版社2001年版,第42页。

〔4〕 陈慕译:"'老三届'人的故事:开阔土地上的土地庙",载《中外书摘》1996年第2期,转引自蒋德海:《伦理文明,还是法治文明》,华东师范大学出版社2001年版,第42页。

| 性别与法律：女性主义的实践

一、贞洁：女性单方义务

按照摩尔根《古代社会》描述，人类社会自母性世系转入父性世系，女性的社会地位和家庭地位就发生了变化。在母系社会，代际相传的核心是女性，或者说是母亲。随着养殖业和畜牧业的规模化，女性因繁重的生殖和养育任务耗费了太多的时间和精力，而无暇全力投入生产，加上男女两性的体能差异，本有女性主导的财产累积模式转为以男性为主导，这样男性成为财产的主要创造者，继而成为占有者。这一财产所有制的转化，也导致了婚姻制度的转换。"财产观念在人类心灵中的成长过程，包括财产的创始、财产的享有，特别是包括对财产继承权的决定，凡此均与专偶制家庭的建立密切相关。"[1]摩尔根认为正是由于具体财产的所有权和继承权的推动，促使人类从"伙婚"（punalua）阶段走向"偶婚"阶段，而后走向"专偶"阶段。"确定子女的父亲是谁，这件事情此时必将具有先前的社会所不知道的重要意义，……专偶制家族使子女认准了父亲，从而确定了合法的继嗣。"[2]在"伙婚"阶段，"丈夫多妻，妻子多夫，而且任意交换"，[3]并不存在女性贞洁义务。随着氏族的扩大发展，妻子的数目减少，人类进入"偶婚"阶段。"偶婚制"家族是建立在一男一女相婚配的基础之上，婚姻不是基于

---

〔1〕［美］路易斯·亨利·摩尔根：《古代社会》（下册），杨东莼等译，商务印书馆2012年版，第443页。

〔2〕［美］路易斯·亨利·摩尔根：《古代社会》（下册），杨东莼等译，商务印书馆2012年版，第443、444、446页。

〔3〕［美］路易斯·亨利·摩尔根：《古代社会》（下册），杨东莼等译，商务印书馆2012年版，第490页。

感情，而是因为便利和需要。这种婚姻关系"在智力很高的易洛魁人和其他同样进步的印第安部落中，一般来说，丈夫可以用很严厉的惩罚来要求妻子的贞操，但是他却不承认自己有相应的义务"。而与此同时"一夫多妻被普遍视为男子的权利"。[1]这一婚姻制度，标志着人类社会也自此进入到"父权制"时期。"父权制"确立的真正基础正是财产的大量生产和把财产传给子女的愿望使世系由女性改变为男性下传。而和"父权制"相伴生的"专偶制"有两个特点："第一种是，每个男子满足于一个妻子；第二种是，对女子的贞操防范森严。"[2]在富裕阶层，女人被迫与世隔离，公认在"独占同居"的婚姻下以生儿育女为结婚的首要目的。由此，为了确保男性世系下财产继承人血缘的纯正，女性贞洁成为一种义务。

　　陈顾远先生在《中国婚姻史》里面谈到：自唐律以来，对女性贞洁严加其刑，丈夫如果把妻子捉奸，可以杀死奸夫淫妇，可以把妻子卖入娼门；如果只是杀死奸夫的，可以把妻子卖入官门为奴。陈顾远先生认为"一般独课此义务于女子之身，愈至后世，其力愈大"，女性要守"童贞"、守"妇贞"、要守"从一之贞"。[3]但是，这种忠贞义务却是不对等的，甚至这种忠贞也并不以女性是否恪守义务为准，而是以是否取得丈夫许可作为义务免除的条件。例如，"许多论著也都谈及爱斯基摩人缺乏性嫉妒的心理，他们友好地出让和相互交换妻子"，但是

---

〔1〕［美］路易斯·亨利·摩尔根：《古代社会》（下册），杨东莼等译，商务印书馆2012年版，第529~530页。

〔2〕［美］路易斯·亨利·摩尔根：《古代社会》（下册），杨东莼等译，商务印书馆2012年版，第547页。

〔3〕陈顾远：《中国婚姻史》，商务印书馆1998年版，第183~185页。

性别与法律：女性主义的实践

"与一个已婚妇女发生性关系而事先未得其丈夫明示或默示同意的行为"才会被认为是通奸，因为这意味着"对其作为一个男人的地位的挑战"。[1]忠贞义务也未必是和财产继承人血缘纯正相关。摩尔根在《古代社会》里面多次提及忠贞是只对女性具有约束力的单方义务。"在大部分的国家，所通过的法律要求妇女结婚时必须是处女，对已婚妇女的通奸施予严厉的惩罚，而丈夫的婚外性关系却不看作是通奸。"[2]这种丈夫对于妻子的排他性占有以及财产化的归属，使得性贞洁在法律上进一步被确认为女性义务。在我国，女性贞洁问题是否反映了"男权"中性别隶属性，最为明显的则是清末时期有关"无夫奸"的立法争议，一方坚持"无夫奸"不入罪，一方坚持入罪。而彼时关于"无夫"的界定，不是以是否结婚为标准，"无夫"既包括12岁以上未婚女性，也包括孀居守寡之人。如果仅就女性贞洁本身而言，和奸12岁以上未婚女性的行为，应该更为当时社会所不能容忍。因而，这场"无夫奸"存废的立法争议，其理论依据仅仅在于实际上是否侵犯了"夫权"。

然而，法律对女性贞洁课以单向义务，并不仅仅体现为确保财产继承人的血缘纯正性。在其后的人类发展中，法律制度的构建是以男尊女卑作为基础，女性贞洁成为法律维护"夫权"的重要途径，这种男尊女卑不仅具有从属性，还具有等级性。女性贞洁不仅体现为男女不同的性评价标准，也体现为女性和女性之间的不同评价标准。在我国历史上，因为受到儒家思想

---

[1] [美] E. A. 霍贝尔：《初民的法律：法的动态比较研究》，周勇译，中国社会科学出版社1993年版，第89~90页。
[2] [美] 路易斯·亨利·摩尔根：《古代社会》（下册），杨东莼等译，商务印书馆2012年版，第444页。

的影响，男女之间的差序格局乃至女性之间的差序格局都是显明的。法律所维护的女性贞洁，不是把女性自身作为法律保护的对象，而是借以保护"夫权"的媒介维护伦理秩序，并由此而确立成为法律秩序。因而，女性贞洁成为单方义务，实际上还是法律"夫权化"或者说"男权化"的标志。

二、女性贞洁与女性客体化

正如恩格斯所说，"从母权制到父权制的转变，是女性具有历史意义的失败"。[1]如果在世系由女性转为男性下传的时候，女性失去的是主导地位，那么在其后居于从属地位的过程中，自身也发生了从主体而向客体的转化。作为财产的女性，其最高价值体现为完整性和无瑕疵性，女性贞洁，是其完整性和无瑕疵性的一个标签。女性贞洁一旦受损，就等于撕掉了宣示其价值的标签，女人自身就会被视为"肮脏"不堪，为人轻贱。因此，性贞洁作为女子最高价值标志，"饿死事极小，失节事极大"的观念像个紧箍咒一样伴随女性终生。除去这些惩罚性或者说限制性的观念，性贞洁还以褒奖的形式进一步强化。比如，古代给予那些身体与男子稍有碰触就自杀的女性极高的赞誉，称其为"贞洁烈女"，并著书立传，传递这种价值观。

在大男子性伦理盛行的社会里，女性的客体化，也就是一个被物化的过程，而失贞成为女人被物化时最大的瑕疵。即便发展到今天以高度文明的现代社会，失贞仍然是一件令女性恐惧的事情。毕淑敏曾经写过一篇文章《面对强奸，拼命还是保

---

[1] 转引自：[法]西蒙娜·德·波伏娃：《第二性》，陶铁柱译，中国书籍出版社1998年版，第80页。

命》,她在文中提出"拼命也要保住贞洁就是典型的男权主义伦理观"。[1]在道德束缚和法律的漠视之下,女性自身也把贞洁看的高于生命,在被迫失贞时独自吞咽下两难苦果,一方面是被侵害后身心受损,另一方面恐惧失贞之后要面对的世俗流言。但是,"自古以来,男人在实际上,如果不是在理论上的话,总是可以沉溺于非法的性关系的。男人结婚时,人们并不要求他有童身,即使在结婚之后,人们对于男人的不忠也是不很重视的,只要妻子和邻居不知道他的不忠行为就行。这种制度的可行性依赖于娼妓"。[2]在生活中,还有这样一种特殊群体存在,那就是妓女或者相似身份的人,我们姑且把她们成为性工作者。对于性工作者而言,不管是出于何种原因而从事这项工作,都会被社会鄙视、道德摒弃、法律上加以人格抵损。伟大的哲学家罗素说:"对娼妓非常不利的情况是,她们普遍为人轻视,甚至连他们的主顾恐怕也瞧不起她们。"[3]尽管他不支持娼妓作为一种产业,也认为"性关系中的经济动机,无论如何是有害的"[4],他还是对这一特殊社会群体表达了自己的同情。

但是,这种有害性,并不在于这种关系源于一种经济动机,而是在于社会为其所设定的道德标准——让男人获得满足,让女人背负骂名。"任何一个传统的道德家若能认真地思考一下这个问题,他们就会看到,他们实际上犯了所谓'双重标准'的

---

[1] 毕淑敏:"面对强奸,拼命还是保命",载新华网,http://news.xinhuanet.com/society/2010-06/13/c_12219129_2.htm,最后访问日期:2013年11月8日。
[2] [英]罗素:《婚姻革命》,靳建国译,东方出版社1988年版,第60页。
[3] [英]罗素:《婚姻革命》,靳建国译,东方出版社1988年版,第101页。
[4] [英]罗素:《婚姻革命》,靳建国译,东方出版社1988年版,第102页。

错误,即性道德在女人中比在男人中更为重要。"[1]但是,即便是已经被客体化,或者说对于那些出卖肉体的人来说,并不意味着要去出卖自己的灵魂,也不意味着她们没有自己的意志和自尊。而传统法律与伦理道德的融合,从确认女性从属地位,到漠视女性主体性存在,女性自身也就失去了自由支配自己身体、自由支配自己意志的法律保护。更为可悲的是,在法律、道德和社会对女性客体化的过程中,女性也将自身客体化,承认并接受双重标准的规制。双重标准约束下的女性,失去的不仅仅是法律的保护,更是独立存在的主体意识。

三、当代法律的操守

前文提到的近代有关"无夫奸"存废的争议,看似是新旧法之争,实际上也是新法律与旧道德之争。在道德之下,法律也确认女性不仅从属于男性,而且为男性所有。但是千百年的道德传统与法律文化抵不过社会进步和文明的呼唤。如果说,男女不同、女女不同的双重道德标准源于人类旧世俗社会的伦理,那么在现代社会中,如何消除这种双重标准,则是现代法律不可推卸的历史使命和责任。就贞洁而言,"法律与性有两种不同的关系:一方面,法律是在执行为社会所采纳的关于性道德问题的法律;另一方面,它也在保护性范畴中个人的普通权利"。[2]现代科技已经可以驱除因血统是否纯正带给男人的恐惧,现代法律也至少在制度层面否认了男性对女性的支配权和

---

[1] [英]罗素:《婚姻革命》,靳建国译,东方出版社1988年版,第60页。
[2] [英]罗素:《婚姻革命》,靳建国译,东方出版社1988年版,第5页。

所有权。但是在女性被迫生理失贞的时候,法律如何确保女性不精神失贞,维护其应该具有的尊严,或者换句话说,如何处置那些双重标准是检验现代法律操守的一个标准。

在现代社会中,每当女性权利遭遇瓶颈,人们就将问题归于习惯,归于传统。但是,如果追问这些习惯和传统的来源,却是和法律无不关联。前文可以看到,所谓的道德评价、道德标准无不是借助法律的形式加以固化和推行;再比如现代生活中的从夫居、随父姓,很多都是传统法律的影子。所以,以法律去除男女不同以及女女不同的道德评价标准,才是法律应该有的担当和操守。在2013年的李某某案中,对于被害人身份的评议也是涉及了双重评价标准问题:一是基于被害人是陪酒女,和良家妇女不同;二是即便是卖淫嫖娼,被害人言语的可信度也会低于加害人。苏力教授认为在有关性道德问题上有两种态度,其中"一种态度是固守传统的规矩,把先前社会中规制'性'的种种正式的和非正式的制度(法律、习惯、风俗),把先前的一些地方性的、有时间性(有时甚至更长)的做法当作普适的'自然法',当作永恒的道德法则,不遗余力的加以坚持"[1]。这种态度只把法律当作是对社会行为的规范力量,不考察性本身对社会规范具有的重大的、有时甚至是决定性的形成力量,把法律看成是与人性无关的东西,看成是一种可以不顾社会条件任意塑造人性的东西。要突破这种状况,把我们的法律规制真正的理性起来,法律人首先必须理性起来,必须现实地、经验地、冷静地考察性,必须超越善恶的人性观

---

[1] 朱苏力:"从禁忌到理性——波斯纳《性与理性》译序",载理查德·A. 波斯纳:《性与理性》,苏力译,中国政法大学出版社2002年版。

和概念范畴。[1]

在我国的司法实践中,有关强奸案受害人身份问题早在 1984 年最高人民法院、最高人民检察院、公安部《关于当前办理强奸案件中具体应用法律的若干问题的解答》明确界定了在认定是否违背妇女意志时,不能以被害妇女作风好坏来划分。无可否认,这一解释具有现代进步意义,也说明司法并没有被旧伦理道德所绑架。但是司法解释毕竟不同于立法,如何进一步在立法中加以规定和确认,也应该被提上日程。我们不妨参酌一下国外立法的经验。在这一方面,较为成熟的立法例是美国 20 世纪 70 年代制定的《强奸盾牌法》。在颁行法律之前,除了报案之后不可避免的舆论压力,强奸案通常会有两种审判:一个是公诉人对嫌疑人的审判,另外一个是辩护人对被害人的审判。[2] 允许辩护人就被害人的贞洁进行查问。陪审团成员认为这很公平,不过陪审团是由男人组成的。辩护人查证过去的性行为是为了证明被害人不贞,不贞的妇女是不道德的,不道德的妇女在某种情况下有可能与嫌疑人达成性行为的合意,并且也有可能就他们之间是否达成合意说谎。一旦被害人被证明不贞,她的可信度就会降低。这种情况换而言之就是:一个无辜的男人被一个寻衅滋事的女人诬告为强奸,男人应用法律去应对这种威胁。这就是当时所认定的将过去行为和现有状态连接在一起的"理性"过程。在这种推定之下,强奸案中的伪证

---

[1] 参见朱苏力:"从禁忌到理性——波斯纳《性与理性》译序",载理查德·A. 波斯纳:《性与理性》,苏力译,中国政法大学出版社 2002 年版。

[2] 这也是李案在二审阶段笔者担心的问题,辩护人的矛头直接指向让被害人出庭作证,如果被害人出庭,就会出现在辩护人看来是"正常的质证",但对被害人却是二次伤害。

性别与法律：女性主义的实践

很流行，被告一个接一个地召集他的朋友出面为他作证，证明他与被害人之间是达成了合意。[1]而作为强奸案中的被害人却要面临双重的煎熬：一方面要忍受身心被强暴的创伤，另外一方面是面对自己的隐私以及过去的种种要被无底线地细细究问。2003年7月7日，一位强奸案中的幸存者接受了《今日美国》的访问，她依然清晰地记得30年前报案时警察对她说"你自己准备好接受对你的审判了吗？"[2]她不明白为什么自己作为受害者却要把自己的过去种种放置在显微镜下任人检视。由于担心被如此检视，《强奸盾牌法》实施之前，强奸案是美国报案率极低的刑事案件，仅有受害人的1/10。[3]

但是，法律的改革却不是自觉的行动。女性的不幸与现实的不公，并未在法律上得以救济，也并没有引起社会的反思，这一现实问题逐渐成为女性主义关注的焦点，成为女性主义者对女性的自我关怀。20世纪60年代，抵抗对妇女暴力行为就成为美国妇女运动第二次浪潮，反强奸运动作为其中此次妇女运动的一个分支越来越引起公众的关注。1972年加州伯克利的海湾地区反强奸妇女组织（BAWAR）和华盛顿强奸危机处理中心的成立成为反强奸运动的里程碑，1974年，美国女性主义联合反强奸组织（FAAR）在华盛顿成立，同年各地同类组织尽归旗下，形成第一次全国范围内的联合。1975年苏珊·布朗米勒就性侵犯问题完成了其《违反我们的意志：男人、女人和强奸》

---

[1] See Kenneth M. Brown, *Historical Perspective: Rape Shield Law*, New Hampshire Bar Journal, 24 (1983), p. 30.

[2] Denise Roman, "Under the Rape Shield", http://escholarship.org/uc/item/0w62h4dp, Date Last Accessed: 2013-07-30.

[3] State v. Patnaude, 438 A. 2d 402, 140 Vt. 361, at 372 (1981).

这一极具影响力的著作。在这本书中，布朗米勒将女性恐惧和性侵犯直接联系在一起，认为性暴力是男人恐吓女人惯用的手段，并让女人处在持续恐惧之中。因为，妇女运动将这种个人体验总结为暴力模式，并将"个人的即是政治的""绝无个人解决方案"作为运动的口号。实际上，各地第一届强奸危机处理中心也都是在激进女性主义的推动下建立的，这些女性组织成员多属草根阶层，组织机构也是依赖于志愿者得以运转。到 20 世纪 80 年代中期，这些危机处理中心从国家获得大量资助，运作模式已经组织化、专业化。

  美国彼时的反强奸运动，目标就是促进法律的实施和修改。这一法律目标的实现，端赖于 20 世纪 70 年代中期国家妇女组织（NOW）在国家层面的推动，在其后的 10 年间该组织以各种方式推动了美国 50 个州的法律改革。在法律没有改革之前，按照普通法的规定，强奸被定义为"和他人非法的性关系，以暴力和抵抗作为构成要件"，这一标准被每一个州加以解释并适用。在案件审理时，被害人要对自己的身份背景进行解释，要证明自己是如何抵抗的，要提供反抗所致的伤害检验证明，同时遭受和被告一样的审问。这些法律规定使得被害人宁愿选择沉默也不报案。反强奸运动的发起成为这一沉默的破冰之举。女性主义运动要求改变法庭之上被害人的不利地位，甚至要求废除相关法律。1973 年美国国家妇女组织召开了一次全国会议，迅速成立了国家强奸运动特别行动小组，接下来的行动就是用实际立法来示范怎样制定强奸法。1974 年密歇根州创立了《性行为刑事法律议案》，成为这方面的典范。该法案规定：废除配偶强奸豁免权、降低被害人举证责任、重新定义强奸以及其他法律改革。到 1980 年，各州都全部完成立法或者进行了深思熟虑的修改。只有婚内强奸法是个例外,最为保守的佐治亚州直到1996年才予以认可。相比之前的立法,各州对于强奸罪的法律改革主要体现在几个方面:一是重新定义强奸。重新修订的强奸法定义认为男性也可能会成为被强奸的对象。这一颠覆性的定义是基于某些强迫性性行为方式不限于异性之间,例如肛交和口交。二是取消被害人应该抵抗加害人的证据要求。这一条款是出于对残疾妇女的保护,因为她们由于身体障碍可能无法去抵挡攻击者。三是取消由第三方证明强奸发生的要求。四是实施强奸盾牌法。与此同时,联邦法律也不在将婚内强奸排除在法律之外,将强奸的定义更改为"用强迫、威胁、恐吓进行的非合意的性行为",并对强奸受害人进行了成年人和未成年人的分类。[1]而且,《强奸盾牌法》禁止法庭在审讯期间询问被害人过往性史。或者换句话说,该法阻挡了作为强奸嫌疑犯的被告把被害人以及她的性交往史推向审判的资格。这一限制的目的,在于试图降低或减少因以前性行为给受害人所带来的偏见,并以此消除受害人担心自己过往行为被审判的恐惧感,鼓励受害人报案。《强奸盾牌法》的制定和实施,使被害人免除了二次伤害之虞,使得受害妇女敢于报案,让加害人接受法律的审判和制裁。

美国立法的变革,借助的是女性运动的推动。这一立法经验表明,对于女性权利的关注,更多的来自女性本身;法律的变革更需要强大的力量进行推动;如果想取得良好的社会效果,

---

[1] See Wikipedia, "*Anti-rape movement*", http://en.wikipedia.org/wiki/Anti-rape_movement#cite_note-Degnan-Morikone-14#cite_note-Degnan-Morikone-14, Date last Accessed: 2013-12-02.

不只是法律的改变，更需要一系列的社会机制以及配套措施加以辅佐。比如全国范围内联网的热线咨询，解答强奸案件中受害妇女所面临的生理问题、心理问题以及法律问题。虽然各国的立法途径不尽相同，各国的传统也有相异之处。即便是在传统迥异于中国的美国，这一法律的变革也花费了将近20年的时间才得以在全国实施。

从主流价值上来看，女性贞洁标准终究还是受到大男子性伦理的支配，一方面是以贞洁为名的各种精神枷锁和身体禁锢，另一方面是被世俗视为不贞的女性作为被愉悦的客体供男性大行其乐，同时却要背负世俗的恶名。在人类发展史上，法律已经被世俗道德缠裹了几千年，贞洁作为一道分水岭，昭示着女性生活的荣耀与屈辱。但"即便是集中体现文化传统与民族情感的婚姻、家庭、继承制度，也必须在社会革命、法律变革过程中面临并接受外来文化的冲击"。[1]尽管在我国性工作者或者更为隐秘的陪酒者等传统性职业在现代法律中已被取缔，不被法律所认可，却也是一种社会存在，对这一职业的双重评价标准在现代社会并没有改变。即便是在法律界，持双重标准种观点的人也不乏少数；在社会上，虽然倒伐者众多，但是响应者也众多。这就说明，有关女性贞洁双重评价标准去道德化需要法律的介入，或者说强力推动才能去除。"当今，中国社会正面临着一个空前的社会转型。市场经济，以及与市场经济相伴的社会流动、城市化、妇女就业、经济的繁荣、家务劳动的减少、婚姻的推迟、性知识的传播、避孕与节育措施的便利等等，这

---

[1] 引自朱勇教授为笔者著《民国时期婚姻法近代化研究》一书序言第2页，中国法制出版社2006年版。

一切都在促成当代中国的性道德、性习俗、性法律以及与性相关的诸多社会问题也正在发生急剧的变化。"[1]

从李某某案可以看出，女性贞洁问题，依然是我国传统与现代交锋的胶着点，李某某案的判决反映了我国司法在此问题上的明朗态度，并没有因被害人身份而对其进行品格否定，这是我国司法的进步和法治文明的体现，我国以司法解释的形式保持了和世界法治文明的同步性。但司法解释毕竟不能替代立法，在实践层面其效力也远远低于立法；在推动社会价值观的改变上，其影响力也会远远低于立法；司法也不能对女性相关权益诸如家庭暴力问题、婚内强奸问题进行统筹性保护。既然"在历史上，伦理的形成，离不开法的支持。比如，'乱伦'的行为之所以受到各个时代道德伦理的排斥，就因为它为各个时代的法律所不容。同时还在于，伦理要对社会存在发挥有效的作用，往往离不开法的支持"[2]。那么，去除因大男子性伦理而产生的双重评价标准，法律首先应该表明自己的立场和态度，法律设定强奸罪所保护的并非女性的贞操，而是女性对性行为的自主决定权，即便她是一个陪酒女或者性工作者。尽管她们的身份合法与否备受争议，但是作为社会主体，她们的主观意志并不低贱于任何人。我国法律就需要付诸更大的努力去破除旧观念和旧习俗，尤其是在女性权利问题上。正如苏力教授所言，"我们的性法律和性道德必然会（实然而不是应然）随着社

---

[1] 朱苏力："从禁忌到理性——波斯纳《性与理性》译序"，载理查德·A.波斯纳：《性与理性》，苏力译，中国政法大学出版社2002年版。

[2] 蒋德海：《伦理文明，还是法治文明》，华东师范大学出版社2001年版，第54页。

会条件的变化而变化,不论我们个人的喜好如何"[1]。我国和美国的社会基础不同,在女性权益问题上,立法的路径可以不同;两国的传统观念不同,在相同问题上遇到的阻力也就不同,特别是一直深受传统道德观念束缚的中国女性对于自身权益的相关诉求,需要国家采取更为明确的法律态度积极回应社会需求。

出自《政法论坛》2014年第2期。

---

[1] 朱苏力:"从禁忌到理性——波斯纳《性与理性》译序",载理查德·A.波斯纳:《性与理性》,苏力译,中国政法大学出版社2002年版。

辅助生殖是婚内特权吗

2013年1月，新华网转载了一起案例：美国堪萨斯州一名为女同性恋情侣捐精的男子威廉·马洛塔被政府要求为目前3岁的孩子支付抚养费。这一案件并非首例。近年以来，美国捐精者被诉抚养纠纷案屡现媒体，呈多发之势。2012年3月，加利福尼亚有位男士终于拿到了上诉法院的判决免除了其抚养责任，原因在于他曾为其前女友捐精进行人工受精，其前女友先后怀孕并生育2次，后因财力困难向捐精男友诉求抚养费用，该男子为2个孩子每月支付数千美金达4年之久。2010年印第安纳州有个同性恋妇女接受了一个朋友的精子生了2个孩子，和同性恋伙伴分手后去申请公共资助，但是郡裁判官要求她去向捐精者主张权利。州上诉法院对此案的最终裁决则是免除捐精者对第一个孩子的财力责任，第二个孩子的不能免除。因为第一份协议只具有单次事项效力，不能涵盖对于第二子的免除责任。但是也有例外，印第安纳州上诉法院2013年1月中旬发布了一个判例，判定丈夫离婚后必须支付其子女的抚养费，虽然他的子女全部是他人捐精而生，法院并没有追加捐精者的抚养责任。上述案例中，得以免除责任的，只有那位为合法婚姻家庭捐赠的男子。

美国对于人工受精的法律规定，最早见于1973年的《统一亲子关系法案》(the Uniform Parentage Act)。按照该法规定，必

辅助生殖是婚内特权吗

须由医生诊所或医疗机构进行人工生殖才能免除捐精者的法律责任[1]。该法案在现实生活中遭遇的问题是：第一，费用高昂。因为由医疗机构进行的人工受精，动辄几千美金，而且并不保证一次成功。第二，限定主体。只有合法婚姻之内的妇女才能享受此项医疗保险，因为合法婚姻内的不孕不育是一种疾病。单身女性或者非合法婚姻之内的女性通过人工授精获孕，不在美国医疗保险范围之内。即便是在同性婚姻取得合法地位的法国，可以领养他人或者其中一方的子女，但禁止通过医学辅助手段获得受孕机会。单身女性、非异性婚姻，可以选择自己的婚姻状态或者模式，但不能选择合法的医学辅助手段进行人工生育。在多数州同性婚姻尚未取得合法的美国，医疗保险作为异性婚姻的卫道士，把这些"酷儿"拒之门外。尽管2000年该法案做了修改，不再把医疗机构介入作为必要条件，但是只包括阿拉巴马、俄克拉荷马以及德克萨斯在内的9个州做了相应调整，其他40余州依然沿用旧法。因此，很多有此需求的女性，选择接受朋友捐赠的精子或者通过网络寻找捐精者，以避开不被医疗保险覆盖的医学成本。但是当母亲无力抚养时，就会转而寻求政府救济，此时政府部门就会把非经医疗机构的捐精者当作生身父亲告上法庭。堪萨斯州儿童与家庭事务部发言人安吉拉·德·罗查表示，"当一名单身母亲为孩子寻求福利的时候，该部门通常会确定孩子生父，并要求其支付抚养费，以减免其他纳税人的花销"。[2]

[1] 参见 CRW 26.26.101

[2] 参见 http://news.xinhuanet.com/world/2013-01/04/c_124183082.htm，最后访问日期：2013年1月4日。

| 性别与法律：女性主义的实践

　　早在 2002 年，我国吉林省《人口控制条例》也通过了一项特别规定，单身女性可以通过医学辅助手段获得生育。但是随即，卫生部下发文件禁止各大医疗机构为未婚女性提供医学辅助手段受孕。这种前后大相径庭的冲突，等于宣布人工生殖是一项婚内特权。

　　诚然，婚姻的存在是多种因素的。婚姻的传统价值在于结两姓之好、以利男方绵延子嗣。中国传统的生育价值观更是视女人为生育工具，以传宗接代。从汉代到清朝，"无子"都在"七出"（无子、不事舅姑、淫僻、嫉妒、恶疾、多言舌、盗窃）之列。无后就要被休，无子须得任凭丈夫纳妾，轻则冷落让位，重则被休离家，女性特有的生育功能，却让女人为家庭背负了几千年的沉重枷锁。即便是在高度文明发展的今天，生育依然不是生命的延续，而是作为一种婚姻的附着。但婚姻究其本质，是社会经济、文化、政治相结合的产物，是一种人为建构的法律关系，而生育是人类繁衍的一种基本的需求，将生育行为这种人类生存的必须，禁锢在传统的婚姻价值观、生育价值观内，来决定生育行为是否正当，是一种反本质行为。随着家庭模式的多样化，同性恋家庭、非婚女士越来越多，将辅助生殖视为婚内特权，必将引发越来越多的社会问题。有位资深美国律师称捐精者被诉已经产生了"寒蝉效应"，让捐精者面对高昂的抚养费用对捐精行为望而却步。这位律师认为，除了修改法律，别无正解。

出自《中国检察日报》2013 年 5 月 16 日

（《法学创新网》转载）

中国女性就业歧视现状调查报告

随着我国经济的飞速发展和社会的转型,就业竞争也越来越激烈。由于目前就业市场供大于求,从而为各种就业歧视的大量存在提供了温床。在各种就业歧视中,对于女性的就业歧视尤为严重,已成为世界范围内的普遍现象。本报告主要对我国女性就业歧视现象进行了描述,并对这些现象加以分析,探求现象背后的根源;同时对我国已有的法律框架进行了梳理,分析现有法律规定对女性就业歧视的态度;针对上述存在的社会问题和法律问题,寻找解决我国女性就业歧视的可行性方案。

一、我国女性就业歧视现象

在我国的职场中,存在这样一种怪现象:求职中男性优先,而下岗中却是女性优先;社会重要岗位常常优先考虑男性。而家庭中的主要家务首先想到女性。即便是受过高等教育的女性,也难逃其中。在中国政法大学宪政研究所的一项调查中,调查"在就业过程中,受过何种歧视"的回答中,只有29%的人认为没有受过歧视,有71%的人认为受过各种歧视。[1]中央电视台"东方时空"和国内专业的招聘网站——智联招聘联合推出了2006毕业生就业状况大型调查。调查发现,竟然有74%的求职者遭遇过就业歧视。在接受调查的111家企业中,51%的企业曾因性别、年龄、相貌、地域等因素拒绝过应聘者。如果有歧视,有75%的企业不会告诉求职者真实原因。虽然近10年以来,中国女性就业得到了提高,但社会中的两性就业差距和分层差距也在日益加强。根据2000年第二期中国妇女社会地位调查结果,与1990年相比,城镇男女两性的在业率均有下降,但与男性相比,女性的下降幅度更大。其中城镇18岁至49岁的中青年女性在业率比1990年降低了16.2%。在下岗、失业人员中女性占56.2%,所占比重远高于她们在全部城镇单位就业人口中37.8%的比例;而当前再就业率,女性比男性低21%。《2003年中国劳动统计年鉴》显示:从1997年起,城镇妇女单位就业人数逐年下降,占就业总人口的比例也逐年下降。2002年,妇女占就业总人口的37.8%,比男性低24.4%。

实际上,在不同的就业领域和工作岗位以及就业后的不同阶段中,对于女性的歧视也是不同的,较为突出的表现为以下几个方面。

(一)就业机会不平等

在求职过程中,性别歧视成为毕业生就业途中难以绕开的绊脚石。广州某高校的范同学在其毕业之际,递交过简历无数,但全都是石沉大海。小范说她"一般先看招聘启事,只有自己

---

[1] 参见中国政法大学宪政研究所《中国十大城市就业歧视状况调查》,第二部分"就业过程中的差别待遇(B部分)",表B4-1。

的学历、专业、年龄等都符合对方要求时,才会寄出简历"。开始她不明白自己的"短处"何在,就向一些单位打电话追问被拒的缘由,一家主管宣传的地方政府部门答复称:"我们这里的女同志太多了,今年想招一个男生";另外一家大型企业招销售业务人员,他们认为女生不方便经常出差,无法胜任。看到其他一些单位的理由也大同小异,范同学才明白是"性别惹的祸"。[1]

尽管有统计表明,目前我国高等学校女生比例已达44%,基本上撑起了校园的"半边天",但就业的机会却远远低于男生。2002年,厦门大学曾对1000多名应届本科毕业生就业情况进行调查,调查显示,在相同条件下,女生就业机会只有男生的87%。[2]首都师范大学党委副书记张雪在一次访谈中也谈到,2002年学校未能落实单位的本专科毕业生中,近七成是女生。在已落实单位的女生中,许多人的求职经历比男生更为艰难,不少人被迫降低求职标准。根据上海市妇联对于女性就业问题的一项最新调查显示,高学历女性就业要难于同等学历的男性,就业成功率平均低10%。在女大学生中,20岁~29岁年龄,就业成功率要比男性低14.4%。[3]2004年上海市妇联曾经在复旦大学、同济大学等十所高校的1000名应届本科毕业生中开展的一项调查中显示:求职过程中,58.8%的女生认为遭遇了性别

---

[1] 贺大为、王新亚:"各色的就业歧视,求职者心中永远的痛",载新华网,最后访问日期:2004年5月9日。

[2] 参见"《促进就业法》需要性别意识",载农家女网,http://www.country-woman.net,最后访问日期:2006年1月17日。

[3] 参见史红:"女性'姿本'与'美女经济'",载北京社会科学院网,http://www.bass.gov.cn/,最后访问日期:2005年11月6日。

| 性别与法律：女性主义的实践

歧视。[1]王小姐是山东济南一所大学的四年级中文专业学生，英语流利，懂电脑，还担任学生社团负责人，并有组织和领导才能。她也曾经参与校内外各种活动，锻炼自己的领导才能，增加自己的领导阅历。她对自己的工作展望充满信心。但王小姐在某企业找工作时却遇到了麻烦。她认为她能完全胜任，但对她进行面试的人告诉她："我们不喜欢雇女职员，她们怀孕，不能出差，带孩子也影响工作。"而王小姐同班一位成绩不如她的男同学在面试后却得到了这份工作。[2]

除女大学生外，女研究生的求职之路也是举步维艰。曾丽，本科毕业到四川省忠县某中学教书，此后结婚生子。2001年，她考取了西南政法大学的法学研究生，希望毕业后实现到高校任教的理想。然而，毕业至今，她的理想也没能实现。在求职过程中，曾丽被年龄偏大、身高偏矮、户口不在本城等理由搪塞于各大高校门外。[3]而女博士更成为女研究生就业的重灾区，用人单位的拒绝理由是：光大学就读了10年，再加上12年中小学，女博士们最小也该有二十八九岁了吧，肯定一来上班就很快要生孩子。

不只是有些企业以种种理由拒招女生，一些单位在招聘国家公务员和事业单位人员的过程中也同样存在性别歧视。2006年，在全国十大城市调查问卷中，对于报考公务员时受歧视的

---

[1] 2004年的大学毕业生有280万，有80万人不能及时就业，其中相当一部分是女大学生。

[2] 伦基塔·德·西尔娃·德·阿尔维斯："《消除对妇女一切形式歧视公约》(CEDAW)在中国的使用指导"，资料来源于中山大学妇女与性别研究中心网，http://gendercenter.sysu.edu.cn/newsex/index.html，最后访问日期：2006年10月29日。

[3] 参见http://www.xsrx.net/Html/，最后访问日期：2005年11月25日。

因素调查结果如下：

表1 [1] **是否因下列之一因素在报考公务员时受歧视**

	有		没有		不记得	
	频次	百分比	频次	百分比	频次	百分比
因为女性	168	32.0	334	63.6	23	4.4
因为残疾	47	40.9	58	50.4	10	8.7
因外地户籍	125	43.0	158	51.8	22	7.2
因农民工	64	37.8	113	59.8	12	6.3
因为年龄	85	32.0	168	63.2	13	4.9
因体貌不扬	39	33.9	66	57.4	10	8.7
因低学历	142	45.0	161	50.9	13	4.1
因健康原因	46	40.7	60	53.1	7	6.2
因政治面貌	83	18.4	351	78.0	16	3.6

从表1中可以看出，在有的选项中，女性受歧视为32%。在同项调查中，认为女性在工作中的不便之处居于首位的是怀孕，占调查人数的26.4%，其次是产假占24%和哺乳期占20.5%。[2]

可见，孕期歧视[3]以及后续性问题，成为女性求职过程中的一个凸显问题。一些用人单位招工中用男不用女，用小（年

---

[1] 资料来源：中国政法大学宪政研究所《中国十大城市就业歧视现状调查》，第二部分"就业过程中的差别待遇（B部分）"，表B-3。

[2] 资料来源：中国政法大学宪政研究所《中国十大城市就业歧视现状调查》，第六部分"人们对歧视的认知与态度（F部分）"，表F-15。

[3] 沈阳姑娘庆怡（化名）原以为通过用人单位的笔试和面试后可以顺利工作，没想到，对方却提出对她和其他两名过关的女大学生进行强制孕检，没有怀孕的应聘者才可以正式到单位工作。参见《中国妇女报》2006年12月14日。

龄）不用大，招工时用青春期，签订劳动合同时避开孕期、产期、哺乳期等。一位女大学生向媒体反映了她遇到的一件奇怪事：她在与南京某银行签完就业协议之后，负责人又要求她在工作的前3年内不得怀孕。她对记者无奈地说："虽然现在大家基本都是晚婚晚育，但是被强迫不得怀孕毕竟与自愿不怀孕是两回事。"有记者随后电话采访了这家银行的人事处处长，据他说，不存在签"怀孕协议"的事，但是他同时也承认，考虑到银行业务发展的需要，口头上确实曾经要求新进女职员在3年内不得怀孕。[1]据业内人士透露，银行系统内要求女职员在一定期间内不得怀孕已成为不成文的规矩。据了解，现在许多用人单位在招聘女职员时往往有许多附带条件，其中最"性别分明"的一点就是女职员在一定期间内不得怀孕。一些企业在招聘女职员时甚至规定5年内不得怀孕，理由是生育子女而离岗、抚养孩子影响企业工作的连续性，增加了单位的成本支出。有些公司虽未做硬性规定，但一旦生育离岗，升职、加薪都将受到极大影响，使得大部分女职员被迫将生育计划一拖再拖。在黑龙江省和哈尔滨市人才市场的几次招聘会上，某些企业招聘女工时，竟提出了5年~10年内不得怀孕的条件。[2]

从上述统计和分析可以看出，从企业到国家机关，都不同程度地存在着就业中的性别歧视。而造成性别歧视的一个主要

---

[1] 参见北京吉利大学就业网，http://job.bgeelyuedu.com/nvsheng.shtml，最后访问日期：2005年5月15日。参见"女大学生求职代价：3年内不得怀孕"，载新浪网，http://news.sina.com.cn/s/2003-07-16/0522385525s.shtml，最后访问日期：2005年5月15日。

[2] 参见"10年内不得怀孕？"，载http://news.sohu.com/20050308/n224580210.shtml，最后访问日期：2005年3月8日。

因素是怀孕、生育和哺乳,除此之外就是一些传统的性别偏见使得用人单位将女生拒之门外。生殖繁衍,本属于一个社会问题,而不利后果却要由女性自身承担,对于女性而言,这种结果是极其不公的。如果很多年轻女性由于担心怀孕生产会被辞退和降职而迟迟不敢怀孕,影响了家庭和谐关系,甚而因就业歧视导致自杀现象、暴力乃至凶杀、爆炸案件常有发生,加剧社会矛盾,最终将会演变成为严重的社会问题。[1]

(二)退休年龄及退休金待遇不平等

男女不同龄退休,是我国性别歧视的一个事实问题和法律问题。不同龄退休的相关规定始于1951年政务院公布的《劳动保险条例》,其中第15条规定:男女工人退休年龄分别为60周岁、50周岁。1958年,国务院公布《关于工人、职员退休处理的暂行规定》,区分了女职工的退休年龄:女职员55岁、女工人50岁。1978年,全国人大常委会原则批准的《国务院关于工人退休、退职的暂行办法》(以下简称《暂行办法》)规定:全民所有制企业、事业单位、党政机关和群众团体的男女工人的退休年龄分别为60周岁、50周岁。其后颁行的有关退休年龄各种法规及文件,原则上都沿用了这一规定。

男女不同龄退休问题,早在2001年就引起了部分女学者的关注,认为这一问题足已构成对女性的歧视。[2]这种不同龄退

---

〔1〕 某地水电工程局10名女工,集体向当地人民法院提出离婚诉讼。这些女工,有的两情相笃,有的新婚燕尔,为什么要一纸休夫呢?水电局规定,合同制工人无配偶的才可与企业续签劳动合同。为取得劳动资格,10名已婚女工,只好以提出离婚诉讼的方式,集体抗议"婚姻歧视"。参见毛磊:"就业歧视已成为和谐社会隐患 立法禁止势在必行",载人民网,最后访问日期:2005年6月15日。

〔2〕 参见徐晓敬、万重:"'男女退休平等'议题浮出水面",载《辽宁日报》2005年3月14日。

休制度对女性所造成的不利后果体现在如下三个方面：

一是使女性平等参与社会发展的权利受损。有专家分析，按照中国目前的教育体制，以正常的读书年限算，妇女读了大学、硕士甚至博士以后再进入工作岗位，已近30岁，如果55岁退休，能在岗位上为社会做贡献的时间不到30年。由于女性退出职业生涯要比男性提早5年，使各级各类女干部在教育培训、职业发展和岗位晋升等方面的机会与男性相比差距较大，更不用说一些地方把女后备干部的年龄限定为县级40岁、地市级45岁以下，导致女性向高级领导和管理层的发展空间变小。在培养选拔时，一般50岁左右的处级女干部就不再继续提拔，这严重损害了女干部参与国家和社会事务的权利，并直接影响了正职和高层女领导干部的选拔，造成人才资源的极大浪费。对另一些女职工来说，50岁退休时正是她们工作最成熟的季节。经济学专家认为，国家对女干部、女职工进行培养的投入，如果在其贡献期就让其退休，不再为社会产生直接效益，等于浪费了巨额国家资产。

二是使女性经济利益受损。不同龄退休除了个人发展空间受到阻碍以外，更会导致一个更为现实的不平等结果。与男性同年参加工作的女性，如果提前5年退休，退休待遇按参加工作年限计算，工作年限越长，退休待遇越高，反之，则越低。这样，女性的退休待遇一般来说要低于男性。从工资构成来看，现在的工资构成适应体制改革的需要，与十几年前比已发生了很大的变化，以前工资构成主要以基本工资为主，退休和在职的收入差别不是太大，从现在来看，工资构成较复杂，影响收入的因素很多，如奖金、津贴等占工资一大块，这样退休后收入会减少很多。由于女干部提前退休，大多数女干部，特别是大学毕业后参加工作的女干部,很难达到 35 年工龄。如果女性是硕士生、博士生就更无法享受这一待遇,出现了"学历越高,参加工作时间越短,退休金越少"的现象。

三是女干部政策中的有关规定执行困难。为解决男女干部退休年龄不一致问题,人事部、中组部曾下发通知,规定女高级专家、女处级干部可 60 岁退休。但因附加了"确因工作需要""内部文件不转发,不宣传"等条件,难以落实。[1]

2003 年"两会"期间,参加全国政协第十届第一次会议的妇联届 66 名委员,提交了关于修改男女不同龄退休问题的提案,此后几年内,相同的议案被不断提出,但终未能获得实质性进展。立法上的滞后,也对司法造成了严重影响。2005 年,中国建设银行平顶山分行原出纳科副科长周某华因不服单位要求其 55 岁退休而提起劳动仲裁,平顶山市劳动争议仲裁委员会作出裁决,对申诉人周某华的请求不予支持。周某华随即将单位告上法庭。2005 年 12 月 9 日上午在平顶山市湛河区人民法院开庭,法官在听取了双方的辩论后宣布休庭,经合议庭合议后择日判决。但该案件最终以败诉而告终。

改革开放以来,中国女性的健康状况、文化水平有了较大提高。据了解,我国女性平均寿命已经达到 73 岁,高于男性平均寿命;国务院发布的《中国性别平等与妇女发展状况》白皮书数据显示:2004 年,全国普通高等院校在校女生达 609 万人,占在校生总数的 45.7%;女硕士、女博士的比例分别达到 44.2% 和 31.4%,知识女性真的顶起了"半边天";女干部占干

---

[1] 参见"公务员退休年龄应男女平等",载中国人才网,http://www.china-talent.com.cn/gjrc4/open/dt03.html,最后访问日期:2005 年 5 月 9 日。

部队伍总数的比例也已达到40%；计划生育政策的实行，更使女性的家庭负担大大降低。因此，越来越多的妇女希望与男性拥有同样的法定退休年龄，或者让她们在退休年龄上可以进行自由选择。[1]

与上述要求同龄退休呼声不同的是，政府方面对此问题的处理态度却是谨慎而且低调的。2005年，新修订后的《中华人民共和国妇女权益保障法》（以下简称为《妇女权益保障法》）第27条中规定："各单位在执行国家退休制度时，不得以性别为由歧视妇女。"这一条款并未对男女是否能够同龄退休作出实质性规定。全国人大常委会有关人士解释说，关于退休年龄，已经有其他的法律、法规进行了规定，本法就没有作专门的规定。但如此一来，妇女能否与男性同等年龄退休仍然没有得到解决。2006年1月1日施行的《中华人民共和国公务员法》也未对退休年龄有所突破，只说参照国家规定。

2005年12月15日国务院新闻办举行新闻发布会，劳动和社会保障部养老保险司司长焦凯平向媒体表示：对人们普遍关心的退休年龄问题，调整时机尚不成熟。焦凯平指出，这样的退休年龄规定存在一些问题，比如退休年龄偏低，男女退休年龄不同，干部与工人退休年龄标准不同、在界定上容易引发矛盾等。对此改革的呼声很高。但焦凯平说："中国人口众多，很多地方在进行结构调整和企业改革，就业方面的矛盾非常突出。而且这个问题涉及广大职工的切身利益，意见也不统一，所以需要慎重地作出决策。这次没调不等于永远不调，随着以后大

---

[1] 参见戴敦峰："早退休是福利还是义务？"，载《南方周末》2005年10月13日。

家形成共识,时机成熟了,将来是会解决的。"[1]

从发言人的口吻来看,近期之内解决不同龄退休问题还不太可能。但是,实行不同龄退休、将男女区别对待不符合国际标准和世界发展潮流。1980年7月17日中国正式签署了《消除对妇女一切形式歧视公约》(下称《公约》)。《公约》规定,各缔约国应采取一切适当措施,消除在就业方面对妇女的歧视,以保证她们在男女平等的基础上享有相同权利。《公约》还规定,"人人有不可剥夺的工作权利""享有社会保障的权利,特别是在退休、失业、疾病、残疾和老年或其他丧失工作能力的情况下,以及享有带薪假的权利"。

国外大都是实行男女同龄退休制度,无论是发展中国家(如印度),还是发达国家(如欧盟各国)。目前,男女退休年龄相同的国家(地区)多于男女退休年龄不同的国家(地区)。相同98国,占59.4%;不同67国,占40.6%。东欧和苏联地区男女退休年龄都不相同,其余地区相同数多于不同数。[2] 从不同龄退休走向同龄退休,在规定同龄退休的同时给予女性选择退休年龄的权利,应该成为国际退休制度发展的总趋势。

客观而言,《暂行办法》制定之初,是因为当时工作劳动强度较大、劳动安全和保护不发达,立法初衷在于解放妇女、保护女性劳动者,因而把提前退休当作一种"福利";而且在当时计划经济体制下,劳动者的工资收入并不存在太大的差别,退

---

[1] "退休年龄暂不调整",载法制网,最后访问日期:2005年12月16日。
[2] 参见潘锦棠:"世界男女退休年龄现状分析",载《甘肃社会科学》2003年第1期。

休与不退休的收入差距不大,所以女性提前退休不是个问题。但随着时代发展,而今要求女性50岁或55岁退休,在一定程度上限制了女性贡献社会、发展自我的能力。另一方面,统计数据表明退休金所占工资总额也发生了很大变化:1978年城镇离退休人员的人均离退休金为551元,同期的全民所有制职工平均工资为664元,退休金占到了工资总额的82.98%;2003年城镇离退休人员的人均离退休金为9485元,而同期全国城镇单位的在岗职工年平均工资为14 040元,退休金仅占到工资总额的67.56%。而退休金在人均工资中所占比例的下降必然导致劳动者退休后收入的锐减和生活质量的下降,实际上使得女性先于男性退休这一在当时带有照顾、优惠女性特点的制度已经丧失了其本来的作用,可以说这一制度已经构成一种保护性歧视。

  我们不能否认在男女退休年龄差异上,其制定的初衷是对女性的照顾,也一度被认为是保障妇女权益的象征。但我们同样也不能否认:随着社会的发展和科学技术的不断提高,随着女性自身文化程度和素质的不断提高,这一规定已经发生了质变,即已由原来的权利性保障变为义务性限制。在现代社会,女性的工作空间在不断扩展,原有的立法已经出现滞后,如何在立法层面尽快地改变现状,给女性的一个合理发展自己的工作环境和法律保障,应成为当下立法的一个时代任务。2006年进行的《中国十大城市就业歧视状况调查》数据表明:认为女性比男性早退休比较好的占37.9%,认为男女同龄退休比较好的占22.2%,认为由女性选择比较好的占18.6%。可见,认为同龄退休和由女性自己选择退休年龄的占40.8%,超过认为女性比男性早退休好的人数。[1]

从对妇女权益的保障来看，是否同龄退休应区别对待，将选择权交予个人。因为不同的就业环境和就业群体，会有不同的退休需求。社会上也有这样的声音，认为主张同龄退休仅是一部分女性领导干部和白领女性的要求，不反映大多数劳动妇女的要求。我们不能确定到底多少人赞成和反对，但对于不同龄退休确实有越来越多的反对声音，甚至是诉讼。所以，兼顾两种意见的最好办法就是让女性享有选择退休的权利，真正体现对女性的尊重和保障。

或者在男女正常退休年龄一致的基础上，允许男女自愿选择是否提前5年～10年退休，各级政府部门对于他们的选择予以尊重，并在待遇上等同于正常退休，这才是真正意义上的"男女平等"。在中国妇女第九次全国代表大会期间，中国政法大学夏吟兰教授也曾提出：男女同龄退休，并不是将同龄退休刚性定位，而是兼顾男女同龄退休的平等权利和妇女自主选择提前退休的弹性原则，即在胜任工作的情况下女性退休年龄与男性一致，而女性不能胜任工作或虽能胜任但本人不希望继续工作的，可以选择提前退休。这一倡议还是合乎女性需求和时代需要的，可以成为修改不同龄退休的一种立法解决方案。

（三）男女同工不同酬

根据《公约》的规定：不论男女，同样价值的工作都应该享有同等报酬（包括福利）、平等待遇的权利，在评定工作的表

---

[1] 资料来源：中国政法大学宪政研究所《中国十大城市就业歧视现状调查》，第六部分"人们对歧视的认知与态度（F部分）"，表F-8。

| 性别与法律：女性主义的实践

现方面，享有平等待遇的权利。[1]这一规定为同工同酬确立一个标准。但是同工同酬作为国际通行的一个基本原则，在各国的实施状况也是参差不齐的。

2001年，美国劳工部4月3日公布的一项报告草案显示，美国社会男女同工不同酬的现象严重，与男子相比，妇女通常要少拿1/4的工资。[2]德国一位32岁名叫玛利亚·施密特的女士，供职于著名的柏林经济研究所。5年前取得经济学博士学位的她在一家大公司任董事长助理，当时与她从事同样工作的一位同事每年的年薪至少高于她8万马克，主因只有一个，那就是这位同事是男性。德国《明星》周刊2006年通过组织专家对25万个工资数据的统计分析表明：男女雇员从事同样工作，女性雇员的工资收入比男性少30%，而且职位越高，男女工资之间的剪刀差越大。《明星》周刊对人事经理所作的问卷调查显示，人事经理中36%的人承认，同种岗位女性比男性收入少，17%被调查的人事经理甚至认为同等条件下女性收入会越来越少。[3]英国一家网站也对男女收入差异做了一次网络调查，调查结果大出网站所料，网站一位负责人对其网站调查数据所显示的严重现象虽然否认不能将性别作为男女收入不同的关键因素，但英国男女同工不同酬的现象却客观存在并愈演愈烈，"在首都伦敦，

---

[1] 参见《消除对妇女一切形式歧视公约》第11条第1款规定："……(d)同样价值的工作享有同等报酬（包括福利）、平等待遇的权利，在评定工作的表现方面，享有平等待遇的权利；(e)享有社会保障的权利，特别是在退休、失业、疾病、残废和老年或其他丧失工作能力的情况下，以及享有带薪假的权利……"

[2] 参见"美国男女同工不同酬"，载东方网，最后访问日期：2001年4月4日。

[3] 参见李越："德国：男女同工不同酬"，载《中国妇女报》2004年11月20日。

男性的年平均工资为 39 022 英镑，比该市女性的 28 833 英镑高 35%；在东米德兰和英格兰东南部地区，男性的工资水平比女性高 32%；在英格兰西北部和西南部地区，男性则要比女性多挣 30% 的钱；在苏格兰和英格兰东部地区，这一差距变为 29%"，英国女性的平均工资水平要比其男同事低 27%。从研究结果来看，英国男性的平均年薪为 30 948 英镑，而该国女性的平均年薪则为 23 977 英镑。英国《每日邮报》2005 年 8 月 30 日报道 2004 年英国男女间的收入水平差距比 2003 年扩大了 3%。[1]

我国对这一问题的解决，也并不尽如人意。据劳动社会保障部 2002 年进行的企业单位年平均工资水平统计，不同行业男女收入的百分比如表 2 所示：

表 2 不同行业男女收入的百分比[2]

部分行业	平均工资（元）		女性平均工资是男性平均工资的百分比（%）
	女	男	
农、林、牧、副、渔业	12 177	14 002	87.0
采掘业	8578	11 488	74.7
制造业	13 544	16 652	81.3
电力、煤气及水的生产和供应业	16 665	18 912	88.1
建筑业	15 396	17 400	88.5
交通运输仓储及邮电通信业	17 993	20 895	86.1
批发零售贸易和餐饮业	13 385	16 705	80.1

---

〔1〕 参见张咏："研究显示：目前英国社会男女间依然同工不同酬"，载中国网，最后访问日期：2005 年 8 月 31 日。

〔2〕 引自国家统计局人口和社会科技统计司编：《中国社会中的男人和女人——事实和数据（2004）》，中国统计出版社 2004 年版。

续表

部分行业	平均工资（元）		女性平均工资是男性平均工资的百分比（%）
	女	男	
房地产业	23 186	27 437	84.5
社会服务业	17 336	23 267	74.5
其他行业	13 937	17 141	81.3

在不同的行业中，男女同工不同酬成为一种残酷的现实。有很多人把这种收入不平等归结为男女教育资历不同，因为男性所受教育水平普遍高于女性，所以男性收入水平高。如果这种论调能够成为一种客观理由，那么如表3调查数据显示，同工不同酬问题同样存在于各学历阶层中：

表3[1]

受教育年数分组	平均年收入	
	男性	女性
6年以下	5 213.62	2 681.87
6年到9年	6 469.28	4 554.23
9年到12年	9 091.94	6 585.00
12年到16年	13 237.24	9 430.32
16年以上	12 948.34	10 455.61

虽然数据表明：随着受教育年数的增加，男性和女性的收入都在增加，但是在受教育相同的人群中，男性的收入均高于

---

[1] 引自国家统计局人口和社会科技统计司编：《中国社会中的男人和女人——事实和数据（2004）》，中国统计出版社2004年版。

女性，而且男女两性的收入差距呈现扩大的趋势。[1]2004年5月召开的首届"中国就业论坛"会上的一份调查显示，中国女性职业下沉现象开始凸显，男女两性收入差距加大。德国女性受教育程度是很高的，高中毕业生中53%是女性，大学生和大学毕业生中女性占48%，而且这一比例呈上升趋势。[2]但前文所述德国男女同工不同酬现象并没有随着学历升高而有所降低。

一般而言，决定收入水平的关键性因素除了教育水平以外，应该就是一个人的能力。据一项专门研究表明，女学生自律、勤奋、有韧性，女性就职、升迁、增资的机会并不比男性差。我国2000年妇女地位调查资料显示，社会已经普遍认可女性的能力。有82%的女性表示"对自己的能力有信心"，有80%的女性"不甘心自己一事无成"；对于"男性能力天生比女性强"的说法，大多数被调查者持不同意见，不同意者占66%。[3]但也许正是这34%的人群，决定了大多数女性的命运，从而使男女同工不同酬成为一种客观存在。

对于同工不同酬现象存在的原因，有专家认为女性自身也存在一些问题。美国经济学女教授巴博库克经过研究认为，男子和女子对待职业和工资的态度有根本的不同，57%的男性雇员在领取第一次工资后就会向雇主方提出新的工资要求，而提出这种要求的女性雇员只有7%。按照女性思维，只要你好好干

---

[1] 参见马凯："浅谈社会转型时期中国女性的生存和就业状况"，载http://www.2008red.com/，最后访问日期：2005年10月8日。

[2] 参见李越："德国：男女同工不同酬"，载《中国妇女报》2004年11月20日。

[3] 参见国家统计局人口和社会科技统计司编：《中国社会中的男人和女人——事实和数据（2004）》中国统计出版社2004年版，第104页。

性别与法律：女性主义的实践

活，你的工作就会被认可，工资自然会增加。这种典型的女性工作态度使得她们期望值小，满足率高。男子把与雇主的增资谈判看成是竞技场的搏斗，紧张而又刺激。如果女性自己认识不到这一点，不去争取应有的权利，那她不只是在降低自身价值，同时也在压低其他女性的劳动身价。[1]诚如所言，那么除了提高自身学识和技能以外，勇敢地争取自己的权益也是女性现在需要突破的瓶颈。

（四）岗位性别隔离

由于受到传统工业和传统观念的影响，用人单位基于性别对求职者进行挑选，明显地形成男性工作和女性工作分立的局面，从而产生了岗位性别隔离。从就业结构看，许多女性集中在劳动密集型行业，如服装业和纺织业；妇女在高科技产业中所占比例较低，有被边缘化的趋势。[2]横向上看，行业间，女性工作大多是家庭角色的社会延伸。从行业分布看，女性在批发零售、社会服务、教育、文化、卫生等领域工作的比例超过男性，在金融保险、科学研究和综合技术服务等和党政机关、社会团体工作的比例接近于男性。纵向上看，越是往上的管理层，女性越少。北京零点调查公司总裁袁岳说"在我所从事的研究咨询行业中，女性占从业总人数的70%多，而企业所有者与高层管理人员的70%却为男性"。[3]在智联公司进行的"女性在职业发展中遇到玻璃天花板吗"的调查中，认为到了高层职位，

---

[1] 参见李越："德国：男女同工不同酬"，载《中国妇女报》2004年11月20日。

[2] 参见"《促进就业法》需要性别意识"，载农家女网：http://www.country-woman.net，最后访问日期：2006年1月17日。

[3] "中国经济的性别特征"，载http://news.sina.com.cn/c/2005-08-30/05036814010s.shtml，最后访问日期：2005年8月30日。

女性明显减少的占到了53.73%；有一些感觉、还不是很明显的有15.38%；认为能力更重要、只要水平和能力到了，都一样的有15.27%；选择不同的行业情况不同、有的行业是阴盛阳衰的有12.70%；而没有感觉到、女性和男性一样的升迁的只有2.91%。[1]

上述"天花板现象"[2]不仅仅存在于企业之中，在国家机关同样存在。《两纲监测统计年报数据》显示了2000年到2002年间全国干部性别比例与上述调查相呼应。2000年女干部人数占到36.2%，2001年占到36.7%，2002年占到37.2%，干部级别越高，女性人数越少。1995年至2002年，全国法院的女法官人数所占比例为16.7%~21.6%；同期女检察员（含检察长、副检察长和助理检察员）所占比例为17%~22.1%，女律师所占比例为18.4%~24%。[3]从教育程度差异的角度来看，教育程度在"硕士以上"群体认为"目前中国的男性和女性职务/职称晋升机会不平等"的比例（82.5%），相对于其他教育水平群体的比例最高；"大学本科"群体次之（82.1%）；"初中"群体最低（68.0%）。[4]

上述数据使我们不得不追问，造成这种结果的原因何在？从新中国成立之初就确定的男女平等原则，为何在现实生活中

---

〔1〕 参见"2005年智联招聘三八节职场调查报告"，载慧聪网，最后访问日期：2005年3月11日。

〔2〕 "天花板现象"是指因为性别而形成的障碍。虽然女性可能已经通过了进入管理等基层的第一道门，但可能会在某处遇到看不见的障碍，从而影响向高级管理层进一步晋升。

〔3〕 引自国家统计局人口和社会科技统计司编：《中国社会中的男人和女人——事实和数据（2004）》，中国统计出版社2004年版，第87、92、93页。

〔4〕 参见"男女经济生活调查：八成持男女同工不同酬不公平"，载新华网，最后访问日期：2005年7月4日。

| 性别与法律：女性主义的实践

却有如此大的天壤之别？据调查[1]显示：在职务晋升和公务员的招录中，在有、很少选项中，排在前三位的是因外地户籍、女性和超龄，分别为23%、21.5%和19.2%；招聘公务员过程中，认为不合理的方面，排在第一位的是性别，占67.7%，排在第二位的是户籍，占66.3%，排在第三位的是身高，占59.8%。可见，在报考之初所进行的性别甄选，也是造成女干部所占比例很低的一个重要因素。但据统计，即便是女性占就业人数较多的单位，依然不能改变领导岗位上男性多于女性的现象。据智联招聘的职业专家分析：作为女性优点的细腻和决策慎重在另一方面也会成为她们上升的瓶颈，成为她们缺乏全面、强劲、果断、迅速、深刻决策能力的偏见，成为女性不得不面对的天花板。另外，已经形成的男性高管圈子自有圈内的话题和规则，对女性的进入也形成了壁垒。[2]

上述歧视现象只是较具代表性且现实中比较严重的几个方面，其中既有制度性歧视如男女不同龄退休等，也有观念性歧视如同工不同酬、岗位性别隔离，而求职歧视则是混合了多种因素。更为严重的是，随着社会和法律界反就业歧视呼声的不断增强，女性就业歧视也从显性歧视转为隐性歧视。[3]而隐性

---

〔1〕 资料来源：中国政法大学宪政研究所《中国十大城市就业歧视现状调查》，第二部分"就业过程中的差别待遇（B部分）"，表B-3。
〔2〕 参见"2005年智联招聘三八节职场调查报告"，慧聪网，最后访问日期：2005年3月11日。
〔3〕 作者同事的女友去年研究生毕业，报考了北京某中院，虽然该院并没有明确要求只能男生报考，却无一女生被录用，这一现象足以令人疑心大起。南开大学校园网上的招聘也曾出现限招男生的广告，但是待作者闻讯再次查找时，该广告的性别要求已经被删除。但既有心理预期在先，这种性别甄选在实际招聘过程中是否也能被删除掉，也会让人怀疑它的公正性。

歧视就更不容易被发现和消除，从而使反就业歧视的任务也更为艰巨。

二、造成女性就业歧视的原因

尽管女性就业歧视已经严重存在，但并非为社会所普遍认可。有一部分人认为从劳动力配置市场化以及企业运作的客观规律看，某些被异口同声认为的"歧视"，其实也许根本就算不上什么歧视，例如专家列举的年龄歧视、性别歧视、学历歧视等。企业，无非是以资本为纽带或基础、通过市场化的生产要素配置形成生产服务能力、从而创造利润的一种经济组织。劳动力当然也是企业从市场上购买的生产要素之一，或者说，劳动力也是一种商品。企业从市场上购买劳动力，与消费者到商场购物，在心理动机和行为规律上不应该有本质区别：一是购买是自主自愿的行为；二是享有充分的自由选择权；三是都希望买到"性价比"最高的商品。因而企业有所选择的选用：其一，它并没超出自由选择权的范围，故无可厚非；其二，不理性的购买行为必然导致"消费"效能下降和经济损失。而且从某种意义上说，既然有自由挑选就难免有"歧视"，而作为被挑选者，其实也谈不上不公平。因为作为劳动力市场，它是由众多不同的挑选者构成的，正是因为挑选者的"定位"不同，才构成一种市场"生态"的均衡。[1]

更有人认为就业率作为衡量毕业生就业男女差异的重要指标，调查统计的结果显示差异并不明显。根据教育部对我国高校毕业生一次就业率的统计，在2000年和2001年，女性毕业生

---

[1] 参见刘以宾："辨析'就业歧视'"，载《经理日报》2005年6月21日。

的就业率确实要略低于男性，但这种性别差异并不明显。如果具体到各个学科门类，在所列举的毕业生较多的几个学科门类中，工学和法学类专业男性毕业生就业率较高，而在文学、理学、医学等学科专业，女性毕业生的就业率不仅不低，甚至还高，但这种差异都不是很大，即不能由此认为在就业率方面存在严重的性别差异。从总体上看，在就业率、工作单位、起薪、求职付出等方面，男女毕业生就业状况的差异都不十分明显，至少是还不能从中证实存在明显的重男轻女和性别歧视现象。男女毕业生在起薪方面的差异也可能主要是所学专业、从事职业等方面的差异造成的。……正确的态度应该是，一方面要看到女性毕业生在就业方面的特殊困难，要看到某些单位（如部分企业）确实存在偏好男性的现象，并给予充分的重视；另一方面也不能过分夸大和渲染所谓的"性别歧视"。[1]

一方面是对企业这种用人时的性别甄选并不认同为歧视，另一方面是认为即便存在一些就业率的差异，但不足以大惊小怪。在女性就业过程中也存在一些客观因素，使得有一部分人对于女性就业歧视认识有误或不足，并进而加剧了就业歧视。在对产生歧视的原因所进行的调查[2]中显示：排在第一位的选项是劳动力供过于求，有24.3%。劳动力市场供大于求的现

---

[1] 文东茅："质疑大学生就业之'性别歧视'"，载《中国大学生就业》2003年第6期。文中尚有：根据对1998届毕业生的调查，在毕业生从事的职业类型方面，比较明显的特点是：女性从事工程技术工作的比例远远低于男性（低20.6%），而当教师的比例远远高于男性（高10.9%）；在单位性质方面，女性进入国家机关和国有企业的比例较低（分别比男性低2.5%和8.8%），而到学校和三资企业工作的比例却较高（分别比男性高11.1%和3.8%）。

[2] 资料来源：中国政法大学宪政研究所《中国十大城市就业歧视现状调查》，第六部分"人们对歧视的认知与态度（F部分）"，表F-7。

实,为用人单位人为地抬高就业门槛、设置性别限制提供了条件。当前我国劳动力市场的供求矛盾,党政机关、事业单位的机构改革,国有企业改制都直接影响了对女性劳动力的吸纳能力。

第二是社会保障体制不健全,选择比例达到 16.3%。[1]由于社会保障体制不健全,使得生育成本需要企业自身承担,被企业认为无形中加大了成本,再加上其他因素,很多女性被用人单位拒之门外,或在录用后提出限制生育的禁期。生育成本从根本上说是产生女性就业歧视的根本原因,也因此成了女性就业的最大障碍。[2]在当前经济转型的过程中,特别是劳动制度市场化改革使得中国女性受到很大的冲击和挑战,女性一旦失业,就会面临生存困境;中国目前依然实行的是男女有别的退休和保障制度,较高的退休福利成本(女性提前 5 年~10 年退休,寿命长,要承担更多的退休金)等都会成为女性就业歧视的潜在因素。

第三是效率与效益第一因素影响,选择比例达到 16%。[3]这一选择可能是由于传统的社会性别观念对劳动力市场产生着

---

〔1〕 资料来源:中国政法大学宪政研究所《中国十大城市就业歧视现状调查》,第二部分"人们对歧视的认知与态度(F 部分)",表 F-7。

〔2〕 全国律协劳动与社会保障专业委员会主任、劳动法学博士姜俊禄认为,限制女性就业在于女职工与男职工之间在劳动力成本方面存在着很大差异,最主要的是生育问题,女职工在孕期、产假期、哺乳期不能提供劳动(最长可达一年),但是用工单位还要提供工资。此外有孩子的女职工天然地会在照顾孩子以及家庭方面投入比男职工更多的精力,如果从企业经营管理尤其是企业效益的角度,用女职工多的企业就比用男职工多的企业付出的成本高。转引自毛磊:"就业歧视已成为和谐社会隐患 立法禁止势在必行",载人民网,最后访问日期:2005 年 6 月 15 日。

〔3〕 资料来源:中国政法大学宪政研究所《中国十大城市就业歧视现状调查》,第二部分"人们对歧视的认知与态度(F 部分)",表 F-7。

影响。现在部分用人单位对女性的能力和价值认识有偏差，认为劳动生产率预期要低于男性（女性精力分散于家庭角色、发展潜力相对不足）。过分夸大生育、养育、更年期对女性就业的负面影响，加剧了妇女在就业竞争中的不利处境。国务院发展中心著名经济学家刘力群认为："妇女就业与再就业难，固然与劳动力市场的供求矛盾密切相关，但是传统的社会观念对许多人，特别是相关决策者和管理者仍有相当大的影响，也是一个重要原因。"[1]并就此问题询问一些女厂长或者女经理其企业的情况，"但恰恰是她们，非常激烈地反对招收女职工，因为她们最知道招聘女员工成本高、产出低"。刘力群分析认为，由于女性有生育、操持家务等自然附加成本，追求利润最大化的企业自然不愿意接受"性别亏损"的女职工。而男性在工作中可以无限制地投入，具有体力精力等多方面的优势，成为就业市场普遍受欢迎的宠儿也就不奇怪了。一些单位认为女性性别成本高，家务负担重，要怀孕、生孩子、养孩子，会影响单位经济效益，故不愿雇佣女性。还有就是女工下岗人数多，部分再就业困难。

除了上述调查中的因素以外，还有几个较为有影响力的因素：

一是我国法律中虽然规定了男女享有平等就业权利，但由于操作性不强和缺乏罚则，对就业歧视未能起到有力的遏制作用。如实施多年的《中华人民共和国劳动法》（以下简称《劳动法》），就业歧视的法律责任还是空白。

---

[1] "中国经济的性别特征"，载 http://news.sina.com.cn/c/2005-08-30/05036814010s.shtml，最后访问日期：2005年8月30日。

二是对劳动力市场的监督管理不力,特别是对私营中小企业和非正规就业领域的监管不到位。工商、税务、民政、劳动保障、卫生和城管等各个相关部门缺乏协调配合,重复管理和监管不到位的问题并存,一些地方政府对外资、私营中小企业疏于监管,使得女性在一些地方更容易失去工作。

三是妇女自主创业难度较大,缺乏创业技能培训和服务。女性在很多方面受到限制导致其教育程度普遍不高或技能培训不足。据2002年全国对8个大中城市4000名下岗失业妇女的调查,女性下岗后没有参加过再就业培训的占54.9%。[1]另外,女性自身的择业倾向(具体性或者和语言、形象有关的职业)导致就业瓶颈、转岗的培训成本高(女性自身的专业知识结构和兴趣使得雇主会支付比男性多的成本)。

四是历史和社会的原因。[2]几千年的封建专制下的"纲常礼教",使得男尊女卑的观念在社会中形成了一种心理沉积。虽然现代社会文明已经高度发展,但整个社会依然有一种司空见惯的对女性的偏见,觉得女性最应该呆的地方就是家里。一些正式组织设置各种限制性政策限制女性进入就业领域,一些非正式组织又用解决就业为口号招聘女性中的貌美群体,迫使她们成为社会特权和精英阶层的"消费品"。

五是家庭原因。女性,自古以来就被认为是家的"奴隶"。虽然中国女性就业水平和同等国家相比是较高的,但是她们从

---

[1] 参见任正英:"《促进就业法》需要性别意识",载《中国妇女报》2005年3月11日。

[2] 资料来源:中国政法大学宪政研究所《中国十大城市就业歧视现状调查》,第六部分"人们对歧视的认知与态度(F部分)",表F-17。传统观念的影响位居第二,占29.3%。

事的大多是全日制工作,其劳累程度不亚于男性。但是,由于中国的家务劳动尚未社会化,又使女性在工作的同时还要承担繁重的家务劳动、养育子女和赡养老人的义务。这最终造成女性疲惫,或发生角色冲突,同时也造成女性就业困境。更有甚者,传递出女性回归家庭的呼声。在影响女性升迁的调查数据中,排在前三位的因素是生理因素、传统观念和家庭与私人杂事多,分别有30.5%、29.3%和27.9%的被访者选择了这些选项,[1]这与上述分析相吻合。如此而言,女性为社会、为家庭所作的贡献,反过来却成为自身谋求发展的障碍。

即便是有种种原因影响女性就业,但女性自身也在不屈不挠地证明自己的工作能力、综合素质和社会地位。在CCTV2《绝对挑战》清华科技园建设股份有限公司招聘战略投资经理那期,两位清华的MBA男士和一位人大的MBA女士同台竞争,尘埃落定后我们看到两位本家弟子却与清华科技园失之交臂,企业将"鲜花"抛给了这位唯一的女子。尽管我们的调查显示女性在职场的待遇尚不平等,但是在职业多样性、机会到处存在的今天,职场的性别差距已经越来越小。女性在人力资源、媒体公关、创意设计、市场营销都已经风光无限,让男性羡慕不已,而男性也进入到幼教、护士、甚至保姆等职业。[2]

曾经有调查说:在对个人工作业绩的影响方面,情商的影响力是智商的两倍,而在高级管理者中,情商对于事业成败的

---

[1] 资料来源:中国政法大学宪政研究所《中国十大城市就业歧视现状调查》,第六部分"人们对歧视的认知与态度(F部分)",表F-17。
[2] 参见"2005年智联招聘三八节职场调查报告",载慧聪网,最后访问日期:2005年3月11日。

影响力是智商的九倍。相对于男性,女性的耐心、韧性在认识自我、控制情绪、激励自己以及处理人际关系方面都有超越男性的优势。[1]管理大师亨利·明茨伯格在《关于管理的十个冥想》中也提到:"组织需要培育,需要照顾和关爱,需要持续稳定的关怀。关爱是一种更女性化的管理方式,虽然我看到很多优秀的男性CEO正在逐步采用这种方式。但是,女性还是有优势。"[2]这对目前严重遭受就业歧视的女性而言,不仅是一种肯定,更是一种福音。

三、女性就业歧视的确认标准

与生理性别(Sex)相比,社会性别不仅承认两性在生理上的性别差异,而且认为此差异不应固化为社会性别角色定型,不应形成男女参与社会发展的障碍和男女不平等的依据。消除女性就业歧视,应该以社会性别为基础,确立歧视的标准,从而在法律上寻求解决之道。由于我国对就业歧视的研究尚处在起步阶段,很多问题的探索还没有形成定论。但是,我们不妨借鉴一下国外比较成熟的立法例,尝试性地确立女性就业歧视的几个标准。

(一)面试时进行和工作性质无关的区别性提问

单位在招聘时如果要求应聘者提供婚姻状况、家庭等个人隐私情况,应该视为性别歧视。这个标准在美国和加拿大都有类似的判例。1966年,Martin Marietta公司告诉Phillips女士该

---

[1] 参见中国政法大学宪政研究所《中国十大城市就业歧视现状调查》,第六部分"人们对歧视的认知与态度(F部分)",表F-16。
[2] "2005年智联招聘三八节职场调查报告",载慧聪网,最后访问日期:2005年3月11日。

| 性别与法律：女性主义的实践

公司不接受有学龄前孩子的母亲申请工作。[1]Phillips女士认为这一决定存在性别歧视，因而提起了诉讼。在动议法院下达简易判决时，Martin Marietta公司雇佣了有学龄前孩子的男子作为该公司职员。在Phillips申请这一工作时，该公司申请这一职位的、在装配学徒岗位上70%~75%都是女职工。最高法院的判决指出，在都有学龄前孩子需要照顾的情况下，不能针对男子制定一个就业政策，针对妇女制定另外一个雇佣政策。最高法院进一步指出，该公司不能建立一个真正的职业资格以此说明有照顾学龄前孩子这种家庭责任的妇女的工作表现会受到妨碍，而男人则不用在家里承担照顾学龄前孩子的责任。最高法院指出，当涉及个人工作表现特点时，即使与父母承担的责任有关，也只能制定对男女申请人性别中立的雇佣标准。

美国的金女士也是因为面试受到了不公正的提问而提起诉讼，因为雇主询问了她有关怀孕、分娩、托儿等问题。雇主在对其他人面试时并没有询问相同的问题。法院的判决说，非常明显的是，雇主不能对求职者适用两套面试政策：一套适用于女性求职者，而另一套适用于男性求职者。法院认为，在面试时对求职者提出具有性别陈见的问题，可以推论为：在雇佣过程中的面试阶段对不同性别求职者的区别对待，起码有一部分是非法歧视的结果。[2]

加拿大的Maureen Barbano在申请、被面试，但是未能得到想要的某机构主任位置后，起诉了麦迪森县。[3]因为在对Mau-

---

〔1〕 Phillips v. Martin Marietta Corporation（Supreme Court of the United States 1971），400 U. S. 542，91 S. Ct. 496，27 L. Ed. 2d 613.

〔2〕 King v. Trans World Airlines, inc.（1984）.

〔3〕 Maureen Barbano v. Madison County（1990）.

reen Barbano 进行的唯一一次面试时，委员会的一个成员告诉她，他不会考虑让女性得到这个工作职位。同样是这个人在对她面试时问到她的孩子分娩计划以及她的丈夫是否会同意她把接送男性退伍军人当作她工作义务的一部分。尽管 Maureen Barbano 一再坚持这些问题是歧视性的并与工作无关，但主持面试的其他五位成员并没有一个人同意她的看法，也没有人出面表示不同意面试委员会成员询问求职者这类问题，也没有人尝试制止这些成员轮番向她提出此类问题。上诉法院维持了地区法院的判决，认为麦迪森县歧视 Maureen Barbano。法院发现，面试提问以及委员会成员的陈述明显是歧视性的并直接影响了委员会的雇佣决定。法院认为，面试本身就是歧视性的。

但是对这一标准的认定，在实际操作中也还是会有不同意见。在 Stukey v. United States Air Force (1992) 案[1]中，雇主询问原告的婚姻状况、工作能力、与男同事出差、托儿安排等问题。但在对男性申请人面试时则不询问这些问题。在审查了双方的上诉意见后，法院认为原告没有证明雇主在作出最终的雇佣决定时具有性别偏见因素。另外，在 Bruno v. City of Crown Point (1992) 案中，对原告唯一的一次面试，面试人询问她有多少个孩子，她打算要多少个孩子、托儿安排以及她的丈夫如何看待她申请这份工作。主持面试的人作证说，在对男性申请人面试时，他没有询问此类问题。原告认为，性别因素是促使雇主作出雇佣决定时的一个因素。下级法院认为面试时提出的这些问题构成性别歧视。陪审团判给她 3 万美元赔偿金并要求

---

〔1〕 参见"世界著名性别公益诉讼案例选"，载妇女观察网，http://www.womenwatch-china.org，最后访问日期：2005 年 12 月 20 日。

| 性别与法律：女性主义的实践

市政府雇佣她作为享有全部工龄和福利的护理人员，陪审团还判给她律师费和法院案件审理费。但是上诉法院并没有认同，推翻了这一判决。

对这一标准的把握，关键在于举证。而事实上，承担举证责任对于遭受就业歧视的女性来说是不容易的。在美国的司法实践中，将这种情况称为托辞性理由，即"原告如果声称自己未被雇佣的原因是因为自己是女性，就得证明雇主故意歧视她。但是一旦原告做出因性别理由被拒绝雇佣的推论，证明责任便转移到了雇主身上。如果被告提出了拒绝雇佣她的替代性的、合法的和非歧视性的理由，原告便有机会证明被告陈述拒绝雇佣她的理由是某种借口而已"。[1]

（二）以"绝对等同"代替"平等"

由于女性特殊的生理条件，因而女性在特殊时期不能等同于正常状态的他人。绝对的"等同"必然导致对女性的不公正待遇，形成性别歧视。陕西封某是一名护士，20年前在工作中不慎触电，当时她已怀孕7个月。事故发生2个月后，她生下一子，该子长到3岁时被确诊为弱智。她一直认为工伤和她儿子的智障有因果联系，不断要求单位赔偿。但此事不仅没有得到妥善处理，反而因为她不断地找单位领导而被迫下岗，之后夫妻离异。20年后，她受一则报道的影响，提出胎儿损害的民事诉讼，同时要求劳动部门进行工伤伤害胎儿损害认定，但均未成功。此案虽有时效和因果证据的复杂性，但反映了一个立法上的"性别盲点"——国家在工伤立法时，假设的受害者是

---

〔1〕 "世界著名性别公益诉讼案例选"，载妇女观察网，http://www.women-watch-china.org，最后访问日期：2005年12月20日。

一个男性。因为男性不存在怀孕问题，无身体在特殊情况下的"二位一体"特征。因而只能认可对胎儿伤害进行民事赔偿的合理性，不可能获得工伤对胎儿的伤害是对母亲伤害的一部分的认知。[1]

但是，在同样情况下，国外进行了区别对待。美国 General Electric Co. v. Gilbert[2] 一案，当事人认为根据《民权法》第七章，General Electric Co. 残疾人计划歧视妇女，因为该计划没有考虑到孕妇的特殊情况。最高法院同意 Geduldig 案中将怀孕妇女与其它条件下的妇女享受的残疾计划区别对待的判决意见。

在另一判例[3]中，最高法院认为不能因为妇女的特殊状况和人们不同而歧视妇女。为了决定是否发生了性别歧视，法院把孕妇置于现实和她们所处的背景状况下进行考察。法院指出："给妇女提供工作，与考虑女性作为母亲的需要和为她们提供分娩帮助，愈益成为雇主必须遵守的要求。不得歧视在经济和社会上处于弱势的能够生儿育女并在整体上造福社会的妇女，这一道理是显而易见的。只有妇女才可以怀孕产子，没有哪个男子可以怀孕。如我早先指出的那样，把所有负担强加在女性这一半人口身上是不公平的。由于怀孕而对妇女差别对待和歧视除了是性别歧视还能是什么？或者认为这种只施用于妇女的限制性法律，没有歧视这些妇女。"

---

[1] 参见陈明侠等主编：《性别与法律研究论坛》，中国社会科学院法学研究所性别与法律研究中心印制 2004 年版，第 64 页。

[2] 参见"世界著名性别公益诉讼案例选"，载妇女观察网，http://www.womenwatch-china.org，最后访问日期：2005 年 12 月 20 日。

[3] Brooks v. Canada Safeway Ltd.，选自"世界著名性别公益诉讼案例选"，载妇女观察网，http://www.womenwatch-china.org，最后访问日期：2005 年 12 月 20 日。

（三）因怀孕、生育遭到解雇或降职、降级

在前文关于歧视现象、歧视原因的调查中，女性孕期问题对就业及发展都造成了严重影响，因而在这类问题上也急需确定歧视标准，并跟进相关立法。印度在 Air India v. Nergash Meezra 案中，[1]一批女空乘服务员以性别歧视为由，挑战航空公司一项关于男女空乘服务员不同待遇的规定。它规定女空乘服务员一旦怀孕就得退休。最高法院认为该规定专断，无宪法上的根据并推翻了这一规定。最高法院认为，根据平等保护条款，航空公司的这一规定令人震惊。法院判决说，14条无处不在的合理性原则如同"隐约遍地存在的东西"。法院认为印度航空公司的规定"完全没有职业道德"，"显示出不顾人的价值代价而极其自私的意识"。

中国也有类似的状况发生，Y 女士 1995 年与工厂签订了为期 5 年的劳动合同，2000 年 Y 女士怀孕。开始，她所在工厂没有给她生育指标。在答应给她一个生育指标后，工厂要降低她的工资一级，生育费用不予报销。后来，在 Y 女士休产假时，工厂终止了 Y 女士的劳动合同。于是，Y 女士以工厂在她休产假期间终止劳动合同为由申请劳动仲裁委员会仲裁。7 月份，她拿到了工资，但远低于国家规定的最低工资标准。在她等待重新安排工作期间，她也没有从工厂拿到任何薪水。工厂还降了她一级工资，生育费用也不予报销。[2]但因为没有相关歧视标

---

〔1〕 参见 Air India v Nergash Meezra 1981 4 SCC 335。"世界著名性别公益诉讼案例选"，载妇女观察网，http://www.womenwatch-china.org，最后访问日期：2005 年 12 月 20 日。

〔2〕 参见伦基塔·德·西尔娃·德·阿尔维斯：《〈消除对妇女一切形式歧视公约〉（CEDAW）在中国的使用指导》，资料来源于中山大学妇女与性别研究中心网，http://gendercenter.sysu.edu.cn/newsex/index.html，最后访问日期：2006 年 10 月 29 日。

准及可实际操作的法律规范,当事人只能无果而终。实际上,我国已经加入的《公约》中第11条第2款规定:禁止以怀孕或产假为理由予以解雇,以及以婚姻状况为理由予以解雇的歧视,违反规定者得受处分;实施带薪产假或具有同等社会福利的产假,不丧失原有工作、年资或社会津贴……。

从欧盟法中对于假想比较对象态度的变化,也可以看出以男性为标准是已经陈旧的、不公正的标准。例如,1994年,申请人Dekker没有被招募的原因是她怀孕了。因为只有妇女能够怀孕,她的性别成为她不能获得工作的原因。所以,一个因果关系标准被引入了直接歧视的概念,[1]也引起了对假想比较对象的立法争论。在平等立法下的怀孕待遇遭到了大量批评。平等立法是建立在对一种性别的人所受的待遇与异性所受的待遇进行比较的基础上的,这种结构不适合怀孕的情况,因为不同性别的需要相异。"第92/85号怀孕指令"之所以得到欢迎,是因为它打破了这种比较性分析方法,将怀孕视为有特殊需要的特别问题。它为三种类型的女性劳动者提供了起码的保护:怀孕的员工、临近产期的员工和在哺乳期的员工。规定中包括对远离危险情况的保护和除了与怀孕无关的例外情况外,在产假期免遭解雇的保护,它为产前检查提供带薪假,规定产期报酬的最低标准和在产假期内对兼职和固定期限劳动者的保护等。[2]

(四)非工作性质要求的性别定岗和区别待遇

因为近年来学者和社会对性别歧视的愈益关注,就业歧视

---

[1] 参见袁发强译:《欧盟法》,武汉大学出版社2003年版,第309页。
[2] 参见袁发强译:《欧盟法》,武汉大学出版社2003年版,第309页。

也越来越隐蔽。在招聘信息的发布中，已经注意相关措辞，这样就会制造一种不歧视的假象。但是在最终的招聘人员中却难以发现有女性录用者。对女性而言，这种结果是极其不公平的，也是不公正的。但因为我国歧视标准和相关立法的缺失，使得遭遇此类状况的女性投诉无据也无门。在国外的立法例中，相关问题已经被确认为构成歧视。如在 Thorne v. City of El Segundo 案中，原告 Thorne 申请一个警察职位。她在笔试中得到了第二高分的好成绩并通过了考试。但有权推荐这一职位的部门却认为她不合格。在上诉中，法官在判决中说："档案中的证据足够证明法律上这样一个结论，即事实上 Deborah Thorne 被拒绝这个职位是违反美国《民权法》第七章的故意歧视。因为对她的身体能力的性别陈见而拒绝雇佣一位妇女符合《民权法》第七章的恶意歧视。同样，对女性适用对男性不适用的道德正直标准也违反《民权法》第七章。Deborah Thorne 案的证据足够证明在考虑她是否能够获得这个职位时，性别陈见发挥了作用，并且使用了不平等的工作考评标准。"[1]

加拿大北卡罗来那州 Bessmer 市雇佣娱乐中心主任，有8位申请人竞争这个职位。在这个案件中，原告人是一位39岁的拥有大学社会研究和教育学位的学校教师，她是被面试的8位竞争人中唯一的一位女性。在面试之后，委员会决定把这一职位给一位刚从大学毕业的学物理的名叫 Donald Kincaid 的小伙子。由于确信她被委员会淘汰只是因为她是妇女，原告以性别歧视为名向平等就业机会委员会地方办公室提起诉讼。在得到平等

---

[1] Anderson v. City of Bessemer，节选自"世界著名性别公益诉讼案例选"，载妇女观察网，http://www.womenwatch-china.org，最后访问日期：2005年12月20日。

就业机会委员会的起诉权信件后,原告向北卡罗来那州西区地方法院起诉。让法院从性别偏见角度推论而认定的关键性事实是:只有原告在面试时被问到是否她意识到她申请的这个工作要上夜班和出差,是否她丈夫同意她申请这一工作。其次,法院查明,由男性组成的委员会事实上因为她是妇女而对她抱有偏见。法院根据一位委员会成员的作证得出这一看法。这位委员会成员在作证时说:对一个妇女来说应付这一工作是非常难的,他是不会让他的妻子做这一工作的。最后,法院查明,由男性组成的工作遴选委员会作出的不雇佣她的理由只是一个借口。最高法院支持地区法院对案件事实的认定。最高法院判决指出,原告高出他人一截的资格以及遴选委员会对她怀有的偏见足够支持这样的推理:上诉人被拒绝给予娱乐中心主任这一职位是因为她是女性。[1]

除了性别定岗以外,男女不同工同酬或区别待遇也是需要确立歧视标准的一个重要范畴。美国对此问题进行了专门立法,即《平等工资法》。在 Shultz v. Wheaton Glass Co. 案中,原告在诉状中声称,被告歧视女包装工。被告只给她们每小时支付 2.14 美元。而给男包装工小时工资是 2.35 美元。在起诉时,原告就是援引了 1963 年的《平等工资法》。该法律规定,禁止雇主以对某种性别的人支付的工资低于其他性别的人的方式对职工进行性别歧视。[2]

薪金或报酬的支付应该是根据一个人的付出来确定,不应

---

[1] 参见"世界著名性别公益诉讼案例选",载妇女观察网,http://www.womenwatch-china.org,最后访问日期:2005 年 12 月 20 日。

[2] "世界著名性别公益诉讼案例选",载妇女观察网,http://www.womenwatch-china.org,最后访问日期:2005 年 12 月 20 日。

该以性别作为区分标准。如果认为男女体力存在差异而出现工作效率的不同,可以进行量化式的薪金标准,如计件工资等。1951年的《男女工人同工同酬公约》规定,通过采用下列措施可推动同工同酬原则的贯彻和施行:工作种类划分和工资结构确定应该以客观标准为基础,而不应该与从事该工作的职工的性别相关;工资标准、集体协议、工资和福利体系、工资计划、福利计划以及医疗计划中不应该含有涉及职工性别的因素;对于在某一工作种类或工资级别上对职工有按性别分类性质的工资体系或结构,应该重新审视并进行适当调整和修改,保证从事同类工作创造相同工作价值的其他职工不会被列为不同工种,也不会因此被划入不同的工资报酬级别。为贯彻同工同酬原则,在工作场地还应该采取其他一些手段和措施。以下几点尤其需要得到保障:当发现同工不同酬现象时应该采用相应的补偿措施;组织和开展培训活动,让工作人员特别是监督管理人员了解到职工工资支付应该基于其所做工作的价值而不应该同从事该工作的人相关的原则;若某一工作场地存在不平等的工作分类或工资结构,管理层和受到影响的职工代表和女职工代表应该共同就同工同酬问题进行专门谈判。[1]

四、我国现有法律框架与消歧对策

就我国目前的法律框架而言,并不缺少相关女性就业权益的保护性条款。但这些保护性条款,更像是一种宣言。在这些规定中,既缺少执行机构也缺少相应的罚则,使得这些规定缺

---

[1] 参见邵芬、刘启聪:"妇女权利的国际法保护及其面临的挑战",载《现代法学》2002年第5期。

少了可诉性；而不具有可诉性特征的法律规定，则往往会停留在字面意义上而缺少了实质可能性。法学家[1]认为现有的法律规定太原则。比如，《劳动法》第12条规定："劳动者就业，不因民族、种族、性别、宗教信仰不同而受歧视。"但从实践中看，有关就业歧视的形式在不断变化翻新，如一些雇主在招聘过程中设置的具体限制，就难以纳入《劳动法》调整范围。《妇女权益保障法》和《中华人民共和国残疾人保障法》（以下简称《残疾人保障法》）中，也都有相应的反对就业歧视的规定，不允许歧视民族、种族、性别和宗教信仰。但应该怎么去操作，在哪一些情节下不属于男女就业平等的范畴，哪一些情节下侵犯了不同性别的劳动者的利益，没有明确的规定，还有很多空白。而由于没有在法律当中设置相应的法律责任，没有法律责任条款，法律就没有威慑力，也就无法去处罚相关的歧视行为。[2]

尽管如此，对于这些原则的保护性规定，我们仍然可以积极地认为，这是一种立法上的进步，并且值得期待这种进步获得更为实质的进展。因而，对现有立法加以客观地分析，厘清这些规定的性质并进一步加以落实，仍然具有里程碑一样的意义。

（一）有关女性劳动就业权的保护性规定

1. 保护女性平等就业权。劳动者（包括女劳动者）享有平等

---

[1] 2006年12月14日至15日，"反就业歧视"国际研讨会在南京举行。会上，中华全国律师协会劳动法和社会保障法专业委员会主任、北京大学劳动与社会保障法研究所兼职教授姜俊禄认为，现有的相关法律规定太原则、太笼统，这是时下就业歧视愈演愈烈的根源之一。会上，劳动和社会保障部法制司官员杨毅新认为，我国现有的法律受制于过去没有经验，很多条款非常原则。

[2] 参见《江苏法制报》2007年1月8日。

就业和选择职业的权利;劳动者就业,不因民族、种族、性别、宗教信仰不同而受歧视;[1]国家保障妇女享有与男子平等的劳动权利。[2]招工时不得歧视妇女。妇女享有与男子平等的就业权利。在录用职工时,除国家规定的不适合妇女的工种或者岗位,不得以性别为由拒绝录用妇女或者提高对妇女的录用标准。[3]

2. 保护女性平等发展权。晋职(指职务、职位的提升)、晋级(指提高工资级别)、评定专业技术职务(专业技术职务是专业技术人员在专业技术活动中的地位和标志)等方面不得歧视妇女,应当坚持男女平等。[4]

3. 不得无故辞退女工。任何单位不得以结婚、怀孕、产假、哺乳等为由,辞退女职工或者单方解除劳动合同。[5]

侵害当事人合法权益,如果造成财产损失或其他损害的,也应当同时依法赔偿或承担其他民事责任。[6]"用人单位违反本法规定的条件解除劳动合同或者故意拖延不订立劳动合同的,由劳动行政部门责令改正;对劳动者造成损害的,应当承担赔偿责任。"[7]

4. 特别的劳动保护。针对女性特殊的生理状况,法律作了相应的规定,分为两个方面。

(1) 女职工的一般劳动禁忌

禁止安排女职工从事矿山井下、国家规定的第四级体力劳

---

[1]《劳动法》第3、12条规定。
[2]《妇女权益保障法》第22条规定。
[3]《劳动法》第13条规定,《妇女权益保障法》第23条也作了同样的规定。
[4]《妇女权益保障法》第25条规定。
[5]《妇女权益保障法》第27条规定。
[6]《妇女权益保障法》第56条规定。
[7]《劳动法》第98条规定。

动强度[1]的劳动和其他禁忌从事的劳动。[2]禁忌从事的劳动还包括森林业伐木、归楞及流放作业;建筑业脚手架的组装和拆除作业以及电力、电信行业的高处架线作业;连续负重,每小时负重次数在 6 次以上,每次负重超过 20 公斤或间断负重每次超过 25 公斤的作业;已婚待孕女职工禁忌从事铅、汞、镉等作业场所属于《有毒作业分级》国家标准中第三、四级的作业。

(2) 女职工"四期"保护

经期保护,不得安排女职工在经期从事高处、低温、冷水作业和国家规定的第三级体力劳动强度的劳动;孕期保护,不得安排女职工在怀孕期间从事国家规定的第三级体力劳动强度的劳动和孕期禁忌从事的劳动。对怀孕 7 个月以上的女职工,不得安排其延长工作时间和夜班劳动;产期保护,女职工生育享受不少于 90 天的产假,不得在女职工产假期间降低其基本工资,或者解除劳动合同;哺乳期保护,不得安排女职工在哺乳未满 1 周岁的婴儿期间从事国家规定的第三级体力劳动强度的劳动和哺乳期禁忌从事的劳动,不得安排其延长工作时间和夜班劳动。[3]

用人单位违反上述对女职工的保护规定,侵害其合法权益的,由劳动行政部门责令改正,处以罚款;对女职工造成损害的,应当承担赔偿责任(《劳动法》第 95 条)。

---

〔1〕 第四级体力劳动强度的劳动,即特别繁重的体力劳动,按照国家标准《体力劳动强度分析》的规定,指每个工作日人均耗能 2700 大卡,净劳动时间为 370 分钟。

〔2〕《劳动法》第 59 条规定。

〔3〕《劳动法》第 60、61、62、63 条规定。

性别与法律：女性主义的实践

侵害女职工劳动保护权益的单位负责人及其责任人员，其所在单位的主管部门应当根据情节轻重，给予行政处分，并责令该单位给予被侵害女职工合理的经济补偿，构成犯罪的，由司法机关依法追究刑事责任（《女职工劳动保护规定》第13条）。

具体补偿办法，根据劳动部1995年5月10日《违反〈劳动法〉有关劳动合同规定的赔偿办法》第3条，造成劳动者工资收入损失的，按劳动者本人应得工资收入支付给劳动者，并加付应得工资收入25%的赔偿费用。造成女职工身体健康损害的，除按国家规定提供治疗期间的医疗待遇外，还应支付相当于其医疗费用25%的赔偿费用。

但是，我国现有的关于妇女就业的法律比较原则化，在实践中不容易操作。《中华人民共和国宪法》规定，妇女在政治的、经济的、文化的、社会的和家庭的生活等各方面享有同男子平等的权利。《妇女权益保障法》规定，国家保障妇女享有与男子平等的劳动权利，各单位在录用职工时，除不适合妇女的工种或者岗位外，不得以性别为由拒绝录用妇女或者提高对妇女的录用标准。这些法律规定比较宏观，缺乏具体的要求和惩戒措施，在实际运用中都面临着操作难、针对性不强的问题。如劳动关系（签订的用工协议）不规范或没有；劳动争议仲裁作为法院受理劳动争议案件的前置程序限制了权利救济（劳动争议仲裁时效为60日，错过之后，也不能进入诉讼程序）。

就我国现有的法律框架，并不缺少对于女性平等就业的保护，但这些规定大多属于纲领或宣言式的概括性条款，由于对法律后果缺少详细而具体的设计，使得法律的实施效果大打折扣。

(二) 我国有关歧视性的法律规定

歧视性法律主要体现在关于男女不同龄退休的相关规定中。分别是1978年5月24日第五届全国人大常委会第二次会议原则批准、现仍生效的国务院《关于安置老弱病残干部的暂行办法》(国发〔1978〕第104号文)、《关于工人退休、退职的暂行办法》。[1]在这两部法规中规定了：国家法定的企业职工退休年龄是男工人年满60周岁，女工人年满50周岁，女干部年满55周岁。上述规定实际上是在社会变迁过程中，由于法律的相对滞后所形成的，并非初始的立法恶意。这种不同龄退休在立法之初是基于对女性的保护，在本质上应该界定为一种权利，但在现代社会中已经演变成为一种义务，使得女性在面临退休的时候缺少了自主性和可选择性。

另外，相关政策法规体系的不健全及其与现实的脱节，无法为女性就业铺平坦道路，这也是造成女性就业难的一个重要原因。[2]如1988年制定的《女职工劳动保护规定》中的许多重

---

〔1〕 1991年10月中共中央组织部、人事部出台了《全民所有制企业聘用制干部管理暂行规定》，规定：聘用制干部受聘十年并在聘用岗位上退休、退职的，按《国务院关于安置老弱病残干部的暂行办法》办理退休、退职手续；根据本人自愿，也可以按《国务院关于工人退休、退职的暂行办法》办理退休、退职手续。2004年人事部文件国人部发〔2004〕63号《关于事业单位试行人员聘用制度有关工资待遇等问题的处理意见（试行）》，也是按照国家规定的条件退休。

〔2〕 国外也有类似的发展经历。1997年，哥伦比亚宪法法院宣布《劳动法典》242条违宪。这条规定禁止女工上夜班。宪法法院下达的全体一致意见认为，该条法律规定违反了宪法规定的男女平等保护和平等机会规定。哥伦比亚首都波哥大的报纸报道说："宪法法院的判决解决了国家的现实和法律之间一致性问题。由于情势所迫，许多女性上夜班。宪法法院所作的就是将已经存在的事实予以合法化……。"

要内容和适用范围,都已和当前的情况不适应。有专家[1]提出:对全体女工禁忌劳动范围的强制性规定已经剥夺了部分女性的就业选择权。基于女性不同于男性的生理特点及生育的需要,对女性进行特殊保护是必要的。但是,在"四期"之外规定女工禁忌从事的劳动范围,已经产生了负面效应。实行市场经济之后,人力资源由传统的劳动和人事主管部门统一调配变为让劳动力市场优化配置,劳动力供大于求的矛盾、性别歧视已经迫使女性群体逐渐边缘化。在此情况下,劳动立法将部分相对高薪的岗位列为女性的禁区,客观上就会减少女性就业机会,剥夺部分女性就业选择权。并非所有育龄女性都有生育任务,对于没有生育任务或者已经完成了生育任务的女性,只要她们的体能足以适应劳动强度和风险系数高的工种,法律就应当赋予她们选择权。不加区别的禁止性规定,是对胜任者的歧视,违反了法律的公平原则。只考虑事物的一个方面而忽视事物各个方面的联系,仅仅把女性当作保护的客体,忽视其权利主体的地位,会适得其反。

(三) 消除歧视立法及相关措施

如何消除存在的女性就业歧视,是一个复杂的系统工程。正如前文所述,女性就业歧视不仅是一个社会问题,更是一个法律问题。切实保护女性就业权益涉及各行各业,必须借助于法律制度,只有通过立法公布于众,通过法律实施取信于民,利用制度矫正不利于实现男女平等的观念和意识,以法的强制

---

[1] 参见刘明辉:"论在劳动和社会保险领域的立法和执法中存在的性别盲点",载《中华女子学院学报》2006年第3期。

性保障制度的实施,才能将对妇女就业权的保护落到实处,取得实效。

第一,修改现行立法,强化法律责任。首先,修改现有法律中不利于女性就业的有关规定,扩大就业范围,延长就业期限,实行男女同龄退休制度。其次,在《劳动法》中增加足以保证第13条实施的法律责任,明确违法者应负的法律责任得到及时追究。随着经济的发展和社会的进步,许多生产活动对人们体力的需要减弱,对智力需求不断加大,从而使男女之间的生理差别,在现实的经济活动和劳动过程中逐步缩小。因此,应当根据实际情况及时调整不同工种的劳动强度等级,修改立法中对妇女就业禁忌岗位范围的规定,从现有职业中挖掘出更多适合妇女就业的岗位。再其次,可以通过立法规定在适合妇女就业的领域,有关用人单位必须保证妇女就业人数达到具体的比例标准,以拓展妇女就业范围。因此,我们认为应当结合人事制度和社会保障制度的改革,统筹协调,修改现行的妇女比男性提前5年退休的规定,延长妇女就业期限,实行男女同龄退休制度。最后,将平等就业权利上升为基本人格权利,明确受歧视女性的诉讼主体地位,[1]使权利受损者能够直接利用诉讼手段,除向用人单位请求财产上及非财产上的损害赔偿外,并将举证责任倒置,明确规定如用人单位就差别待遇之非性别因素,或所从事工作之特定性别因素,负担举证责任。

---

[1] 我国目前的司法实践只能按侵权类案件受理,如"怀孕女公务员状告商务部要精神损失案今开庭",载四川在线网,http://news.163.com,最后访问日期:2005年4月1日。

| 性别与法律：女性主义的实践

第二，进行专门立法，落实《公约》第11条[1]有关妇女劳动就业权的法律保障。专门立法可以借鉴国外立法例，比较成熟的立法如欧盟的《平等待遇指令》，通过了一系列补充指令，在以下几个领域为妇女提供了平等保护：同工种报酬、就业社会保险；孕期和产假；法定社会保障；自由职业者和照顾伴侣；取得货物和服务。[2]再如，英国于1976年成立的"机会均等委员会"，其独立于政府，有权发布解决歧视问题的实施准则和根据性别歧视法提起诉讼，尤其是团体诉讼。瑞典也在1991年实施了《就业机会平等法》，禁止就业中的性别歧视，并将就业平等权利贯穿于受雇、解雇、提升、受训练等多方面。上述法律对促进各国女性就业发挥了重要的作用，我们完全有必要借鉴其立法经验，加快制定、颁布促进平等就业法律的进程。

在我国，如何完善保护女性就业权益的法律法规，弥补现行法律的不足，已经成为立法规划的当务之急。为了免于用人单位提出单身条款及禁孕条款，应立法加以规定雇主不得以结

---

[1]《消除对妇女一切形式歧视公约》第11条第1款规定：缔约各国应采取一切适当措施，消除在就业方面对妇女的歧视，以保证她们在男女平等的基础上享有相同权利，特别是：(a) 人人有不可剥夺的工作权利；(b) 享有相同就业机会的权利，包括在就业方面相同的甄选标准；(c) 享有自由选择专业和职业，升级和工作保障，一切工作福利和服务条件，接受职业训练和再训练，包括实习训练、高等职业训练和经常训练的权利；(d) 同样价值的工作享有同等报酬（包括福利）、平等待遇的权利，在评定工作的表现方面，享有平等待遇的权利；(e) 享有社会保障的权利，特别是在退休、失业、疾病、残疾和老年或其他丧失工作能力的情况下，以及享有带薪假的权利；(f) 在工作条件中享有健康和安全保障，包括保障生育机能的权利。

[2] 参见孙亮"欧盟反歧视的立法与实践"，载蔡定剑、张千帆主编：《海外反就业歧视制度与实践》，中国社会科学出版社2007年版，第40~41页。

婚、怀孕、分娩或育婴为由，在劳动契约、团体协约或工作规则约定或规定要求受雇者应行离职、留职停薪或解雇。否则其约定、规定或终止行为均属无效；明确规定用人单位在招募、甄试、进用、分发、配置、考绩、升迁、教育、训练、福利、退休、资遣、离职及解雇等方面，不得因性别而有差别待遇，其保障范围及于就业前及就业后外，规定两性同工同酬原则，同时也将同值同酬理念一并纳入。

第三，均衡企业负担、推进生育保险制度。[1]

对于孕期女性的保护，荷兰采取极端的、绝对的保护措施，已经成为法定的歧视"例外"。在荷兰，人们普遍认识到：怀孕生产不单单是某个妇女的个人行为，更是一种社会行为，是对社会有意义的事，因此，社会、雇主都有义务对怀孕妇女给予特别保护。荷兰人都参加社会保险，妇女怀孕时，风险向社会转移。所以，雇主所受的损失并不大。生育妇女可享有16周带薪产假，新生婴儿的父母可分别享有半年的父母假，期间可获得70%的工资。而且，产假之后，母亲为照顾孩子，可以申请半职工作，也可以由半职转为全职工作，非常灵活，即使是法官或政府公务员，也不例外。[2]

---

[1]《消除对妇女一切形式歧视公约》第11条第2款规定：缔约各国为使妇女不致因结婚或生育而受歧视，又为保障其有效的工作权利起见，应采取适当措施：(a)禁止以怀孕或产假为理由予以解雇，以及以婚姻状况为理由予以解雇的歧视，违反规定者得受处分；(b)实施带薪产假或具有同等社会福利的产假，不丧失原有工作、年资或社会津贴；(c)鼓励提供必要的辅助性社会服务，特别是通过促进建立和发展托儿设施系统，使父母得以兼顾家庭义务和工作责任并参与公共生活；(d)对于怀孕期间从事确实有害于健康的工作的妇女，给予特别保护。

[2] 参见本文同一著作中王春光："荷兰反就业歧视研究报告"，载蔡定剑、张千帆主编：《海外反就业歧视制度与实践》，中国社会科学出版社2007年版，第90页。

| 性别与法律：女性主义的实践

目前我国社会保障体系中养老、失业、医疗和工伤保险推行的都较好，唯有生育保险推行的力度不够。维护妇女的劳动就业权益最重要的是健全生育保险制度。女性的生育是对社会的贡献，不能把它看作是企业的问题、公司的问题，生育产生的问题也不能让女性自己承担，妇女生育应该得到社会补偿。企业无疑也需承担一定的社会责任，但企业毕竟是以利润为核心目标的组织，仅靠个别企业领导人的道德约束难以实行。而就现有法律看，几乎找不到明确、具体的有关依据。完善立法、健全社会保障机制，才是比较现实可行的出路。这是当前解决女性就业、解决女大学生就业问题的关键。要逐步建立健全生育保险制度，实行国家、社会、个人的合理分担。推行生育保险，将生育成本社会化，但是这项工作从1994年开始试点，至今仍然困难重重。因为它不是一个全国性的强制险种，很多地方政府为吸引投资不实行这一险种。

第四，加大检查、监督的力度。我国劳动监察部门以往的工作重心多集中于对在业妇女劳动安全卫生保护方面的监督检查，对招聘广告中公开的性别歧视现象并没有进行直接的干预，对于妇女在录用、解雇、培训、晋升等环节上被歧视的现象也缺乏系统的监控和处理机制。在妇女平等就业方面，劳动监察部门运用行政权力高效、快捷地制止和纠正不法行为，具有其他保护手段所不具备的优势，应该根据需要，加强有关政策和制度的建设，切实发挥劳动监察部门在保护妇女就业权方面的作用。同时执法部门应积极受理关于性别歧视的投诉，并主动监督检查用人单位性别歧视行为，规定违法行为应承担的法律责任，加大对违法者的惩罚力度，对造成的损害给予物质赔偿，同时还应规定对受到歧视者给予援助的办法等。

第五，规定积极行动（positive action，配额制）。[1]参照国外立法例，鼓励用人单位采取积极行动。在这一方面，欧盟成为领军人物。欧盟认为，采取积极行动是消除对妇女歧视的第一步。在德国的马歇尔案中，法院裁定：和男子有同等能力的妇女优先提到晋升并不违反男女平等的原则。欧洲法院也认为，如果男女双方资历平等，雇主应采用灵活标准，优先考虑录用女性，只要这不是一条僵化的规则。

欧洲法院受理过一位男教师晋级申请的案子，因为另外一位同样够格的妇女也申请了这个位置。在这一级别工作的人中只有非常少的女性。判决中认为：全国性的给妇女优先的规定并没有违反欧洲委员会命令第 76/207 第 2 条（4），只要对所有提出申请的候选人的甄别标准进行了客观的评估，而且如果这些标准对男子有利，那么对妇女就不存在优先问题。[2]

在 Badeck 案[3]中，欧洲法院判决欧洲委员会命令第 76/207 第 2 条支持"有约束力的目标"这一平权措施的规定一般可以适用到妇女就业人数偏低的产业部门，因为这是一个灵活的和附条件的工作配额。此外，这一计划允许对该计划作些变通。"如果能够令人信服地表明，符合需要条件的妇女人数不够，可以分配给妇女相应更少一些数量的工作职位。"此外，根据这一计划受到优待的妇女首先必须具备与男子一样符合工作要求具

---

[1] 本文同一著作中孙亮报告中译为纠偏行动。

[2] Marschall v. Land Nordrhein-Westfalen Case No. C-409/95. Court of Justice of the European Communities, November 11, 1997, "世界著名性别公益诉讼案例选", 载妇女观察网, http://www.womenwatch-china.org, 最后访问日期：2005 年 12 月 20 日。转引自北京大学妇女法律研究与服务中心。

[3] 2000 ECJ CELEX LEXIS 7739.

备的条件。法院解释说,"该平权计划并没有统一固定所有产业的数字目标",相反,"在确定有约束力的目标时,行业和部门特征具有决定性意义"。而且,根据欧洲法院的判决,如果所有的申请人资历相同,这一平权措施的规定并不能保证最后工作就一定会选择女性申请人。欧洲法院解释说,这一平权计划并没有给妇女就业比例不偏低的产业以优先。[1]

加拿大最高法院也有一个判例,认为:在一些行业,在男女比例达到一定程度之前,应该优先把职位给妇女,这并不违反平等的原则。如果妇女看到,一些原本只有男子工作的领域,妇女也可以参与,那么今后就会有很多的妇女愿意参与。法律可以通过规定的积极行动,最终达到男女平等。加拿大最高法院[2]也曾支持一项联邦人权法庭做出的命令。该命令确立了旨在消除既定的对妇女不平等以及改善妇女在非传统职业中就业比例的平权行动计划,要求铁路公司在每四个非传统岗位上至少应当雇佣一位女职工。而且,这一比率一直要持续到传统上由男人独占的工作岗位上妇女百分比得到提高为止。[3]

另外,有些国家,如德国,基于妇女在相关领域就业中从业人员比例过低的现状,部分州的法律乃至于联邦法律都规定,在相关领域的职员聘任中,在同等条件下,要优先考虑聘用女性申请人。这种基于原来已经存在的不平等现状而制定的

---

[1] 参见"世界著名性别公益诉讼案例选",载妇女观察网,http://www.womenwatch-china.org,最后访问日期:2005年12月20日。

[2] Canadian Nat \ 'l Ry. Co. v. Canada 1987 S. C. R. 1114, 1987 S. C. R. 1114.

[3] 参见"世界著名性别公益诉讼案例选",载妇女观察网,http://www.womenwatch-china.org,最后访问日期:2005年12月20日。

不平等对待措施,是对于原有的歧视性对待的一种积极调整。[1]

第六,完善、健全非政府组织及其职能。

有些国家成立的平等待遇委员会,则是一个很好的范例。在荷兰,大部分性别歧视发生后,人们往往倾向于选择到平等待遇委员会进行投诉,这不仅是出自对平等待遇委员会的地位与权威(《平等待遇法》所规定)的信任与尊重,而且是因为平等委员会的裁决公开、公正,平等委员会的工作方式与程序也比法院更具有亲和力、更简便易行。在我国,妇联作为女性代言人,在保护和维护女性权益方面发挥了很大作用。但该组织只具有监督权、建议权,而没有相应的裁判权、处罚权,因而在面对性别歧视时,不能进行有效的纠正和保护。

消除女性就业歧视,需要长时期的坚持和努力,绝非一己之力、一时之功,需要全社会的共同努力,需要从制度到观念不同层次的完善和转变;需要社会舆论为女性充分就业做好积极的宣传和大开"绿色通道";需要积极引导家庭和社会的注意力关注女性现实的各种需要;更需要女性自身努力提高自己的文化素质和各种技能,为自己充分就业做好准备,转变观念,形成独立的生活能力。

出自蔡定剑主编:《中国就业歧视现状及反歧视对策》,
中国社会科学出版社2007年版。

---

[1] 参见本文同一著作中刘飞:"德国反就业歧视研究报告",载蔡定剑、张千帆主编:《海外反就业歧视制度与实践》,中国社会科学出版社2007年版,第187页。

就业领域性别平等立法的
可行性与必要性

就业领域的性别平等立法，最早可追溯到20世纪50年代的欧共体，[1]晚近的国际组织如欧盟，开始于20世纪70年代中的立法大大推动了这方面立法的进程。[2]就业机会平等立法是市场经济发展到一定程度的必然产物，也是国家消除各种歧视现象、促进社会公正的重要手段。随着我国市场经济的不断发展，立法体系也需要不断更新和完善，更为重要的是，随着经济的不断搞活，各种歧视现象也在不断涌现和加剧，再加上原有制度和观念对就业领域造成的不良影响，进行就业机会平等立法已经刻不容缓。本文重点探讨就业性别平等立法的相关问题。

一、我国女性就业歧视现象

在不同的就业领域内和工作岗位以及就业后的不同阶段中，对于女性的歧视也是不同的，较为突出的表现为以下几个方面。

---

〔1〕 1957年《欧共体条约》中有二个条款涉及平等：一条是禁止国别歧视，另一条（原来的第119条，现在的第141条）是男女同工同酬。

〔2〕 欧盟的指令（directive）主要有1975年《男女同工同酬指令》、1976年《男女平等待遇指令》、1979年《关于男女在社会保险事务方面平等待遇的指令》。

（一）就业机会不平等

从企业到国家机关，都不同程度的存在着就业中的性别歧视。而造成性别歧视的一个主要因素是怀孕、生育和哺乳，除此之外就是一些传统的性别偏见使得用人单位将女生拒之门外。

尽管有统计表明，目前我国高等学校女生比例已达 44%，基本上撑起了校园的"半边天"，但就业的机会却远远低于男生。2002 年，厦门大学的抽样调查显示，在相同条件下女生就业机会只有男生的 87%。[1] 2004 年上海市妇联曾经在十所高校的应届本科毕业生的一项抽样调查发现求职过程中，58.8% 的女生认为遭遇了性别歧视。[2] 2005 年上海市妇联对于女性就业问题的一项调查显示，高学历女性就业要难于同等学历的男性，就业成功率平均低 10%。在女大学生中，20 岁~29 岁年龄，就业成功率要比男性低 14.4%。[3] 除女大学生外，女研究生的求职之路也是举步维艰。女博士更成为女研究生就业的"重灾区"，用人单位的拒绝理由是：光大学就读了 10 年，再加上 12 年中小学，女博士们最小也该有二十八九岁，肯定一来上班就很快要生孩子。

不只是有些企业以种种理由拒招女生，一些单位招聘国家公务员和事业单位人员的过程中也同样存在性别歧视。2006 年，

---

[1] 参见"《促进就业法》需要性别意识"，载农家女网，http://www.country-woman.net，最后访问日期：2006 年 1 月 17 日。

[2] 2004 年的大学毕业生有 280 万，有 80 万人不能及时就业，其中相当一部分是女大学生。

[3] 转引自史红："女性'姿本'与'美女经济'"，载北京社会科学院网，http://www.bass.gov.cn/，最后访问日期：2005 年 11 月 6 日。

| 性别与法律：女性主义的实践

在全国十大城市调查问卷中，[1]报考公务员时因为什么原因受到歧视，结果显示认为因为是女性而遭受歧视的所占比例为32%；在同项调查中，给女性工作中带来不便的原因排名前三的调查结果是：居于首位的是怀孕，占调查人数的26.4%，其次是产假占24%和哺乳期占20.5%。[2]

可见，孕期歧视[3]以及后续性问题，成为女性求职过程中的一个凸显问题。一些用人单位招工中用男不用女，用小（年龄）不用大，招工时用青春期，签订劳动合同时避开孕期、产期、哺乳期等。据了解，现在许多用人单位在招聘女职员时往往有许多附带条件，其中最"性别分明"的一点就是女职员在一定期间内不得怀孕。一些企业在招聘女职员时甚至规定5年内不得怀孕，理由是生育子女而离岗、抚养孩子影响企业工作的连续性，增加了单位的成本支出。有些公司虽未做硬性规定，但一旦生育离岗，升职、加薪都将受到极大影响，使得大部分女职员被迫将生育计划一拖再拖。在黑龙江省和哈尔滨市人才市场的几次招聘会上，某些企业招聘女工时，竟提出了5年至10年内不得怀孕的条件。[4]

从上述统计和分析可以看出，从企业到国家机关，都不同

---

〔1〕 蔡定剑主编：《中国就业歧视现状及反歧视对策》，中国社会科学出版社2007年版，第518页。

〔2〕 蔡定剑主编：《中国就业歧视现状及反歧视对策》，中国社会科学出版社2007年版，第546页。

〔3〕 沈阳姑娘庆怡（化名）原以为通过用人单位的笔试和面试后可以顺利工作，没想到，对方却提出对她和其他两名过关的女大学生进行强令孕检，没有怀孕的应聘者才可以正式到单位工作。参见《中国妇女报》2006年12月14日。

〔4〕 "10年内不得怀孕?"，载http://news.sohu.com/20050308/n224580210.shtml，最后访问日期：2005年03月08日。

程度的存在着就业中的性别歧视。而造成性别歧视的一个主要因素是因为怀孕、生育和哺乳，除此之外就是一些传统的性别偏见使得用人单位将女生拒之门外。生殖繁衍，本属于一个社会问题，而不利后果却要由女性自身承担，对于女性而言，这种结果是极其不公的。如果很多年轻女性由于担心怀孕生产会被辞退和降职而迟迟不敢怀孕，影响了家庭和谐关系，甚而因就业歧视导致自杀现象、暴力乃至凶杀、爆炸案件时有发生，加剧社会矛盾，最终将会演变成为严重的社会问题。[1]

（二）男女退休不同龄及退休金待遇不平等

男女不同龄退休，是我国性别歧视的一个事实问题和法律问题。不同龄退休的相关规定始于1951年政务院公布的《劳动保险条例》，[2] 1958年，国务院公布《关于工人、职员退休处理的暂行规定》，区分了女职工的退休年龄：女职员55岁、女工人50岁。1978年，人大常委会原则批准的《国务院关于工人退休、退职的暂行办法》规定：全民所有制企业、事业单位、党政机关和群众团体的男女工人的退休年龄分别为60周岁、50周岁。此后相关立法都以此为基调。

无论是把工作定位为权利还是义务，男女主体的法律地位都应该是相对平等的。况且，退休年龄和工龄具有直接关系，工资结构中包含了工龄工资，退休金也是根据工龄多少按比例

---

〔1〕 某地水电工程局10名女工，集体向当地人民法院提出离婚诉讼。这些女工，有的两情相笃，有的新婚燕尔，为什么要一纸休夫呢？水电局规定，合同制工人无配偶的才可与企业续签劳动合同。为取得劳动资格，10名已婚女工，只好以提出离婚诉讼的方式，集体抗议"婚姻歧视"。（毛磊："就业歧视已成为和谐社会隐患 立法禁止势在必行"，载人民网，最后访问日期：2005年6月15日。

〔2〕 其中第15条规定：男女工人退休年龄分别为60周岁、50周岁。

领取的,而提前 5 年~10 年退休,更使女性蒙受巨大经济损失。虽然当时的立法目的是出于对弱者的法律倾斜和保护,绝非是要剥夺女性工作的权利、个人发展的权力和获得经济利益的权利。但曾经轰动一时的河南"周香华诉求男女同龄退休案",[1]却落得惨败收场。有法官说,法院无可奈何,法律就是这样规定的,法官只能执行法律。中国飞速发展了 50 年,中国女性早已不是纤弱的"三寸金莲",何以法律要女性"削足适履"呢?在同龄退休问题上,国务院新闻办举行新闻发布会曾向媒体表示:这样的退休年龄规定存在一些问题,但调整时机尚不成熟,所以需要慎重地做出决策。[2]

中国,作为构建法治国家、谋求和谐社会的文明古国,却让包括女性在内的各种弱势群体为国家财力不足、就业矛盾冲突作出牺牲和让步,"法治"与"和谐"如何构建?"法治"不是"强势"之法,不论是法律、法规,还是各种政策,都不应该为就业歧视者鸣锣开道、保驾护航;对弱势群体的法律倾斜与宽容,才是和谐之道。

(三) 同工不同酬

同工同酬作为国际通行的一个基本原则,在各国的实施状况是参差不齐的。但有一个普遍现象,大多数国家的男性收入高于女性。我国对这一问题的解决,也并不尽如人意。根据 2004 年国家统计局统计:各个行业的女性收入为男性收入的

---

[1] 河南平顶山某银行财务人员周香华因年满 55 周岁,单位通知其办理退休手续,周香华认为自己应该和同样岗位的男职工一样 60 岁退休,因而向仲裁机构提出申请,但仲裁机构未支持其请求,周香华随后提起诉讼,依旧败诉。

[2] 参见"退休年龄暂不调整",载法制网,最后访问日期:2005 年 12 月 16 日。

74.5%~88.5%之间。

很多人将收入差异归为教育程度的不同,但第二期中国妇女地位抽样调查资料的数据表明:随着受教育年数的增加,男性和女性的收入都在增加,但是在受教育相同的人群中,男性的收入均高于女性,而且男女两性的收入差距呈现扩大的趋势。[1]这一现象在国外也是存在的,德国女性受教育程度是很高的,高中毕业生中53%是女性,大学生和大学毕业生中女性占48%,而且这一比例呈上升趋势,但前文所述德国男女同工不同酬现象并没有随着学历升高而有所降低。[2]

一般而言,决定收入水平的关键性因素除了教育水平以外,应该就是一个人的能力。据一项专门研究表明,女学生自律、勤奋、有韧性,女性就职、升迁、增资的机会并不比男性差。2000年第二期中国妇女社会地位调查资料显示,社会已经普遍认可女性的能力。有82%的女性表示"对自己的能力有信心",有80%的女性"不甘心自己一事无成";对于"男性能力天生比女性强"的说法,大多数被调查者持不同意见,不同意者占66%。[3]但也许正是这34%的人群,决定了大多数女性的命运,从而使男女同工不同酬成为一种客观存在。

(四)岗位性别隔离

由于受到传统工业和传统观念的影响,用人单位对求职者进行性别挑选,明显地形成了男性工作领域和女性工作领域,

---

[1] 参见马凯:"浅谈社会转型时期中国女性的生存和就业状况",载http://www.2008red.com/,最后访问日期:2005年10月8日。

[2] 参见李越:"德国:男女同工不同酬",载《中国妇女报》2004年11月20日。

[3] 参见国家统计局人口和社会科技统计司编:《中国社会中的男人和女人——事实和数据(2004)》,中国统计出版社2004年版,第104页。

人为地制造了岗位性别隔离。从就业结构看,许多女性集中在劳动密集型行业,如服装业和纺织业;妇女在高科技产业中所占比例较低,有被边缘化的趋势。横向上看,行业间,女性工作大多是家庭角色的社会延伸。纵向上看,越是往上的管理层,女性越少。

上述"天花板现象"不仅仅存在于企业之中,在国家机关同样存在,《两纲监测统计年报数据》就是一个最好的说明。数据显示:2000年县级女干部人数占到15.1%,地厅级女干部所占比例为10.8%,省部级女干部所占比例为8.0%;2001年县级女干部人数占到15.5%,地厅级女干部所占比例为11.0%,省部级女干部所占比例为8.1%;2002年县级女干部人数占到16.1%,地厅级女干部所占比例为11.7%,省部级女干部所占比例为8.3%;干部级别越高,女性人数越少。1995年至2002年,全国法院的女法官人数所占比例为16.7%~21.6%;同期女检察员(含检察长、副检察长和助理检察员)所占比例为17%~22.1%,女律师所占比例为18.4%~14%。[1]

造成上述数据所示结果的原因何在?从新中国成立之初就确定的男女平等原则,为何在现实生活中却有如此大的天壤之别?据调查显示:在职务晋升和公务员的招录中,受歧视性因素排在前三位的分别是外地户籍(所占比例为23%)、女性(所占比例为21.5%)和超龄(所占比例为19.2%);在招聘公务员过程中不合理的条件限制,排在第一位的是性别,占67.7%,排在第二位的是户籍,占66.3%,排在第三位的是身

---

〔1〕 国家统计局人口和社会科技统计司编:《中国社会中的男人和女人——事实和数据(2004)》,中国统计出版社2004年版,第87~88页。

高，占59.8%。[1]可见，在报考之初所进行的性别甄选，也是造成女干部所占比例很低的一个重要因素。但据统计即便是女性占就业人数较多的单位，依然不能改变领导岗位上男性多于女性的现象。据智联招聘的职业专家分析：作为女性优点的细腻和决策慎重在另一方面也会成为她们上升的瓶颈，成为她们缺乏全面、强劲、果断、迅速、深刻决策能力的偏见，成为女性不得不面对的天花板。另外，已经形成的男性高管圈子自有圈内的话题和规则，对女性的进入也形成了壁垒。

二、反性别歧视立法的必要性和重点

前述社会现象的存在，必然会引发法律上的追问。如此严重的歧视现象，在男女平等倡导了将近一个世纪的中国为何愈演愈烈？检索我国已有立法，也不难发现反歧视已纳入法律框架之中：《宪法》[2]第33条就确立了平等权原则，在这项一般原则下，《宪法》还确立了政治权利平等、禁止民族歧视、禁止宗教歧视、男女权利平等这四大原则。《劳动法》[3]也规定禁止就业机会歧视（第12条）、禁止就业性别歧视（第13条）、禁止工作待遇歧视（第46条）。《妇女权益保障法》[4]对女性基本权利都强调了平等性，特别是修订后对妇女权利的保护也更为细化，如：在就业录用时不得以性别为由拒绝或者提高对妇女的录用标准；签订协议，不得规定限制女职工结婚、生育的内

---

[1] 参见蔡定剑主编：《中国就业歧视现状及反歧视对策》，中国社会科学出版社2007年版，第518页。
[2] 全称为《中华人民共和国宪法》，以下简称《宪法》。
[3] 全称为《中华人民共和国劳动法》，以下简称《劳动法》。
[4] 全称为《中华人民共和国妇女权益保障法》，以下简称《妇女权益保障法》。

容；实行男女同工同酬，包括享受福利待遇平等；在晋职、晋级、评定专业技术职务等方面，不得歧视妇女；国家还应采取积极措施加强"四期"保护。单位不得因女性特殊生理原因降低女职工的工资，辞退或单方解除协议。退休时不得以性别为由歧视妇女。男女享有平等的财产权，包括在农村土地承包经营、集体经济组织收益分配、土地征收或者征用补偿费使用以及宅基地使用等方面，不得以妇女未婚、结婚、离婚、丧偶等为由侵害妇女权益。特别增加了平等的就业环境保护，禁止对妇女实施性骚扰（第40条）。2007年6月29日通过的《中华人民共和国劳动合同法》也规定：女职工在孕期、产期、哺乳期的用人单位不得裁减或单方解除劳动合同。（第42条）。

可见，法律上对妇女权利的平等保护和反歧视，规定是全面的、保护是充分的，而且大多是要求国家采取积极措施来促进平等权的实现。

但是，为什么歧视现象愈演愈烈呢？除去观念因素和文化因素以外，法律自身是否也存在需要重新审视的问题呢？从上面的检索中可以发现，我国在反歧视和促进就业机会平等方面的立法已经确立了一些基本的原则，并且在一些方面制定了具体的法律。但现行反歧视的法律制度仍然是相当不完善的。

首先，规定的反歧视范围偏小。从反歧视的领域看，现行法律中政治领域保护范围广泛但劳动领域禁止就业歧视的范围太窄，以致很多歧视可以大行其道。从国外的情况看，一般在劳动就业领域里的反歧视会比政治领域里的反歧视范围要宽。劳动就业领域反歧视范围的宽窄，取决于经济社会发展程度和国家政策理念。从历史发展的角度看，反就业歧视的范围是逐步拓宽。从欧美比较看，欧洲强调平等价值，奉行社会福利国家政策，所以反就业歧视的范围较宽。美国虽然没有列举什么范围，但是，必须明确，在美国任何被认为受侵害的行为都可以到法院诉讼。所以，反歧视的范围又是没有边界的，是否构成歧视由法官权衡，只存在法院保护程度的不同。国外的经验有一条是最重要的，就是反歧视的范围一定根据本国的实际情况决定，什么歧视严重，就把什么纳入法律反对之列。

其次，我国反就业歧视并非完全没有法律，只是有法律却根本没有实施机制，反就业歧视制度也根本没有建立。如法律在女性平等权利和残疾人平等权利的宣告性保护方面相当全面。但就是这两种就业歧视仍无所不在、而且明目张胆。这表明我们现有反歧视法律效果甚微。我们的法律为什么得不到实施？我们的制度缺陷在何处呢？那就是缺少有效的法律救济机制，如歧视女性是《宪法》《劳动法》《妇女权益保障法》都严加禁止的，但当一个国家机关明目张胆地拒绝雇用女性的时候，受害者除了向有关妇联机构投诉外，没有别的办法。2018 年修改的《妇女权益保障法》虽然也规定了"妇女的合法权益受到侵害的，有权要求有关部门依法处理，或者依法向仲裁机构申请仲裁，或者向人民法院起诉。"这样一些法律责任的条款。但是，当一个政府机关违反了该法第 23 条"各单位在录用职工时，除不适合妇女的工种或者岗位外，不得以性别为由拒绝录用妇女或者提高对妇女的录用标准"出现拒绝录用妇女的情况，受害妇女怎么办？我们知道妇联不是一个有权处理纠纷的机构，投诉不能取得及时救济的效果。受害者也不可以提起行政诉讼，因行政诉讼法没有明确规定政府机关的歧视行为是受案范围，劳动法和民法更没有规定对私营机构的歧视行为可以提起诉讼。当一个私营企业公然歧视拒绝雇用人时，是没有法律途径可行的。如果在雇用期间有歧视行为，也只能以劳动纠纷的名义提起劳动仲裁和劳动诉讼，而不是以受歧视的名义提起诉讼。所以，尽管我们有那么多的部门法都宣告了那么多不能歧视的权利，却没有一条途径能有效保护和救济公民的权利。平等权在法律上还是一项不可诉的权利，就是当前反歧视法律制度最大的问题。

最后，也是最重要的一点，就是我们的法律本身存在大量的歧视，以致造成制度性歧视，这些歧视涉及男女同龄退休，公务员的报考、录用和提拔，涉及到户口和身份歧视，涉及到不合理地设立健康标准、城市工作准入条件等，用法律化制度性地排除了很多人的就业平等机会，形成很不公平的劳动力市场。由于法律化的歧视，从而造成对公民就业平等权的普遍严重的损害。[1]在我国反就业歧视首先要从消除现有的法律歧视开始。同时进行专门立法，专门的反歧视法作为这一领域的基本法，主要解决以下三个问题：

一是明确歧视的概念和反歧视的适用范围。把什么是歧视、什么不是歧视界定清楚。并规定禁止歧视的范围，明确什么是"就业"。就业过程应该包括刊登招聘广告、进行工作安置、终止雇佣关系、公务员的任命和解聘、雇佣期限和雇佣条件、雇佣期间接受教育或培训、升迁以及工作条件等。这样规定能使反歧视的对象和范围十分清楚明确。

在我国，为了保护女性就业，免于用人单位提出单身条款及禁孕条款，应立法加以规定雇主不得以结婚、怀孕、分娩或

---

[1] 参见蔡定剑主编：《中国就业歧视现状及反歧视对策》，中国社会科学出版社2007年版，第38~40页。

育婴为由,在劳动契约、团体协约或工作规则约定或规定要求受雇者应行离职、留职停薪或解雇。否则其约定、规定或终止行为均属无效;明确规定用人单位在招募、甄试、进用、分发、配置、考绩、升迁、教育、训练、福利、退休、资遣、离职及解雇等方面,不得因性别而有差别待遇,其保障范围及于就业前及就业后外,规定两性同工同酬原则,同时也将同值同酬理念一并纳入。

二是反歧视法要解决反歧视专门机构的问题。谁来实施反歧视的各种法律?国外的经验是设立平等机会委员会这样的机构。所以要明确规定平等机会委员会的设立、组成、地位与职权等。专门机构怎么来执行法律,它有什么权力,怎么受理和按什么程序来处理公民的歧视投诉。

三是规定出现纠纷的处理机制。我们现行法律一个重要的缺陷,就是公民受歧视无法投诉和得到救济。所以要规定有关公民的投诉程序和举证责任。这是反歧视法不可缺少的内容。没有这方面的规定受害当事人的权利就不可能得到救济。同时将平等就业权利上升为基本人格权利,明确受歧视女性的诉讼主体地位,使权利受损者能够直接利用诉讼手段,除向用人单位请求财产上及非财产上的损害赔偿外,将举证责任倒置,明定如用人单位就差别待遇之非性别因素,或所从事工作之特定性别因素,负担举证责任。

三、反性别歧视立法的可行性

不能否认,目前的就业市场竞争越来越激烈,但是越是竞争激烈越要进行规范化的管理。对于亟待解决的就业歧视问题,不能采取回避的态度,况且这个问题也无法回避。因为,随着

性别与法律：女性主义的实践

法治社会的不断构建，人们的权利意识越来越强，对自身权益也越来越关注，对法律的需求也越来越明确，如果对就业歧视采取漠然的态度，面对无法解决的就业矛盾和冲突，必然会引发或激化社会矛盾，社会的不安定因素也会大大增加，从而社会的稳定与和谐就会受到破坏。正如前文所述，女性就业歧视不仅是一个社会问题，更是一个法律问题。解决这个问题，并非纸上谈兵，而是中国已经具备了这样的环境和条件：

第一，目前中国的法治环境和社会环境允许出现这样的立法。中国自建党以来一直倡导男女平等并将这一原则写入宪法、落实到了每一部分法，男女平等原则并非新生，反性别就业歧视立法只不过是在该领域的进一步细化和具体化，是针对现实中存在的社会新生矛盾进行立法，是进一步清理因社会发展造成的法律滞后所做的修改。对于这个问题，决策层可能存在认识不足或认识不深，并非是对男女平等原则本身所产生的抵触，只要把问题的严重性和危害性阐述清楚，这种认识上的问题可以得到解决。在现有法律框架内进行废、改、立，将法律原则具体化、实务化，强化法律责任。专门立法并非摸着石头过河，可以借鉴国外立法例，比较成熟的立法如欧盟的《平等待遇指令》、瑞典的《就业机会平等法》、荷兰的《就业机会平等法》等，对促进各国女性就业发挥了重要的作用，我们完全有必要借鉴其立法经验，加快制定、颁布促进平等就业法律的进程。

第二，中国经济的良好发展为立法提供了可靠基础。曾经以来，中国的财政状况成为立法工作中一个不可逾越的障碍。对于同龄退休问题，劳动和社会保障部养老保险司司长焦凯平也曾向媒体表示调整时机尚不成熟。认为：中国人口众多，很多地方在进行结构调整和企业改革,就业方面的矛盾非常突出。[1]但不能让包括女性在内的各种弱势群体为国家财力不足、就业矛盾冲突做出牺牲和让步。一方面,中国的经济发展速度有目共睹,经济基础日渐雄厚,困难虽然存在,中国要达到西方福利国家的水平也需要时日,但问题可以在发展中解决,全社会的共同分担。另一方面,可以通过建立健全社会保障制度、推进生育保险制度,均衡企业负担。因为维护妇女的劳动就业权益最重要的是健全生育保险制度[2]。女性的生育是对社会的贡献,不能把它看作是企业的问题、公司的问题,生育产生的问题也不能让女性自己承担,妇女生育应该得到社会补偿。企业无疑也需承担一定的社会责任,但企业毕竟是以利润为核心目标的组织,仅靠个别企业领导人的道德约束难以实行。完善立法、健全社会保障机制,才是比较现实可行的出路。这是当前解决女性就业、解决女大学生就业问题的关键。要逐步建立健全生育保险制度,实行国家、社会、个人的合理分担。

第三,强化就业中的性别平等观念,为立法营造良好的社会环境。

首先,应该加大劳动监察部门检查、监督的力度。因为认识不足,造成对女性就业歧视的保护力度和范围不够也是家具歧视恶化的一个因素。我国劳动监察部门以往的工作重心多集中于对在业妇女劳动安全卫生保护方面的监督检查,对招聘广告中公开的性别歧视现象并没有进行直接的干预,对于妇女在

---

〔1〕 参见"退休年龄暂不调整",载法制网,最后访问日期:2005年12月16日。

〔2〕 这项工作从1994年开始试点,至今仍然困难重重。因为它不是一个全国性的强制险种,很多地方政府为吸引投资不实行这一险种。

录用、解雇、培训、晋升等环节上被歧视的现象也缺乏系统的监控和处理机制。在妇女平等就业方面，劳动监察部门运用行政权力高效、快捷地制止和纠正不法行为，具有其他保护手段所不具备的优势，应该根据需要，加强有关政策和制度的建设，切实发挥劳动监察部门在保护妇女就业权方面的作用。同时执法部门应积极受理关于性别歧视的投诉，并主动监督检查用人单位性别歧视行为，规定违法行为应承担的法律责任，加大对违法者的惩罚力度，对造成的损害给予物质赔偿，同时还应规定对受到歧视者给予援助的办法等。

其次，规定积极行动。[1] 参照国外立法例，鼓励用人单位采取积极行动。在这一方面，欧盟成为领军人物。欧盟认为，采取积极行动是消除对妇女歧视的第一步，如果男女双方资历平等，雇主应采用灵活标准，优先考虑录用女性，只要这不是一条僵化的规则。另外，有些国家，如德国，基于妇女在相关领域就业中从业人员比例过低的现状，部分州的法律乃至于联邦法律都规定，在相关领域的职员聘任中，在同等条件下，要优先考虑聘用女性申请人。这种基于原来已经存在的不平等现状而制定的不平等对待措施，是对于原有的歧视性对待的一种积极调整。

另外，需要完善、健全非政府组织及其职能。在我国，妇联作为女性代言人，虽然在保护和维护女性权益方面发挥了很大作用，但该组织只具有监督权、建议权，而没有相应的裁判权、处罚权，因而在面对性别歧视时，不能进行有效的纠正和保护。

---

[1] 积极行动的英文原意为 positive action，也有学者将这一行动称为配额制。

虽然以上措施可以多管齐下，但是消除女性就业歧视，需要长时期的坚持和努力，绝非立法一己之力、一时之功，还需要全社会的共同努力，需要从制度到观念不同层次的完善和转变；需要社会舆论为女性充分就业做好积极的宣传和大开"绿色通道"；需要积极引导家庭和社会的注意力关注女性现实的各种需要；更需要女性自身努力提高自己的文化素质和各种技能，为自己充分就业做好准备，转变观念，形成独立的生活能力。

出自谭琳主编：《2006－2007年：中国性别平等与妇女发展报告》妇女绿皮书系列，中国社会科学出版社2008年版。

二元论视野下的离婚冷静期 *

摘　要：离婚冷静期制度是对我国当下离婚现象做出的法律应对。这一制度的设立对于即将步入婚姻的群体而言，带来了某种宽进严出的错觉。如果社会学的任务是揭示社会问题，那么法学的任务更侧重于研究如何运用法律来解决社会问题。因此，对于法学而言，离婚率背后离婚样态呈现出的婚姻发展规律则比离婚率本身更重要。本文即是试图通过基层离婚样态来探求婚姻发展样态，用以印证当下婚姻发展规律，并进而分析离婚冷静期制度与婚姻发展规律之间的适应性。通过基层离婚样态的结构分析可以发现，现代婚姻陷入解体危局是性别发展的必经阶段，和婚姻观念的代际差、性别差相关；就我国而言，还和独生子女政策以及女性整体素质提高之间具有某种关联。婚姻制度是婚姻质量的法律保障，如何提高婚姻质量并进而构建和谐家庭关系，也许才是婚姻制度遵循社会发展规律并得以确立的时代使命。

---

* 作者简介：王新宇，女，中国政法大学法学院教授，主要研究方向为性别与法律、近代婚姻法、法理学。基金项目：本文系2019年国家社科基金"中国女性发展权法律保障体系研究"的阶段性成果，项目号：19BFX045。

二元论视野下的离婚冷静期

关键词：登记离婚；意思自治；生活质量；主体意识

我国当下的法定离婚有两种途径，一种是行政登记离婚，一种是诉讼离婚。行政登记离婚也被称为协议离婚，婚姻当事人共同前往基层民政局婚姻登记处登记离婚。2021年1月1日《中华人民共和国民法典》（以下简称《民法典》）实施以前，行政登记离婚是基层民政部门的工作人员确认双方离婚意愿真实并且已经就相关事项达成一致时，当场办理离婚，即时生效。诉讼离婚是婚姻当事人一方到法院提起离婚诉讼请求，也分两种。一种是调解离婚，诉讼离婚首先会经过法院诉前调解，如果调解后双方对离婚达成一致意见，法院会出具调解意见书解除当事人之间的婚姻关系，这种离婚被称为调解离婚，一般离婚过程花费时长至少会达三个月以上。如果调解不成，则进入诉讼程序，但第一次离婚诉讼通常情况下会被法院裁定驳回；如果当事人离婚意愿强烈，半年后再次起诉，第二次起诉离婚的原则上法院会判决离婚。所以，离婚率的统计数据包括两大类：行政机关的登记离婚、法院的调解离婚与判决离婚。自《民法典》草案公布以来就备受关注和争议的"离婚冷静期"，出自我国《民法典》第1077条，调整的即是行政登记离婚。[1]在实施过程中，自申请登记离婚之日起30天算是离婚冷静期，当事人双方要在之后的30天内再次亲自前往该民政登记机关办理离婚，逾期视为放弃；逾期仍想离婚的，需重新计算离婚冷静期。

---

[1] 该条款规定："自婚姻登记机关收到离婚登记申请之日起三十日内，任何一方不愿意离婚的，可以向婚姻登记机关撤回离婚登记申请。前款规定期限届满后三十日内，双方应当亲自到婚姻登记机关申请发给离婚证；未申请的，视为撤回离婚登记申请。"

性别与法律：女性主义的实践

自草案公开征求意见到《民法典》颁布并实施，离婚冷静期制度一直是社会各界关注的焦点。《民法典》草案公布以后，央视新闻曾发起线上民意调查，评论区内60多万条回复中绝大多数是反对的声音。反对的理由总体上可以概括为：法律干涉了婚姻自由、应该设置结婚冷静期、离婚冷静期不能降低总离婚率，客观上反而会降低结婚率等。[1]从评论意见来看，离婚冷静期制度的确立让大众对婚姻自由产生了宽进严出的认知倾向。对上述疑问，学者们以各种方式做出了回应：认为离婚自由本身就是一种有限度的自由，家庭的稳定性需优先于个人的自主性；离婚冷静期的确立不是为了禁止离婚，而且一个月的冷静时间并不长。[2]学者们的回应也在《民法典》实施以后出版的读本中再次得到了确认："离婚冷静期制度绝不是可有可无，更不是限制当事人的离婚自由，而是挽救危机婚姻、维护未成年人合法权益和社会稳定的需要。"[3]

在上述观点中，不难看出分歧所在，或者说呈现出了两种截然不同的态度。这两种截然不同的态度，必然会对该制度的

---

[1] 参见央视新闻网："'民法典草案拟引入离婚冷静期'你支持吗？"，2020年7月3日。

[2] 参见中国妇女网记者采访："离婚冷静期并未限制离婚自由——专家谈民法典婚姻家庭编"载《中国妇女报》2020年6月22日；夏吟兰："'婚姻家庭编'引领全社会树立正确婚姻家庭观"，载《民主与法制时报》2020年6月6日；薛宁兰："'离婚冷静期'的程序意义与权利保护"，载《中国妇女报》，2020年7月8日。对专家提到的月内数次结婚离异现象，2020年7月笔者对北京市朝阳区某民政局婚姻登记处主任做过电话访谈。该主任认为：这种现象属于政策性结离，比如房产限购、汽车摇号限购等，是基于利益性目的而出现的一种现象；尽管这也属于对婚姻本身的不尊重和对婚姻法的无视，但并不属于不冷静性离婚类型。

[3] 中国审判理论研究会民事审判理论专业委员会编：《民法典婚姻家庭编条文理解与司法适用》，法律出版社2020年版，第138页。

实施形成一定影响，因而也成为本文对于离婚冷静期制度加以判断的二元视角。如果离婚冷静期制度的出台，源于行政登记离婚"当即申请、当即办理"的简便成全了当事人的离婚冲动，那么极端个人主义思潮被归结为我国离婚率居高不下的原因。[1]而今，高离婚率不只是我国单一国别内所独有的社会现象，这已经成为一种世界范围内普遍存在的社会现象。从世界范围来看，所谓的高也是普遍存在的一种历史性的纵向比。婚姻家庭法的适用涉及每一个家庭，是各国立法普遍关注的基本规范。

  婚姻制度向来也被我国历朝历代所重视。在我国婚姻法制度史上，离婚一般是以法定事由下的休妻为主要原则，历来都采用严格主义。不过，即便是在严格限制离婚的中国古代，和离也是法定离婚方式之一。集我国传统法律之大成的《唐律疏议》就记载："'若夫妻不相安谐'，谓此情不相得。两愿离者，不坐。"[2]中华人民共和国成立以后第一部诞生的法律就是《中华人民共和国婚姻法》（以下简称《婚姻法》），其中婚姻自由具有开创性的历史意义。我国1950年《婚姻法》第17条第1款规定："男女双方自愿离婚的，准予离婚。男女一方坚决要求离婚的，经区人民政府和司法机关调解无效时，亦准予离婚。"可见，从我国古代的和离制度到新中国的两愿离婚制度，至少表明夫妻协议离婚在每个历史阶段、每个时代都有其内在的价值追求，并不能简单地归结为是自由主义或个人主义的产物。

---

[1] 参见中国审判理论研究人民事审判理论专业委员会编著：《民法典婚姻家庭编条文理解与司法适用》，法律出版社2020年版，第138~139页。

[2] [唐]长孙无忌等撰：《唐律疏议》，中华书局1983年版，第268页。

性别与法律：女性主义的实践

对于一个国家而言，婚姻家庭领域比其他领域更能代表制度文明的发展状态和程度。婚姻家庭制度有其自身的发展规律，也更能反映传统思维与现代意识的交锋。在现代社会中，每一个人不单是家庭成员，也是一个国家的公民；每个公民的个人素养，是国民整体素质的一个缩影。国家通过立法所倡导的婚姻目标和价值追求，既是对一国公民家庭生活模式的制度保障，也是对一国公民婚姻质量诉求的尊重。离婚冷静期作为降低登记离婚率的一种法律强制手段，无疑会呈现出一定的数据效果，但这一数据效果并不代表能够有效消除社会对这一制度的合理质疑，也不能从更深层次上消解离婚率高的基本起因。相比离婚率，法学界更应该关注离婚率背后的离婚样态分布以及婚姻发展所呈现出的规律。离婚率的变化作为一种社会现象，法律对其加以规范的理由也需要法学理论的分析和证成。所以，本文只是尝试分析推断协议离婚是冲动性所造成并加以规范的理由是否足够充分，离婚分布样态是否能够揭示为什么会出现离婚高峰，以及如何客观评价这一社会现象。围绕这三个问题，本文将婚姻当事人的意思自治能力、婚姻期待的差异性、婚姻处境的主体决断性作为核心论证。

一、意思自治能力同一性：婚姻的缔结与解除

意思自治能力是民事法律关系主体所具有的权利能力、义务能力和责任能力的综合，就婚姻关系而言则表现为婚姻当事人的婚姻自治能力，就个人婚姻而言则是婚姻自由。婚姻自由是新中国成立以来《婚姻法》一直主张并确立的一项法律制度，包括结婚自由和离婚自由。结婚、离婚行为，都属于民事法律行为，以意思自治为基础。结婚和离婚分别决定婚姻关系的成

立和消灭。我国《民法典》第 1046 条规定："结婚应当男女双方完全自愿，禁止任何一方对另一方加以强迫，禁止任何人组织或者个人加以干涉。"该条款的核心意旨在于结婚是男女双方的合意，双方完全自愿即是意思自治。"这种结合从本质上是以感情为基础的，而感情只能产生于当事人自身，是当事人个人意思自治的表示。"[1] 婚姻缔结机制中的意思自治，预设了双方当事人具备完全行为能力，可以理性行事，推定他们已经知道婚姻对个人生活的影响以及对此所应负的责任。在婚姻面临解体时，立法又以离婚冷静期制度"强制当事人暂时搁置离婚纠纷"来"防止轻率离婚"[2]，这实际上是对当事人的婚姻自治能力产生了质疑。同一对当事人、同样基于合意，在当事人结婚是理性的前提下，可以因为离婚率高判定离婚是轻率冲动、是对自己的婚姻和家庭不负责任的吗？

最高人民法院 2018 年做过一个数据统计，在 2016 年 1 月 1 日至 2017 年 12 月 31 日期间一审审结的离婚案件中，有 10% 是夫妻双方均有离婚诉求，90% 是由单方提起离婚诉求。[3] 一般而言，婚姻当事人有离婚合意而不能就财产和子女抚养权达成一致意见时，会选择诉讼解决权益分歧。行政登记离婚的前提是当事人对相关事宜已经达成合意，合意背后无法反映出到底是哪一方主动提出离婚，但是这一数据背后的样态

---

[1] 中国审判理论研究会民事审判理论专业委员会编著：《民法典婚姻家庭编条文理解与司法适用》，法律出版社 2020 年版，第 38 页。

[2] 参见中共中央宣传部宣传教育局等编：《〈中华人民共和国民法典〉婚姻家庭编学习读本》，中国民主法制出版社 2021 年版，第 106 页。

[3] 参见中国审判理论研究会民事审判理论专业委员会编著：《民法典婚姻家庭编条文理解与司法适用》，法律出版社 2020 年版，第 139 页。

性别与法律：女性主义的实践

分布仍然是发现离婚规律的信息来源。2020年，笔者选取了五个婚姻登记机关上半年协议离婚数据进行了一次抽样调查，目的并不是为了印证离婚数据有多高，而是试图通过离婚年龄分布、婚龄长短以及群体性离婚率占比，管窥具体的离婚样态。[1]

调研分别从山西、河北、山东、浙江和广东五地各选取一个基层民政登记机关作为样本，其中山西省太原市、河北省邢台市两地作为传统地区样本，山东省青岛市作为传统与现代性交融地区样本，浙江省温州市和广东省中山市作为经济发达地区和观念开放地区样本。时间区间仅截取了2020年1月至6月的离婚数据，基础参数主要设置了婚龄区间、年龄区间和受教育程度。[2]

---

[1] 离婚冷静期制度，主要针对的是协议登记离婚突出表现的三个问题：一是离婚率呈持续上升趋势；二是协议离婚比例逐渐提高；三是离婚当事人婚龄短，冲动型、轻率型、草率型离婚屡见不鲜，数量增加。参见中共中央宣传部宣传教育局等编：《〈中华人民共和国民法典〉婚姻家庭编学习读本》，中国民主法制出版社2021年版，第105页。

[2] 关于数据调研参数的几点说明：一、此次数据调研不能算是社会学意义上的大样本抽样调查，而是为了便于分析离婚样态而进行的初步数据收集。为便于观察离婚样态，占比分析以2020年上半年各地离婚总数据作为百分比基数。三个参数的选取，是基于作者多年对性别问题的观察和分析，初步判断离婚率和性别观念的发展具有某种关联，特别是和实行计划生育之后女性的生存状态和发展状态相关。最高人民法院2018年的离婚数据也显示对婚姻状态不满意而提出诉求的群体大部分是女性。二、本着实事求是的原则，对于各地调研数据没有为论证目的而进行数据裁剪。数据所反映出的地区差异（比如邢台地区）同时作为问题提出，期待社会学、人口学有更为专业的抽样调查和分析。三、婚龄和年龄是常用的样本参数，之所以加入学历分析，是基于作者的一种预判。我国实行计划生育政策之后，女性成为政策受益者。女性受教育程度普遍提高之后，其权利意识和自主意识尤其是自治能力增强，这对个人生活选择产生影响，表现为对婚姻质量的追求而出现婚姻发展规律的波动性。

(一)离婚样态与离婚当事人婚龄结构

从调研数据来看,五地[1]登记离婚案件中四地离婚数据最高的是 10 年以上婚龄的当事人;河北邢台 3 年至 5 年婚龄离婚数据达 50.5%,占比最高。鉴于不同婚龄区间五地出现了峰值的不同分布,对五地登记离婚数据以 5 年婚龄作为一个分界线,其中又分别以 5 年婚龄离婚数据和 10 年婚龄离婚数据的高低作为排序标准,详见表 1 和表 2。

表1 五地不同婚龄区间(1~5年)离婚人数占比分布(%)

地区	1 年内	1~2 年	3~5 年	总计
邢台	0	33.3	50.5	83.8
温州	1.4	3.5	24.9	29.8
太原	5.8	6.5	20.2	32.5
中山	7.0	7.0	19.5	33.5
青岛	9.6	10.5	18.2	38.2

从表 1 来看,2 年以下婚龄离婚数据除邢台 33.3%以外,其他四地分别为青岛 20.1%、中山 14.0%、太原 12.3%、温州 4.9%;3~5 年婚龄离婚数据前三位的为:邢台 50.5%、温州 24.9%、太原 20.2%。5 年婚龄以内的离婚数据占比最高的是邢台,其余四地除青岛外,数值都在 30%左右浮动,青岛作为沿海现代化城市 5 年婚龄离婚数据占比接近 40%。

---

[1] 为行文方便,本文表格中来自山西太原某基层民政登记机关的样本简称太原,其余四地同样分别简称邢台、青岛、温州、中山。表中数据统一精确到小数点后一位。

表2 五地不同婚龄区间（5~10年）离婚人数占比分布（%）

地区	6~10年	11年以上	总计
温州	21.1	49.1	70.2
青岛	22.7	39.1	61.8
中山	28.1	38.4	66.5
太原	31.8	35.4	67.2
邢台	14.3	1.9	16.2

从表2来看，除邢台样本明显较低以外，其他四地6年以上婚龄离婚数据占比都明显偏高。以10年婚龄作为一个分界线，6年以上婚龄离婚数据邢台最低，太原最高，其他三地离婚数据占比未出现特别明显的地区差。邢台的样本数据随着婚龄增加离婚数据也在增加，并在5年婚龄时达到本次调研数据的峰值；而同为传统型城市的太原则在10年以上婚龄达到离婚数据峰值，5年婚龄期成为离婚数据大幅上升的一个拐点。

综合来看，除邢台样本在5年婚龄离婚数据达到峰值出现回落外，其他四地都处在持续增长的状态，离婚数据随着婚龄的增长也在持续增长。所以，我们不能只看到高离婚数据，而忽略了高离婚数据背后的高婚龄也是一种社会现实。除邢台出现5年婚龄离婚数据峰值，其他四地的离婚数据峰值都出现在10年婚龄以上，这说明伴随着婚龄的增加，婚姻生活质量却日益下降并走向解体。而解体的共性和差异性，也是有待社会学进一步深度研判的议题。这可能会涉及婚姻观念具体受到了哪些影响，婚姻观念是否因地区发展不均衡而呈现出离婚样态差异性等问题。[1]

(二) 离婚样态与离婚当事人年龄区间

我国《民法典》规定 18 周岁以上自然人为成年人（第 17 条）；法定结婚年龄男不得低于 22 周岁，女不得低于 20 周岁（第 1047 条）。之所以规定最低法定结婚年龄高于成年人年龄，首先是为了确保结婚的当事人能够对自己的行为做出合理的判断。其次，"结婚对当事人而言属于重大的人生规划，是否结婚需要更加成熟的心智以做出合理的判断，结婚后双方当事人将组成家庭，可能会生育子女，婚姻双方需要承担起抚养子女和家庭的义务和责任，这都需要当事人拥有能够维持婚姻家庭生活的现实条件。随着教育的普及和教育水平的提高，大部分青年人高中毕业时成年，而大学教育越来越普遍，大学毕业生的年龄大多在 22 岁左右，现行的法定婚龄规定尚属合理。"[2] 我国法定结婚年龄的设置已经考量了当事人主体资格的年龄因素，认为这个年龄已经具备婚姻自治能力。这也和日常生活判断具有一致性，在日常生活中年龄通常会被用来判断一个人成熟与否或者冷静与否。结合社会习俗十年为一代的一般分类，本次的数据调研以每 10 岁作为一个年龄区间，以离婚数据最高的年龄区间为基准进行降次排序，详见表 3。

---

[1] 有学者将婚姻模式划分为传统型、传统和现代混合型、现代型三种，与之相对应的离婚模式也分为传统离婚模式和现代离婚模式，提出"婚姻可能已经从传统模式过渡到现代模式，但传统的离婚模式占了上风"。See Suet Lin Hung, "Chinese Women Revising Meanings of Marriage and Divorce: Comparing Women Who Divorced in the 1990s and 2000s", *International Social Work*, 2020.

[2] 最高人民法院民法典贯彻实施工作领导小组主编：《中华人民共和国民法典婚姻家庭编继承编理解与适用》，人民法院出版社 2020 年版，第 60 页。

表3 五地不同年龄区间离婚人数占比分布（%）

地区	20~30岁	30~40岁	40~50岁	50岁以上
温州	21.7	56.3	17.0	5.0
邢台	30.5	51.6	13.9	4.0
青岛	14.8	47.9	25.0	12.3
中山	23.2	47.5	22.9	6.4
太原	15.1	43.2	23.6	18.2

根据表3数据，五地登记离婚的年龄峰值区间为30~40岁，太原和青岛两地50岁以上的离婚数据甚至超过了20~30岁的离婚数据。这两个年龄区间的数据实际上说明了大数据意义上的离婚数据高并非是因为90后的"闪结闪离"造成的，1990年以后出生的当事人基本上处在20~30岁这个区间。从年龄区间上来看，从70后开始离婚数据就呈现升高趋势，离婚峰值是80年代出生的当事人。也就是说随着70后进入婚姻状态后，离婚数据在同步增加；而随着90后进入婚姻状态，这一群体的现有离婚数据并没有出现高于其他年龄区间的数值。

（三）离婚样态与离婚当事人受教育程度[1]

虽然受教育程度并不必然决定一个人会不会冲动行事，但会影响到一个人的谋生能力和谋生方式，也会影响其独立自主的能力，更高的受教育程度帮助其思考如何让自己的生活更有价值和意义。所以，此次调查受教育程度，主要目的在于考察

---

[1] 表格中学历分类说明：因为各地登记的分类标准不一样，图表内保留了七种分类；太原和邢台分类为小学以下学历，青岛其他1.73%、温州文盲3%、中山未登记学历0.3%，已并入小学学历内；青岛和邢台无大专学历统计项。

当事人受教育程度与独立生活能力的关系，或者换句话说，是考察女性是否具备了独立生活能力而不依赖于婚姻生存。我国女性自近代开始接受教育，"女子学校教育亦必以完成自治能力为先务也"[1]。受教育程度是评价一国国民人口素质的一个重要参数，历来被我国人口普查所重视[2]，也为世界各国所重视。因为"教育不仅是为了培养公民素质。教育能培养从事各种职业的人员，重要的是教育能培养出使自己的生活有意义的人"[3]。如果教育关乎自治能力，那么受教育程度也可以成为辅助理解当事人婚姻自治能力是否能够冷静对待离婚的因素，这就是为什么要把受教育程度列为协议离婚参考数据的原因。表4的统计数据，是根据高学历占比为基准而做出的排序。

表4 五地受教育程度离婚人数占比分布（%）

地区	小学	初中	高中	中专	大专	本科	研究生	后三项合计
太原	0.5	2.7	0.9	2.6	29.5（大学）	63.9	93.4	
青岛	4.1	27.1	9.9	12.4	45.0（大学）	1.6	64.6	
温州	20.1	72.5	40.4	10.9	36.6	18.7	0.9	56.2

---

[1] 殷同薇："国文范作：拟本校学生自治会征集会员启"，载《妇女杂志》1918年第1期。

[2] 截至2016年的数据显示，我国1990年以后出生的人口，高中升学率达到94.5%。参见国家卫生计生委计划生育基层指导司、中国人口与发展研究中心编：《人口与计划生育常用数据手册（2017年）》，中国人口出版社2018年版，第234页。

[3] [美]努斯鲍姆：《告别功利——人文教育忧思录》，肖聿译，新华出版社2010年版，第10页。

续表

地区	小学	初中	高中	中专	大专	本科	研究生	后三项合计
中山	5.0	28.7	20.2	10.7	18.3	15.8	1.3	35.4
邢台	2.0	62.8	11.1	5.2	18.9（大学）	0	18.9	

学历统计中有两个比较突出的数据，一个是太原的研究生学历离婚数据占比与高等学历离婚数据总占比之高超乎寻常，另一个比较突出的是温州与邢台的初中学历离婚数据占比极高。从太原研究生学历的数据统计来看，只有一例是女研究生、男初中学历的女高男低婚配，其他当事人都同样是研究生学历。温州和邢台初中学历的详细数据，因为时间仓促，年龄区间未能追加提取；但温州地区截至 5 月底的登记离婚全样本共计 80 件，其中初中学历的年龄区间分布如表 5 所示。

表5　温州2020年1~5月初中文化程度离婚人数年龄区间占比分布

年龄区间	20~30岁	30~40岁	40~50岁	50岁以上	总计
人数	10	21	24	0	55
比例	18.2%	38.2%	43.6%	0	100%

从年龄区间来看，90 后的当下年龄区间为 20~30 岁，初中学历离婚数据偏高的群体也不是 90 后，这印证了央视民意调查中认为离婚者中只有少部分人是属于 90 后。五地离婚样态的年龄占比分布显示，把 90 后作为冲动性离婚群体并没有足够的依据。从太原、青岛、温州的离婚数据来看，高等教育学历当事

人占比都不低于 56.2%，这就意味着离婚数据占比最高的当事人，大多数拥有高学历。

离婚是以结婚为前置条件的，如果结婚时当事人自治能力得到了法律上的确认，在年龄、婚龄双增长的情况下，当事人会因为婚姻生活而变得不理智吗？婚姻生活为什么会消蚀一个人的理性？离婚冷静期能使其得以恢复理性？还是离婚背后另有其他因素存在？造成当事人起念离婚并共同前往登记机关，是否是由于存在某些无法达成的基本共识，比如性别观念不同步？观念不同步是不是夫妻纠纷的原因乃至夫妻感情破裂的源头？为什么在现代离婚诉讼中，多为女性一方主动提起？如果把类似的问题放置在历史发展和社会进步的大环境中来分析性别观念，会发现女性越来越不惧怕离婚也是现代社会出现的新兴现象。"女性独立意识和谋生能力增强，对男子的依赖减弱，婚姻态度也会发生明显变化，在感到婚姻难以维系双方感情生活时，便主动选择协议离婚，既达到解除婚姻关系的目的，又维系双方名誉。"[1]如果国民受教育程度的范围和普及率会决定一个国家的国民素质和国家的文明程度，那就说明我国受教育程度普及率所消除的性别差距也带来了性别观念的代际差，而性别观念会不会影响人们对生活质量乃至婚姻质量的关注和追求呢？换句话说，会不会对离婚数据产生影响？

二、婚姻代际观：生存方式与生活质量

在传统社会中，女性的受教育程度与谋生能力决定了女性

---

[1] 乔素玲：《教育与女性——近代中国女子教育与知识女性觉醒（1840—1921）》，天津古籍出版社 2005 年版，第 140~141 页。

的生活境遇。婚嫁是作为女性生存方式而存在的，也是女性命运的一种历史写照。但今时不同往日，在现代社会中国家和家庭都在倡导和积极努力地把每一个人培养成为自食其力的人，女性是这一理念受益最大的群体。那么，婚姻还是不是女性的生存方式？这一理念会不会对婚姻当事人产生影响？

五地离婚样态显示，90后离婚数据占比确实不大，属于网民评断的"只是一小部分"。除邢台以外，四地都是10年以上婚龄离婚数据占比最大，而且随着婚龄的增加，离婚数据也在增加。结合我国1979年开始实施的独生子女政策综合观察登记离婚数据，就会发现引发登记离婚占比增高的群体是30岁以上的群体，这一群体实际上正是独生子女政策出台之后出生的。独生子女政策的出台，在控制人口增长的同时，也在客观上改变了家庭内男性优先的资源倾斜分配传统，并促成了女性受教育范围和程度前所未有的扩大和提高。资源的相对均衡分配，使女性发展出现了历史性转机，一方面提高了女性自身的谋生能力，不再把婚姻作为个人生存的主要出路；另一方面女性自身能力素质的提高必然伴随独立自主意识的增长和权利意识的苏醒与强化。在婚姻关系中，如果丈夫依然处于传统家庭性别观念中，必然会带来婚姻关系的紧张与矛盾，这种紧张与矛盾在离婚理由中也常常体现为因家庭纠纷而导致感情不和。

在个人为本位的现代制度体系下，"夫妻+孩子"的核心家庭模式仍然是基本的社会结构。追求家庭稳定与和谐，作为中国传统的家庭理念与价值追求并没有随着核心家庭模式的出现而改变。"人们不分老幼，都被寻求稳定生活和追求自主的力量拉扯着，这中间，就是中国人的家庭。"[1]而实际上，不是不分老幼，而是不分男女老幼，都处在稳定生活与独立自主的张力之中。如果在这个语境中来理解离婚，高离婚数据恰恰说明了稳定生活与独立自主之间存在不可调和性。社会在发展，文明在进步，价值观念在随着社会发展而变迁，一代人对稳定生活的价值追求也不可能取代另一代人对独立自主价值理念的追求和向往。所以，离婚并不是个人主义的彰显，而是在"正发生的不稳定生活"与"婚姻解体后不稳定生活"两害相权之中做出的选择。

在现代社会中，因为权利意识增强而引发的高离婚数据，也是传统依赖型的性别关系向平等型性别关系转变所带来的不可避免的动荡，这种动荡会随着性别平权意识的普遍提高而趋于平和，性别平权意识的同步性也会在一定程度上决定离婚数据的高低。在高离婚数据中要看到女性婚姻观的改变：从对婚姻的物质期待转向情感期待，这是女性婚姻从生存方式转向生活方式的选择，是女性主体性和独立性的提高，是一种社会进步。而离婚自由，作为私人领域的私人权利，如果早期的法律变革是在反对父母包办，那么在现代立法所体现的法益平衡，就是要保障每一个人的人格尊严与独立自主，保护女性权利意识，促进不平等的性别关系转向平等的性别关系。最高人民法院2018年发布的离婚数据所反映的性别占比很好地印证了这一转变，离婚数据显示："在全国离婚纠纷一审审结案件中，73.40%的案件原告的性别为女性。"[2]2020年，杭州上城区人民法院发布首份《婚姻家事白皮

---

〔1〕 吴小英："个体化时代的老年人需要自由与自主我们这个家"，载澎湃新闻，https://www.thepaper.cn/news Detail_forward.4905921，最后访问日期：2020年7月13日。

〔2〕 最高人民法院："司法大数据专题报告之离婚纠纷（2016—2017）"，载https://mp.weixin.qq.wm/s/uwljsy IRROg Pet. Aea & KYA，最后访问日期：2021年8月17日。

书》，总结了 2016 年至 2019 年期间受理的离婚案件，也显示近七成离婚诉讼是女方提起的。[1] 离婚，也许正在成为女性抗争家庭内部性别不平等、追求生活质量的一种手段。这也说明，需要改变的不是登记离婚方式，而是性别观念。

三、两害相权：赋权自治与主体意识

当离婚成为两种不稳定生活之间做出的一种权衡，婚姻主体的自治能力与主体意识就成为决定性因素。婚姻自由是法律赋予婚姻主体对婚姻方式选择的权利，而权利的行使也必然和婚姻主体的主体意识和自治能力直接关联。婚姻作为当事人选择的生活方式，结婚的目的就是为了提高生活质量，那么离婚虽然是"必须的坏事"[2]，但同样也是对恢复正常生活的一种期待。婚姻存续的价值，应该和生活质量具有最直接的关联。婚姻存续的意义，也应该和当事人的生活质量最密切相关，而不是延续传统对婚姻当事人婚姻状态进行道德评判，停留在离婚是一种耻辱或者不名誉的历史观念中。[3] 当下社会正处在从传统向现代转型时期，家庭观念和婚姻观念也正处在这一发展变化之中。站在现代婚姻观念的角度上探讨离婚的意义，需要用历史发展观去除离婚污名化或者说去除离婚对女性的污名化，把结

---

〔1〕 "近七成离婚官司由女方提起，80 后成为离婚主要群体 杭州首份《婚姻家事白皮书》发布"，载微信公众号"上城发布"，https://mp.weixin.qq.com/s/kD2Ziiljpdxwgmar23y1Dw，最后访问日期：2021 年 8 月 18 日。

〔2〕 参见 [美] 乔安娜·L. 格罗斯罗、劳伦斯·M. 弗里德曼：《围城之内：二十世纪美国的家庭与法律》，朱元庆译，北京大学出版社 2018 年版，第 16 页。

〔3〕 "传统观念认为离婚是可耻的生活事件和个人的失败，这对妇女的离婚决策过程和离婚后的生活产生了很大的影响。" See Suet Lin Hung, "Chinese Women Revising Meanings of Marriage and Divorce: Comparing Women Who Divorced in the 1990s and 2000s", *International Social Work*, 2020.

婚和离婚都视为当事人对生活方式的选择或对生活质量的追求。从法学意义上解读离婚数据,如果其目的是用以确立某种规范和制度,首先需要将其放置在离婚是一种两害相权的语境中,才能对离婚以及离婚数据保持客观的态度和认识。正如结婚自由不是因为离婚方便而具有随意性,行政登记离婚也并不是为了保障离婚的随意性。离婚自由一方面是保护自主性的体现,另一方面也是保护每一个家庭成员能够从家庭中获得满足感和幸福感。如果离婚自由能够保障当事人从痛苦的婚姻关系中得到解脱,在客观上也会免除"能结婚、不能离婚"的误读,使离婚自由与结婚自由一样都成为追求幸福生活的法律保障。

离婚原则从严格过错主义向无过错主义的历史演变过程,也在某种意义上揭示了女性家庭地位从弱势转向自主、从依赖性转向独立性的过程。过错主义离婚原则,表面上是在稳定婚姻关系,本质上是在保护婚姻关系中的弱势方,即通常意义上的女方。而前文数据已经显示,当代离婚诉讼大部分是由女性提起的。女性权利意识的觉醒说明女性过去的弱势地位已经发生了变化,因此婚姻立法的当下使命不是降低离婚数据这一现象,而是需要考虑如何促进传统性别观和婚姻观的改变和提升。从过错主义向无过错主义的转变,也是随着女性自身发展由女性自身阵营提出的权利主张。我国第一部《婚姻法》所倡导的婚姻自由,正是赋权婚姻自治、提升女性主体地位的表现。美国20世纪80年代的无过错离婚原则之所以受到批评,是因为未能体现女性普遍诉求,被指责为有话语权的白人女性在为少数人立法。[1]批判的并不是无

---

〔1〕 参见〔美〕玛萨·艾伯森·法曼:《虚幻的平等:离婚法改革的修辞与现实》,王新宇译,中国政法大学出版社2014年版,第46~51页。

过错主义离婚原则本身,而是批判性别中立是个伪命题,忽略了美国大部分家庭主妇和底层不能自食其力的女性这一社会基础。对于那些经济上依然依赖于丈夫的妻子而言,无过错离婚制度无疑是片面的和不具代表性的。但无过错离婚制度的立法导向与社会发展规律和女性自身发展趋向并不矛盾,也不能因此否定确立无过错离婚原则是女性独立性提高之后在家庭内部抗衡性别不平等对待的必然趋势,不能否定提高女性主体性和性别权利意识是衡量一个国家法律文明乃至社会文明全面发展的重要标识。行政登记离婚"无论是时间上还是费用上消耗成本都较低,对夫妻双方而言不仅更加便利,而且更有利于减少冲突和伤害","一别两宽自愿履行得更为普遍,更适应现代人快捷高效的生活方式"。[1]这也不难看出,行政登记离婚是已完成自身发展的女性寻求婚内自主性权利救济的一种法律途径,而不应该被简单地认为是在保护个人自由主义的泛化。

从本质上而言,保持家庭结构的完整,也只是"文化性地依赖和聚焦在男女所建立的正式关系","孩子的重要性是以父母关系的状况进行区分"的[2],并不能保证家庭关系的和谐与幸福,更不能保障儿童利益最大化。和谐的家庭关系是以平等、尊重与关爱为基础,一方或者双方的委曲求全并不能让家庭成员从家庭结构完整性中受益;恰恰相反,紧张或冷漠的家庭关系、摩擦不断甚或粗暴相向的家庭关系,会使包括孩子在内的每一个家庭成员都成为受害者。婚姻关系的解除、并不意味着

---

[1] 参见中国审判理论研究会民事审判理论专业委员会编著:《民法典婚姻家庭编条文理解与司法适用》,法律出版社2020年版,第151页。

[2] 参见[美]玛萨·艾伯森·法曼:《虚幻的平等:离婚法改革的修辞与现实》,王新宇译,中国政法大学出版社2014年版,第16页。

亲子关系的解除，父母责任的解除，更不意味着放弃对孩子的关爱，只要爱与责任不减，孩子的幸福感就不会缩减。

我国《民法典》实施以来，《婚姻家庭编》的理解与适用已经出版了多部，对离婚冷静期也进行了多国立法例的比较。但是这些国外立法例多为诉讼离婚，有些制度也已经做了更新和调整。[1]以英国为例，英国关于离婚的最新立法动态是2014年通过的《儿童与家庭法案》，离婚的启动程序是一方当事人向法官提出申请离婚，另一方必须8日内予以答复。如果对方同意离婚，申请人继续申请尼西法令（decree nisi，也被称为附条件离婚判决令）。尼西法令经法官审核同意后，法院将向对方发送证书，证书上会写明当事人获得尼西法令的时间。如果对方不同意离婚申请，必须在28日内答辩不同意离婚的理由，答辩意见同样需要交由法院进行实质性审理，审理之后获得终审离婚法令（decree absolute）。两个法令之间的最长时限为43天，也就是我们通常所说的审理期限。[2]从英国的立法动态上来看，43天也不能称为冷静期，属于法院受理案件的一般周期，和我国行政登记离婚的离婚冷静期并不是同一权属和受理程序。

如果离婚是一种两害相权，如何妥善处理亲子关系不仅是婚姻法关注的议题，还是赋权自治之后国家与公民个体之间的

---

[1]参见中共中央宣传部宣传教育局等编：《〈中华人民共和国民法典〉婚姻家庭编学习读本》，中国民主法制出版社2021年版，第106页；最高人民法院民法典贯彻实施工作领导小组：《中华人民共和国民法典婚姻家庭编理解与适用》，人民法院出版社2020年版，第244~246页。

[2]参见英国Children and Families Act 2014，载https://www.legislation.gov.uk/ukpga/2014/6/contents，最后访问日期：2021年8月27日。

权利边界问题。每个国家的离婚原则都会把儿童利益作为优先标准,但儿童利益优先原则的确认是以父母情感基础为参照的。如果父母感情破裂、家庭关系冷漠乃至矛盾冲突、争吵不断,对儿童的情感伤害和心理伤害也在所难免。"考虑离婚对自身、对子女、对双方家庭、对社会的利与弊"时[1],首先应该考虑自己对自己负责任,这样才能成为对子女负责任的父母。一对负责任的父母,不会因为婚姻关系解除而减弱对子女的情感和育养责任。在现实生活中被诟病的,恰恰是离异之后百般推诿抚养责任的无赖之举。因此,影响儿童幸福的不是父母离异本身,而是出现了不负责任的父母。婚姻法的价值目标,应该是让每个婚姻当事人、每个家庭成员都成为自己婚姻质量和生活质量的责任人。离婚并不是对自己不负责任、对家人不负责任的表现。况且,即便是冲动性离婚也不是不可以补救,离婚可以复婚。在婚姻当事人的主体意识越来越趋向平等时,立法目的应该是把婚姻制度设立的价值追求导向设定为如何成就一个责任主体。

从国外立法来看,美国曾就此做过一些制度探索。比如实行"协议婚姻"制度允许当事人在普通婚姻和"协议婚姻"之间做出选择,普通婚姻适用无过错离婚制度,而"协议婚姻"适用严苛的过错离婚制度;实行"别居"制度,保留婚姻关系但不再共同生活;宣告"婚姻无效"制度,等等。美国政府把这些制度探索命名为"婚姻质量提升运动",用来解决"已婚家庭的衰败",把提升婚姻质量列入联邦预算,2005年通过《个

---

[1] 中共中央宣传部宣传教育局等编:《〈中华人民共和国民法典〉婚姻家庭编学习读书》,中国民主法制出版社2021年版,第106页。

人责任和发展法案》强调联邦所应负的责任,也鼓励女性不去容忍不幸福的婚姻。[1]所以,全方位地考察国外立法例,并在世界范围内观察离婚数据背后的社会动因,也许会发现离婚冷静期并没有从根本上解决婚姻为什么会日益走向破裂。

所有的立法都是面向未来的,法律一经颁布实施就会存在滞后性,生效法律和社会发展之间的不同步性在所难免。有部分法学者和实务工作者建议要客观地认识离婚冷静期,在实施过程中防止一刀切、审慎地区别适用,同时要健全相应配套制度和协同机构。[2]行政登记离婚当事人能够达成一致,必然经历了家庭财产、子女抚养的磋商与妥协才会双双出现在民政机关门口,那必然也不是什么愉悦的生活经历和体验。对他们而言,一个月的冷静期,也是不确定因素相伴随的再焦虑期。如果仅为一小部分人立法,而忽视大部分人回归正常生活的离婚需求;如果立法不是通过内在的价值追求顺应社会发展规律和婚姻自身的发展规律,尤其是不去关照新时代女性的发展变化和权利诉求,很难会把促进责任主体的塑成作为立法目的。离婚冷静期固然可以降低行政登记离婚的概率,但会给真正想离婚的当事人带来更高成本和更多阻力。我国诉讼离婚本就设置的调解优先程序,会因为冷静期制度的实施进一步产生蝴蝶效应,例如社会上已经出现了多次诉讼离婚不成引发刑事案件

---

〔1〕 参见[美]乔安娜·L.格罗斯曼、劳伦斯·M.弗里德曼:《围城之内:二十世纪美国的家庭与法律》,朱元庆译,北京大学出版社2018年版,第185、192、195页。

〔2〕 具体内容参见王礼仁:"正确理解'离婚冷静期'的意义和功能",载《中国妇女报》2020年7月6日;潘萍:"应对'离婚冷静期'入法 提升妇联组织化解家事纠纷能力",载《中国妇女报》2020年7月7日。

的报道。冲动性离婚可以通过复婚予以补救,那些因冷静期而蹉跎时日甚至让境遇更加困顿的当事人,又当如何补救?是否可以制定更加贴近社会现实需求的实施细则,例如在办理离婚登记时将一个月的离婚冷静期更改为一个月离婚公示期,在生效日期之前当事人双方再次返回民政部门撤销离婚登记即可恢复婚姻关系;一个月期满后未撤销的,离婚登记生效。这样既能还婚姻自主权于当事人,尊重当事人已经达成的离婚合意,同时又可以有效降低冲动离婚,减少基层民政登记机关的工作压力。

个案中的性别行动、性别经验与性别伦理

自 2020 年 10 月，中国大学内悄然掀起了一场"拒绝月经羞耻"运动。事情的缘起始于 2020 年年初中国抗战疫情期间，社会上发起各种医疗物资的捐赠，但其中极度缺乏女性生理用品。奔赴武汉的医疗队伍中有占比过半的女医生和女护士，疫情期间的封闭环境让女医护陷入了极大的不便利，女医护可以克服生理周期的脆弱如男医生一样奋战，但女性生理用品的极度缺乏在全封锁工作环境中带来的生活不便利却是无法克服的。这种不便利最初未能引起公众和官方关注，认为女性生理用品属于私人用品范畴。当时，中国无锡灵山慈善基金会率先发起"姐妹战疫安心行动公益项目"为女医护生理用品募捐活动，以解决疫情一线女医护面临的实际困难。女性生理周期虽然具有普遍性和规律性，但个体周期会随着情绪起伏以及劳累度增加变得不规律而具有突发性，月经的突如其来常常会让女性陷入被动和尴尬之中。也许是基于女性生活经验的共鸣，2020 年 10 月 14 日，该公益项目发起人梁钰又再次在微博发布有关卫生巾互助盒的内容；一周后，华东政法大学某女生受此微博启发，

| 性别与法律：女性主义的实践

自行在学校教学楼4个卫生间外放置了卫生巾互助盒。[1]随后，中国政法大学女生在本校开启互助行动；不同的是，中国政法大学的行动得到了一名男生的支持并温馨留言自认是"我是一名男性，女性的儿子、丈夫和父亲"；这名男生的行为迅速招来男生内部的嘲讽，暗示男生在讨好女生；更有男生推出了对抗性"手冲互助盒"以示权利平等，[2]这个"手冲互助盒"也很快被另外的男生铲除并发帖警告不要再出现类似举止。随着剧情的不断反转、各种媒体的不断响应，"卫生巾互助盒"行动渐渐上升为性别（gender）议题。

"卫生巾互助盒"在中国是首次出现在公众视野中。不只是中国，大多数国家高校的公共厕所一般都不提供女性生理用品，而生理周期的突发性确实会给女性生活带来不便。从性质上而言，最初的"卫生巾互助盒"是以女性经验为出发点的关爱。不过，从疫情期间女医护卫生用品的募捐到高校女生发起的"卫生巾互助盒"行动，都发生在女性群体内部。

性别经验的不敏感常常会被性别中立所掩盖。Okin说："性别中立这一术语模糊了这样一个事实：只要他们生活在一个性别中立的社会，如此多的'个人'真实体验实际上不依赖于他

---

〔1〕 参见喻琰：“反对'月经羞耻'，20多所高校发起卫生巾互助活动”，载《澎湃新闻》2020年10月28日。

〔2〕 See Tiffany May and Amy Chang Chien, "In China, In crcasing Aaess to Sanitary pads.", *New York Times*, No1. 170, No. 58873, 2020, p. Aa.

们是什么性别。"[1]如果"卫生巾互助盒"唤起的只是女性内部的同理心，那么中国政法大学男生的出现则是对女体内部关爱的改写。从他的留言中可以看出这名男生是把对女性经验的接纳放置在亲密关系之中，并进而表现为性别关爱。虽然这种关爱是一种自发意识，但至少代表了男性对女性生活经验的认同和支持，这一点是至关重要的。其重要性在于以厕所内的卫生用品为代表的公共设施所彰显的性别中立，是以男性需求为一般需求、以男性经验为基础作为资源分配的标准，忽视了女性经验和女性需求。该名男生的出现，不只是将性别经验纳入亲密关系中所体现的关爱伦理，更是以无意识的行动促进了对性别经验的认知。

传统的性别认知，长期停留在性别刻板印象之中。男生"手冲互助盒"的出现，其实是经由女性月经而产生的一种性联想，属于性别刻板印象的认知之一。男生"手冲互助盒"的出现是一种本能的应激反应，但同样不失为一个用性别经验普及性别知识的契机，可以在不同层面的生理物资需求中充分认识到性别差异并扭转性别认知的误区。女性生理周期是女性生命中的必然，不但需要法律上的特别保护，也需要社会的正确认知和广泛认同，从而将女性特别需求纳入公共决策的视野和范畴。苏格兰就是一个很好的范例，2020 年 11 月 24 日苏格兰议会全票通过 *PERIOD Products Free Provision*，该法案致力于拒绝月经耻辱、消除月经贫困，将女性需求纳入公共决策并通过国家立法予以保障。[2]这场行动不仅是单纯地反对"月经羞耻"

---

[1] Susan Moller Okin, *Justice, Gender, and the Family*, BasicBooks, 1989, p. 11.

[2] See Laurel Wamsley, "Scotland Becomes 1st Country To Make Period Products Free", *National Public Radio*, Nov. 25, 2020.

的传统愚昧认知,也是反对习焉不察的性别刻板印象。只不过,反对性别愚昧认知不需要以性别对立的方式来进行一场性别战争。虽然男生性需求和女生月经不可相提并论,但承认并包容这种个体性需求也是一种性别关怀,大可不必充满敌意,正如"手冲互助盒"现身之初,笔者也曾建议在"手冲互助盒"给个温馨提示"量力而行"来代替清除。女生月经不羞耻,男生性需求(包括女生性需求)同样也不羞耻,人类的各种生理样态都不羞耻。人类的社会经验不是单性别经验,话语权不是单性别话语权,知识也不是单性别知识,"权力-知识的关系不是既定的分布形式,而是'转变的母体'"。[1]这种转变,要依赖于对性别经验的共识,而非性别对立;以生物学为基础的性别知识和以性别规范为基础的道德判断不在同一层面,通往性别正义的路径选择也必然会有所不同。

虽然一场行动可以让性别权利更为引人注目,但性别关爱才是最高的性别正义。"正义理论要充分包纳女性及其观点,就像包纳男性及其观点一样,如果做不到这一点再好的正义理论也谈不上是最好的,或者不能轻易地被认为是恰当的。"[2]性别运动可以促进权利法律化达到形式正义;而性别知识的广泛传播,可以促进性别关爱,走向实质正义。

---

[1] [法]米歇尔·福柯:《性经验史》,余碧平译,上海人民出版社2016年版,第64页。

[2] [美]苏珊·穆勒·奥金:《正义、社会性别与家庭》,王新宇译,中国政法大学出版社2017年版,第20页。

后 记

　　这本书是我多年以来对性别研究的一点探索。在研究过程中，慢慢发现知识的普及已经成为当下所需，知识体系的建构显得越发重要。希望能借此次绵薄之力，让更多的人了解相关知识来源和理论发展。很多问题，其实都无法通过一种理论或者一本书得到全部答案甚或确定性答案。尤其是法学界新兴的性别研究，越投入就会越发现问题的枝蔓相连，一个问题往往会延至数个理论领域和学科方向；越研究越发现这个领域就像是一个宇宙黑洞，激发研究兴趣的同时，也越来越觉得自己知识积累的薄弱与微眇。

　　回头检视，发现之前的探索更像是冲锋陷阵的工兵在限定时间内完成的仓促铺架。幸之又幸，总有师友驰援而至比肩同行。此次出版，一是稻谋所需，二是企图为性别研究踏出一条山野小径；后者可能更为偏倚。希望聪慧的阅读者能够沿着这条荆棘小路寻找到自己的研究兴趣和研究领域；也希望睿智的阅读者能够寻找到对自己有所裨益的片瓦或寸土；更希望越来越多的人走在一起，把路走宽，让光亮更光亮。

　　为了理顺思路与框架，原有标题大部分都做了调整，内容上暂且保留了原发状态。也是通过此次重新检阅过往，更加发现曾经的稚嫩和冒失。但过往已是过往，以一种不完美的方式呈现出来，也许会带来很多质疑和批驳，但这些质疑和批驳对我而言是一种激励和鞭策，会让以后的探索更加清晰和光明。

感谢多年来一直惺惺相惜的各位故交新朋，我们一直携手共进、相互鼓励。感谢肖壮、路栩完成的注释核对，感谢刘星老师总有醍醐灌顶式的点拨。感谢多年来一直给予我有力支持的中国政法大学出版社，样书印刷的年底救急以及跨年后的出版印制，几乎次次都会出现；感谢尹树东社长和柴云吉主任的理解；感谢责任编辑魏星和隋晓雯的认真与细致；感谢封面设计谷守美老师能够体会我所表达的那些抽象的不能再抽象的设计偏好。更感谢我师朱勇教授多年耳提面命般地栽培与鼓励。

鉴于作者个人的时力、精力和能力，不完美是必然的，疏漏、偏失与错误在所难免，这本书所有的瑕疵都归责于我。这种不完美或许也是永恒存在的，永恒地只是我们一直要努力……

2021 年　岁末　顿悟止观